国家社科基金
GUOJIA SHEKE JIJIN HOUQI ZIZHU XIANGMU
后期资助项目

可再生能源技术创新、成本效应与经济增长转型的理论与实证研究

The Theoretical and Empirical Research on Renewable Energy Technology Innovation, Cost Effect and Economic Growth Transition

余 杨 著

ZHEJIANG UNIVERSITY PRESS
浙江大学出版社

·杭州·

图书在版编目(CIP)数据

　　可再生能源技术创新、成本效应与经济增长转型的理
论与实证研究 / 余杨著. —杭州：浙江大学出版社，
2022.1
　　ISBN 978-7-308-22120-7

　　Ⅰ．①可… Ⅱ．①余… Ⅲ．①再生能源—能源经济—
技术革新—研究②再生能源—能源经济—成本管理—研究
③再生能源—能源经济—经济增长—研究 Ⅳ.
①F407.2

　　中国版本图书馆 CIP 数据核字(2021)第 248627 号

可再生能源技术创新、成本效应与经济增长转型的理论与实证研究
余　杨　著

责任编辑	陈逸行　范洪法
责任校对	郭琳琳
封面设计	周　灵
出版发行	浙江大学出版社
	（杭州市天目山路 148 号　邮政编码 310007）
	（网址：http://www.zjupress.com）
排　　版	杭州星云光电图文制作有限公司
印　　刷	杭州高腾印务有限公司
开　　本	710mm×1000mm　1/16
印　　张	20.25
字　　数	380 千
版 印 次	2022 年 1 月第 1 版　2022 年 1 月第 1 次印刷
书　　号	ISBN 978-7-308-22120-7
定　　价	68.00 元

国家社科基金后期资助项目
出版说明

后期资助项目是国家社科基金设立的一类重要项目,旨在鼓励广大社科研究者潜心治学,支持基础研究多出优秀成果。它是经过严格评审,从接近完成的科研成果中遴选立项的。为扩大后期资助项目的影响,更好地推动学术发展,促进成果转化,全国哲学社会科学工作办公室按照"统一设计、统一标识、统一版式、形成系列"的总体要求,组织出版国家社科基金后期资助项目成果。

全国哲学社会科学工作办公室

序

探究可再生能源发展关键问题的创新力作

能源是经济社会发展的驱动力量。能源保障事关经济发展、环境保护、社会民生、政治稳定的方方面面。人类的智慧就在于,每次面对"能源危机"都能够通过"能源革命"而化险为夷。500 多年前,"木材危机"推动"煤炭经济"到来,开启了以机械化和规模化为特征的工业时代。100 多年前,廉价石油替代煤炭,石油成为"工业血液",促成现代工业体系的黄金成熟期急速到来。50 多年前,石油枯竭带来的"石油危机"和气候变暖带来的"气候危机"敲响了"能源警钟":化石能源主导下的经济社会正面临能源供给稳定性、经济性和生态性的"不可能三角"或"三元悖论"。

为了缓解"环境危机"和"气候危机",以可再生能源替代化石能源成为人类社会的必然选择。2021 年,第 26 届联合国气候变化大会(COP26)召开,197 个缔约方在应对气候变化问题上存在严重的分歧,依然签署了加快自主减排目标的《格拉斯哥气候公约》,并形成具有里程碑意义的第一份减少煤炭使用的国际协议——《全球煤炭向清洁能源转型声明》。为实现全球控温"1.5℃"的目标,大会各方以及各界持续更新科学论证和应用方案,"双碳"路线图和新能源技术路线正在创造无限可能和美好愿景:绿色燃料(水性和无醇燃料)有望在工业、发电、热能和运输领域提供 100% 可再生燃料;碳捕集、利用与封存技术(CCUS)有望匹配化石能源利用的近零碳排放要求;新型电力(风、光、水、生物质多能互补)有望实现 100% 可再生能源发电供给。

实现上述美好蓝图,需要相互联系的两个条件:一是经济成本具有可行性;二是技术水平具有可达性。可再生能源属于典型的低碳能源,但是低碳能源在发展中往往面临"低碳不经济"问题——低碳能源的生产和消费中存在成本大于收益的现象。要解决"低碳不经济"以及"低碳不节约""低碳不环保""低碳不安全"等一系列问题需要技术突破,但技术创新和突破往往也需要一个过程。2021 年蔓延全球的缺电限产和气、电价暴涨等"能源危机"凸显出可再生能源技术系统还普遍缺乏灵活性和经济性。宁波大学商学院余杨教授正好瞄准"经济成本的可行性"和"技术水平的可达性"两个关键问题对可再生能源做出了深入的研究,向读者奉献了一部有分量的创新性力作。

余杨教授的专著深入探讨了技术创新和成本节约视角下可再生能源发展与经济增长转型问题,重点关注了经济转型效率和成本控制的政策优化问题。该书聚焦可再生能源全产业链技术创新模式,论证可再生能源替代传统能源是突破地缘式供给与集中式产输配生产范式的变革性创新,是高效低成本技术主导规模化生产与分散互联式技术主导终端应用的全面技术进步过程。这意味着能源转型将极大弱化资源依赖,强调"创新为王",而且必须以破坏性创新、全产业链突破来创建自身的技术体系和演化路径。该书基于可再生能源全生命周期成本体系和空间特征,建设性地提出技术进步的多样化学习效率和成本效应,表现为技术领先国引领的以"干中学""探索学习"为主的创新形式和技术后发国家引领的产品的结构性创新和技术工程主导的技术诀窍创新模式。这些模式体现产业技术体系的空间异质性,强调新能源创新模式引致的技术进步偏向、单个技术和技术系统的演进分化以及全周期成本效应的巨大差别。有效综合可再生能源技术创新和成本效应,将极大改善政策干预效应、提升经济绿色转型能力与效率。这些结果也说明,孤立看待并处理能源系统中的能源技术稳定性和经济性问题将无助于破解"三元悖论"。

该书十分注重理论问题与现实问题的结合,提出了一系列对策性观点。针对新能源技术可获性和先进性,提出全面建设可再生能源技术体系,坚持以市场为导向和产学研联动提升能源技术创新效率,深度融合多能互补的技术合作创新系统的观点;针对新能源技术的可用性和适宜性,提出全面推进可再生能源产业发展和市场应用,坚持全产业链互动和终端市场高度参与,强化供需响应的全周期管理的观点;针对新能源政策体系效率和效益兼顾难题,提出落实具有成本竞争力的技术创新和应用,逐步实现财政补助的政策激励机制向市场导向激励机制转变的观点;针对经济—能源体系的协同作用,提出全面转换能源技术—经济范式,鼓励多元化能源创新模式——技术追随模式、自主创新模式、"结构性创新+技术工程创新"模式,加快转向绿色增长新路径的观点。

书稿阅读下来,明显感受到其创新性,具体体现在以下三个方面:一是研究具备系统论的创新思维。研究脉络基于能源技术体系、成本体系、经济体系和政策体系的结构性关联,直指新能源技术创新效率与内外部成本效应的关键作用,拓展了能源变革与经济转型的系统性研究。二是研究具有理论观点和见解上的系统性创新。研究深入探讨并解构新能源技术的多样化创新模式与全生命周期成本形式,关联能源创新机制、价格机制和市场机制来改进基于技术偏向的内生经济增长,拓展了增长转型机制效率的理论和实证分析。三是研究立足问题导向的应用创新探索。结合"三元悖论",聚焦中国可再生能源产业面临的技术创新效率与成本效率递减的"双重瓶颈"、财政资金攀升与环境价值低估的"双重压力"、资源陷阱与经济动能转换的"双重困境"等现实问题,实证探讨政策干预的能源技术创新效率和成本效应,建设性地提出基于"高效率、低成本""规模发展、合理经济""机制创新、效率提升"原则的可再生能源政策优化建议。

　　余杨教授是我在宁波大学担任校长期间引进的气候经济学、能源经济学、环境经济学领域的人才。在我主持的国家社科基金重点项目"推进区域生态创新的财税政策体系研究——以长三角地区为例"中成为子课题负责人和团队核心成员。合作研究中最容易判断一个学者的创新性、协同性和严谨性。余杨教授正是三者兼具的学者。诚如我的同行好友瑞典乌普萨拉大学终身教授李传忠所说的:"余杨老师是一位既非常勤奋刻苦又富有创新意识的学者。"因此,当余杨教授请我为她的新作作序时,我欣然答应。在此把她的创新力作推介给大家。并期待余杨教授百尺竿头,更上层楼!

沈满洪

(国家"万人计划"哲学社会科学领军人才、全国文化名家暨"四个一批"人才、中国生态经济学学会副理事长、浙江农林大学党委书记)

目　录

第一篇　理论和模型篇

第三篇　实证研究篇

第四篇　政策方案篇

绪　论

21 世纪能源革命被誉为人类历史上第四次革命,是能源结构由以传统化石能源为主向清洁、高效、低成本的可再生能源大力发展转变的过程,也是经济增长模式向绿色可持续转型的过程。本章主要阐述本书的研究背景和研究价值、研究框架和研究内容、研究思路和研究方法,以及研究的重点、难点、创新点等。

第一节　研究背景和研究价值

一、研究背景

(一)能源危机与可再生能源战略导向

从经济角度看,传统能源体系存在以下几大矛盾:化石能源供给的有限性与需求的无限性之间的矛盾、化石能源储备供给区域的极化与能源消费区域的收敛之间的矛盾、化石能源产业基础性地位的固化与能源要素生产成本不断攀升之间的矛盾。从环境角度看,传统能源利用存在几大问题:能源生产效率持续提升而环境污染不断恶化的技术适宜性问题;能源污染治理的正外部性与能源利用的外部无偿受益性的利益冲突问题;能源清洁生产技术得不到相应生态环境贡献补偿的公平性缺失问题。因此,传统能源利用面临“三大危机”:一是能源资源短缺危机——能源耗竭不断凸显;二是能源环境危机——能源污染日益严峻;三是能源经济危机——能源自给率不足和成本攀升。正是基于能源资源、生态环境和经济安全的战略考量,20 世纪 70 年代开始,各国(包括中国)通过能源安全法案、战略行动、法规政策等各类措施,积极推动传统能源体系向清洁、高效、低成本的能源体系转变。21 世纪以来,各国又陆续提出绿色发展战略,并将可再生能源占主导地位的能源体系变革作为核心议题,如德国在 2012年绿色发展战略中率先提出“迈向 2050 年可再生能源时代”,欧盟率先在 2019年提出地区性新增长战略《欧洲绿色协议》,将能源体系可再生化作为引领性部门。可见,能源转型问题既是技术问题,也是经济问题,是关系经济社会发展的重大理论和现实问题。

(二)清洁、高效、低成本能源技术创新难题

传统能源利用的"三大危机"要求能源结构向安全、高效、清洁、低成本的能源体系转变。可再生能源具备长期供给无稀缺性限制、不受地缘政治影响、环境影响基本可忽略等经济与技术优势,是能源体系转变的重要方向。新兴可再生能源技术,相对化石能源还不具备技术优越性和成本竞争力,也不具备强劲的内生性增长动力。如何认识并实现可再生能源高效、低成本应用成为能源技术变革与增长转型的核心难题。从技术视角来看,研究难题包括:如何实现前沿技术的商业化低成本生产和市场应用;如何平衡并优化新技术相对化石能源的技术可替代性的各种组合;如何高效推进能源技术体系与经济增长结构及其效率的综合提升。从成本视角看,研究难题包括:如何拓展并强化可再生能源技术进步的成本效应问题;如何关联能源生产、发电、环境技术的成本效应问题;如何融合区域技术效率异质性与成本效应问题。这些问题对应经济学分析视角可以体现为:如何识别并比较可再生能源技术特性、创新模式和作用机制;如何解构并量化可再生能源成本构成、产业链关联和创新成本效应;如何论证并优化政策工具的创新效率、成本效应和转型影响。由此,可再生能源体系的技术创新模式、成本效应及其政策选择构成了重塑能源体系进而转变经济增长模式的基本问题与核心问题。

(三)能源技术变革推动经济增长转型争议

通过转向可再生能源技术体系推动经济增长转型的研究围绕三大问题:"转型机制""转型路径"和"转型效应"。目前,相关文献研究存在"三大争议":一是转型机制及其机制关联的争议。在技术范式理论中,转型机制主要体现为技术创新机制作为影响经济体系变量的核心机制,推动能源技术—经济范式转换。新古典增长外生分析框架结合要素价格机制和外生技术创新机制来研究能源效率和成本变化引致的经济增长转型问题。内生经济增长理论则融合技术内生化创新机制、要素价格和市场规模机制综合研究长期经济增长转型问题。三大理论不断完善转型机制,但由于学科体系和研究方法的差异,机制效应和关联作用还未在可再生能源创新发展及其经济增长转型中得到充分体现。二是可再生能源替代传统能源的发展趋势与增长转型路径的争议。当可再生能源成本达到平价水平时,并不必然出现强劲替代传统能源的发展趋势。在德国和美国等国家,新兴可再生能源转向竞争性市场应用后,装机量出现滑坡式下降,近一半的消费者并未优先选择新兴能源。这究竟是受技术性、经济性还是政策性影响,文献结论并不确定。三是政策干预的制度选择、成本负担与转

型效应争议。可再生能源发展的政策干预与成本效应存在诸多争议,包括定价无效性、竞争扭曲和社会福利损失等。其中,标杆上网电价政策争议最大,长期价格保障减少了政策风险,降低了投资不确定性,被认为是最有效的政策工具,过快的财政负担攀升被认为是不可持续的过渡型政策。相应地,不同理论框架下的增长转型政策干预也存在三类主流观点。Nordhaus(2008)在技术外生性分析框架下得出,经济转型要求渐进性政策干预,政策干预成本高,长期增长效应影响适中,主推碳税或资源税。Stern(2006)在技术外生性设定下,认为永久持续的大规模政策干预是必需的,政策干预成本高,且不能保障经济长期增长。Acemoglu 等(2012)指出,政策时效性取决于技术替代率,政策干预成本低,主推碳税政策和研发补贴政策,不能确保长期增长。由此,能源技术变革推动经济增长转型的研究需要从理论和方法上进行创新和论证。

二、科学问题

本书基于可再生能源技术体系、成本体系和政策体系探讨能源技术变革与经济增长转型问题,围绕技术性、经济性和外部性问题的难点、重点和争议点,梳理并完善理论体系、方法模型和实证分析,以全产业链技术创新模式和全生命周期成本效应为突破点,深入探讨转型机制和影响效应。据此,需要回答下列科学问题。

(一)如何构建可再生能源全产业链技术体系和全生命周期成本体系研究

可再生能源具备资源非稀缺性和环境非负性优势,也存在显著的技术波动性和成本不确定性劣势。其技术体系和成本体系不同于化石能源,但又依赖于化石能源。作为新兴可再生能源,风、光发电技术主要体现在发电设备的生产技术而非能源采掘和提炼技术创新,生产成本综合体现创新成本效应和规模经济效应,但也受产能约束和供需失衡影响。作为电力能源,其建设、安装和运维技术效率及其发电成本不仅取决于项目技术标准,更受区位特征和地理条件显著影响。作为清洁能源,可再生能源环境价值体现在化石能源的外部效率、外部成本及内部化形式。这些技术和成本体系的研究涵盖资源经济学、环境经济学、产业经济学、创新经济学的理论体系和研究方法。为此,不仅需要立足全产业链来比较研究可再生能源的技术属性和技术路线,还需要贯通全生命周期比较分析其成本构成和变化动因等问题,更需要继续探索能源经济学理论体系和研究方法的完善。如何贯通能源技术体系及其成本体系关联作用来研究可再生能源发展推动能源技术变革便是本书研究的第一个科学问题。

(二)如何评估能源技术创新的成本效应和政策干预的成本负担研究

可再生能源成为主导能源的关键是具备并能充分显现相对化石能源的技

术高效性和成本经济性潜力。可再生能源技术不仅涵盖技术先发国家自主创新典型模式和后发国家的技术追赶模式,还呈现"中国式"模式——从技术追赶到技术引领。相应地,技术创新的成本效应在理论上体现为"探索学习"(learning by searching)、"干中学"(learning by doing)和"交互学习"(learning by interacting)综合作用。但实证研究显示,"探索学习"效应因技术类型存在异质性,"干中学"效应边际递减存在地区异质性,以及"交互学习"效应缺少量化支持等。化石能源清洁化技术创新又进一步加剧能源技术创新成本效应的复杂性。同时,可再生能源政策工具不是单一政策,而是政策体系,不仅会影响可再生能源技术效率和市场规模,也会产生过度的财税成本负担。为此,需要厘清能源技术体系、成本体系与政策体系的交互作用和影响机制,明确创新模式的技术效率与成本效应以及政策工具的目标收益和成本负担。如何兼顾多样化技术创新的成本效应与政策工具的成本负担来评估可再生能源技术高效性和经济性便是本书研究的第二个科学问题。

(三)如何论证可再生能源技术创新和成本效应影响经济增长转型的研究

发展可再生能源的重要性不仅体现在能源体系的技术变革,还在于进一步影响长期经济增长均衡路径。技术偏向的内生增长理论有效论证了偏向的微观机制,在技术替代性约束下由要素价格和市场规模效应共同决定并不断强化,技术偏向和增长均衡被内生决定。然而,可再生能源技术多元化创新模式、全周期成本体系与化石能源存在显著差异。在研究能源技术变革及其经济增长转型影响时,必须深入考察可再生能源技术进步形式和创新变革作用、成本函数形式和成本效应以及两者共同影响长期增长均衡路径的作用机制,从而优化能源替代和增长转型。如何改进技术偏向的分析框架论证转向可再生能源技术主导的经济增长路径是本书研究的第三个科学问题。

三、研究价值

(一)学术价值

第一,有利于能源经济学与可持续发展理论的深化。在后碳氢化合物时代,经济增长将迈向可再生能源主导的绿色发展新时代,能源经济学将构建在更宽泛的可持续发展理论上来讨论相关的能源经济问题。能源长期发展问题的研究将突破原有以资源耗竭和外部性理论为基础的分析框架,构建以资源永续利用理论、技术创新理论、工程经济理论和环境价值理论为基础的新框架,拓展能源技术体系、成本体系、政策体系以及能源经济体系研究范式,有利于能源经济学与可持续发展理论的深化。

第二,有利于创新经济学与技术经济理论的深化。通过可再生能源全产业链技术体系和全生命周期成本体系研究,识别并完善技术创新模式、成本核算体系和创新成本机制作用,实现技术创新和成本分析的方法与模型改进,有利于拓展创新经济学与技术经济理论。

第三,有利于环境经济学与外部成本理论的深化。通过对可再生能源环境价值和化石能源外部成本估算以及内部化方式研究,多视角评估成本竞争力,论证环境规制政策的合理性,识别财税政策的正当性和成本效率,有利于拓展可再生能源外部环境贡献的成本理论研究。

(二)应用价值

第一,有利于在"高效、低成本"原则导向下推动可再生能源技术政策规划。基于可再生能源技术创新战略目标,聚焦中国可再生能源产业"创新能力不足""核心技术薄弱""成本下降放缓、成本效益不佳"等现实问题,加快由引进—吸收—再创新向自主创新、产业链联动创新以及前沿创新转变,充分发挥研发创新、"干中学"、工程创新、规模经济等各类成本效应,有效构建高效、低成本创新的技术政策。

第二,有利于在"兼顾规模发展、合理经济"原则导向下推动可再生能源市场政策规划。基于新能源平价上网目标和高比例可再生能源发展目标,聚焦中国可再生能源产业"成本波动幅度大""地区成本差异大""财政资金缺口大""补贴税负攀升快"等现实问题,需要加快体现发电成本变化、社会税负承受力的新能源电价政策调整,健全高效运行的并网规划和设施保障,有利于构建兼顾规模发展和合理经济的可再生能源市场政策体系。

第三,有利于在"效率优先、兼顾公平"原则下推动环境政策优化和市场化制度建设。基于可再生能源成本竞争力和市场化改革目标,聚焦"外部成本内部化程度不足""环境税费不合理""环境价值低估"等现实问题,需要在合理评估外部成本的基础上推动环境税费政策调整,加快市场机制在环境资源要素配置中的决定性作用,有利于环境政策优化和市场化制度建设。

第二节　核心概念

可再生能源。可再生能源指传统和新兴的非稀缺性(或循环再生性)能源,如水能、太阳能、生物质能、风能、地热能和海洋能等,还覆盖这些能源的二次能源或转化能源形式,如氢能、沼气、酒精等。本研究所涉可再生能源包括以上所有类别。

可再生能源技术。可再生能源技术包括收集、运输、处理和利用能源的各类技术。由于水电和传统生物质能技术成熟、成本稳定、应用领域有限,本书突出新能源技术开发利用。鉴于数据可获性和地区特征,实证研究聚焦太阳能和风能技术。

可再生能源技术创新。技术创新是技术进步的手段和根源,具有技术范畴,还反映技术经济价值。技术与经济可行性是可再生能源技术创新的根本动力,也是影响化石能源替代的关键因素。由于物理性质差异,可再生能源利用必须通过破坏性创新,创建自身的技术体系和演化路径,通过低成本、高效率创新指向,与化石能源竞争。

可再生能源成本效应。该效应包括资源和技术特性造成的可再生能源开发利用的经济成本和环境成本影响,也包括政策工具的财税成本影响。由于资源非稀缺性和弱负外部性,可再生能源突破化石能源开采边际成本递增和开发利用环境成本递增的成本结构。由于技术创新方式和效率差异,新兴可再生能源的成本下降效应更显著。由于不同政策工具选择,可再生能源成本竞争力和财税成本负担存在差异。

经济增长转型。聚焦能源技术替代引致的经济增长转型。可再生能源技术创新方式和成本效应可以彻底改变经济增长的动力和路径,转向绿色、可持续发展方式。改进基于技术偏向的内生增长模型,探讨经济增长转型的机制、路径和效应。

第三节 研究框架和研究内容

一、研究框架

本书由绪论和四篇分论构成。本章为绪论,分论包括理论和模型篇、国家战略与行业发展篇、实证研究篇和政策方案篇。四篇分论是理论模型、现实依据、量化检验和政策建议研究,贯穿可再生能源技术体系、成本体系、政策体系来探讨可再生能源发展与经济增长转型的分析框架、数据序列和应用研究,剖析研究中存在的理论和现实问题,提出相应的模型改进依据、数据支撑、实证解释和政策改进。

本书的总体研究框架如表 0-1 所示。

<table>
<tr><th colspan="3" align="center">表 0-1　本书的总体研究框架</th></tr>
<tr><th>类别</th><th>篇章</th><th>研究内容</th></tr>
<tr><td>绪论</td><td colspan="2" align="center">绪论</td></tr>
<tr><td></td><td colspan="2" align="center">理论和模型篇——构建可再生能源技术发展与经济增长转型
的理论框架和模型体系</td></tr>
<tr><td rowspan="5">第一篇分论</td><td>第一章</td><td>可再生能源技术发展与经济增长转型相关文献综述</td></tr>
<tr><td>第二章</td><td>可再生能源技术创新与生产成本效应理论模型构建</td></tr>
<tr><td>第三章</td><td>可再生能源技术创新与发电成本效应理论模型构建</td></tr>
<tr><td>第四章</td><td>可再生能源电价政策与财税成本负担理论模型构建</td></tr>
<tr><td>第五章</td><td>能源技术创新、成本效应与增长转型理论模型构建</td></tr>
<tr><td></td><td colspan="2" align="center">国家战略与行业发展篇——可再生能源技术发展的基础事实</td></tr>
<tr><td rowspan="3">第二篇分论</td><td>第六章</td><td>全球能源变迁与可再生能源发展趋势</td></tr>
<tr><td>第七章</td><td>中国可再生能源发展的战略部署与政策措施</td></tr>
<tr><td>第八章</td><td>中国可再生能源技术产业成效与发展制约</td></tr>
<tr><td></td><td colspan="2" align="center">实证研究篇——能源技术创新、成本效应与增长转型的实证研究</td></tr>
<tr><td rowspan="5">第三篇分论</td><td>第九章</td><td>中国可再生能源技术创新和生产成本效应的实证研究</td></tr>
<tr><td>第十章</td><td>中国能源技术的发电成本和外部成本分析</td></tr>
<tr><td>第十一章</td><td>中国可再生能源技术创新与发电成本竞争力的情景研究</td></tr>
<tr><td>第十二章</td><td>中国可再生能源电价政策财税成本的情景研究</td></tr>
<tr><td>第十三章</td><td>中国转向可再生能源经济增长路径的数值模拟研究</td></tr>
<tr><td></td><td colspan="2" align="center">政策方案篇——加快可再生能源技术高效、低成本、体系化发展的政策建议</td></tr>
<tr><td rowspan="2">第四篇分论</td><td>第十四章</td><td>全面推进可再生能源技术创新和产业发展的政策建议</td></tr>
<tr><td>第十五章</td><td>完善可再生能源价格财税政策与市场建设的政策建议</td></tr>
</table>

二、分论的构成

分论 1:理论和模型篇,梳理能源技术发展与经济增长转型的理论基础和研究方法,提出方法改进的必要性和可行性,围绕技术体系、成本体系、政策体系来构建可再生能源技术创新、成本效应及其影响增长绿色转型的理论模型。

文献综述部分包括能源变迁理论、能源技术变革与经济增长转型研究、可再生能源技术创新与产业链成本研究、可再生能源环境价值与外部成本研究、可再生能源政策干预与财税成本研究五部分研究述评。基于能源变迁的"历史"研究,梳理"两次能源变迁论""三次能源变迁论"和"五次能源变迁论",以"动力源泉""判断标准"和"变迁过程"三大要点评述理论逻辑和研究不足。基于能源—经济体系结构的研究,梳理"技术—经济范式理论""新古典经济增长理论"和"内生增长理论"体系,评述理论研究均以技术创新为立足点,但存在学科体系和方法论差异,存在微观机制、影响效应和关联作用等结论性差异。基于产业链视角,梳理"干中学理论""技术创新理论"和"创新系统理论",解释可再生能源技术进步方式与学习成本效率的有效性,"综合成本收益平衡理论"和"外部性理论"评估不同能源技术长期成本竞争力的有效性。基于政策视角,梳理"外部性理论""产权理论"和"市场不完全性理论",解释政策干预的合理性和可操作性。文献研究对如何有效贯通全产业链技术体系、如何有效解构全生命周期成本体系、如何多视角评估技术创新与成本趋势、如何设计兼顾规模化和经济性的政策体系、如何发挥技术创新和成本效应促进增长转型等仍然存在重大争议,需要完善分析框架和研究方法,更好地论证和诠释经济增长转型研究的理论和现实问题。

基于技术知识特征、新兴能源技术创新特征和国别创新模式(尤其是"中国式"典型模式)研究,构建改进学习曲线的可再生能源技术创新和生产成本效应模型,"自下而上"探讨成本构成和国别波动特征,论证技术追随模式、自主创新模式、"结构性创新+技术工程创新"模式的差异化成本效应,比较说明技术进步方式多样性和产业发展战略对促进高效、低成本技术发展的重要性。

基于能源收益平衡和环境价值基础,构建综合技术经济性、环境外部性和区域异质性等多视角的可再生能源发电成本评估框架,探讨技术创新影响可再生能源发电成本的动态效应,比较论证评估方法和评判基准的重要性。

以标杆电价政策和绿色电力证书政策为例,构建基于改进平准化电力成本的财税成本负担模型,利用成本收益平衡定价、外部成本内部化定价、博弈定价和市场定价等价格形成机制,分类探讨技术、经济和区位等主要因素影响可再生能源政策成本的机制和效应,比较论证兼顾可再生能源政策目标和财税负担的重要性。

基于技术偏向的分析框架,构建内生经济增长改进模型,综合考虑化石和可再生能源特性,如稀缺性、技术替代性和环境外部性,细分能源技术创新模式和成本效应函数,刻画生产和资源配置决策,利用动态优化方法,论证不同能源技术进步方式的成本效应、创新与市场机制的成本效应关联、长期增长和转型路径演变、相关政策优化与影响作用,丰富并完善可再生能源技术替代影响增长转型的理论研究。

分论2:国家战略与行业发展篇,提供可再生能源技术变革作用与产业发展的基础事实及中国样本。

基于能源变迁历史阶段和国别事实,审视能源技术及其技术—经济范式演化的关键因素,梳理分析可再生能源技术特性的事实基础和实现关键要素突破的现实依据。

基于中国经济新常态和生态文明建设的经济发展理念,厘清转向清洁、低碳、高效能源体系的技术目标、成本目标及其战略行动和政策措施,聚焦可再生能源技术产业化、创新效率和成本经济性,比较研究各类技术产业成效、区域差异和发展制约,有效体现可再生能源技术发展的特征性事实和现实依据。

分论 3:实证研究篇,以可再生能源全产业链技术创新模式和全生命周期成本效应为突破点,量化研究可再生能源技术发展的创新成本效应、外部成本效应和政策成本效应,深化研究增长转型的机制作用和路径选择。

基于可再生能源技术创新成本效应的改进模型,实证研究国际市场和中国市场风光发电(风电、光伏发电)生产成本演变、阶段性波动差异和影响因素的作用机制,解释中国作为技术后发国所特有的创新模式和产业战略对提升生产技术能力和引领成本下降的机制作用,验证模型构建和变量设定的重要性。

基于技术经济性、空间分区和环境价值等多视角,量化评估中国发电侧与售电侧、资源区分类与省际分区、涵盖与不涵盖环境成本的可再生能源成本竞争力和技术创新动态效应,提出完善可再生能源成本核算体系和强化技术创新成本效应的政策建议。

利用平准化电力成本改进模型、价差法和情景法,探讨发电技术类型、技术效率、分区基准、外部成本内部化程度等多因素作用方式和效应,量化估算中国风电和光伏发电标杆电价政策下的财税负担。利用博弈定价和情景法,量化估计绿证市场竞争、发售电配额制和系统技术效率的财税减负效应,比较说明兼顾可再生能源规模化和经济性的重要性。

利用内生增长改进模型,数值模拟转向可再生能源经济增长路径的动力机制、转型效应和政策影响,量化比较影响能源技术替代和平衡增长路径的主要结论。

分论 4:政策方案篇,提出可再生能源高效、低成本、体系化发展的政策建议。

基于可再生能源技术发展的理论溯源、国别事实和影响效应分析,归纳总结可再生能源技术创新和产业发展存在的六大问题,有针对性地提出两类五组十五条政策建议。基于可再生能源价格财税政策分类、目标主体、执行机构和经济考量,结合中国现行典型政策(标杆定价和补贴、绿证认证与市场交易政策实施情况),总结经济性激励政策存在的五大问题,有针对性地提出两类五组十六条政策建议。

第四节 总体思路和研究方法

一、总体思路

以可再生能源技术发展与经济增长转型的理论研究和可持续发展经济学、创新经济学及环境经济学等文献分析为基础,以能源的技术性、经济性和外部性问题的研究、模型改进以及实证检验和量化评估为主线,以可再生能源全产业链技术创新模式、全生命周期成本效应以及经济增长转型的效率机制研究为核心,有效诠释能源技术变革及其影响增长转型的动力源泉、机制效应和演变趋势,追求学术创新和政策创新,实现研究的理论价值和应用价值。

(一)研究基础

本书以可再生能源技术发展与经济增长转型的文献分析和方法研究为基础。文献分析的主要任务是回答已有研究文献达到什么阶段、取得什么进展、存在哪些缺陷、如何填补空白等,以明确本书的研究重点。方法研究既包括机制效应和政策效率的方法改进和理论丰富,也包括技术性、经济性和政策性数据的实证检验和方法论证。方法研究的主要任务是找出现有研究方法的突出问题、问题根源、解决方案和改进建议。

(二)研究主线

本书有两条平行的研究主线:一是以可再生能源全产业链技术创新模式、全生命周期成本效应和增长转型的效率机制为基本内容的分析方法和模型体系改进。二是以可再生能源技术的创新作用、成本效应与增长转型效率为基本内容的实证检验和量化评估。方法改进主要回答如何更有效地开展理论分析,而实证研究主要诠释方法改进的有效性、解释力和结论。

(三)研究核心

本书核心内容是以可再生能源全产业链技术创新模式和全生命周期成本效应为突破点,以能源技术变革和增长转型研究为核心,完善能源技术偏向的经济增长分析框架,有效诠释转向可再生能源技术主导的经济增长模式的动力源泉、机制效应和演变趋势。在对能源变迁、能源技术变革的增长作用、能源技术创新成本效应、能源环境价值和政策干预成本的理论和文献进行分析的基础上,通过理论研究、分析方法和模型体系的改进,论证并实证检验可再生能源的技术性、经济性和外部性效应以及经济增长转型作用,从而验证方法改进的可行性和量化研究的有效性,优化政策措施和实施效应。

(四)研究目标

本书的研究目标是推进"两个创新":一是学术创新,以全产业链技术创新模式和全生命周期成本效应为突破点,改进可再生能源技术发展及其影响经济增长转型的分析方法和模型体系的创新性研究;二是政策创新,围绕技术和成本两大核心问题,提出兼顾新兴能源产业规模化与经济性、增长可持续性与高效性的可再生能源政策设计和优化措施。实现"两个价值":一是理论价值,为丰富可持续发展经济学、能源经济学、环境经济学和创新经济学等做出贡献;二是应用价值,为优化可再生能源政策体系和实现经济可持续发展做出贡献。

二、研究方法

(一)定性分析类

第一,文献研究法。文献研究法是搜集、鉴别和整理文献的方法。文献研究法用于对能源变迁、能源技术变革的增长作用、能源技术创新成本效应、能源环境价值和政策干预成本等五个方面的理论基础、研究方法、代表性文献和研究争议进行文献梳理和评述,为开展可再生能源技术发展与经济增长转型的方法和模型改进及实证检验提供了理论基础和文献依据。

第二,比较分析法。有比较才有鉴别,有比较才有优化。比较分析主要表现在三个方面:一是能源技术变革的比较研究。能源技术变革不仅是能源系统的自我升级或转型,还是能源技术经济系统的革命和重塑。需要对能源的技术特性和经济特征进行比较研究,探析能源技术变革的关键因素作用。二是可再生能源技术创新战略导向、创新模式和成本效应的比较研究。技术创新的战略导向决定国别/地区技术创新方向、技术地位和产业发展方式。中国可再生能源技术创新战略取向由强调引进吸收创新、集成创新向自主创新、创新领先等转变,技术地位由技术追赶向技术引领转变,产业竞争力由构建产业体系向高专精产业链拓展、由高成本补充性地位向低成本主导型能源产业转变。需要对阶段性、地区间的可再生能源政策措施和产业成效进行比较研究,探讨技术与成本两大核心问题。三是增长转型的机制效应和政策效应的比较研究。依据不同的能源技术创新模式和成本效应,经济增长转型存在趋势变化共性和差别。只有通过机制效应和政策效应的比较分析,识别差异化特征,才能有效地开展研究,优化政策措施和对策建议。

(二)定量分析类

第一,数理分析法。数理分析是指用数学定理来确定其分析的假定和前提,用数学方程来表现一组经济变量之间的相互关系,通过数学公式的推导来得到分析结论的研究方法。本书以数理方法来改进或重构可再生能源技术发展及其经济增长转型的分析方法和模型体系。例如,基于全产业链技术体系,构建融合柯布—道格拉斯(C-D)成本函数、多样化创新模式(自主创新、引进创新、交互创新)和市场因素的学习曲线模型,探讨不同技术进步方式和创新模式的成本效应及其存在差异的原因;基于全周期成本体系,构建综合技术经济性、空间分区和环境价值等多视角的可再生能源技术成本评估框架,探讨能源技术经济性和技术创新的成本动态效应;基于改进平准化电力成本模型,构建融合平准化电力成本定价机制、外部成本补偿机制和博弈定价机制的财税政策成本分析模型,综合研究可再生能源政策的财税成本;改进能源技术偏向的内生增长模型,优化最优化求解方法。

第二,计量分析法。计量分析法就是把经济学、数学和统计学结合在一起,来研究社会经济活动变化的研究方法。本书利用计量分析法研究可再生能源和传统能源的创新模式、利用效率与生产成本演变、传统能源环境影响的剂量—响应效应等。例如,利用时间序列模型估计单变量、双变量和改进学习曲线模型,检验中国风电机组生产中“干中学”“探索学习”和“规模经济”的成本效应;利用截面数据估计改进学习曲线,检验光伏企业技术学习率和竞争战略的成本效应;利用时间序列模型估计燃煤机组成本变动的线性趋势等。

第三,情景分析法与数据模拟法。这两类方法均用于分析、测算不确定性因素对经济变量的影响程度。本书以两类方法评估可再生能源成本竞争力、技术创新的成本效应、政策干预的财税成本负担、增长转型的影响效应。例如,设定可再生能源分区基准、燃煤发电排放标准和外部成本内部化等多因素情景;设定可再生能源“干中学”和“探索学习”效应、煤耗效率和系统利用率的敏感性分析,研究中国可再生能源发电经济性和成本竞争力;设定发电利用方式、系统利用效率、绿证交易分类市场、发售电分类配额制等多因素情景,设定系统利用率、补贴拖欠和配额比例等敏感性分析,比较研究中国标杆电价政策和绿证交易政策的财税负担或减负效应;设定经济增长转型的各类情景,模拟研究动力机制、转型效应和政策影响。

第五节　研究创新

本研究创新之处主要体现在以下三个方面。

第一,可再生能源技术发展与经济增长转型研究是结构性、体系化的集成创新研究。本研究需要具备系统论的思维,是技术、经济和政策的结构性、体系化的集成创新研究。一是聚焦能源技术结构和全产业链技术体系的演进规律和动力源泉来研究能源替代性和效率问题;二是基于能源成本结构与全生命周期成本体系的成本演变和成本效应来研究能源经济性和竞争力问题;三是细化能源创新、应用和产业的政策体系分类及结构性安排来研究可再生能源政策合理性和有效性问题;四是结合各类机制关联作用和影响效应来拓展经济增长转型的效率、路径和长期均衡的研究。

第二,可再生能源技术发展与经济增长转型研究是理论和方法的丰富与创新研究。本研究需要理论和方法的系统创新:一是基于技术知识隐形特征、新兴技术学习率特性和可再生能源产业链创新交互作用,改进可再生能源技术创新和成本效应的学习曲线模型,拓展新兴能源技术创新模式的理论研究。二是基于全生命周期成本核算,构建技术经济性、区域异质性和环境外部性等多视角下可再生能源成本评估框架,拓展能源技术成本分析的理论研究。三是基于改进平准化成本模型,构建体现能源价格形成机制和政策干预机制的财税成本模型,拓展政策干预有效性的理论研究。四是结合创新机制、价格机制和市场机制的关联作用和成本效应,改进基于技术偏向的内生经济增长模型,拓展增长转型机制效率的理论研究。

第三,可再生能源技术发展与经济增长转型是现实问题和政策优化的应用创新研究。本书是问题导向的应用创新研究。基于对上千家企业的调研和国内外权威机构的统计资料整理,本书不仅丰富了可再生能源技术、成本、政策研究的数据资料,也对技术创新、成本效应、政策效率和转型影响进行了全面系统的实证研究或量化分析,更有效地解释了中国可再生能源产业面临的"前沿技术薄弱""成本下降放缓""成本波动幅度大""地区成本差异大""补贴税负攀升快""财政资金缺口大""环境税费不合理""环境价值低估""资源陷阱与动能转换困境并存"等现实问题,从而更有利于在"高效、低成本"原则下推动技术政策规划,在"兼顾规模发展与合理经济"原则下推动市场政策规划,在"兼顾效率优先与社会公平"原则下推动环境政策优化以及在"机制创新、效率提升"原则下推动绿色发展战略实施。

第一篇　理论和模型篇

——构建可再生能源技术发展与经济
增长转型的理论框架和模型体系

第一章 可再生能源技术发展与经济增长转型相关文献综述

转向可再生能源技术主导的经济增长模式是能源技术体系、成本体系和经济体系的系统转型,其文献研究涵盖转型的特征属性、动力源泉、作用机制和政策效应。本章按照"5+1"的框架进行综述:"5"是分类文献综述,包括能源变迁理论、能源技术变革与经济增长转型理论、可再生能源技术创新与产业链成本研究、可再生能源环境价值与外部成本研究、可再生能源政策干预与财税成本研究等五个部分;"1"就是对以上内容的综合述评和研究展望。

第一节 能源变迁理论

"能源变迁"(energy transition,或译为"能源转型")一词最早可能出自1980年德国科学院的《能源变迁:没有石油与铀的增长与繁荣》报告。该报告呼吁彻底放弃核电和石油等传统能源。能源变迁直观表现为能源的重大更替和变化(Florentin et al.,1980)及其可能伴随而来的经济社会结构转型。学术研究从不同视角或层次来描述这些变化,就形成了能源变迁研究的不同逻辑和阶段的划分。目前,主要存在"演进论""动因论""物质论"等分类标准或分析逻辑,代表性理论包括"两次能源变迁论""三次能源变迁论""五次能源变迁论"等,以下尝试对这些研究的分析逻辑和理论解释进行梳理。

一、"三次能源变迁论"

"三次能源变迁论"是目前流传最广但也较难以确定出处的一种理论观点。这一观点通常以能源利用史的时代特征进行概述。从主导能源变迁的视角,可以概括为"四个时代"和"三次能源变迁"(朱彤,王蕾,2015)。"四个时代"指薪柴时代、煤炭时代、石油时代和后石油时代;"三次能源变迁"指煤炭替代薪柴、石油替代煤炭以及新能源替代石油能源的三次阶段性能源变迁。

该理论的分析逻辑可以概括"能源变迁"具有如下三个特点:一是立足于能

源的更替和显著变化;二是描述一次能源品种,即薪柴、煤炭、石油等能源的更替和显著变化;三是量化能源变迁的特征是一次能源品种的比重的显著变化。

该理论按照能源品种的主次地位转变来区分能源演进阶段,不涉及"变迁动因"这一基本问题的系统研究。这一方面,很难对能源变迁的历史过程做出较为深入的阐述,对认识未来能源体系的启示比较有限;另一方面,对"能源变迁"的界定不够清晰,主要涉及能源品种主次地位的长期演进,没有其他判断标准。单一的判断标准疏忽了能源技术体系的复杂性和不确定性。

二、瓦茨拉夫·斯米尔的"五次能源变迁论"

以历史决定论来研究能源变迁问题的主要学者是瓦茨拉夫·斯米尔(Vaclav Smil)。他在《世界历史与能源》(Smil,2004)和《能源变迁:历史、需求与前景》(Smil,2010)等研究中,将能源变迁的历史演进划分为五个阶段,被认为是"五次能源变迁论"。他将能源变迁概述为畜力、人力(以水车和风车为载体)、蒸汽和生物质能(以化石能源为载体)、电气化和可再生能源的五次能源替代和历史演进。其理论突破主要在于提出能源变迁的重要标准是能源利用规模和转换效率的重大转变,即能源变迁的动力形式表现为能量数量级和效率级的根本性变化,这种变化导致主导能源比例结构的重大改变。

该理论将"演进论"和"动因论"研究相结合,为能源变迁理论的研究提供了积极的启发性见解和思路。然而,其对能源动力的载体分类仍不清晰,综合涵盖一次能源和二次能源,前三次能源转型是基于一次能源,第四次转型是基于二次电力能源,第五次预测又转向可再生能源的一次能源。同时,尽管该理论指出能源变迁是能源利用规模和效率的革命性改变,但强调能源阶段性转型不是变革性而是演进性变化,"天然气作为世界上最重要的单一燃料"将成为第五次能源变迁之前的主要过渡能源。能源过渡性演进的观点没有考虑能源具备改变经济社会结构的变革力量和"破坏性创造"的技术轨迹,弱化了太阳能、风能、生物质能等可再生能源技术的重要作用。由此,该理论缺乏对能源体系技术特性的探讨,无法有效解释能源动力载体的演进规律。

三、罗伯特·海夫纳三世的"两次能源变迁论"

罗伯特·海夫纳三世(2013)在《能源大转型》中提出了能源变迁的另一种观点。他认为,能源变迁与演进研究应从能源的物理形态进行考虑,强化能源技术性演进(technological energy evolution),而不必纠结于能源政策与政治的复杂关系。能源物理形态可以分为固体、液体和气体三类,其中固体能源包括柴薪、动物粪便和煤炭,液体能源主要是石油,气体能源包括天然气、太阳能、风能和氢能等。能源变迁是从传统不可持续的固体能源向无限、清洁、可持续发展的气体能源转变，液体能源是两类能源的过渡状态。由此，第一次能源变迁是固体能源向液体能源的转型，即19世纪中期石油对煤炭的替代，第二次能源变迁是之后200年内液体向气体能源的转型。不考虑政治因素干扰，2050年全球将完全转向气体能源时代。

作为地质学勘探学家，海夫纳三世对能源资源重新分类，从物质形态变化的物理维度来研究能源变迁问题，具有学科领域的理论严谨性和逻辑一致性。然而，基于"物质论"的能源变迁研究简化了经济社会阶段性、地区性和结构性差异的干扰因素，过于抽象化变迁动因和判断标准，对理解可再生能源技术变革和经济增长的根本转变的作用仍是有限的。

第二节　能源技术变革与经济增长转型研究

结合能源变迁的历史演进和能源技术的影响维度，研究传统化石能源转向可再生能源问题存在"演化论"和"变革论"两类观点。"五次能源变迁论"和"两次能源变迁论"是"演化论"的主要代表。而结合能源转变对经济社会体系的根本性影响，尤其是能源技术创新对经济增长模式的重大作用，可再生能源发展被认为是"变革式转型"而不仅仅是"演进性转型"，代表性理论包括技术—经济范式理论和技术进步偏向—经济增长理论等。

"五次能源变迁论"（Smil，2010）更关注能源载体自身的更新替代过程，认为能源转型不是长期停滞发展后的革命性进步，而是能源载体构成和转化效率逐步变化的连续过程。在这个意义上，他强调传统化石能源转向可再生能源（太阳能、风能和现代生物质）更受关注，但未来20～40年内"天然气将成为世界上最重要的单一燃料"。海夫纳三世通过"两次能源变迁论"（2013）识别出能源变迁的三种力量，但认为"政策干预"与"领导力"效力不足，而"个人对能源长短期价格波动和能源可获性的反应，以及能源使用对生活标准、生活质量的影响的反应，是迄今为止推动能源转型最有效、最基本的力量"。"个人能源选择的累积效应决定全球能源消费，……能源进化是缓慢而持久地发展。"也就是说，更强调需求性、演化式的能源变迁影响。

无论是"五次能源转型论"还是"两次能源转型论"，都明确并肯定能源（能量）对经济发展和增长的重要性："近代历史上几乎无疑的是，经济体的强国地位更替和国际影响力源于其更高技术效率和回报率的能源利用。"（Smil，2004）"能量在经济的正常运作中发挥着更为基础的作用，没有能量消耗就没有经济系统。""哪个国家和民族能驾驭这股能源转型（水中提取氢能、太阳能、风能和核聚变为主的氢经济)大潮,在此轮转换中表现出领导力,并为刺激本国的经济增长制定政策、发展技术,哪个国家和民族就会成为 21 世纪的赢家。21 世纪的竞争是能源竞争。"(海夫纳三世,2013)

可再生能源技术对经济社会的变革作用,最集中体现在国际能源署(IEA)以及各国家和地区能源机构的技术项目和研究报告中。国际可再生能源署(IRENA)的能源转型工作任务中,引用"变革"(transformation),即大变化、完全改变,来形容转向以可再生能源技术为核心的无碳能源时代,并形成《全球能源变革:2050 地图》年度报告(IRENA,2019)展现技术创新进展。IRENA 对欧洲区域能源转型(transition)的诠释(Mezartasoglou,Stambolis,2019)认为,转型并不足以全面体现转向可再生能源技术的大趋势,因为当前的能源转型不仅是能源类型的更替,而且是更深层次的世界能源体系的彻底改变(transformation),将产生重大的社会经济政治影响。

由此,在研究传统化石能源转向可再生能源时,除考虑能源变迁理论中"能源物质形态、利用规模和转换效能"等影响机制外,还重点探讨技术变革对经济社会的结构性影响差异,并形成能源技术创新与经济增长转型的不同理论体系。依据学科体系和方法论差异,可以总结出"技术—经济范式理论"和"技术进步偏向—经济增长理论"两大分支,以下尝试梳理两大分支在能源经济研究中的分析逻辑和理论框架。

一、能源技术范式理论与经济增长转型

库恩(Kuhn,1962)针对波普尔在科学知识增长中过度强调批判和理性精神,提出"范式"概念,考察科学革命的发展问题,指出科学研究存在非理性和不确定因素。多西(Dosi,1988)在库恩"范式"概念基础上,将技术范式转变与技术革命的经济发展紧密关联,提出"技术—经济范式"概念,将其定义为"解决技术经济问题的一种方式"。萨哈尔(Sahal,1985)将技术范式看成是技术路标,纳尔逊和温牧(Nelson,Winter,1982)将技术范式看成是技术轨道。Perez(1983,1985)以及 Freeman 和 Perez(1988)则结合熊彼特商业周期理论和唐德拉捷夫长周期理论更为全面系统地提出了技术—经济范式理论。正如杨博(2017)指出,"技术范式的出现是源自科学范式的成功,将技术这一基于科学发展来解决社会经济问题的总方法的发展规律同样也有了明确的发展动态图景"。因此,技术范式理论集合了技术哲学、技术史学、技术经济学等多学科领域的研究体系,主要利用辩证法、系统论和整体论等分析方法,来研究技术轨道和相应的技术经济范式转换。

能源技术—经济范式的绿色转换与绿色发展理念密切相关。绿色思潮经历了倡导生态可持续能力的弱可持续模式和应对气候变化、降低碳排放量的强

可持续模式。Cooke(2008)提出经济增长新技术范式——后碳氢化合物范式或绿色技术范式。Perez(2016)进一步将绿色发展理念和技术革命相结合,提出传统的能源技术范式和现有的信息技术—经济范式无法有效应对全球环境危机、增长危机和治理安全问题,应推动全球构建绿色智能技术—经济范式,加快能源变革及其增长转型。

技术—经济范式理论对能源技术及其经济增长转型的动力源泉(技术变革)和判断标准(技术—经济轨道的转换)的研究具有重大影响。但技术—经济范式的研究方法主要基于辩证法、系统论、整体论等定性分析,普遍缺乏量化研究,难以有效诠释能源技术以及经济增长"如何转型"的演变路径、核心变量的传导机制及其影响效应。

二、能源技术进步偏向理论与经济增长转型

将能源技术和长期增长的关联作用理论化并模型化的重要理论基础是基于技术进步偏向的理论体系。技术进步偏向的早期思想可见于 Hicks(1932)关于要素价格变化是技术偏向诱发动力的论述。新古典增长理论和内生增长理论结合能源要素探讨了技术偏向的激励机制。但新古典增长理论模型将价格影响作为要素替代的激励机制,并不直指技术偏向性。

新古典增长理论的代表性研究框架包括基于资源约束的新古典增长DHSS 模型(Dasgupta,Heal,1974;Solow,1974;Stiglitz,1974)和基于环境约束的 DICE-RICE 模型(Nordhaus,2008)。DHSS 模型建立了基于资源约束的新古典增长理论标准分析框架。Suzuki(1976)、Chiarella(1980)等在 DHSS 模型基础上将技术内生化。Groth(2007)、Aghion 和 Howitt(1998)将可耗竭资源纳入最终产品生产函数,但均不纳入 R&D(研发)部门或人力资本累积方程。DICE-RICE 模型的技术设定是外生的,与新古典增长理论接近。

内生增长理论的一类代表性研究框架是在 DHSS 分析框架下将技术内生化。技术内生化形式包括 Arrow(1962)的"干中学"、Romer(1990)的有目的研发活动和 Lucas(1988)的人力资本累积三类。众多文献在 DHSS 模型的基础上扩充技术内生化形式(Aghion,Howitt,1992;Mankiw et al.,1992),论证技术进步如何内生影响长期经济增长趋势,如何改善能源耗竭性和外部性问题。但该类研究与新古典增长理论研究类似,实际基于传统化石能源技术提升的逻辑假设,并不针对能源技术的根本转变或可再生能源技术创新的变革作用。

内生增长理论的另一类代表性研究框架是 Acemoglu(2003)的有偏技术进步模型,其探讨技术进步来源和长期经济增长均衡。该模型有效论证了技术结构偏向的微观机制,即在技术替代性约束下由要素价格和市场规模效应共同决定并不断强化。Acemoglu 等(2012)将该模型用于清洁技术偏向研究,论证了

在价格效应、规模效应和创新效应下,能源技术清洁化偏向将引致更大产业潜力和经济利益,将进一步锁定专业化技术创新,创新偏向和增长均衡被内生决定。该研究有效结合了清洁能源技术创新和增长转变来探讨长期经济发展问题,为可再生能源技术偏向及其经济增长转型研究奠定了丰富的理论基础。

基于以上两类内生增长模型,可再生能源技术创新机制与影响增长转型的研究仍存在不足,具体体现在可再生能源技术进步方式没有得到充分讨论,简化了创新形式及其成本效应影响路径和程度差异。即使在以内生增长模型或能源系统模型为基础的量化研究中,CGE、MARK 或 CGE-MARK 等体系模型可以模拟可再生能源成本效应,但它们无法做出理论解释。相应地,政策工具也将低估可再生能源技术创新作用及其影响增长转型的长期效应。有必要对可再生能源技术进步方式、成本因素与经济增长效应进行系统研究。

第三节　可再生能源技术创新与产业链成本研究

正如海夫纳三世(2013)所言:"每种燃料的退出,并不是因为我们耗尽了这种燃料,而是因为它导致了过高的社会成本(包括经济、环境以及安全方面)。"传统主流能源——化石能源——的稀缺性和环境外部性已显著影响经济社会的可持续发展,而新兴替代能源必须具备经济性与环保性的技术优势。由此,本节梳理可再生能源技术创新与产业链成本理论的相关文献(产业链成本涵盖生产成本和应用成本),而第四节将梳理可再生能源外部特性与环境成本效应的相关文献。

一、可再生能源技术创新与生产成本效应的理论研究

可再生能源技术创新与生产成本效应的主要理论基础是"干中学"理论、技术创新理论和创新系统理论,实证检验支持仅有新兴可再生能源(光伏、风电)的成本变化符合长期成本下降趋势的观点(Azevedo et al.,2013)。阿罗(Arrow,1962)的"干中学"理论认为,人们通过学习获得知识,技术进步是知识的产物、学习的结果,而学习又是经验的不断总结,经验来自行动,经验的积累就体现于技术进步上。"干中学"的成本效应则反映生产经验(表现为产量累积)积累能促进技术进步、降低单位成本,而非研究开发。熊彼特(Schumpeter,1942,1980)的创新理论提出,创新在引入一种新的生产力的同时也对旧的生产力产生了破坏,从而创新是一种"革命性"变化,可以创造新的价值。技术创新的成本效应则反映"探索学习"效应,即技术创新如何在技术不确定性

(Freeman,1994)和技术效益滞后性(Rosenberg,1994)影响下,通过自主创新、研发创新提高商品生产效率进而降低成本。Metcalfe(2010)等综合阿罗、熊彼特的理论及其后续研究,如技术生命周期理论(Utterback,1996)、集群创新理论(Kline,Rosenberg,1986)等,提出创新系统理论,强调关键要素——知识、学习、能力——的系统作用,从微观层面的知识积累和能力提升解释复杂系统的创新行为。创新系统的成本效应则通过多种类型的学习效应——"干中学""探索学习"和产业链互动的"交互学习",反映创新的动态性和复杂性,促进技术进步,降低生产成本。

可再生能源技术创新的成本效应研究最初是基于实践观察。Argote 等(1990)最早发现光伏发电设备制造成本符合飞机和船只制造业(Wright,1936;Rapping,1965)的学习曲线成本效应,即产量累积具有技术进步效应——"干中学"效应,能促进技术学习,提高生产效率,降低生产成本。Neij(1997)的实证研究支持风电设备也符合以"干中学"效应为核心的简单学习曲线的成本变化规律。IEA(2000)在《基于学习曲线的能源技术政策研究》中指出,学习曲线高度拟合各国能源技术成本数据,尤其是新兴能源技术如风电、光伏等。

"干中学"效应是成本变化的核心因素,但并不适宜解释重大技术突破引起的成本变化。技术重大变革无不依靠主动的、持续的研发(R&D)创新活动,而基于"干中学"效应的学习曲线无疑忽视了 R&D 创新影响。Morgan 和Tierney(1998)较早地提出了 R&D 对推动能源技术进步的重要作用。Swanson(2006)较早地探讨了可再生能源技术 R&D 投入对降低成本的影响。Kobos 等(2006)和 Jamasb(2006)最早验证了可再生能源成本降低遵循学习曲线的数学特征,由技术学习率和产量增速共同决定。

一方面,创新系统理论涵盖"干中学""探索学习""交互学习"等多样化的技术进步方式与创新成本效应。但由于存在模型构建、数据可获性和估计拟合性方面的难度,融合三类效应的文献研究较少,实证文献几乎空白(Nemet,2012)。另一方面,尽管三类理论极大丰富了学习曲线的解释力,但早期模型建立在数据拟合基础上的经验曲线,没有严格的理论推导,缺乏以投入产出为基础的成本关联,仅能"自上而下"解释成本变化。后期模型重点改进构建"自下而上"解释成本效应的学习模型,但仍难以有效解释国家间成本变化的巨大差异,也缺乏相应的理论拓展。

二、可再生能源技术创新与生产成本效应的分析方法

可再生能源生产成本的分析主要利用学习曲线模型。学习曲线建模方法分为两类:"自上而下"和"自下而上"解释成本变动。前者主要利用数据拟合成本变化的经验曲线,后者利用经济学或工程学分析框架进行成本建模。文献

中,两类方法均被用于探讨可再生能源长期成本趋势,验证技术学习率的成本效应。

(一)单变量学习曲线

Argote 等(1990)建立了基于实践观察的学习曲线,具体表示为:

$$C_t = C_0 = \left(\frac{Q_t}{Q_0}\right)^{-b} \tag{1-1}$$

$$LBD = (1 - 2^{-b}) \times 100\% \tag{1-2}$$

其中,C_t 是 t 期产品单位生产成本,C_0 是期初产品单位生产成本,Q_t 和 Q_0 是 t 期和期初的累计产量,b 是"干中学"经验指数。技术学习率(LBD)表示为产量增长一倍的成本下降比例$(1 - 2^{-b}) \times 100\%$。技术学习率越高,成本降低效应越显著。

(二)双变量学习曲线

Swanson(2006)构建双变量学习曲线,用于(光伏)新能源技术的成本分析,具体表示为:

$$C_t = C_0 = \left(\frac{Q_t}{Q_0}\right)^{-b} KR^{-a} \tag{1-3}$$

其中,KR 是 R&D 投入的存量,反映企业自身研发投入和从其他研发机构所获得的知识累积,a 反映知识存量的成本效应,是"探索学习"效应指数。双变量学习曲线反映了"干中学"效应和"探索学习"效应对成本变化的共同作用。尽管双变量模型有助于更好地解释新能源技术成本变化,也更有效地减少了计量估计中遗漏变量的问题,但由于 R&D 数据可获性低,运用双变量模型的实证研究很少。

(三)超越学习曲线

无论是单变量模型还是双变量模型,都存在以下几点问题。首先,模型建立在实证数据的基础上,"自上而下"地解释成本变化,并没有进行严格的模型推导。其次,不同样本时间内技术学习率的估计值差异较大。最后,无法解释个别年份实际数据与拟合曲线之间较大的偏离。文献对此解释如下:一是成本数据往往用市场价格作为代理变量,市场价格可能受到更多因素的干扰;二是技术学习率的变化与技术发展阶段有关,遵循经验效应边际下降和技术生命周期阶段性特征(Jamasb,2006);三是仍然存在着遗漏变量的问题。Swanson(2006)、Nemet(2006)指出,除了技术学习效应,诸如投入品成本、利润等因素也会影响成本变化。

为克服"自上而下"建模存在的问题,Nemet(2012)基于产业链生产成本变化关联,构建"自下而上"多变量模型:

$$\Delta C_t = \sum \Delta C_{kf,t} \tag{1-4}$$

其中,ΔC_t 和 $\Delta C_{kf,t}$ 是 t 期总成本变化和成本构成变化。由于成本因素众多,该研究主要包含成本变化显著的因素,如劳动力和材料价格、制造商利润和质保成本等。

多变量模型还可通过成本最小化分析框架进行建模,如 Qiu 和 Anadon(2012)的模型:

$$C_t = ZCQ_t^{-b}KS_t^{-a}\Pi p_{i,t}^{e_i}\Pi CV_{j,t}^{f_j} \tag{1-5}$$

其中,C_t 是机组成本,Z 是常数,CQ_t、KS_t 和 $p_{i,t}$ 分别是 t 期产量、知识存量和投入品 i 的价格,CV_j 代表区位条件的控制变量。该建模体系更完善,兼顾了以投入产出为基础的成本关联和技术进步的成本效应。

还有一类模型建立在工程学分析框架下,以成本构成为基础进行评估(Azevedo et al.,2013)。成本方程式融合学习曲线和以工程学技术为基础的规模方程的模型。其中,规模效应强调可再生能源发电技术的单机规模经济效应,具体如 Coulomb 和 Neuhoff(2006)风电机组的成本建模所示:

$$C_t(D,H) = CQ_t^{-b}\sum C_{ci,t}^{e_i}(D,D_{ref},H,\mu) \tag{1-6}$$

其中,$C_{ci,t}$ 是风电机组构成部件 i 在 t 期的单位成本,D、D_{ref}、H 和 μ 是主要具有规模效应的部件,如风轮直径、基准直径、塔高和随质量变化的成本构成部分的主要规格指标。部件成本与指数形式有关(e_i)。从量化评估结果来看,600千瓦以下的风电机组存在规模经济效应,超过此标准后则呈现规模不经济。尽管这一结果在工程成本评估中已得到文献检验,但在经济模型中并没有得到重视。

三、可再生能源技术创新与生产成本效应的代表性实证文献

基于不同的理论体系和研究方法,大量实证研究估计了可再生能源技术创新的生产成本效应。以下依据技术类别,梳理代表性文献和研究结论。

(一)风电技术

风电技术主要生产成本构成是风电机组部分,还可延展到静态发电成本。如表 1-1 所示,风电机组技术创新与成本效应的文献研究以 Neij(1997,1999,2008)为代表,其对德国、瑞典、西班牙、丹麦等国别和全球市场进行单变量学习曲线实证研究,得到的学习率在 2% ～ 11%。风电成本研究以 Kobos 等(2006)、Jamasb(2006)、Söderholm 和 Klaassen(2007)等为代表,这些研究对欧盟国家和全球市场进行双变量学习曲线实证研究,得到的综合学习率在 12% ～ 26.8%。中国市场主要对风电成本进行实证分析,以徐丽萍和林俐(2008)、朱雨晨等(2012)和邸元等(2012)为代表进行单变量或双变量模型检验,"干中学"和"探索学习"的成本效应均在 4% ～ 12.7%。然而,这些文献结果并未能解释

中国风电产业所具有的技术优势,无法有效说明风电成本较快下降的地区市场特征。

表 1-1　风电简单学习曲线的代表性文献

文献	研究时段(年份)	研究对象	模型	应变量	自变量	学习率/%
Neij(1997)	1982—1995	德国	OFLC	标价(美元/千瓦时)	累计产量(太瓦时)	4
Neij(1999)	1982—1997	德国	OFLC	发电机组标价(美元/千瓦)	累计销售(兆瓦)	2~8
Neij 等(2003)	1978—2000	德国	OFLC	发电机组生产价格(欧元/千瓦)	累计产量(兆瓦)	8
Neij 等(2003)	1981—2000	德国	OFLC	发电机组安装价格(欧元/千瓦)	累计安装量(兆瓦)	9
Neij 等(2003)	1983—2000	德国	OFLC	发电机组生产价格(欧元/千瓦)	累计产量(兆瓦)	6
Neij 等(2003)	1987—2000	德国	OFLC	发电机组安装价格(欧元/千瓦)	累计安装量(兆瓦)	6
Neij 等(2003)	1994—2000	瑞典	OFLC	发电机组安装价格(欧元/千瓦)	累计安装量(兆瓦)	4
Neij 等(2003)	1984—2000	西班牙	OFLC	发电机组安装价格(欧元/千瓦)	累计安装量(兆瓦)	9
Neij(2008)	1990—2000	全球	OFLC	发电机组标价(美元/千瓦)	累计安装量(兆瓦)	11
MacKay 和 Probert (1998)	1981—1996	美国	OFLC	资本成本(美元/千瓦时)	累计产量(太瓦时)	14.3
Klaassen 等(2005)	1986—2000	丹麦、德国、英国	TFLC	投资成本(美元/千瓦)	累计安装量(兆瓦)	18
Junginger 等(2005)	1990—2001	西班牙	OFLC	投资成本(欧元/千瓦)	累计安装量(兆瓦)	15
Junginger 等(2005)	1992—2001	英国	OFLC	投资成本(欧元/千瓦)	累计安装量(兆瓦)	19
Coulomb 和 Neuhoff (2004)	1991—2003	全球	OFLC	德国价格(欧元/千瓦)	全球累计安装量(兆瓦)	12.7

续表

文献	研究时段(年份)	研究对象	模型	应变量	自变量	学习率/%
Kobos 等 (2006)	1981—1997	美国	TFLC	资本成本 (美元/千瓦)	累计安装 量(兆瓦)	18
Jamasb(2006)	1994—2001	全球	TFLC	投资成本 (美元/千瓦)	累计安装 量(兆瓦)	26.8
Söderholm 和 Klaassen (2007)	1986—2000	丹麦、德 国、英国、 西班牙	TFLC	投资成本 (美元/千瓦)	累计安装 量(兆瓦)	12～13.2
徐丽萍、林俐 (2008)	1990—2005	中国	OFLC	电力成本 (欧元/千瓦时)	累计安装 量(兆瓦)	5～14
朱雨晨等 (2012)	1997—2011	中国	OFLC	电力成本 (欧元/千瓦时)	累计安装 量(兆瓦)	6
邸元等(2012)	1991—2008	中国	OFLC	资本成本 (元/千瓦时)	累计安装 量(兆瓦)	12.7

(二)光伏发电技术

光伏发电技术是学习效率最显著的技术(见表1-2),主要生产成本构成是光伏组件部分,也可延展到静态发电成本。BCG(1968)、Swanson(2006)等早期实证研究发现,光伏机组累计装机量翻番时成本下降20%左右。Kerr 和 Chiavari(2009)、Stern(2006)和 Nemet(2006)强调公共机构 R&D 投入的作用,并指出国家对光伏技术 R&D 资金投入严重不足。Shum 和 Watanabe(2006)研究日本光伏企业 R&D 支出和生产投资支出,不仅验证了"干中学"经验累积的学习作用不可忽视,更验证了 R&D 投入对成本降低的首位作用。在学习效应上,光伏技术学习率在5%～47%,普遍水平较高,但波动较大。中国光伏发电和组件成本实证研究主要利用单变量模型,以张雯等(2013)、隋礼辉(2012)、Zhang 等(2012)和郭辉(2011)等为代表,"干中学"效率在5%～25%。显然,这些实证结论也无法有效解释中国光伏制造成本持续较低的地区市场特征。

表 1-2 光伏发电简单学习曲线的代表性文献

文献	研究时段 (年份)	研究 对象	类型	应变量	自变量	学习率 /%	拟合度
Schaeffer 等 (2004)	1992—2001	德国	系统	平均售价 (欧元/瓦)	安装量 (兆瓦)	29	0.96
Schaeffer 等 (2004)	1988—2001	全球	组件	平均售价 (欧元/瓦)	安装量 (兆瓦)	26	—

续表

文献	研究时段（年份）	研究对象	类型	应变量	自变量	学习率/%	拟合度
Schaeffer 等（2004）	1992—2001	德国	平衡系统	平均售价（欧元/瓦）	安装量（兆瓦）	22	0.87
Schaeffer 等（2004）	1992—2001	荷兰	平衡系统	平均售价（欧元/瓦）	安装量（兆瓦）	19	0.93
Strategies Unlimited（2003）	1976—2001	全球	组件	全球平均售价（美元/瓦）	交货量（兆瓦）	20	—
Strategies Unlimited（2003）	1987—2001	全球	组件	全球平均售价（美元/瓦）	交货量（兆瓦）	23	—
IEA（2000）	1976—1996	欧盟	组件	销售价格（美元/瓦）	累计销售量（兆瓦）	16~47	—
Harmon（2000）	1968—1998	全球	组件	投资价格（美元/千瓦）	累计安装容量（兆瓦）	20.2	0.99
Parente 等（2002）	1981—2000	全球	组件	销售价格（美元/瓦）	累计生产容量（兆瓦）	20.2~22.8	0.977~0.988
IEA（2000）	1985—1995	欧盟	组件	生产成本（美元/千瓦时）	累计产量（太瓦）	35	—
IEA（2000）	1976—1992	世界	组件	销售价格（美元/瓦）	累计销售量（兆瓦）	18	—
IEA（2000）	1980—1995	欧盟	发电设备	电力成本（欧元/千瓦时）	累计电力生产（太瓦）	35	—
IEA（2000）	1976—1996	欧盟	组件	销售价格（欧元/瓦）	累计产量（兆瓦）	16~47	—
张雯 等（2013）	2005—2012	中国	光伏发电	电力成本（元/千瓦时）	累计安装量（兆瓦）	5	—
隋礼辉（2012）	2010—2020	中国	光伏发电	电力成本（元/千瓦时）	累计安装量（兆瓦）	15~25	—
Zhang 等（2012）	2005—2010	中国	组件	组件成本（元/千瓦）	累计安装量（兆瓦）	14	—
郭辉（2011）	2011—2031	中国	光伏发电	电力成本（元/千瓦时）	累计安装量（兆瓦）	5.36	—

（三）生物质发电技术

生物质发电技术的实证研究集中在欧美国家，涉及原料、生产和发电等生物能源各环节的成本效应（见表1-3）。研究结论显示，生物质能源技术学习率显著，在0%~45%，普遍在10%~15%。与风电技术相当，但低于光伏技术。由于数据可获性低，中国生物质发电技术缺乏学习效率实证研究，无法进行比较。

表1-3　生物质发电简单学习曲线的代表性文献

文献	研究时段（年份）	研究对象	类型	应变量	自变量	学习率/%	拟合度
Bake 等（2009）	1975—2004	巴西	甘蔗	甘蔗成本（美元/吨）	累计甘蔗生产（百万吨）	32	0.85
Hettinga 等（2009）	1980—2005	美国	玉米	玉米成本（美元/吨）	累计玉米生产（百万吨）	45	0.87
Berghout（2008）	1971—2006	德国	菜籽	菜籽生产成本（美元/吨）	累计菜籽生产（百万吨）	19.6	0.97
Koornneef 等（2007）	1976—2005	全球	流化床CHP电厂	价格（美元/千瓦时）	累计产量（净兆瓦电力）	7~10	—
Junginger 等（2006）	1990—2002	瑞典	流化床CHP电厂	投资成本（元/千瓦）	累计产量（净兆瓦电力）	13	0.21
Junginger 等（2006）	1990—2002	瑞典	流化床CHP电厂	电力成本（美元/千瓦时）	累计安装量（净兆瓦电力）	8~9	—
Junginger 等（2006）	1988—1998	丹麦	农业生物质	投资成本（美元/天）	累计电量生产（兆千瓦时）	12	—
Junginger 等（2006）	1984—1997	丹麦	农业生物质	生产成本（美元/米^3）	累计沼气生产（米^3/天）	24	0.98
Junginger 等（2006）	1984—1991	丹麦	农业生物质	生产成本（美元/米^3）	累计沼气生产（米^3/天）	15	0.98
Junginger 等（2006）	1991—2001	丹麦	农业生物质	生产成本（美元/米^3）	累计沼气生产（米^3/天）	0	—
Junginger 等（2006）	1975—2003	瑞典和芬兰	林业生物质	木料价格（美元/吉焦）	累计生产（拍焦）	12~15	—

(四)其他可再生能源技术

关于其他可再生能源技术,如水能、氢能、海洋能技术,生产技术创新的学习效率实证研究较少。以水电为例,参阅到一篇文献(见表1-4),不详细展开说明。

表 1-4　水电简单学习曲线的代表性文献

文献	研究时段(年份)	研究对象	应变量	自变量	学习率/%	拟合度
Kouvaritakis (2000)	1975—1990	OECD	投资成本 (美元/兆瓦)	累计容量 (兆瓦)	1.4	—

四、可再生能源技术创新与发电成本效应的理论基础

可再生能源电力成本研究主要基于发电成本理论和成本收益平衡理论。发电成本理论是发电成本构成和变动的工程经济理论(Short et al.,1995),探讨如何加总全生命周期成本、估算单位成本,预测成本变化以及影响因素的成本效应。按照工程建设安装、运营维护等产业环节或资本性和运营性成本性质,发电成本可进行细分,具体包括工程项目的设备购买安装费用、土木工程费用和预备费用等,也包括电力企业日常生产、经营过程中发生的燃料费、折旧费、水费、材料费、工资及福利费、维修费等成本以及合理的管理费用、销售费用和财务费用。成本变化取决于融资结构、经营期限、系统利用效率、原料价格变化等因素,通常用净现值法和敏感性分析进行研究。

常规电力发电成本理论并不完全适用于可再生能源发电成本研究。如可再生能源系统效率不取决于机组利用效率,而取决于转化效率和资源条件;电力技术的项目运行周期并不相同,不适宜用总成本指标比较不同项目技术的经济性;可再生能源没有稀缺性约束,无须燃料成本,也不受燃料成本波动的影响。由此,Short 等(1995)在《能源效率与可再生能源的经济学指南》中,以发电成本收益构成为基础,最早提出了衡量可再生能源发电成本收益平衡的经济学分析框架,即量化电力项目在投资和运行全周期内的资金流出流入平衡以及影响资金流动的金融、财税等因素作用。在此基础上,平准化电力成本(LCOE)被提出并广泛应用于比较不同电力技术、不同发电系统在不同区位条件下的电力成本水平(Ocampo,2009)。

平准化电力成本是在基准收益率基础上实现盈亏平衡,或在给定预期收益率情况下净现值为零,由此确定的可再生能源发电成本反映全周期内项目投资的盈亏水平,使得不同电源成本在同一基准收益率下进行有效比较。由于平准化电力成本涵盖给定预期收益率,因此其也被称为平准化电力价格。但平准化

电力成本还存在不足,其理论体系无法有效解释技术创新及其不确定性效应,无法涵盖可再生能源技术环境价值。

能源技术创新的电力成本效应体现在成本因素的动态变化效应,且多见于量化研究。作为成熟能源技术,传统能源技术创新的电力成本效应体现为线性,即各类成本稳步下降或无下降,不存在重大成本技术性突破。作为新兴能源,风、光、生物质等能源技术创新成本效应显著,但建设、安装和发电环节的技术创新趋于成熟,成本效应趋向线性形式。由此,近期文献研究转向可再生能源创新理论、风险理论、环境外部性理论与发电成本理论相结合研究可再生发电成本效应,但研究成果主要围绕量化方法创新而非理论突破。

五、可再生能源发电成本评估的分析方法

(一)平准化电力成本估算法

IRENA(2012)利用净现值法(NPV),将平准化电力成本(LCOE)简化为:

$$NPV = \sum_{t=0}^{T} \frac{Earnings_t - Cost_t}{(1+k)^t} = 0 \tag{1-7}$$

$$\sum_{0}^{T} \frac{Earnings}{(1+k)^t} = \sum_{t=1}^{T} \frac{LCOE \cdot Q_E}{(1+R_{dis})^t}; \quad \sum_{0}^{T} \frac{Cost_t}{(1+k)^t} = CI + \sum_{t=1}^{T} \frac{O\&M_t + F_t}{(1+R_{dis})^t} \tag{1-8}$$

$$LCOE = \frac{CI + \sum_{t=1}^{T}(O\&M_t + F_t) \cdot (1+R_{dis})^{-t}}{\sum_{t=1}^{T} Q_E \cdot (1+R_{dis})^{-t}} \tag{1-9}$$

其中,总成本(Cost)包括期初($t=0$)资本投资(CI)、运行维护成本(O&M)和燃料成本(F)的现值;R_{dis}是预期贴现率,将 t 期成本进行贴现。总收益为当期LCOE 与发电量(Q_E)乘积的现值。传统火电平准化电力成本中包含了燃料成本(F),即电煤、燃气或原油成本,而大部分可再生能源没有燃料成本。火电项目运营周期(t)通常处于行业内认可的生命周期合理范围,与可再生能源项目也有差异。若考虑融资成本和税收成本差异,还可在上式中依据国别特征,加入这些相关变量。

然而,平准化电力成本简化模型的技术与经济类指标的衡量备受争议(Chandrasekar et al.,2005;Lacey,2010)。议题集中在:一是如何将指标的动态变化,尤其是技术创新效应纳入核算模型;二是如何精确计量融资方式与融资成本;三是如何完善指标体系来充分反映可再生能源的经济与环境价值。由此,蒙地卡罗模型被应用于模拟条件改变下可再生能源发电成本的动态变化(Darling et al.,2011);美国国家可再生能源实验室等机构设计的太阳能顾问模

型(SAM),将特定区域的技术适应性和金融选择加入模型系统,成为最广泛适用于核算光伏发电经济可行性的系统模型软件分析(DOE,2011);生命周期模型(LCA)用于可再生能源发电周期内 CO_2 减排的收益分析(Fthenakis,2009),并被美国能源部和英国政府纳入电力成本核算体系(DOE,2011;MacDonald,Schrattenholzer,2001)。

(二)学习曲线电力成本估算法

学习曲线模型反映了技术进步的长期成本效应,能较好地弥补 LCOE 模型无法直接体现指标动态变化的缺陷,也被大量文献用于预测可再生能源投资成本,并近似替代发电成本。但学习曲线估计发电成本也存在重点缺陷:一是以产品的技术学习率替代系统效率,易高估技术进步效率;二是项目运行费用较为固定,通常无法纳入学习曲线成本体系,易低估发电成本变化;三是成本不包括融资、地理、政策因素,难以评估投资条件的影响效应。由于这些问题难以在模型体系中进行修正,学习曲线通常被用于分析长期成本趋势,而不用于电源成本比较。

六、可再生能源技术创新与成本竞争力的代表性实证文献

大量文献以平准化电力成本模型为基础对可再生能源以及其他传统能源技术发电成本进行了预测(见表1-5)。影响力最大的包括 IEA、IRENA 等国际机构的中长期成本预测,各国政府机构制定的技术路线图中有关电力技术中长期成本目标,以及投资银行电力技术成本的评估报告,如 Lizard 投资银行已连续11年发布美国电力技术成本评估报告,用于预测最佳可行可再生能源技术。

表1-5 代表性文献国别平准化电力成本估算

能源类别		德国(2018,欧元/兆瓦时)		英国(2015,英镑/兆瓦时)		美国(2015,美元/兆瓦时)		美国(2017,美元/兆瓦时)		法国(2011,/兆瓦时)
		低成本	高成本	低成本	高成本	低成本	高成本	低成本	高成本	成本
风电	陆地	40	82	47	76	40	80	30	60	69
	海上	75	138	90	115	100	200			
太阳能	光伏	37	115	71	94	60	250	43	319	293
生物质发电		101	147	85	88	90	110	44	114	
水能	传统					30	100			20
	小型				140					

数据来源:Fraunhofer ISE(2018),The Climate Council(2014)。

基于平准化电力成本模型,中国可再生能源发电成本估算主要体现在各类技术路线图的目标预估中。如在《中国风力发电技术路线图》(国家发改委,2011)的预测中,到 2020 年陆上和近海风电单位投资成本分别达到 7500 元/千瓦和 14000 元/千瓦,上网电价分别达到 0.51 元/千瓦时和 0.77 元/千瓦时,但仍高于燃煤标杆上网电价。而在《中国可再生能源发展路线图 2050》(RED,2014)中,2020 年进一步调整为实现与燃煤发电的竞争性水平,2025 年光伏发电也实现平价上网,且到 2030 年前,其他新兴能源技术如海洋能、生物质能争取达到竞争性成本水平。

中国可再生能源技术创新的成本竞争力研究更多是利用学习曲线来进行实证分析。张雯等(2013)估计了 2005—2010 年光伏发电成本学习率变化范围在 15%~25%。在学习率为 25% 的情景下,2020 年光伏发电成本可以降至 0.3 元/千瓦时,完全具备成本竞争力。隋礼辉(2012)估计,2005—2010 年学习率在 17% 的平均水平,到 2020 年发电成本达到 0.65 元/千瓦时,预测可以实现商业化运作。郭辉(2011)利用 2000—2010 年调研数据估计单因素学习达到 32.1%,到 2019 年光伏发电装机容量增长至 953.5GW,发电成本降至 0.211 元/千瓦时,相对火电具备成本竞争力。

第四节　可再生能源环境价值与外部成本研究

化石能源的环境外部性已显著影响经济社会的可持续发展,可再生能源环境价值正是反映了其相对化石能源的环境贡献。本节从能源外部性的理论溯源、可再生能源环境价值的分析方法以及代表性研究的实证结果进行文献梳理。

一、可再生能源环境价值的理论基础

外部性理论和公共物品理论是可再生能源环境价值或常规化石能源外部效应的理论基础,其中外部性理论是核心。外部性是一个经济主体影响了另一个经济主体的效用,而这种影响没有通过市场得以实现。马歇尔(Marshall,1948)在《经济学原理》中最早提出"外部经济"理论,为外部性理论奠定了基础。庇古(Pigou,1920)在《福利经济学》中把"外部经济"概念进一步拓展到"外部不经济",将外部性问题的研究对象从外部因素对企业的影响效果转向企业或居民对其他企业或居民的影响效果,并提出了当存在正外部性时给以补贴,当存在负外部性时征收"庇古税"的理论。科斯(Coase,1960)在《社会成本问题》中认为,在产权得到明确界定的情况下,外部性问题的解决同样可以采取协商和交易的市场手段,"庇古税"只是特例。外部经济理论、"庇古税"理论和科斯定理共同构成外部性理论的重要基石。

常规能源的外部性类别较多,既有开采环节和运输环节的外部性,也有发电利用和加工提炼环节的外部性;既有环境污染的外部性,也有生态体系破坏的外部性;既有生产效率的外部性,也有健康安全的外部性。需要对化石能源的外部效应和影响作用进行合理评估,也需要采取政策措施加以解决。

解决常规能源环境外部性问题或体现可再生能源环境价值问题有两种截然不同的政策路径:财税路径和产权路径。财税路径通过政策征税和补贴,把私人收益与社会收益的背离或私人成本与社会成本的背离所引起的外部性进行内部化。产权路径强调通过市场交易或自愿协商的方法解决外部性,前提是产权界定清晰。当产权界定不清晰时,采取配额制强行进行市场交易。

二、可再生能源环境价值的分析方法

可再生能源环境价值体现在化石能源的外部影响。外部影响的讨论集中在外部成本分析。研究方法主要体现在 1991 年、2001 年和 2005 年欧盟与美国合作项目"能源外部成本"的系列研究中。目前,外部成本分析方法包括三类。

(一)"自上而下"分析法

早期的外部成本分析用的是"自上而下"分析法。这种方法采用高度综合数据,利用文献中排放量和环境影响数据,估算特定污染物的损害值(Hohmeyer,1988)。如 Hohmeyer(1988)的德国火电厂外部成本研究、CAEP(2014)的中国煤炭外部成本研究(见表 1-6),均使用"自上而下"方法,其列出污染物排放清单,依据相对毒性因子赋予排放物权重,从这些污染物总的损害中,估算出火电厂所占的比重。"自上而下"分析法对数据的要求较低,可以在缺乏详细信息的情况下做出初步的估计,但不能显示影响随具体地点和时间的变化而发生的变化,也不能用于计算边际成本。

(二)"自下而上"分析法

"自下而上"分析法允许使用某单个地点的特定技术的排放数据。其以能源链为基础,估算各节点的排放数据、污染方式等,计算出相应的环境和社会影响(Friedrich,Bickel,2001)。这种方法使用具体位置和技术的排放数据、污染物扩散模式、接受体的详细信息和剂量—响应函数等来计算全能源链的活动造成的环境和社会影响,然后以货币单位来计量这些影响。在表 1-6 有关燃煤发电的环境影响评估体系比较中,姜子英(2008)的研究最能体现"自下而上"分析法,最便于对具体技术、具体位置的电力项目进行外部成本评估。"自下而上"

分析法由于通过从"负担"到"影响"再到后来的"价值计量"的连续路径进行分析,因此也被称为影响路径法。

(三)生命周期分析法

生命周期分析法是盛行的环境评价工具,它将评价追根到净能量分析,是基于系统或过程中所有能量流和物质流的详细计量(Bickel,Friedrich,2005)。应用生命周期分析法的一个主要问题是要注意确定"系统边界"和定义所研究系统的分析范围。对系统做一些限定显然是必要的,否则分析将变得难以操作。然而需要特别注意边界的划分,要使所有同分析结果相关的因素能够被评价。因此,"系统"应当包括所研究过程的上游和下游引起的(物质和能量)流。结果常高度依赖于定义的系统边界,所以需要谨慎地设定边界。

由于外部成本货币化计量需要,文献中探讨了市场化计量的各类方法。因分析方法、区域选择、能源技术等差异,常用 10 种方法。表 1-6 比较了燃煤发电外部成本两个代表性研究在产业链不同环节的货币化计量方法,有相似,也有差异。其中,姜子英(2008)的研究更为全面。

表 1-6　燃煤发电的环境影响评估体系比较

类型	CAEP (2014)		姜子英(2008)	
	IC①	MM②	IC	MM
开采的环境污染	水、空气和废物污染	1,2,3	水、空气和废物污染,采矿事故	2,4,6,7,8,9,10
开采的生态破坏	水体、陆地、森林、草地和湿地生态破坏	4,5,2	水体、陆地、森林、草地和湿地生态破坏	2,4,6,7,8,9
煤炭运输	粉尘和损耗	4,1	粉尘和噪声	2,4,6,7,8,9
煤炭利用	燃煤污染、农业生产污染、碳排放	3,4	燃煤发电:水和空气污染	2,4,6,7,8,9

注:①IC 表示影响分类;②MM 表示货币化方法,货币化方法包括机会成本法(OCA)、修复成本法(RCA)、人力资本法(HCA)、市场价格法(MVA)、影子价格法(SPA)、疾病成本法(CIA)、支付意愿法(WTP)、家庭生产函数法(HPF)、单位收益移植方法(UVT)、赔偿标准(CS),数字 1—10 分别表示以上各方法。

三、可再生能源环境价值的代表性实证文献

常规能源中,燃煤发电的外部成本研究最具代表性。主要争议之处在于其外部成本和内部化程度的估算。文献基本认为外部成本未能完全内部化或计入电价,但对于外部成本涵盖范围以及未能实现的内部化程度,相关研究结论分歧较大。下文以国内文献为例,进行相关梳理。

早期文献多关注于开采环节外部化成本,以外部效应的边际成本模型、环境价值评估法、环境污染和生态破坏经济损失评估法、绿色国民经济核算等方法,对煤炭开采造成的安全、资源、生态环境问题进行了重点研究,得到持煤炭资源自身价值损耗和生态环境价值损失未得到充分补偿的研究结论(周丽等,2009;李国平、张海莹,2011)。外部成本不仅包括生态环境损失,还应包括防护性支出、恢复治理成本等(吴强,2008;党晋华等,2007;艾建华,徐金标,1999),每吨煤损失 19.9～63.8 元(张文丽,连璞,2008)。

目前文献以产业链为基础,关注在煤炭开采、运输及使用的全生命周期内造成的一系列损失,并采用价值评估法进行损失核算。环境保护部环境规划院(2014)两次估算了煤炭的外部成本。2010 年,每吨煤的环境外部成本为204.76 元,相当于煤炭价格的 28%。其中,煤炭生产、运输、使用环节的环境外部成本分别为每吨 68 元、52 元、85 元。所有环节中健康损失占比最大,占55%。2012 年,煤炭环境和健康成本上升为 260 元,而环境税费和排污费为每吨煤 30～50 元和 5 元左右,远低于实际外部成本。姜子英(2008)针对煤电链(开采、运输、发电、废物处置,以及电厂建设)估计电煤外部成本,成本涵盖大气污染对人体健康、农作物、森林与生态系统、材料、清洗和全球变暖,以及煤矿事故死亡影响的外部成本。煤电链外部成本为 0.38 元/千瓦时。

由于煤炭利用对人体健康会产生重大影响,绿色和平组织(2013)、张文丽和连璞(2008)对煤炭利用的健康成本进行了量化分析。主要利用疾病成本法、支付意愿法和伤残调整寿命年等方法核算直接、间接经济损失以及生命质量损失。2005 年,煤电导致的健康经济损失为 44.8 元/吨,占外部成本的 49%。部分省份健康经济损失占总经济损失之比高达 97%,被认为是煤电外部成本中占比最高的部分。

由于数据可得性、可比性等原因,煤电全产业链外部成本研究仍然较少。由于所涵盖的产业环节、样本年份和估计方法等方面的差异,外部成本估算结果的区间范围较大,在 19.9～260.0 元/吨,极有可能存在估计有偏差的情况。

第五节　可再生能源政策干预与财税成本研究

可再生能源政策干预的正当性与有效性是政策体系、政策工具和政策实施的基本依据。由于可再生能源技术的双重外部性（技术创新外部性和环境外部性）和市场失灵，各国纷纷实施政策干预，支持可再生能源技术发展。本节将重点对可再生能源政策干预的财税成本估算方法和财税成本负担进行文献梳理。

一、政策干预的理论基础

可再生能源政策干预正当性的理论基础主要是 Pigou(1920)的环境外部效应、科斯(1960)的科斯定理和 Glaeser 等(1992)的市场不完全性理论。这些理论研究与可再生能源环境外部价值理论相近。可再生能源政策干预方式和干预成本是政策研究的核心争议点。可再生能源政策形式繁多，不同机构对其的归类也不尽相同。REN 21(2016)政策分类的引用率较高，影响力较大，将全球可再生能源政策工具分为监管政策、财政激励政策和公共融资政策三大类（见表 1-7）。

表 1-7　可再生能源政策干预形式及其特征

政策种类	具体政策	特征
监管政策	上网电价（包括强制上网和额外支付）	保证购电价格、保证电网接入以及长期合同
	可再生能源组合标准	由消费者承担成本
	净计量	
	生物燃料指标	
	供热指标	
	可交易的可再生能源证书	极大地降低执行政策所需的管理成本
财政激励政策	赠款/退款	
	税收抵免/税收减免	
	能源生产付款	
公共融资政策	公共投资/优惠贷款	
	公开竞争招标	给予中标者高于市场标准水平的报酬

资料来源：REN(2016)。

在以上措施中,应用最为广泛的是税收抵免(减免)、强制上网和可交易的可再生能源证书制度三种,许多研究对这三种措施的优劣进行了对比。研究认为:税收抵免(减免)的优势在于应用范围广,有助于可再生能源成本的社会化,纠正市场失灵问题(Wiser et al.,2007),缺点在于需要大量政府预算,且针对化石能源发电企业的税收制度无法体现出对不同技术的不同激励效果(Vedenov,Wetzstein,2008)。强制上网的优点在于可以保证稳定的资金流,降低电力供应商投资风险,缺点在于价格固定不利于形成竞争,同时也会使电力成本不断上涨,发电量可能增加也可能减少(Ringel,2006;Verbruggena,Lauber,2009)。可交易的可再生能源证书制度优点在于该制度采用市场机制,对低成本和高效率的技术具有更大的激励效果,社会成本和行政成本较低,缺点在于价格波动、交易成本和实施的复杂性增加了电力供应商面临的风险,且不同技术之间的激励无差异(Midttun,Gautesen,2007)。

受竞争主体不完备、信息不对称、市场机制不健全等因素制约,可再生能源政策措施往往偏离最优的税率或价格。由于不同国家的经济体制、市场环境以及国民收入水平等方面存在差异,相同政策机制实施的效果也不同(常凯,2015)。尽管对各类政策形式的优劣存在争论,但几乎所有学者都认为,有效的政策组合方案比单一方案效果更好(Jager,Rathmann,2008;Vedenov,Wetzstein,2008)。

二、财税成本估算方法

可再生能源政策的财税成本估算方法较多,包括价差法、具体项目法、生产者/消费者补贴等价法、资源租金法、边际社会成本法、快照法和有效补贴率法等。表1-8列举了不同学者和机构总结的财税成本估算方法。

表 1-8　能源补贴估算方法归纳

方法名称	Koplow 和 Durnbach(2001)	OECD(2006)	李虹等(2011)
价差法	√	√	√
具体项目法	√	√	√
生产者/消费者补贴等价法	√	√	√
资源租金法		√	
边际社会成本法		√	
快照法			√
有效补贴率法			√

表 1-9 比较了七种估算方法的具体内容及其优劣势。其中,最常用的方法是价差法。价差法是基于政策干预前后的能源产品价格差异进行估算,数据要求较低且计算简单。结合价格弹性,价差法还可以用以分析政策实施或取消对可再生能源消费、经济效率和环境外部性的影响,研究应用领域较为广泛。生产者/消费者补贴等价法、快照法、有效补贴率法、资源租金法、边际社会成本法均为数据密集型方法,包含信息量大,实际估算难度也大,往往难以付诸实践。同时,这些方法难以估计政策干预的市场和经济影响,文献研究相对较少。

表 1-9　常用补贴估算方法比较

方法名称	具体方法	优点	缺点
具体项目法	量化每一项目的财税补贴	覆盖了所有的政府转移	没有解决补贴的最终影响及价格扭曲的问题;需要项目层面的数据
价差法	确定基准价格,比较价差	数据要求低	"自由市场"假定;基准价格确定难度大
生产者/消费者补贴等价法	针对某一特殊产业所有的政府转移及市场补贴	区分生产者和消费者财税成本	数据密集型
资源租金法	测量资源对自然资源的租金损失	与自然资源部门分类对应	数据密集型
边际社会成本法	测量实际价格和边际社会成本的差额	最全面的方法	数据密集型,需要大量建模,具有很大的不确定性
快照法	选取截面数据估测整体	数据可获性强	对不同年份资金波动缺乏考虑
有效补贴率法	任何直接或间接的影响能源类产品价格的行为	涵盖上下游产业补贴的所有信息	数据获取难度大,在实践中很难应用

资料来源:Koplow 和 Dernbach(2001);李虹等(2011)。

三、财税成本估算结果比较

可再生能源财税政策的成本估计研究并不多,且由于国别、地区政策差异大,难以进行直接比较。以中国为例,Zhao 等(2014)运用成本收益方法对中国可再生能源补贴进行研究,主要从终端电价补贴、电网补贴和独立电力系统补贴三个方面对三类可再生能源——风能、生物能和太阳能——的补贴额度进行估算。结果显示,2006—2011 年,中国风力发电、生物能发电、太阳能光伏发电的补贴总额分别达到了118.6亿元、117.7亿元和98.2亿元,总补贴额高达334.5亿元。由常凯(2015)的统计数据可见,2012年中国可再生能源补贴总额达到231.1亿元,2013年上涨至240.3亿元,均高于2006—2011年6年补贴总额的2/3。尽管相比化石能源的补贴额,可再生能源的补贴额还是小得多,但其增速快、资金缺口大,全面、有效地估算并预测可再生能源政策干预的财税成本非常必要。

第六节　综合述评与研究展望

基于文献梳理,可再生能源技术发展与经济增长转型相关文献的综合评述及研究展望如下。

第一,重可再生能源产业环节的技术与成本研究,轻体系性和结构性研究。研究可再生能源技术和成本的文献众多,大部分研究关注于单一产业环节的技术和成本问题,如原料环节、生产环节和发电环节的技术路线和成本演变(Rubin et al.,2015;Yu et al.,2011;Nemet,2006),而缺乏产业链联动视角研究技术体系和成本波动的作用机制。Qiu 和 Anadon(2012)、Coulomb 和 Neuhoff(2006)、Neij(1997,2008)等综合"干中学"理论、技术创新理论和创新系统理论(Metcalfe,2010;Arrow,1962;Schumpeter,1942),"自上而下""自下而上"或以工程经济分析框架丰富可再生能源研究的理论基础和模型体系,但仍仅限于单一产业环节的相关研究。生产环节技术创新成本效应未考虑产业纵横向联动效应,发电环节和外部影响忽略了技术创新体系和成本波动效应。由此,学习曲线或超越学习曲线并不能有效解释国别生产成本差异,平准化电力模型预测也不能有效反映可再生能源的成本经济性(Yu et al.,2017)。

第二,重可再生能源政策体系研究,轻政策成本评估和优化设计研究。关于可再生能源政策体系的研究方法和文献众多。如在政策干预的正当性方面,通常用制度分析法和案例分析法,对政策干预方式和效果进行论证;在政策影响方面,通常利用CGE模型、案例法、成本收益法,评估政策引起的能源结构、生产效率、碳减排和经济增长效应(Ouyang,Lin,2014;Huang et al.,2011);在政策成本估算方面,包括价差法、具体项目法、生产者/消费者补贴等价法、快照法、边际成本法等(REN 21,2016;李虹等,2011),对财税成本进行估计。尽管国际文献并不缺乏对可再生能源政策的成本评估和优化设计,但并不能涵盖技术性、经济性和地区性因素的综合影响,尤其是区分技术创新、技术效率、分区基准和政策组合等分类效应。政策成本的文献研究结论分歧很大(陶光远,2015;时璟丽,2015)。

　　第三,重增长转型的能源技术 R&D 机制研究,轻多元转型机制与效应关联研究。技术范式理论、新古典增长理论和内生增长理论对增长转型效应的研究通常基于技术或能源技术进步,通过创新机制、规模效应或要素替代率来解释增长转型的微观基础(Acemoglu et al.,2014;Nordhaus,2008;Kuhn,1962;Dosi,1988)。但较少文献关注技术进步方式的多元化、成本效应及其引致的长期增长作用。CGE、MARK 和 CGE-MARK 等体系模型,尽管可以模拟可再生能源成本变化,但无法做出理论解释(刘伟,2015;Dixon,Rimmer,2002)。政策工具可以促进能源技术进步和经济范式转变,但仍缺乏对技术进步形式以及成本效应如何影响长期增长的细化研究。对能源经济绿色转型的机制作用仍需进一步深入探讨。

第二章　可再生能源技术创新
与生产成本效应理论模型构建

　　根据技术知识特性,知识创造和创新过程对突破技术边界起着不同的重要作用。不同的技术学习方式不仅体现技术创新效应,更反映产业技术创新特点和国别区域技术创新能力差异。本章将基于技术知识特性与新兴技术进步方式影响生产成本的机制作用,探讨可再生能源技术创新模式、技术学习率和生产成本效应的关联影响,剖析中国作为重要的可再生能源技术新兴国家,从技术追赶到技术引领的创新模式和生产成本优势,构建可再生能源技术创新模式影响生产成本的改进模型。

第一节　问题的提出

　　可再生能源技术创新的生产成本效应体现在技术创新理论和学习曲线模型体系中(具体见第二章第三节)。学习曲线建模分为"自上而下"和"自下而上"两类。两类模型都存在建模和解释力问题。首先,"自上而下"模型没有严格的模型推导,而"自下而上"模型往往缺失最优化或创新方向的建模基础。其次,不同样本技术学习率的估计值差异较大。最后,无法解释个别年份实际数据与拟合曲线之间较大的偏离。对此文献解释如下:一是知识积累(以 R&D 创新为主的"探索学习")成本效应最显著、最持久,经验积累("干中学")的成本效应最具现实基础,缺乏全面考虑技术进步方式造成的估计偏差;二是成本数据往往用市场价格作为代理变量,市场价格可能受到更多因素的干扰;三是技术学习率的变化与技术发展阶段有关,遵循经验效应边际下降和技术生命周期阶段性特征规律(Schrattenholzer,1998;Jamasb,2006);四是仍然存在遗漏变量的问题。Swanson(2006)和 Nemet(2006)指出,除了技术学习效应,诸如投入品成本、利润等因素也会影响成本变化。尽管如此,文献研究依然无法有效解释国别差异、估计拟合度差异以及遗漏变量的影响效应等。

　　本章基于技术知识特性、新兴技术进步方式和国别创新模式研究,构建改进学习曲线的可再生能源生产成本模型,"自下而上"解释产生成本波动和国别差异的原因,探讨技术追赶模式、自主创新模式、"结构性创新＋工程创新"方式对成本变化的影响。

第二节　可再生能源技术进步方式

一、技术知识特性

"技术"一词在希腊英语字典(Liddell,Scott,1980)中被定义为生产劳动中积累的经验和知识,也泛指技能、技巧。在此基础上,技术知识被分类为技术原理(know-why)、技术技巧(know-how)和专业技术(know-what)。Garud(1997)将技术原理解释为对事物运作、运行方式的原则性理解,将技术技巧解释为有效完成任务的方法知识,将专业技术解释为应用技术的知识。经济合作与发展组织(OECD,1996)相应地将技术原理定义为自然原理和规律方面的知识,技术技巧则是实务操作的技能和能力,专业技术是有关事实方面的专门知识。结合以上定义,技术技巧对解决实际问题所需的知识内容是明确的,而其他两类技术知识则都需要获取新知识来解决实际问题。

技术知识特性主要包括隐含性、累积性、更新性和路径依赖性等。这些特性的理论探源可以追溯到波兰尼(Polanyi,1966)关于知识的显性和隐性特征的研究、知识管理理论(Drucker,1999)等众多有关知识累积性和更新性特征的研究,以及以阿瑟(Arthur,1989)为代表提出的研究技术路径依赖理论等,这些理论对技术知识获取、创新效率和演进路径具有重大意义。

(一)技术知识隐含性

波兰尼(Polanyi,1996)认为,可以通过书面记录,如文字、图表和数学公式等进行表述、传达的知识为显性知识;与之相对地,难以交流或无法编辑记录而通过行动所拥有的是隐性知识。知识的显性和隐性特征意味着在实际情况中知识的获取或应用往往需要隐性知识和显性知识相互补充,隐性知识也只能通过个体在特定组织环境下得以传播,技术转移中显性知识传播较为容易而隐性知识较为困难(Marcotte,Niosi,2000;Edvinsson,Sullivan,1996;Nonaka,Takeuchi,1995)。知识的显性和隐性特征还意味着知识创造的过程既有显性知识的拓展或进一步诠释,也有显性知识和隐性知识相结合或者相互转换对知识的重塑,就如 Nonaka(1994)所说的知识螺旋上升的过程。

技术通常被认为至少可以从四个方面得到体现:①机器设备,如研发和产品加工所需的生产设备;②人力资本,如产业生产性、服务性的各类人才;③组织体系,如生产网络、配套体系等;④显性知识,如工艺流程、操作标准等文件资料(Cimoli et al.,2006;Kim,Nelson,2000)。机器设备和文件资料所具备的物质化或文字化的显性知识特性,容易通过购买进行技术转移,但实际应用这些技术或技术转移仍是困难的,需要与隐性知识相结合或实现隐性知识显性化。其他技术形式也是如此。这就意味着技术知识显性化水平制约着技术获取和创新效率的提高。

(二)技术知识累积性和更新性

技术知识具有累积性和更新性特征,这两个特征在众多理论,如知识管理理论、技术创新理论、技术范式论等中,被肯定和应用。Alavi 和 Leidner(2001)将知识管理体系(KMS)中知识的生成和应用过程描述为知识的创造、积累、获取、转移和应用。累积性特征是指在现有知识基础上的相关领域知识积累。Lopperi 和 Soininen(2005)认为,技术类似于知识,具有累积性特点,技术能力提升是基于现有知识累积而非边界清晰的破坏性和替代性创造。更新性特征是由于知识变化速度、普及度和累积性等原因,知识具有内在自我更新的要求。Malerba 和 Orsenigo(1993)认为,技术知识由于公开性、适宜性条件等原因,其内在更新要求更强。Schumpeter 创新理论(1942,1980)对创新过程的两大方法贡献是"创新性破坏"(creative destruction)和"创新性积累"(creative accumulation),两者都以知识的创新性和累积性为基础,不同的是知识的性质和创新的积累程度等。Garud 和 Karnøe(2001)在分析技术演变路径时,认为知识累积和创新过程也是技术路径塑造的过程。

(三)技术知识路径依赖性

技术知识路径依赖性用以描述技术变迁的自我强化、自我积累的性质。技术依赖性理论对这一特性的归因存在两大观点,争议点聚焦在新技术(知识)路径创建的"随机性"和"非偶然性"因素。

David(1985)、Arthur(1989)以及 Vergne 和 Durand(2010)认为,历史偶然性与自我强化效应("网络外部性"和"报酬递增"效应)相结合推动技术或行业沿着一条道路,而不是另一条路径发展,技术知识和发展模式路径被锁定。这类文献驳斥了最优技术的市场决定机制的假设和决定可逆转的假设。前者指市场力量将确保最有效的技术解决方案最终获胜,而后者是指如果有更好的技术可用,这些决定就会逆转。技术路径依赖性意味着路径可能锁定在基于低效或次优技术知识,路径相关过程产生的结果是进程本身历史的结果而不能是逆反的。

然而,历史偶然性视角并不足以解释新技术路径为何以及如何首先被创建。文献研究中有三类观点提供了技术知识路径依赖性的新分析视角。以Garud 和 Karnøe(2001)为代表的社会学研究框架,强调经济体系的社会架构,即知识渊博的代理人对新技术出现、依赖现有路径的障碍以及突破旧技术路径的作用。以 Dosi(1982)、Geels(2002)等为代表的技术范式研究,强调技术认知和物质障碍,认为技术变化受限于任何给定技术范式下可接受的认知框架、物质和空间安排(如基础设施条件),技术知识呈现路径依赖。以 Nelson 和 Winter(1977)、Rip 和 Kemp(1998)为代表的技术制度研究,强调制度性规则障碍,认为技术制度是涵盖科学知识、工程实践、生产工艺技术、产品特性、技能和程序、机构以及构成技术整体的基础设施的综合复杂体系,技术知识的路径依赖受制于现有技术制度的系统边界。

基于技术知识的三大特征,技术进步是如何实现的? 在传统能源主导的技术体系下,可再生能源技术体系创建的根源是什么? 可再生能源技术创新是否能够实现经济增长对传统化石能源技术路径依赖的转型? 这是否与技术属性有关? 是否存在地区差异? 是否需要技术制度或政策体系的综合考虑? 以下将从技术进步视角,细化可再生能源技术创新的来源、性质和机制问题,构建分析技术创新与成本效应的理论基础。

二、技术进步与技术创新关联

(一)技术进步过程与创新作用

Jaffe 等(2002)和 Metcalfe(2010)等众多文献把技术进步定义为技术发明、创新以及扩散的所有过程。在自由市场假设下,利润最大化是技术进步的最重要动因。任何技术若不能满足经济要求,则很难得到发展。在这个意义上,Schumpeter(1939)用技术发明来定义新技术产生的可能性,用创新来定义新技术的商业化,用技术扩散来定义新技术的广泛应用。技术进步即技术获取、应用和提升的全过程。

从刻画技术进步的经济影响的理论来看,技术学习率理论通过(技术学习率提升的)成本降低效应来体现,经济增长理论通过(技术效率提升的)经济增长效应来衡量。两类效应在学习曲线和内生增长模型中,主要归因于以研发或人力资本投入为主的创新活动(Arrow,1962;Romer,1990),即技术创新效率及其成本效应是技术进步的经济效应的最直接体现。

技术创新作用不仅依赖创新活动自身,还依赖技术进步的其他过程,如技术扩散、技术转移与引进等。Schumpeter(1961)指出,创新扩散的重要性在于单纯依靠技术购买来获取和应用技术是不可行的。技术知识的隐性特征使得技术创新需要依赖技术扩散来实现技术产业化,并引致进一步的技术创新。技术扩散包括产业内和地域内扩散,前者可进一步细分为企业内部和企业之间,后者可进一步细分为区域和国别之间(程茂吉,1995)。一方面,技术创新与技术扩散的关联作用在可再生能源技术学习率理论中已被普遍提到,但目前还缺乏量化研究。另一方面,技术转移与引进指技术在地域和行业内/之间的技术输出/入过程。技术扩散并不强调高技术水平区域或机构向低技术水平一方转移,而技术转移与引进强调技术在空间发展上的不平衡。技术扩散作为创新的后续阶段强调创新技术在产业化过程中的基础作用,而技术转移与引进并不是不可或缺的。

不论是在技术后发国家还是技术先进国家,更多企业关注的不是突破技术前沿,而是如何获取并应用先进技术来提高技术能力。可再生能源技术,尤其是新兴技术,技术路径多、产业化程度差异大,技术扩散不仅存在于产业内和地域间,而且与技术创新呈现更丰富的关联。同样,技术转移与引进并非技术进步的必然阶段,但这在技术后发国家的技术能力提升初级阶段发挥着特别重要的作用,是吸收消化先进技术、进一步培育自主创新模式的基本途径。作为技术后发国家,中国的技术创新模式突出体现在技术引进、吸收、再创新方面。

(二)技术进步路径演进与创新机制

依据技术创新影响技术进步进而影响经济的层次差异,文献普遍认同存在两种技术创新类型及其对技术进步路径的影响机制(Dosi,1982)。两种技术创新类型指渐进式创新和激进式创新,前者指渐进变化的技术轨迹具有自限性特征,而后者则相反。

正如 Reinert(2004)所论,大部分技术创新属于渐进式创新,是产品、工艺流程等的持续提升。经济发展上,其对应着技术效率、流程精确性和生产效率的连续上升,产品质量、成本降低或使用范围的常规变化。这与 Nelson 和 Winter(1977)的技术自然轨迹以及 Dosi(1982)的技术范式是对应的,即技术渐进变化是可预测的,是沿着预期方向(或技术边界)的持续渐进式的技术变化。

同时,激进式创新是全新产品或流程的引入,是非连续性、激进的技术创新跳跃。从技术演进历史来看,激进式创新难以来自已有技术路径的技术提升。从经济发展上来看,重大的激进式创新还可以引致全新产业的产生,是整体经济增长和经济结构的核心力量,从而形成独特的技术—经济范式。

两类技术创新并非独立的,而是相互关联的。Norman 和 Verganti(2014)将这种关联形容为"爬山范式"(hill-climbing paradigm)。渐进式创新是企图到达所爬山坡的峰顶,而激进式创新是寻找最高的山峰。没有激进式创新,渐进式创新是有限的;没有渐进式创新,激进式改变是难以捕捉的。Reinert(2004)还将两者关联用于区分单个技术和技术系统的创新。Reinert(2004)认为,产品和流程中,单个技术的激进式创新和渐进式创新时有发生,依据产业和地区有所差异,但技术往往存在于技术系统中,仅考虑单个技术或不考虑技术关联性是有偏的,单个技术的激进式创新在技术系统中可以仅是渐进式创新;技术系统创新是技术和经济领域相互关联并影响多部门生产的系统性创新(Freeman,1982),其演进轨迹应被看作激进式创新路径,是由引致新轨迹的产品、工艺或产业分支在渐进式创新轨迹受制约或遇瓶颈时所激发的；技术系统的革命性变革或技术革命，将会影响多个技术系统，重塑和改变所有经济部门。在这个意义上，Schumpeter(1939)破坏性创新风暴对应技术革命，也被增长理论学派(Prescott，1986)认为是长期经济增长的根源。能源作为经济部门的基础性生产要素，与所有经济部门相关联，其技术系统变革具备影响产业结构与增长模式的可能性。

无论是哪类创新形式，新技术或新技术系统的创新动力是对原有技术的制约或瓶颈的突破。这种突破不仅仅涉及技术范畴，还可以涉及经济、社会和环境范畴，代表性因素包括市场需求拉动性(Cunningham，2009；Rosenberg，1976；Rosenberg，Mowery，1978)、技术拉动性(Edler，Fagerberg，2017；Pavitt，Soete，1980；Pavitt，Wald，1971)、经济—技术综合(蔡跃洲，李平，2014；Dosi，1982)、需求—资源关系(斋藤优，1986)等。可再生能源技术系统对化石能源技术体系的替代突出地表现在经济、资源、环境等各个方面，是技术系统性变革和成本体系性改变，涵盖激进式创新和渐进式创新。

三、可再生能源技术进步方式与创新方向

可再生能源技术将自然能源转化为可利用能源形式：这些技术利用太阳能以及直接或间接形式(如太阳辐射、风力、下落水流和植物，如生物质)、重力(潮汐)和地核热量(地热)等资源进行能源生产。这些资源具有巨大的能源潜力，但通常是分散、非完全或非直接可获的，且具有显著的间歇性和鲜明的地理分布差异。这些特征使得可再生能源利用是可行的，但存在技术和经济方面的重大困难。技术与经济可行性是可再生能源技术创新的根本动力，也是替代化石能源技术体系的关键因素。

（一）基于资源特性的可再生能源技术独特性

可再生能源与非再生能源对应，具备非稀缺性(或循环再生性)和非负外部性等特点，既包含传统非化石能源，如水能，也包括新能源，如太阳能、风能、生物质能、地热能、波浪能、洋流能和潮汐能，还覆盖这些能源的二次能源或转化能源形式，如氢能、沼气、酒精和甲醇等。依据能源的可获性、储输性、能量密度等物理性质，可再生能源与传统能源存在开发利用技术上的显著差异，必须通过破坏性创新，创建自身的技术体系和演化路径。

1. 能源间歇性与生产技术要求

间歇性指能源的产生是不连续的或波动的。可再生能源几乎都具有不同程度的间歇性，尤其是新能源，如太阳能、风能、海洋能等。能源间歇性越强，利用难度越大，经济性越差。能源间歇性要求能源技术匹配分布式、波动性生产方式，与传统能源集中式生产技术截然不同。

2. 含能体能源、过程性能源与储输技术要求

大部分传统能源是含能体能源或燃料能源,即含有能量的物质,可以直接储存和输送,如矿物能源(煤炭、石油、油页岩)等。大部分可再生能源是过程性能源,即物质(体)运动过程中产生能量的能源,无法直接储存和输送,如风能、海洋能、水能等。生物能与氢能是含能体能源,尽管可以储输,但运载量低或液化和固化耗能大,储输成本高。可再生能源供需调配要求灵活性、互联性强的储输配技术,而非限于现有大通道、集中储运技术。

3. 低能量密度与开发利用技术要求

大部分可再生能源能量密度低,如太阳能每平方米的理论功率为 1 千瓦左右,生物质能(如秸秆)单位重量发热量仅是标准煤的一半等。可再生能源能量密度低、能量收集处理成本高、经济价值提升难,并不适宜参照传统能源初加工、集中生产、相对独立垂直式的能源发展模式。可再生能源开发利用需以创建高效互融能源技术体系为基础。

(二)可再生能源关键技术突破与技术替代性

能源利用的最终形式主要包括电能、热能和工业原料(燃料、化工原料等),影响所有产业部门的经济活动,尤其是采矿、冶金、化工、交通、材料、电力等部门。各类可再生能源都可以用于发电供暖,生物能还可用于工业原料(见表 2-1)。相对传统能源技术,可再生能源具备技术可替代性条件,且可超越原有利用方式。以下分类讨论可再生能源技术类型、关键技术与技术可替代性。

1. 发电和供暖技术

太阳能、风能、水能、生物质、地热分别通过光电和光热转化、机械能再向热电转化、化学能再转电能、热能和热电转化,生产电力和暖气,主要应用领域为电气化和再电气化(以电代油等)方面,可以完全替代化石能源在交通、电力领域的应用。关键技术是能源转换效率技术与发电系统设备技术。太阳能、风能、生物能、水能和地热发电技术较为成熟,已进入产业化或规模化发展阶段。海洋能发电和新能源制氢发电仍处于实验室或试点阶段。发电和供暖技术难点是高效、低成本发电技术创新。

2. 工业原料技术

化石能源是碳氢化合物或其衍生物,由生物有机体转化而成,初加工可以作为燃料和化工原料,应用领域为工业和民用燃料、冶金和化学工业原料、建筑建设材料等。生物质组织结构与化石能源相似,利用方式也类似,是替代化石能源最重要的能源物质。但生物质的种类繁多,具有不同特点和属性,利用技术远比化石燃料复杂与多样。商业化应用的关键技术是生物质液体燃料和新型燃料的能源化工技术及清洁制备、交通电气化技术。部分生物成型燃料、燃气和液化燃料技术已较为成熟,进入产业化或规模化发展阶段。生物质技术难点众多,主要是高值化利用。

3.储、输、配和集成技术

可再生能源的间歇性、过程性特征要求能源储、输、配和集成技术优化。关键技术是微电网技术、多能调配技术、基础设施扩容和互联互通技术等。技术难点是集成先进传感器、物联网、储能等技术智能能源网络互联管理系统。

基于能源物质结构和技术性能,可再生能源可以替代化石能源且能源替代性高。但受技术效率、经济效率、基础设施配套等多因素影响,当前能源替代效率还未能充分体现。高效、低成本技术提升是可再生能源技术进步的关键。

表 2-1　可再生能源与技术类型

可再生能源	技术类型
太阳能:太阳的热辐射能或太阳光线转化的各种能源形式	**太阳能技术**:太阳光线转化的其他能源的技术,包括光热、光电、光化和燃油转换或转化技术。新兴技术主要是太阳能发电技术,包括光伏和光热发电技术。大规模商业化应用的关键技术是转换效率技术与发电系统设备技术
风能:空气流动所产生的动能,太阳能的一种转化形式	**风电技术**:风的动能可转化成机械能、电能和热能。新兴技术主要是大型风能发电技术。大规模商业化应用的关键技术是发电机组设备技术
生物质:所有有机物质,包括动植物有机物原料、城市和工业来源的有机废弃物	**生物质能发电和供热技术**:以生物质及其加工转化成的固体、液体、气体为燃料的热力发电和热电联产等技术。大规模商业化应用的关键技术是发电系统设备技术
生物能:来自将生物质加工为固体、液体和气体产品所转化的能源,是可再生能源,也是唯一一种可再生的碳源	**生物燃料技术**:由生物质组成或转化的固体、液体或气体燃料,包括生物乙醇、生物丁醇、异丁醇和异戊醇、生物柴油、微藻生物燃料等生产技术。大规模商业化应用的关键技术是能源化工技术、清洁制备与高值化利用技术
氢能:氢主要以化合态形式存在,氢能是可以从几乎所有一次能源中进行生产的含能体能源,是二次能源	**氢能技术**:制氢传统技术包括重油气化、煤气化、煤焦化和氯碱工业制氢技术,依赖于石油提炼和化工生产。新兴技术包括太阳能、风能、生物质和电解水制氢技术。储氢技术包括高压、低温液态和有机载体储氢技术。氢能应用技术包括发电和燃料电池技术。大规模商业化应用的关键技术是新兴可再生能源制氢、储氢材料和电池系统技术
海洋能:海洋通过各物理过程接收、储存和散发能量,包括潮汐能、波浪能、温差和盐差能、海流能	**海洋能技术**:海洋能主要的利用方式是发电。大规模商业化应用的关键技术是发电系统设备技术
水能:水体动能、势能和压力能	**水电技术**:水能主要用于水力发电,技术成熟
地热能:地球深处的天然热能,来自熔岩、放射物质衰变和太阳能	**地热能技术**:地热能主要用于发电和供暖,技术相对成熟

(三)可再生能源技术进步方式与低成本、高效率创新方向

由于非稀缺性和多元化特点,可再生能源发展弱化资源依赖而强调科技创新驱动。可再生能源替代传统能源是突破原有技术范式的变革性创新,也是其创建新技术体系,推进高效、低成本技术持续提升,实现技术规模化应用的全面技术进步过程。可再生能源技术进步方式及其创新方向具体包括以下几种形式。

(1)激进式和渐进式创新并进,效率提升与成本下降共融互促。可再生能源技术创新体现在实验室技术突破和技术产业化各环节。激进式创新主要依赖 R&D 创新活动,渐进式创新涵盖 R&D 和非 R&D 形式的创新活动,创新方向聚焦效率和成本。激进式创新主要体现在可再生能源技术多元化技术路线、新颖或重大改进的技术产品和流程等。例如,光伏技术已形成四代 27 条路线,制氢技术主要包括三类路线,燃料电池技术涵盖五类路线;风电技术已发展到 10 兆瓦以上级别的陆上和海上风电机组示范应用阶段,重大创新既包括传动链、发电系统、变桨系统等关键技术研发,也包括重要零部件工艺流程设计和开发。同时,渐进式创新主要体现在现有工艺和流程的渐进式创新。例如通过连续运行技术的调试和降能降耗(如光伏设备制造)、非连续运行技术的系统匹配和运行维护(风电、生物质能源设备制造)等来降低生产成本。激进式创新和渐进式创新有时难以严格区分,尤其是新能源技术产业化阶段的工艺和流程改进,工程学将 1/3 成本变化作为标准,但并没有定论。

(2)技术创新与技术扩散互促,技术高性能与成本可支付普遍推进。可再生能源技术,尤其是新兴技术的技术扩散作用非常重要。作为新技术以及技术知识隐形特征,需要满足技术产业化适宜性条件和发挥产业链上下游技术关联溢出效应,具体包括新能源产业化生产可靠性、配套产业链匹配性、规模化利用安全性、地区或跨地区能源系统自适性等技术和经济要求。以国际机构推动可再生能源技术扩散为例,1993 年国际能源署启动的光伏电力系统项目(IEA PVPS Program,1996,2017)的重要任务之一是推动各地区光伏技术交流和示范应用,确保技术安全性和可靠性,持续推动技术进步与成本降低;2010 年起国际能源署和国际可再生能源署发布并持续更新的各类新兴能源技术路线和成本任务的核心目标之一是通过技术评估和扩散推动区域和国别可再生能源技术的共同进步(IRENA,2015;IEA,2013)。

(3)技术跟随与技术超越共存,全面创新与成本突破兼备。欧洲、美国、日本等发达国家和地区最早启动也一直引领着新兴可再生能源技术的研发,99% 的实验室最佳技术纪录由这些传统技术领先国保持。基于技术知识隐含性、累积性和更新性特点以及国别技术差距,其他国家要实现技术追赶,无论是初期阶段的技术突破,还是关键核心技术的攻关,都离不开技术转移和引进。中国、韩国、印度、马来西亚都是典型的新兴可再生能源技术后发国家,发展之初均采

取技术引进、吸收、再创新模式加快技术进步。中国尤为典型,已由最初的以技术转移与引进为主逐步转向以自主创新为主的技术进步,在一些前沿技术领域,如超大型机组、晶硅电池技术、并网技术等,开始引领并保持技术创新和成本优势。已有文献聚焦"中国式"创新模式对可再生能源技术进步的贡献(具体见本章第四节)。

第三节　可再生能源技术进步、技术学习率与成本效应

如第二节所述,可再生能源技术体系创建具有变革性作用,技术与经济可行性是技术创新的根本动力。刻画技术进步经济效应的模型体系包括技术学习模型和经济增长模型,本节侧重讨论前者,而第六章侧重讨论后者。本节将基于可再生能源技术进步方式,重点探讨技术学习率提升与成本降低的各类效应,突出不同技术进步方式对成本效应的影响作用。

学习指获取新知识、新技能的过程,学习效率能更直接地体现出技术进步的成本效应。学习类型包括"干中学""探索学习"和"交互学习"。一般来说,特定的技术进步途径与某一学习类型基本相对应,但也会与其他学习类型交错关联,这取决于技术类型、创新模式、技术产业化阶段和发展战略。

一、技术进步与技术学习的对应关系

(一)"干中学"

由第一章第三节可知,"干中学"理论是技术创新成本效应的主要理论基础,并在众多可再生能源技术实证研究中得到检验。Arrow(1962)定义"干中学"是通过生产实践获取技术技巧,是技术扩散的结果。"干中学"可以发生在新技术被商业化应用、渗透扩散以及饱和衰退等所有阶段(Sagar,Zwaan,2006)。这一定义与上节所述的技术进步过程中技术创新与技术扩散的关联作用是完全对应的。

然而,"干中学"通常被认为是自动的学习过程,是渐进式创新,更多基于非R&D创新,对应的成本降低效应是有限的。因为技术诀窍可以通过生产自动获得,而技术原理被认为只能通过积极地解析信息,经过艰辛的努力才能获得,其效应受到生产资源、生产能力和生产监控等多因素影响(Marcotte,Niosi,2000)。也就是说,"干中学"成本效应是边际递减的。然而,"干中学"过程并不能完全排除技术扩散与其他技术进步效应相结合,引致其他创新效应,改善边际收益下降趋势。发展中国家的技术追赶模式——吸收、引进、再创新,可以用

于支持被低估的"干中学"效应。

(二)"探索学习"

创新定义与相关理论普遍认为,重大技术创新往往是来源于"探索学习"。它不仅涉及生产技术效率的提高,还涉及从一种技术能力向另一种技术能力的转变,大多发生在技术生命早期和中期阶段(发明、创新阶段)。Nelson 和 Sidney(1982)以及 Dosi(1988)将 R&D 活动诠释为一种探索过程,企业在这一过程中寻找、测试新技术,并在某一特定方向上产生技术知识。然而,Malerba 和 Orsenigo(1993)指出,"探索学习"是新技术的积极获取,通过内在的生产流程改变或 R&D 投入获得,也可以通过外在的技术供应商或联合研究开发来补充。可见,技术创新主要体现为"探索学习"过程但并不必然依赖于"探索学习"。

(三)"交互学习"

"交互学习"发生在企业与其他机构的交互活动中,也可以发生在新技术商业化应用、渗透扩散以及饱和衰退等所有阶段。产业链上的技术互动,如通过与供应商的活动而获得的设备和原料所体现的技术、交叉产业的技术和信息反馈促进供应商技术的改进等(Malerba,Orsenigo,1993),或通过与客户的活动而获得对性能参数更好的理解及开发产品新的使用方法等(Garud,1997;Rosenberg,1982)。交互学习主要与技术扩散相对应,促进技术改进和成本降低。尽管"交互学习"影响成本降低的机制作用在理论上讨论较多,但受限于模型设定、变量选择和数据可获性等问题,很少有实证文献进行检验(Nemet,2012)。

可再生能源技术进步方式与生产成本降低的相互关系如图 2-1 所示。

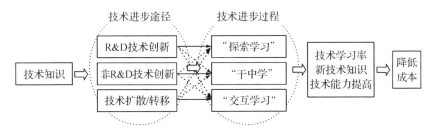

图 2-1 可再生能源技术进步方式与生产成本降低

注:实线箭头表示主要作用,虚线箭头表示次要作用。

二、可再生能源技术学习效率与成本效应

由技术进步与技术学习的对应关系可知,两者并不存在独立的一一对应关

系。以下从三个方面来说明可再生能源技术学习效率与成本效应问题。

(一)可再生能源技术的"干中学"成本效应边际递减与相对稳定并存

可再生能源"干中学"成本效应递减在实证中得到验证。一方面,随着可再生能源生产技术的成熟,欧美国家的风、光、生物质能设备的"干中学"成本效应明显下降,尤其是风电机组更是呈现长期 U 形成本曲线,即累积生产成本效应随着技术生产能力和效率能力的建设与提升不断下降,不能抵消原料成本、运营成本的上升(Bolinger,Wiser,2012;Hayward,Graham,2011)。另一方面,可再生能源"干中学"成本效应递减并不必然。文献结果无法解释同一时期不同国家的"干中学"成本效应,以及作为技术追赶国的中国持续保持着显著的"干中学"成本效应。也就是说,"干中学"成本效应可以通过技术创新或与其他技术进步效应相结合,来缓解边际收益下降趋势。

(二)可再生能源技术的"探索学习"成本效应因技术创新模式而有差异

可再生能源技术先发国家主要通过原始创新、"探索学习"实现重大技术突破,结合技术扩散和"干中学"将原有技术效率拓展到新的技术边界。可再生能源技术后发国家则在技术引进、吸收的基础上,进一步引致"探索学习",以获得在技术产业化或引致创新的成本收益。中国新兴可再生能源产业后来居上,不仅在产能规模上已遥遥领先于其他国家,而且在前沿技术上接近或领先于国际水平。

(三)可再生能源技术的"交互学习"成本效应在理论探讨和实证检验中还未得到有效论证

可再生能源产业发展方式和企业战略表明交互学习促进技术改进和成本降低,如 2008 年光伏产业受全球金融危机和政策调整等影响,主流企业普遍加快横向并购和纵向产业链拓展,有效促进产业链技术互动和成本下降,体现了"交互学习"的成本效应。但在可再生能源生产技术的理论和实证文献中,还不能确定交互学习成本效应如何作用于生产成本降低。

综上可见,可再生能源技术通过技术创新、技术扩散和技术转移/引进等不同方式促进技术进步和学习能力提升。但技术类型、创新模式、技术产业化阶段和发展战略差异,将导致可再生能源技术学习率和成本效应及其在空间区域上的重大差异。第四节以典型地区为例,细化可再生能源技术进步方式和成本效应研究。

第四节　中国可再生能源技术创新模式与成本效应

可再生能源技术学习率不仅取决于技术进步途径,还取决于特定区域技术学习能力、创新模式和竞争战略。以典型的技术后发国家中国为例,研究制造大国技术追赶型(引进、吸收、再创新或兼有自主创新)创新模式,可以更有效地解释可再生能源技术成本效应的作用机制。

一、引进、吸收、再创新模式转向自主创新模式

近期更多的文献聚焦中国特色的技术能力和创新模式转型,具体体现在通过技术创新、技术引进、技术扩散及这些方式相结合的形式,所获取的生产、投资和创新等多元化技术能力,以及通过技术引进创新逐步转向自主创新为主的创新模式。可再生能源尤其是新能源产业技术能力提升同样表现为多元化技术能力提升和作为技术能力提升主要方式——创新模式的转型。

中国新能源产业发展早期文献研究集中在如何通过技术引进吸收建立和提升产业化技术能力。后期文献研究则聚焦在产业如何提升自主创新能力,具体包括三种方式。

第一,实验室前沿技术研发突破。以创新载体建设来看,中国已批准建设的三批企业国家重点实验室中,可再生能源领域相关技术占比高达15%,分类涵盖原料、产品设备、产品附件、电网等各环节技术,更多企业以基础创新、前沿创新来推动应用创新。以前沿技术研发突破成效来看,在美国可再生能源实验室(NREL)的纪录中,中国光伏企业2015—2019年七次刷新实验室最佳技术效率纪录,有效显现中国企业在前沿技术领域的自主创新能力和研发需求。

第二,尖端技术商业化生产的技术突破。Bullis(2012)通过访谈指出,中国可再生能源龙头企业已经非常善于识别有前景的技术,并着手于商业化、规模化实现实验室技术。这种识别能力不仅来源于技术研发,还来自大规模生产中所积累的产业化经验。Woetzel和Jiang(2007)通过可再生能源海外投资比较,指出中国在全球市场应用中的技术领先地位。2017年起,中国可再生能源海外投资已跃居全球第一,第一梯队企业正引领着可再生能源全球价值链,尖端技术产业化日益显著。

第三,装备制造产业与配套产业的技术自主研发。国家能源技术创新战略和可再生能源协会年报都显示,可再生能源技术提升不仅重在生产技术的自主创新能力提升,还通过生产设备的技术进口替代来强化产业配套能力和生产能

力。以风电设备制造技术为例,装备制造核心技术和配套产业技术已实现从初期技术引进、消化吸收到国产化率接近百分之百的蜕变。

综上所述,中国可再生能源技术创新活动或以"探索学习"为主的技术进步体现在突破前沿技术边界、实现尖端商用价值技术产业化、构建并完善产业链装备制造产业与配套产业,其成本效应是激进式创新和渐进式创新的共同作用,依赖自主创新但并不独立于产业化过程和生产性积累。引进、吸收、再创新模式隐含着更有效率的"探索学习"的成本效应。

二、"结构性创新＋技术工程创新"

不同于其他技术后发国家的产品应用创新,中国新能源产业技术创新特色不仅集中体现在产品的结构性创新,还体现在以技术工程为主导的技术诀窍创新。前者是在不牺牲产品质量、功用基础上,以更低的成本、更好的产品兼容性进行生产的技术能力(Ernst,Naughton,2008)。后者则更有效地将 R&D 原创技术转变为规模化生产,并通过与全国乃至全球生产网络的交互关联进行技术累积和提升(Naughton,2012)。这样的技术能力特征需要具备三个条件:大规模生产、流程再工程化以及大生产/供给网络体系(Nahm,Steinfeld,2014)。

中国可再生能源工程创新模式与其产业规模化发展有着密切的联系。规模经济理论应用于产业最优技术规模的成本效应,即通过内外部资源有效利用与合理分工降低单位成本。中国新兴可再生能源规模扩张及其效应表现为以下三种方式。

第一,全球市场规模急剧扩张推动企业规模扩张和产业化体系形成。Marshall(1919)认为,几乎每一种横向扩张都趋向于增加大规模生产的内在经济,当市场规模扩大时,集中可以带来更多的收益,所以企业规模趋向扩大。2000 年以来,欧美日纷纷出台加快新能源技术应用的扶持政策,推动地区市场规模化应用,全球市场规模年增长率超过 50％,使得全球可再生能源市场规模急速扩张,企业规模快速扩大。1996 年前,中国还没有风电制造企业。2002年,中国光伏制造业规模还不到全球规模的 1％。2012 年以来,中国风光电制造量已占据全球 50％以上比重。全球市场规模扩张使得中国可再生能源产业在 10 年内就形成完整的产业体系、合理的产业分工和供给全球市场的大生产系统。

第二,生产技术特性要求企业达到生产规模经济和产品规模经济。成本理论中,企业生产过程中所使用的大型关键设备投入在产品总成本中占显著份额,而这种关键设备投入作为固定成本,会随着企业产量的提高而在更大范围内得以分摊,从而使得单位产品的平均成本随着产量的提高而降低,由此产生了一种额外的效益即规模经济效应。也就是技术上的不可分性要求企业生产规模必须达到规模经济水平,降低成本,提高价格竞争力。在工程经济理论中,技术上的不可分性还表现在设备技术功率的规模经济,即随着设备功率的提高,单位功率成本呈下降趋势,技术效率提升可以抵消由此增加的原料成本。可再生能源技术表现出显著的生产规模经济效应,主流生产商规模是小规模生产商的 10 倍甚至 100 倍,单位成本是小规模企业的 1/10,甚至 1/20。可再生能源技术也表现出产品规模经济效应,最显著的如风电机组功率、氢燃料电池体积和质量功率提高所引致的单位成本下降趋势。由此,企业超大规模的生产能力或产品规格,使得流程再工程化和成本效应成为可能。

第三,市场供需冲击迫使企业纵横向规模发展和网络化发展。科斯交易费用理论解释了企业扩张的意义,当市场的交易费用高于企业内部的组织费用时,企业就有比市场更有效率的调节机制,因而企业的存在和规模扩大就是必然的结果了。受欧美日市场新兴能源技术政策的调整和全球金融危机影响,市场需求不确定性急剧提高,小规模、高成本生产商大量倒闭,倒逼主流生产商通过纵横向规模发展强化生产规模经济和产品规模经济,从而进一步加剧了中国可再生能源大生产/供给网络体系的扩张性发展。

综上可见,以 R&D 活动为主的"探索学习"并不足以体现中国新兴可再生能源产业创新方式及其成效。通常对"干中学"的理解是:自动的学习过程以及有限的创新收益,也无法有效解释以技术工程为主导,间于 R&D 和规模生产的创新效益。结构性创新和技术工程创新相结合的创新模式可以更有效地支持产业内技术扩散引致的技术进步以及单个技术和技术系统的创新关联,为边际递减与相对稳定并存的"干中学"成本效应提供了一种机制性解释。

三、创新模式、竞争战略与成本效应

从可再生能源技术创新的成本效应来看,中国作为技术追赶国具备特有的由吸收、引进、再创新向自主创新转变的创新方式,应对规模要求的大生产/供给网络体系以及兼顾规模经济和市场冲击的产业纵横向一体化竞争战略,其生产成本效应的作用机制和效应显著区别于其他国家。

"探索学习"通过 R&D 投入来体现,通过"干中学"来强化,技术知识的累积和更新的创新作用不断显现,可以保持稳定的创新贡献和成本效应。"干中学"表现为产量累积提高生产经验和提升成本效应,产量累积既可以通过既定产能的累积生产来实现,也可以通过产能扩张来实现。叠加各类生产层面的规模效应,"干中学"效应更泛化了。中国可再生能源产业规模扩张尤其显著且发展方式差异较大,有必要进行分类细化。生产层面的规模效应是产能的扩张效应,可以通过产能投资或横向一体化战略实现。相比前者,横向一体化对技术进步的作用体现在技术获取、技术探索、技术改造、体系化技术改进成本大大下降,隐性技术知识显性化水平明显提高,成本效应得到强化。中国可再生能源产业,尤其是光伏产业中,大企业合并现象非常普遍。

产品层面的规模效应表现为产品结构性创新带来的效率改进或效率突破,但并不必然导致生产成本下降。技术工程创新和工艺流程改造可以显著削减新产品结构性改变带来的生产成本提升或进一步促进新产品生产成本下降,但依赖生产、工程和供给的大网络体系关联,也依赖企业嵌入网络体系的效率。企业纵向一体化竞争战略,可以完全控制全部创新活动战略行为,获得成本下降的更大利益空间。中国新能源企业纵向一体化程度高,上下产业链的技术交互学习效应强,不仅提高了产业链创新联动能力,生产和应用技术的匹配、调整和改进能力,还强化了产品制造和设备制造产业体系的互动能力,使得高功率或高效能新产品规模化生产成本竞争力更显著。以风电为例,企业纵向一体化程度,在中国生产、工程和供给大网络体系下,最优成本/功率比机组远高于600兆瓦的国际水平。

第五节　可再生能源技术创新与成本效应的改进学习曲线模型

为有效验证可再生能源技术进步的成本效应,突出技术创新的机制作用和国家创新模式的效应差异,构建可再生能源技术创新与成本效应的改进学习曲线模型。本节基于柯布—道格拉斯(C-D)生产函数改进学习曲线模型,比较探讨不同形式改进模型的解释力、有效性和适用性。

一、基于 C-D 生产函数的学习曲线模型

基于 C-D 生产函数,利用成本最小化方法推导涵盖"干中学"效应、"探索学习"效应、规模经济和原材料价格等多因素的学习曲线。最优化求解意味着在实现利润最大化过程中实现技术进步的学习效应和创新方向。最小成本函数表示为如下形式:

$$\text{Min:} \ C_{\text{total}} = p_L \cdot L + p_K \cdot K + p_i \cdot M_i \tag{2-1}$$

其中,C_{total} 是可再生能源技术设备生产总成本,L、K 和 M_i 分别为劳动、资本和原料投入量,p_L、p_K 和 p_i 是相应的价格。成本函数约束条件是固定产出规模为柯布—道格拉斯函数形式,具体定义如下:

$$\bar{Q} = AL^\alpha K^\beta M^\gamma \tag{2-2}$$

其中,α、β 和 γ 是各要素的投入—产出指数,定义 $0 < \alpha$,β,$\gamma < 1$,代表产出百

分比变化所引起的劳动、资本和其他原料投入的变化。A 代表技术变量,并如 Kempener(2010) 对技术的定义形式 $A = Q^{-\varphi}KR^{-\tau}$。利用拉格朗日方法,求解成本最小化问题,成本函数可以表示为:

$$C_{total} = \rho Q^{\omega/(\alpha+\beta+\gamma)} \overline{Q}^{1/(\alpha+\beta+\gamma)} KR^{\tau/(\alpha+\beta+\gamma)} p_L^{\alpha/(\alpha+\beta+\gamma)} p_k^{\beta/(\alpha+\beta+\gamma)} p_i^{\gamma/(\alpha+\beta+\gamma)}$$

$$(2\text{-}3)$$

其中,ρ 是常数,并表示为 $\rho = (\alpha+\beta+\gamma)(\alpha^{\alpha}\beta^{\beta}\gamma^{\gamma})^{-(\alpha+\beta+\gamma)}$。令 $\theta = \alpha+\beta+\gamma$,代表规模报酬系数,即产出增加与投入增加比。$\theta \geq 1$ 代表规模经济,$\theta < 1$ 代表规模不经济。式(2-3)可以表示为:

$$C_{total} = \rho Q^{\varphi/\theta} \overline{Q}^{1/\theta} KR^{\tau/\theta} p_L^{\alpha/\theta} p_k^{\beta/\theta} p_i^{\gamma/\theta} \qquad (2\text{-}4)$$

由此,单位成本表示为:

$$C_{total}/\overline{Q} = \rho Q^{\varphi/\theta} \overline{Q}^{(1-\theta)/\theta} KR^{\tau/\theta} p_L^{\alpha/\theta} p_k^{\beta/\theta} p_i^{\gamma/\theta} \qquad (2\text{-}5)$$

或者 $\qquad C_{unit} = \rho Q^{\varphi/\theta} \overline{Q}^{(1-\theta)/\theta} KR^{\tau/\theta} p_L^{\alpha/\theta} p_k^{\beta/\theta} p_i^{\gamma/\theta} \qquad (2\text{-}6)$

其中,C_{unit} 代表单位成本,φ/θ 代表"干中学"效应指数,$(1-\theta)/\theta$ 代表规模经济指数,τ/θ 代表"探索学习"效应指数,α/θ、β/θ 和 γ/θ 分别代表投入要素劳动、资本和原料价格效应指数。

二、考虑双重规模效应的改进学习曲线模型

为区别生产层面的规模化与生产经验的累积引致的学习效应和创新方向差异,改进学习曲线模型。基于式(2-6),固定产量规模 $\overline{Q}$ 可以进一步表示为:

$$\overline{Q} = WTU \cdot UC \qquad (2\text{-}7)$$

其中,WTU 表示数量,UC 表示单位容量。在风电机组生产中,WTU 代表机组数量,UC 代表单机容量,在光伏组件生产中,WTU 代表切片(组件)量,UC 代表切片的标准功率。当存在多个生产商时,式(2-7)应表示为:

$$\overline{Q} = \frac{\sum_{i=1}^{n} WTU_i}{N} UC \qquad (2\text{-}8)$$

其中,N 代表厂商数,WTU 表示以厂商数作为权重的平均数量。风电机组单机容量逐年增加,最能反映生产商技术能力。考虑单机容量,能有效区分生产规模和产品规模的成本效应。而在光伏组件生产中,以 125cm × 125cm 或 156cm × 156cm 为标准尺寸和额定功率,计量分析无法有效体现生产规模和产品规模的成本效应。

不同能源技术原料投入差异较大。在风电机组生产中,钢材是成本、重量占比最高的原料,树脂占比不高但因替代原料竞争激烈价格波动较大,其他原料还包括铜、铝等。在光伏组件生产中,多晶硅原料成本、重量占比最高,价格波动也最大,被认为是组件成本上升的主要因素。

合并式(2-6)和式(2-8),得到:

$$C_{\text{unit}} = \rho Q^{\varphi/\theta} \left(\frac{\sum_{i=1}^{n} WTU_i}{N} \right)^{(1-\theta)/\theta} UC^{(1-\theta)/\theta} KR^{\tau/\theta} p_L^{\alpha/\theta} p_k^{\beta/\theta} p_i^{\gamma/\theta} \qquad (2\text{-}9)$$

其中,$\left(\sum_{i=1}^{n} WTU_i/N \right)^{(1-\theta)/\theta}$ 代表生产数量的规模效应,而 $UC^{(1-\theta)/\theta}$ 代表单机(单片)容量的规模效应。单一主要原料价格效应可以表示为 $p_i^{\gamma/\theta}$,多个主要原料价格效应可表示为 $\Pi p_i^{\gamma/\theta}$。

三、考虑竞争战略的改进学习曲线模型

结合产业技术进步方式和竞争战略机制作用,改进现有的学习曲线。横向一体化战略表现为产能和累计产量递增,与基于 C-D 生产函数的学习曲线模型式(2-6)一致,此处不再赘述模型改进。考虑纵向一体化战略效应,使得前向或后向市场交易成为公司内交易,即总成本可以改写为:

$$\text{Min:}\ C_{\text{total}} = P_L \cdot L + P_K \cdot K + \left[P_M = \begin{pmatrix} P_M \,|\, \lambda = 0 \\ \zeta P_M \,|\, \lambda > 0 \end{pmatrix} \right] \cdot M \qquad (2\text{-}10)$$

技术变化的表达式为:

$$A = (Q^{-b} KR^{-\alpha}) \lambda^{-\omega} = \left[\begin{pmatrix} \lambda \,|\, \lambda > 0 \\ 1 \,|\, \lambda = 0 \end{pmatrix} \right] \qquad (2\text{-}11)$$

其中,λ 为纵向一体化系数,反映纵向一体化引致的原料用料节约程度;ω 为光伏电池生产商存在后向一体化时导致的电池光电转化率提高的敏感系数,即产业链技术关联度引致技术进步。由此,当纵向一体化战略形式存在时,单位成本函数为:

$$C_{\text{unit}} = \rho Q^{\varphi/\theta} \overline{Q}^{(1-\theta)/\theta} KR^{\tau/\theta} p_L^{\alpha/\theta} p_k^{\beta/\theta} p_i^{\gamma/\theta} \qquad (2\text{-}12)$$

比较式(2-9)和式(2-12),若纵向一体化并不影响生产商企业数量,仅减少全产业链企业数量,那么,纵向一体化战略通过产业链创新联动、产品制造和设备制造产业体系的互动等作用,可以在不影响产品性能的基础上降低单位成本,或在提高产品层面规模效应的基础上降低单位成本。

第六节　本章小结

本章基于技术知识特征和技术进步方式,探讨可再生能源技术创新的变革性作用、创新方向与国别创新模式(尤其是"中国式"典型模式),构建改进学习

曲线的可再生能源技术创新和生产成本效应模型,"自下而上"探讨多样性技术进步方式对促进高效、低成本技术发展的作用机制。

可再生能源发展弱化资源依赖而强调科技创新驱动。由于能源间歇性、过程性、低能量密度等物理性质,可再生能源与传统能源存在开发利用技术的显著差异,必须通过破坏性创新创建自身的技术体系和演化路径。

可再生能源技术进步通过各类学习效率更直接地体现出技术进步的成本效应,但对应关系存在交叉和国别特点。中国可再生能源技术创新模式,不仅体现技术领先国以"干中学""探索学习"为主的创新形式,还体现吸收、引进、再创新的技术后发国家以产品的结构性创新和技术工程为主导的技术诀窍创新模式。这种模式更有效地支持产业内技术扩散引致的技术进步以及单个技术和技术系统的创新关联,为边际递减与相对稳定并存的"干中学"成本效应提供了一种机制性解释。同时,中国市场呈现规模经济和市场冲击的产业纵横向一体化竞争战略,进一步强化"中国特色"创新模式,使生产成本效应的作用机制和效应进一步区别于其他国家。

为有效验证可再生能源技术进步的成本效应,突出技术创新的机制作用和国家创新模式的效应差异,本章构建了可再生能源技术创新与成本效应的改进学习曲线模型。相比简单学习曲线,改进模型能更有效地说明中国可再生能源成本效应变化趋势、影响因素以及与其他地区的差异。第九章将就改进学习曲线的解释力进行实证检验。

第三章　可再生能源技术创新与发电成本效应理论模型构建

实现可再生能源规模化发展和能源替代的关键是具备成本竞争力。如何衡量可再生能源技术创新影响终端能源成本的动态效应以及相对其他能源的成本竞争趋势成为新兴能源经济可行性研究的核心。本章基于可再生能源技术经济性、环境外部性和地区异质性等特征，利用全周期成本收益平衡分析框架，引入成本动态形式和技术创新作用，构建多视角下技术创新影响可再生能源成本的理论模型。考虑再电气化趋势以及能源成本核算的可类比性，本章仅讨论电力能源形式，其他能源的成本效应通过技术替代率进行体现，具体见第五章。

第一节　问题的提出

Short 等（1995）构建了基于全周期成本收益平衡的新兴可再生能源发电成本分析框架，并将其拓展为平准化电力成本模型。NREL、EIA（美国能源信息署）、IEA 等国际机构和大量学者在此基础上融合可再生能源电力技术类型、金融和财税政策以及区位地理条件等影响因素，改进平准化电力成本基础模型，用于比较不同能源技术在不同区域、不同政策体系下的成本水平。文献研究仍存在以下几点研究争议：如何有效反映技术创新及其不同形式的发电成本动态效应；如何涵盖正外部性引起的环境成本结构差异？如何比较不同政策基准、地区分类和市场分类基准的成本影响等？如何构建反映技术经济性、环境外部性和空间异质性等特征的发电成本一般分析框架？

学习曲线模型是最常用的可再生能源发电成本分析方法，反映了技术进步的长期成本效应，能较好地弥补 LCOE 模型无法直接体现指标动态变化的缺陷，但也存在另外一些重大缺点，包括：以产品的技术学习率替代系统效率，易高估技术进步效率；项目运行费用较为固定，通常无法纳入学习曲线成本体系，从而易低估发电成本变化；未考虑融资、地理、政策方面的成本，难以估计投资条件的影响效应。由此,学习曲线模型并不能完全解决平准化电力成本分析存在的问题,需要从模型体系、分析方法等视角进行完善。

本章旨在从经济、环境和区位多视角构建可再生能源发电成本评估的一般分析框架,综合平准化电力成本模型和学习曲线模型特点,细化探讨各类影响因素动态特征和作用机制,重点分析技术创新如何动态影响可再生能源发电成本趋势、相对传统能源的成本竞争力以及可能的地区性差异。

第二节　电力能源成本评估的一般模型

以电力能源形式为例,构建体现能源价值、经济性、环境性影响以及跨时、跨区趋势变化的可再生能源成本竞争力的基础评估模型。

一、基础模型

根据净现值法,当期电力价值可以表示为:

$$W_0 = \sum_{t=0}^{\infty} \frac{P_t Q_t - C_t(Q_t)}{(1+r)^t} = \sum_{0}^{\infty} D_t = [P_t Q_t - C_t(Q_t)] \tag{3-1}$$

其中,W_0 是电力项目运行周期内电价收入 $P_t Q_t$ 和成本 $C_t(Q_t)$ 的差异。P_t 是 t 期电量(Q_t)的单位电价,$C_t(Q_t)$ 是电量成本函数,随电量的增加而递增。r 是利息率,t 期对当期的贴现项为 $1/(1+r)^t$,或表示为 D_t。考虑单位电量的电力价值可以表示为:

$$W_0^* = \sum_{t=0}^{\infty} \frac{D_t[P_t Q_t - C_t(Q_t)]}{D_t Q_t} \tag{3-2}$$

上式可用于当期、跨区电力价值比较。以可再生能源和化石能源电力技术为例,得到:

$$W_0^*(Re) = \sum_{t=0}^{\infty} \frac{D_t[P_t^1 Q_t^1 - C_t^1(Q_t^1)]}{D_t Q_t^1} \tag{3-3}$$

$$W_0^*(C_O) = \sum_{t=0}^{\infty} \frac{D_t[P_t^2 Q_t^2 - C_t^2(Q_t^2)]}{D_t Q_t^2} \tag{3-4}$$

其中,上标 1 和 2 代表可再生能源电力技术和化石能源电力技术。如果前者电力价值大于后者,即 $W_0^*(Re) > W_0^*(Co)$,则可再生能源技术更为有效;反之,化石能源电力技术更有经济价值。

为了显示动态成本效率,我们假定两类发电技术具有相同的单位电力收益,则:

$$\frac{\sum D_t P_t^1 Q_t^1}{\sum D_t Q_t^1} = \frac{\sum D_t P_t^2 Q_t^2}{\sum D_t Q_t^2} \tag{3-5}$$

而可再生能源发电成本效率要求为：

$$\frac{\sum D_t C_t^1 Q_t^1}{\sum D_t Q_t^1} = \frac{\sum D_t C_t^2 Q_t^2}{\sum D_t Q_t^2} \tag{3-6}$$

平准化电力成本是给定基准收益条件下的项目周期内平均成本水平。那么，作为发电侧成本比较，式(3-6)等同于：

$$LCOE^1 < LCOE^2 \tag{3-7}$$

而在售电侧，式(3-6)等同于：

$$LCOE^1 < EGC^2 \tag{3-8}$$

其中，EGC 是售电侧常规电力销售价格。式(3-7)和式(3-8)都意味着可再生能源电力价值高于化石能源电力价值，即 $W_0^*(Re) > W_0^*(Co)$。

二、多视角下基础模型的拓展

考虑环境外部性和时空差异，对基础模型进行拓展。为反映环境或其他成本影响，将成本函数拓展为：

$$C_t^* = C_t + EC_t + RC_t \tag{3-9}$$

其中，C_t^* 包括经济成本 C_t、环境成本 EC_t 和其他成本 RC_t。化石能源的环境成本显著高于可再生能源，或者说可再生能源的环境成本可以忽略不计。其他成本主要指平衡成本，即为了应对波动性电源出力变动保障电网运行而额外增加的成本，平衡成本会随着穿透率的上升而增加。通常在波动性电源穿透率不高的情况下，可以不考虑平衡成本。那么，式(3-9)意味着电力成本变化差异来源于经济成本和环境成本综合变化差异，也意味着相同电力成本变化源于经济成本和环境成本的此消彼长关系。相比式(3-7)和式(3-8)，式(3-9)构建了更为一般化的分析框架。

W_0^* 可以定义为任意时间 s 的电力价值，$LCOE$ 也是如此，即：

$$W_s^* = \frac{\sum_{t=s}^{\infty} [P_t Q_t - C_t(Q_t)]}{\sum_{t=s}^{\infty} D_{t-s} Q_t} \tag{3-10}$$

$$LCOE_s = \frac{\sum_{t=s}^{\infty} D_{t-s} C_t(Q_t)}{\sum_{t=s}^{\infty} D_{t-s} Q_t} \tag{3-11}$$

$$D_{t-s} = \frac{1}{(1+r)^{t-s}} \qquad (3\text{-}12)$$

式(3-11)表示任一时期电量 Q_t 的电力成本形式。综合式(3-9)和式(3-11),可以评估跨时、跨区不同电力技术的成本水平。为进一步反映可再生能源与化石能源技术的成本特征,需细化相应的成本结构并加以比较。

第三节 平准化电力成本改进模型与动态形式

进一步细化基础评估模型,分解电力成本构成,引入成本动态形式和技术创新作用,改进平准化电力成本模型。

一、平准化电力成本结构与改进模型

(一) 成本构成

电力项目总成本可以细化为如下形式:

$$\sum C_t(Q_t)D_t = \sum_{t=0}^{T}(ICC \cdot R_{IS} + L_t + In_t + VAT_t + VATS_t + \\ IT_t + Ins_t + O\&M_t + F_t)D_t \qquad (3\text{-}13)$$

其中,$ICC \cdot R_{IS}$、L_t、In_t、VAT_t、$VATS_t$、IT_t、Ins_t、$O\&M_t$ 和 F_t 分别是期初预付投资成本、t 期贷款成本、利息、增值税、增值税附加税、所得税、保险、运行和维护费用、燃料费用。给定区域的融资条件,期初投资成本(ICC)、运行和维护费用以及燃料费用的形式和变化是影响跨时、跨区成本差异的重要因素。

金融成本包括以下五部分:

$$L_t = \frac{(1 - R_{IS}) \cdot ICC}{T'} \qquad (3\text{-}14)$$

$$In_t = \frac{(1 - R_{IS}) \cdot ICC \cdot (T' - t + 1) \cdot i}{T'} \qquad (3\text{-}15)$$

$$VAT_t = OVAT_t - IVAT_t = [LCOE \cdot Q_t \cdot R_{VAT}/(1 + R_{VAT})] - \\ [Dep_t \cdot R_{VAT}/(1 + R_{VAT})] \qquad (3\text{-}16)$$

$$VATS_t = (1 + R_{VATS}) \cdot VAT_t \qquad (3\text{-}17)$$

$$IT_t = (CR_t - RRE_t - CRE_t) \cdot R_{IT} = (LCOE \cdot Q_t - L_t - \\ In_t - O\&M_t - F_t - Ins_t - VAT_t - VATS_t - Dep_t) \cdot R_{IT} \qquad (3\text{-}18)$$

式(3-14)表示期初投资贷款还款方式为等额本金形式,贷款期款为 T' 期,R_{IS} 和 i 分别是预付比例和固定贷款利率。式(3-16)表示增值税 VAT_t 是 t 期销售税额($OVAT_t$)抵扣进项税额($IVAT_t$),R_{VAT}是增值税率。式(3-17)表示增值税附加税($VATS_t$)是增值税与增值税附加税率(R_{VATS})的乘积。式(3-18)表示所得税(IT_t)是所得税率(R_{IT})与应纳税所得额的乘积,RRE_t是各类收入成本,包括生产、经营商品和提供劳务等所发生的各项直接耗费和各项间接费用,CRE_t是资本相关支出,简单表示为折旧。

根据行业惯例,可变成本可以定义为:

$$O\&M_t = R_{O\&M} \cdot ICC \tag{3-19}$$

$$Ins_t = R_{Ins} \cdot ICC \tag{3-20}$$

$$F_t^2 = 0.714 f_t^2 \cdot \lambda \tag{3-21}$$

$O\&M_t$ 和 Ins_t 表示为期初投资固定比例的 $R_{O\&M}$ 和 R_{Ins},两者占比较低,但依据地理条件波动较大。F_t 通常发生在常规电源的发电过程中,但也会发生在部分新能源电源,如生物质的发电过程中,随燃料(如煤炭)价格 f_t^2 和燃料用量 λ 变化。燃料用量依据技术条件和规制约束变化较大。

重写成本函数,将式(3-14)至式(3-18)并入式(3-13),可以得到:

$$
\begin{aligned}
\sum C_t D_t = {} & R_{IS} \cdot ICC + \sum_{t=1}^{T'} \frac{(1-R_{IS}) \cdot ICC \cdot (1-R_{II})}{T'} D_t + \\
& \sum_{t=1}^{T'} \frac{(1-R_{IS}) \cdot ICC \cdot (T'-t+1) \cdot i \cdot (1-R_{II})}{T'} D_t + \\
& \sum_{t=1}^{T} (O\&M_t + F_t + Ins_t) \cdot (1-R_{II}) D_t + \\
& \sum_{t=1}^{T} \frac{LCOE \cdot Q_2 \cdot [1+R_{VAS} \cdot (1-R_{II})]R_{VA}}{(1+R_{VA})} D_t - \\
& \sum_{t=1}^{T} \frac{Dep \cdot R_{VA}[1+R_{VAS} \cdot (1-R_{II})+R_{II}]}{(1+R_{VA})} D_t
\end{aligned}
\tag{3-22}
$$

其中,成本构成的现值形式可以定义为:

预付投资成本:$R_{IS} \cdot ICC$ $\tag{3-23}$

贷款本金成本:$\displaystyle\sum_{t=1}^{T'}(1-R_{IS}) \cdot ICC \cdot (1-R_{IT})T'^{-1}D_t$ $\tag{3-24}$

贷款利息成本:$\displaystyle\sum_{t=1}^{T'}(1-R_{IS}) \cdot ICC \cdot (T'-t+1) \cdot i \cdot (1-R_{IT})T'^{-1}D_t$

$$\tag{3-25}$$

可变成本:$\displaystyle\sum_{t=1}^{T}(O\&M_t + F_t + Ins_t) \cdot (1-R_{IT})D_t$ $\tag{3-26}$

税收成本:$\displaystyle\sum_{t=1}^{T}LCOE \cdot Q_t \cdot [1+R_{VAS} \cdot (1-R_{IT})]R_{VA}(1+R_{VA})^{-1}D_t -$

$$\sum_{t=1}^{T}Dep \cdot R_{VA}[1+R_{VAS} \cdot (1-R_{IT})+R_{IT}](1+R_{VA})^{-1}D_t \tag{3-27}$$

(二)发电量函数

给定项目装机容量 PC,发电量 Q 因电源技术和地理条件有所差异,可以表示为:

$$Q_t^1 = PC^1 \cdot E^1 \cdot (1-R^{1,Deg})^t \cdot H_t^1(1-R_t^{1,GC}) \tag{3-28}$$

$$Q_t^2 = PC^2 \cdot H_t^2 \tag{3-29}$$

可再生能源项目发电量是 Q_t^1,受衰减率 $R^{1,Deg}$、其他效率(E^1)包括资源条件(有效利用小时数,EUH)和并网效率(弃风率、弃光率、弃水率等,GC)等影响,如光伏项目的 E^1 受 t 期直流交流减阻因数 E^1、光照小时数 H_t^1 以及弃光率 $(1-R_t^{1,GC})$ 影响。Q_t^2 是常规电力项目发电量,受 t 期系统利用效率(H_t^2)影响。区位分类显著影响这些变量的趋势变化方式,如"三北"地区安装条件恶劣、并网消纳能力低,E^1、H^1 和 $R_t^{1,GC}$ 的变动幅度在省级层面远大于其他省份。

(三)平准化电力成本改进模型

综合以上等式,平准化电力成本模型可以重构为:

$$LCOE = \frac{R_{IS} \cdot ICC + \sum_{t=1}^{T'} \frac{(1-R_{IS}) \cdot ICC \cdot [1+(T'-t+1) \cdot i](1-R_{IT})}{T'} D_t + \sum_{t=1}^{T} \frac{(O\&M_t + F_t + Ins_t)(1-R_{IT}) - Dep \cdot R_{VA} \cdot [1+R_{VAS} \cdot (1-R_{IT})+R_{IT}]}{(1+R_{VA})} D_t}{\left[1 - \frac{R_{VA}}{(1+R_{VA})} - \frac{R_{VAS} \cdot R_{VA} \cdot (1-R_{IT})}{(1+R_{VAS})}\right] \cdot \sum_{t=1}^{T} Q_t D_t} \tag{3-30}$$

其中,F_t 和 Q_t 函数因电源技术有所差异,$O\&M_t$ 因安装条件有所差异。

二、技术创新与平准化电力成本动态形式

鉴于产业、技术和政策变动,平准化电力成本构成具有不同的趋势形式。

1. 技术创新与期初投资成本

$$ICC_t = C_{E,t} + C_{CS,t} + C_{O,t} \tag{3-31}$$

$$C_{E,t}^1 = \rho Q^{\varphi/\theta} \overline{Q}^{(1-\theta)/\theta} KR^{\tau/\theta} \lambda^{\omega/\theta} p_L^{\alpha/\theta} p_K^{\beta/\theta} p_i^{\gamma/\theta}, \quad C_{CS,t}^1 = \theta_{CS}^1 t C_{CS,0}^1 \quad C_{O,t}^1 = \theta_O^1 t C_{O,0}^1 \tag{3-32}$$

$$C_{E,t}^2 = \theta_E^2 t C_{E,0}^2, \quad C_{CS,t}^2 = \theta_{CS}^2 t C_{CS,0}^2, \quad C_{O,t}^2 = \theta_O^2 t C_{O,0}^2 \tag{3-33}$$

期初投资(ICC)占平准化电力成本的比重最大,如式(3-32)和式(3-33)还可进一步细分为设备成本(C_E)、建设成本(C_{CS})和其他成本(C_O)。

因技术创新模式差异,ICC 趋势变化有所不同。新兴可再生能源技术创新综合体现为发展中国家的引进、吸收、再创新和发达国家的自主创新模式,还体现融合产业链互动和技术创新的竞争战略选择,可以利用第二章改进学习曲线模型来设定设备成本(C_E^1)动态形式[见式(3-32)]。成熟技术显示出线性而非

学习曲线的成本变化趋势,设备成本(C_E^2)线性系数表示为θ_E^2。依据文献研究,建设成本(C_{CS})和其他成本(C_O)体现为经验累积的成本效应,用线性系数表示,分别为θ_{CS}^1和θ_{CS}^2、θ_O^1和θ_O^2。

2. 技术创新与可变成本

可变成本包括运行和维护费用、保险支出和燃料费用。无论是新兴可再生能源还是常规能源,运行和维护费用以及保险支出通常与期初投资成本有关,以固定比例相应变动。期初投资的技术创新影响同等反映在可变成本中。化石能源和生物质能源存在燃料费用,受燃料价格和燃料消耗的波动影响。燃料价格主要随市场条件而改变,通常不受燃料自身技术创新的影响。燃料消耗取决于地区能效和减排效率,反映能源利用的技术创新影响。

3. 技术创新与发电量

电力项目发电量受并网效率和系统效率影响。并网效率取决于电网运行管理能力和电力供需失衡水平,波动性大,不考虑创新效应;波动性电源系统效率取决于技术进步,与创新模式和技术学习率有关。常规电源系统效率取决于利用率,不考虑创新效应。

4. 其他成本

其他成本主要是金融和财务成本,根据地区金融税收政策进行设定,一般固定。

第四节　技术创新影响可再生能源发电成本的动态模型

基于平准化电力成本改进模型和动态形式,从技术经济性、区域分类和环境外部性等多视角,细化可再生能源相对传统能源的成本竞争力,探讨技术创新影响可再生能源发电成本及其竞争力的不同效应。

一、技术经济性视角下建模

为反映可再生能源发电经济性,构建技术经济性视角下发电侧(DS)和售电侧(CS)可再生能源相对化石能源的电力成本变化的函数方程:

$$CG_t^{DS,Z} = LCOE_t^{1,Z} - LCOE_t^2 \tag{3-34}$$

$$CG_t^{CS,Z} = LCOE_t^{1,Z} - ET_t^{2,j} \quad j = R, AP, GIC \tag{3-35}$$

在式(3-34)和式(3-35)中,CG表示可再生能源与化石能源的成本差异。CG_t^{DS}代表发电侧不同电源的成本差异。以发电侧地区分区现行标准,风光发电是基于资源区分类,而水电和火电是基于省际分区。CG_t^{DS} 变化趋势不仅取决于不同电源的成本变化,还取决于平准化电力成本在不同分区基准下的平均变化幅度。这意味着,在式(3-30)平准化电力成本改进模型中,各类变量代表不同分区基准的平均水平,成本构成的动态变化同样依赖于不同分区基准下的平均趋势。

在式(3-35)中,CG_t^{CS} 代表售电侧不同电源的成本差异。不同于发电侧,CG_t^{CS} 是用户侧可再生能源发电成本相对化石能源的电力能源购电成本差异。以售电侧地区分区现行标准,风光发电仍是基于资源区分类,而常规电力购电价格是基于省际分区设定。CG_t^{CS} 变化趋势取决于可再生能源相对常规电力的成本变化,也取决于不同分区基准下的平均变化幅度。按照用电客户群体和电压要求,用电部门(j)可以分为居民、一般工商业和农村生产用电三部门,电压越低则购电价格(ET)越高。只要可再生能源发电成本高于各部门常规电力最高购电价格,就可以认为前者已具备成本竞争力。

考虑可再生能源技术创新的发电成本动态效应:

$$\frac{\partial CG_t^{DS,Z}}{\partial KR_t} = \frac{\partial CG_t^{CS,Z}}{\partial KR_t}$$

$$\frac{\dfrac{\partial C_{E,t}^1}{\partial KR_t} R_{IS} + \displaystyle\sum_{t=1}^{T'} \dfrac{(1-R_{IS}) \dfrac{\partial C_{E,t}^1}{\partial KR_t} \cdot \left[1 + (T'-t+1) \cdot i\right](1-R_{IT})}{T'} D_t + \displaystyle\sum_{t=1}^{T} \dfrac{\dfrac{\partial C_{E,t}^1}{\partial KR_t} \theta_{OMI}(1+R_{IT})}{(1+R_{VA})} D_t}{\left[1 - \dfrac{R_{VA}}{(1+R_{VA})} - \dfrac{R_{VAS} \cdot R_{VA} \cdot (1-R_{IT})}{(1+R_{VAS})}\right] \cdot \displaystyle\sum_{t=1}^{T} Q_t D_t}$$

(3-36)

其中,$\dfrac{\partial C_{E,t}^1}{\partial KR_t} = \tau/\theta \rho Q_t^{\varphi/\theta} \bar{Q}^{(1-\theta)/\theta} KR_t^{\tau/\theta-1} \lambda^{\omega/\theta} p_{L,t}^{\alpha/\theta} p_{k,t}^{\beta/\theta} p_{i,t}^{\gamma/\theta}$

$$\frac{\partial CG_t^{DS,Z}}{\partial Q_t} = \frac{\partial CG_t^{CS,Z}}{\partial Q_t}$$

$$\frac{\dfrac{\partial C_{E,t}^1}{\partial Q_t} R_{IS} + \displaystyle\sum_{t=1}^{T'} \dfrac{(1-R_{IS}) \dfrac{\partial C_{E,t}^1}{\partial Q_t} \cdot \left[1 + (T'-t+1) \cdot i\right](1-R_{IT})}{T'} D_t + \displaystyle\sum_{t=1}^{T} \dfrac{\dfrac{\partial C_{E,t}^1}{\partial Q_t} \theta_{OMI}(1-R_{IT})}{(1+R_{VA})} D_t}{\left[1 - \dfrac{R_{VA}}{(1+R_{VA})} - \dfrac{R_{VAS} \cdot R_{VA} \cdot (1-R_{IT})}{(1+R_{VAS})}\right] \cdot \displaystyle\sum_{t=1}^{T} Q_t D_t}$$

(3-37)

其中，$\dfrac{\partial C_{E,t}^1}{\partial Q_t} = \varphi/\theta Q_t^{\varphi/\theta-1} \overline{Q}^{(1-\theta)/\theta} KR_t^{\tau/\theta} \lambda^{\bar{\omega}/\theta} p_{L,t}^{\alpha/\theta} p_{k,t}^{\beta/\theta} p_{i,t}^{\gamma/\theta}$

由式（3-36）和式（3-37）可知，无论是发电侧还是售电侧，可再生能源技术创新的发电成本动态效应是一致的。由于发电侧与售电侧的成本差异是配送电成本，并不涉及可再生能源的发电技术创新，因此成本效应是一致的。

二、区域分类视角下建模

为反映不同分区基准下可再生能源发电经济性差异，构建省际统一基准下可再生能源相对化石能源的发电成本变化的函数方程：

$$CG_t^{DS,PGR} = LCOE_t^{1,PGR} - LCOE_t^2 \qquad (3\text{-}38)$$

$$CG_t^{CS,PGR} = LCOE_t^{1,PGR} - ET_t^{2,j} \quad j = R，AP，GIC \qquad (3\text{-}39)$$

在式（3-38）和式（3-39）中，$CG_t^{DS,PGR}$ 和 $CG_t^{CS,PGR}$ 代表省际区域内不同电源发电侧和售电侧成本差异。比较式（3-38）和式（3-34）以及式（3-39）和式（3-35）可以发现，可再生能源成本竞争力与区域基准密切相关。若可再生能源发电成本在省际区域比资源区平均水平下降幅度更大，其发电成本竞争力在省际统一基准下更显著；反之，在现行基准下更显著。

相应地，区域分类视角下可再生能源技术创新的发电成本动态效应的表达式与技术经济性视角下的相似。不同的是，技术创新的发电成本动态效应是地区性效应。

三、环境外部性视角下建模

考虑可再生能源环境价值，重新评估其发电成本竞争力水平。构建涵盖外部性的电力成本方程：

$$CG_t^{DS,SZ,\psi} = LCOE_t^{1,SZ} - LCOE_t^2 - \psi EC_t^2 \quad \psi \in [0,1] \qquad (3\text{-}40)$$

$$CG_t^{DS,SZ,\psi} = LCOE_t^{1,SZ} - ET_t^{2,j} - \psi EC_t^2，j = R，AP，GIC，\psi \in [0,1]$$
$$(3\text{-}41)$$

$$CG_t^{DS,PGR,\psi} = LCOE_t^{1,PGR} - LCOE_t^2 - \psi EC_t^2 \quad \psi \in [0,1] \qquad (3\text{-}42)$$

$$CG_t^{CS,PGR,\psi} = LCOE_t^{1,PGR} - ET_t^{2,j} - \psi EC_t^2，j = R，AP，GIC，\psi \in [0,1]$$
$$(3\text{-}43)$$

式（3-40）至式（3-43）是在式（3-34）至式（3-39）的基础上考虑了化石能源外部成本内部化程度。ψ 表示环境成本内部化程度，当 $\psi = 0$ 时，表示两类能源发电成本的差异完全不考虑环境影响；当 $\psi = 1$ 时，表示完全考虑环境影响；当 $0 < \psi < 1$ 时，表示并不完全考虑环境影响。无疑，考虑环境影响将改变两类能源的发电成本差异。尤其是可再生能源与化石能源的发电成本差异较小时，或由于分

区基准低估可再生能源成本下降趋势时,环境成本内生化程度将会显著影响可再生能源成本竞争力水平以及相应的扶持政策措施。

环境外部性视角下,可再生能源技术创新的发电成本动态效应由两部分构成:电力项目技术效率提升的发电成本效应和技术外部效率提升的发电成本效应。前者通过式(3-36)和式(3-37)进行体现,后者通过化石能源技术外部性效率提升进行体现:

$$\frac{\partial CG_t^{DS,SZ,\psi}}{\partial INN_t} = \frac{\partial CG_t^{CS,SZ,\psi}}{\partial INN_t} = \frac{\partial CG_t^{DS,Z}}{\partial INN_t^1} - \psi \frac{\partial EC_t^2}{\partial INN_t^2} = \frac{\partial CG_t^{CG,Z}}{\partial INN_t^1} - \psi \frac{\partial EC_t^2}{\partial INN_t^2}$$

$$(3\text{-}44)$$

$$\frac{\partial CG_t^{DS,PGR,\psi}}{\partial INN_t} = \frac{\partial CG_t^{CS,PGR,\psi}}{\partial INN_t} = \frac{\partial CG_t^{DS,PGR}}{\partial INN_t^1} - \psi \frac{\partial EC_t^2}{\partial INN_t^2} = \frac{\partial CG_t^{CS,PGR}}{\partial INN_t^1} - \psi \frac{\partial EC_t^2}{\partial INN_t^2}$$

$$(3\text{-}45)$$

其中,INN_t表示"干中学""探索学习""交互学习"等创新成本效应,上标1表示可再生能源,上标2表示化石能源。化石能源外部性效率提升包括能耗技术提升、脱硫脱硝技术创新等。

第五节　本章小结

本章基于可再生能源技术经济性、环境外部性和空间异质性等特征,利用全周期成本收益平衡分析框架,引入成本动态形式和技术创新作用,构建经济、环境和区位多视角下可再生能源发电成本评估的一般分析框架。通过理论模型推导得到的主要结论如下。

(1)平准化电力成本是给定基准收益条件下的项目周期内平均成本水平。不同电源的成本变化差异源于经济成本和环境成本综合变化差异,相同电力成本变化源于经济成本和环境成本的此消彼长关系。

(2)细化电力成本结构,经济成本变化取决于期初投资、可变成本、发电量、金融和财务成本等多因素的变化趋势,而这些因素隐含区位条件差异。

(3)技术创新影响多类因素的变化趋势,尤其是期初投资、燃料投入和发电量,是区分不同电源的成本变化趋势差异的重要因素。

细化分类视角下,构建评估可再生能源发电成本动态变化趋势和相对传统能源的成本竞争力评估模型。理论模型推导的主要结论如下。

(1)技术经济性视角下,由于不同电源用能方式和电价政策差异,发电侧和售电侧电力成本竞争性存在差别,但无论是发电侧还是售电侧,可再生能源技术创新的发电成本动态效应是一致的。

（2）区域分类视角下，可再生能源成本竞争力与区域基准密切相关，技术创新的发电成本动态效应也具有地区性效应。

（3）环境外部性视角下，环境成本内生化程度将会显著影响可再生能源成本竞争力水平，尤其当可再生能源与化石能源的发电成本差异较小或分区基准低估可再生能源成本下降趋势时。

中国可再生能源具有鲜明的技术经济性、环境外部性和空间异质性特征，可以为多视角下可再生能源发电成本评估提供有效样本。基于本章理论模型和论证结果，第十章和第十一章将进行实证研究，验证相关结论。

第四章 可再生能源电价政策与财税成本负担理论模型构建

可再生能源政策促进太阳能、风能市场规模化发展,但也造成急剧攀升的财税负担。本章以标杆上网电价政策(以下简称标杆电价政策)和绿色电力证书政策(以下简称绿证制度)为例,构建基于改进平准化电力成本模型的财税成本负担模型,分类探讨并估计技术性、地区性和外部性等主要因素的财税负担效应;构建绿证定价和可再生能源财税减负模型,分类探讨并估计不同绿证交易机制和配额安排下的财税减负效应,从而比较说明兼顾可再生能源政策目标和政策选择的重要性。

第一节 问题的提出

已有的文献研究主要依据可再生能源政策类别、性质、对象和方式,利用具体项目法、价差法、生产者或消费者补贴等价法、资源租金法和边际社会成本法等方法,对政策干预的成本进行估算(Grau,2014;Falconett,Nagasaka,2010;Tamas,Shrestha,Zhou,2010;Bernard,Prieur,2007)。主要政策集中在标杆上网电价(FIT)、可交易绿色证书(TGC)和净计量电价政策(NM)等应用较广泛、市场成效较显著的措施,争议焦点集中在政策有效性以及财税成本负担。本章以标杆电价政策和绿证制度为例探讨政策干预的财税成本负担。

标杆电价政策和绿证制度是应用最广泛的可再生能源政策工具。标杆电价政策通过溢价或固定支付,以价格机制推动可再生能源市场应用(Kwon,2015)。绿证交易通常与可再生能源配额制(RPS)相配套,以市场交易和数量机制实现可再生能源发展的规模要求(Garcia et al.,2017)。截至2017年,两类政策分别被84个和32个国家及地区采用(REN 21,2018)。政策选择争议聚焦于政策效率,即市场应用的政策成本。文献研究因政策作用机制、相关主体、市场结构等视角差异,存在重大结论分歧(Fischer,Peonas,2010)。

支持标杆电价政策的文献认为,长期价格保障降低了政策风险和投资不确定性,有助于市场规模的迅速扩张,有利于更低成本的技术创新和应用,从而减轻财税负担(Dong,2017;Butler,2008)。相反结论是该政策定价缺乏竞争性,不仅会扭曲能源市场价格,而且削弱以最低成本进行电力生产,财政负担会超过支付意愿(Dong,Shimada,2017;Andor et al.,2017)。当电力交易存在市场势力时,标杆电价比绿证价格更易偏离电力成本(Tamas,2010)。当政策涵盖高成本(如光伏)技术时,更易造成高额附加税负或影响低收入地区和人群的社会福利(Dio et al.,2015)。当可再生能源占比显著时,财税资金攀升更为显著,财政支持难以维系(Haselip,2011)。因此,该政策通常被认为是需要控制税收成本、仅适宜作为过渡性措施的政策方案。

绿证制度无须公共财政支持,但支出成本即绿证交易价格将影响社会福利。文献主要围绕交易机制和配额机制来探讨绿证制度的实施成本或财税影响。交易机制方面,支持该制度的文献认为,绿证价格由供需内生决定,购证成本由市场主体直接承担,定价或成本效率会更高(REN21,2018)。挪威、比利时和智利都只采用了绿证制度,韩国和西班牙从 2012 年起用绿证制度代替标杆电价政策,财政支出降幅高达 50%(Kwon,2015)。相反结论是市场竞争意味着风险更大,投资稳定性更低,投资者会选择高效成熟的低成本技术,而抑制新兴技术创新及其低成本应用,绿证制度不利于长期成本降低(Resch et al.,2007)。配额制方面,电源技术、配额主体类型和市场竞争策略对绿证成本影响最大(Zarnikau,2011;Lovinfosse,Varone,2002)。Choi 等(2018)认为,单独考虑各类电源技术配额,发电商履约非光伏配额的绿证成本效率更高,政府实施光伏配额的财税减负效率更高,而标杆电价政策正好相反。Amundsen 和 Bergman(2012)研究了瑞典消费者/供电商配额制,得到生产商在绿证市场实施古诺策略会提高电价和绿证价格,削弱财税减负效应。若进一步考虑配额内生化,Afzal 等(2016)发现,传统能源厂商可以通过实施古诺策略优化配额量、提高社会福利,但这将减少消费者福利。国内文献也关注绿证制度,研究重点是自愿认购或发电商配额机制(安雪娜等,2017),但这与中国政策环境并不完全吻合,没有充分考虑两类政策并存时的政策有效性问题,也没有考虑相关配额将如何影响配额义务主体的决策最优选择,还忽略了如补贴拖欠、并网消纳和电源技术选择等困难,以及如何作用于绿证市场均衡和财税减负效应。

本章围绕标杆电价政策的补贴需求和财税负担以及标杆电价政策与绿证交易政策并存下绿证交易的财税减负作用,结合第三章平准化电力成本改进模型,构建将电价基准、外部效应及并网消纳等纳入电价补贴的财税负担模型,分类讨论可再生能源电价调整和财税成本效应;构建绿证定价和财税减负效应模型,分类探讨不同交易机制和配额安排:绿证自由市场、发电及售电商配额强制市场如何影响定价策略和交易选择,市场均衡和政策因素如何影响可再生能源资金补助支出、附加税负担和税负转嫁支付效应。

第二节　标杆电价政策的财税负担模型

可再生能源标杆电价政策的补贴需求体现在度电补贴和总规模,税负效应体现在相应的电价税负(如中国可再生能源电价附加征税标准)变化。本节建立以平准化电力成本改进模型为基础的电价财税负担模型,以中国标杆电价政策体系为代表,探讨主要新兴电力技术、风光发电技术标杆电价政策的财税负担,分析技术性、地区性和外部性因素的影响效应。

一、发电侧财政补贴成本建模

标杆电价政策下,可再生能源 T 期财政补贴成本(TS)为各期(t)新增装机度电补贴需求($S_{FG,t}$)与当期上网电量($Q_{IE,T}$)乘积的加总。度电补贴需求取决于补贴方式(差价补贴、定额补贴),上网电量取决于发电效率、并网消纳能力及弃风/光率(R_c)等。以风电(w)、光伏(s)为例,建立可再生能源发电度电补贴与总财政成本模型:

度电补贴:$S_{FG,t} = GP_{w/s,t} - BP_c^T$ 　　　　　　　　　　　　　　　　　(4-1)

总补贴:$TS = \sum_{t=1}^{T} S_{FG,t} \cdot Q_{E,t}^T \cdot (1 - R_c^T) = \sum_{t=1}^{T} (GP_{w/s,t} - GP_c^T) \cdot Q_{E,t}^T \cdot (1 - R_c^T)$ 　(4-2)

并网发电量:$Q_{IE}^T = \sum_{t=1}^{T} Q_{IE,t} = \sum_{t=1}^{T} Q_{IE,t} \cdot (1 - R_c^T) = \sum_{t=1}^{T} H_t \cdot GC_t (1 - R_c^T)$

(4-3)

其中,$GP_{w/s,t}$ 为 t 期安装的风、光发电项目标杆电价,BP_c^T 为火电标杆电价。

度电补贴:$S_{FG,t} = FIT_{w/s,t} - BP_c^T$ 　　　　　　　　　　　　　　　　(4-4)

总补贴:$TS = \sum_{t=1}^{T} S_{FG,t} \cdot Q_{E,t}^T \cdot (1 - R_c^T) = \sum_{t=1}^{T} (FIT_{w/s,t} - BP_c^T) Q_{E,r}^T (1 - R_c^T)$

(4-5)

风/光发电度电补贴成本取决于不同电源标杆上网电价(风/光发电为 $FIT_{w/s}$,火电为 BP_c)基准和变化差异,总补贴成本还取决于并网电量。由此,依据电价地区分类和调整基准、火电外部成本内部化程度和波动性电源并网效率(如弃风弃光率 R_c),补贴需求存在差异。

命题 1:存在分区基准差异时,标杆上网电价与平准化电力成本即使同步调整,也会影响补贴需求量。若上网电价调整滞后于平准化电力成本,且满足

$\Delta FIT_{w/s,t} < \Delta BP_c^T$ 或 $Q_{E,t} \cdot (1-R_c^T) \cdot \Delta S_{FG,T} > \sum\limits_{t=1}^{T} Q_{E,t} \Delta R_c^T \cdot S_{FG,t}$ 条件,总补贴成本总会上升,其差异在于是否考虑电力系统效率。考虑火电外部成本内部化,电价补贴需求下降。

证明:

情况 1:无弃风/光,风、光、火电标杆上网电价与平准化电力成本同步调整。

由于技术进步、规模经济等成本效应,风、光发电投资成本比火电的投资和燃料成本下降快(其他成本稳定),平准化电力成本下降趋势更明显,即:$\Delta LCOE_{w/s,t} > \Delta LCOE_{c,t}$。新增风/光装机度电补贴成本将下降。考虑风/光发电标杆电价两类区域基准:分类资源区(r)与省份资源区(p_r),各省(p)上网电价为 $FIT_{w/s,p}^r$ 和 $FIT_{w/s,p}^{pr}$,补贴有差异,度电补贴成本分别为 $FIT_{w/s,p}^r - BP_{c,p}$ 和 $FIT_{w/s,p}^{pr} - BP_{c,p}$,总补贴成本为 $\sum\limits_{p=1}^{31}\sum\limits_{t=1}^{T}(FIT_{w/s,p}^{r,t} - BP_{c,p}^T) \cdot Q_{E,t}^T$ 和 $\sum\limits_{p=1}^{31}\sum\limits_{t=1}^{T}(FIT_{w/s,p}^{pr,t} - BP_{c,p}^T) \cdot Q_{E,t}^T$。若分类资源区电价按资源区内各省电价范围取值,即 $\text{Min}(FIT_{w/s,p}^{pr}) < FIT_{w/s,p}^r < \text{Max}(FIT_{w/s,p}^{pr})$,则资源条件越丰裕的省份过度补贴成本越高,总补贴成本因装机量大,需求规模也更大。

若满足风/光总补贴成本在两类基准下无差异,则 $\sum(FIT_{w/s,p}^r \cdot Q_{E,t}^T) = \sum(FIT_{w/s,p}^{pr} \cdot Q_{E,t}^T)$。由于装机分布具有资源偏向性,即装机量与资源禀赋成正比,无差异补贴要求资源区电价取值大于该区域按省份估算的中值,即 $FIT_{w/s,p}^r > [\text{Min}(FIT_{w/s,p}^{pr}) + \text{Max}(FIT_{w/s,p}^{pr})]/2$,否则前者补贴成本更高。

情况 2:无弃风/光,风/光电标杆上网电价调整滞后于平准化电力成本。

若为鼓励风、光发电,其标杆电价下调幅度小于火电($\Delta FIT_{w/s,t} < \Delta BP_c^T$),则补贴成本不降反增。

情况 3:存在弃风/光($R_c > 0$),风/光电标杆上网电价调整滞后于平准化电力成本。

$$dTS = f'_{S_{FG,t}}(S_{FG,t}, Q_{E,t}, R_c^T) \cdot \Delta S_{FG,t} + f'_{Q_{Et}}(S_{FG,t}, Q_{E,t}, R_c^T) \cdot \Delta Q_{E,t} + f'_{R_c}(S_{FG,t}, Q_{E,t}, R_c^T) \cdot \Delta R_c^T = \sum\limits_{t=1}^{T} Q_{E,t}[(1-R_c^T) \cdot \Delta S_{FG,t} - S_{FG,t} \cdot \Delta R_c^T]$$

$$(4\text{-}6)$$

则:

$$Q_{E,T}(1-R_c^T) \cdot \Delta S_{FG,T} > \sum\limits_{t=1}^{T} Q_{E,t} \Delta R_c^T \cdot S_{FG,t} \qquad (4\text{-}7)$$

式(4-7)意味着当弃风/光率上升时,若未补贴弃风/光电量不能抵消新增装机补贴增量,则总补贴成本会上升。依据第一种情况,分类资源区电价更好地平衡了区内各省份电价水平,引导低弃风/光区装机,减缓补贴需求。

情况 4：考虑火电外部成本（EC）内部化（$0 \leqslant \lambda_{EC} \leqslant 1$）。

补贴基准考虑火电外部成本，即 $S_{FG,t}^{EC} = FIT_{w/s,t} - BP_c^T - EC \cdot \lambda_{EC}$ 以及 $TS^{EC} = \sum_{t=1}^{T} S_{FG,t}^{EC} \cdot Q_{E,t}^T \cdot (1 - R_c^T)$，则风、光发电补贴成本下降，即 $S_{FG,t}^{EC} < S_{FG,t}$ 和 $TS^{EC} \leqslant TS$。

根据以上结论，命题 1 得证。

命题 1 政策启示：可再生能源标杆上网电价政策不仅要考虑政策退出适时性，强化市场竞争力，还要充分考虑分类基准差异导致的过度补贴或补贴不足的双重困境。弃风不仅会造成资源浪费，也不能彻底缓解补贴攀升，而应引导低弃风/光区装机，减缓补贴需求，以充分体现可再生能源环境价值，也减少补贴需求。

二、售电侧财政补贴成本建模

在售电侧，分布式发电补贴包括全额上网补贴和全电量补贴，后者是定额补贴。

命题 2：用户并网发电和自发自用选择取决于补贴后用电成本，全电量补贴成本较低，全额上网补贴成本较高。在全电量补贴下，度电补贴高于上网电价与销售电价差，存在过度补贴。在全额上网补贴下，部门电价差异会影响补贴需求总量。

证明：

若用电成本扣除补贴后比购电成本低，可以表示为：
$$LCOE_c - s \leqslant p_c \text{ 或者 } LCOE_c \leqslant p_c + s，\text{且 } FIT_s - p_c > 0 \quad (4-8)$$
其中，s 是定额补贴，p_c 是商业、大工业和居民各类销售电价，$LCOE_c$ 是对应的用电成本。当用电成本扣除补贴后比购电成本低时，用户将选择分布式发电自发自用。度电补贴还应该低于上网电价与销售电价差，即 $s < FIT_s - p_i$，否则存在过度补贴。那么，售电侧电量 Q_{ES} 的补贴成本总量 TS_{s1} 有：
$$TS_{s1} < s \cdot Q_{ES} \quad (4-9)$$
反之，用电成本扣除补贴后比购电成本高可以表示为：
$$LCOE_c - s > p_c \text{ 且 } LCOE_c \leqslant FIT_s，\text{或者 } p_c + s < LCOE_c \leqslant FIT_s$$
$$(4-10)$$
则补贴总量成本 TS_{s2} 有：
$$TS_{s2} = (FIT_s - BP_c) \cdot Q_{Es} > (FIT_s - p_c) \cdot Q_{Es} > s \cdot Q_{Es} \quad (4-11)$$
当用电成本扣除补贴后仍高于购电成本时，用户将选择全电量上网，且差价补贴高于定额补贴。自发自用情景下，由 $s < FIT_s - p_c$ 可知，商业电价最高，度电补贴成本最低；居民电价最低，度电补贴成本最高。那么，分布式发电

补贴成本在全额上网情景下最高,在商业用户全电量补贴成本(S_b)下最低,即:

$$s_b \cdot Q_{ES} \leqslant TS_s \leqslant (FIT_s - BP_c) \cdot Q_{Es} \tag{4-12}$$

根据以上结论,命题 2 得证。

命题 2 政策启示:应充分利用用户端可再生能源利用多种形式,包括并网发电和自发自用,但在全电量补贴政策下,度电补贴不应高于上网电价与销售电价差,在全额上网补贴政策下,应多鼓励高电价部门参与,尽量避免市场竞争不足而补贴攀升过快。

三、税负成本效应建模

命题 3:标杆电价政策的财政补贴采取无差异部门征税,可征税电量主体将共同承担税收负担,而采取差异化征税方式可以减轻特定群体用电负担,但会造成其他群体用电税负过快攀升。

证明:

若不考虑补贴偏向,即不考虑可再生能源电价附加征收的部门和地区差异,则可征税电量范围的税负效应(TX)有:

$$TX_t = TS_t / TE_t \tag{4-13}$$

若考虑征税偏向,如居民生活用电(RE)电价分摊(TX^{RE})固定,其他部门用电(OE')需要征收可再生能源电价附加,则居民税负 / 电价比($\lambda_{TX,t}^{RE}$)为:

$$\lambda_{TX,t}^{RE} = TX_t / p_{c,t}^{RE} \text{ 或者 } \lambda_{TX,t}^{RE} = TX_t^{RE} / p_{c,t}^{RE} \tag{4-14}$$

其他用电(OE')税负效应($TB^{OE'}$)为:

$$TX_t^{OE'} = (TS_t - RE \times TX_t^{RE}) / OE' \tag{4-15}$$

其他用户税负 / 电价比($\lambda_{TX,t}^{OE}$)为:

$$\lambda_{TX,t}^{OE} = TX_t / p_{c,t}^{OE} \text{ 或者 } \lambda_{TX,t}^{OE} = TX_t^{OE'} / p_{c,t}^{OE'} \tag{4-16}$$

显然,当考虑征税部门偏向时,可再生能源电价征收可以减轻低收入、低电力需求弹性部门的用电支出负担,但会造成其他部门用电税负的加重。

根据以上结论,命题 3 得证。

命题 3 政策启示:尽管可再生能源发展将带来电价下降的长期效应,但短期内将显著增加电力用户用电成本和税负,即使考虑充分低收入人群用电税负,也可能造成其他人群税负过快攀升。中国现行可再生能源电价附加显示,2009 年之后居民部门固定在 0.1 分/千瓦时,但非居民其他用户已上升 10 倍以上,税收负担不容忽视。

第三节　绿色电力证书政策的财税减负效应模型

绿证交易以政府核发和市场认购制度为基础,分为自由市场以及发、售电配额强制市场交易机制。绿证交易对财税负担的综合影响体现在替代标杆电价补助的公共支出减负效应和自愿或强制绿证交易的税负转嫁支付效应。本节构建绿证交易定价和可再生能源财税减负模型,论证绿证强制交易通过强化交易参与率影响财税减负的电量规模,通过限价机制和定价策略的价格效应影响财税减负效率。

一、发电侧标杆电价财税成本建模

为比较研究绿色电力证书政策的财税减负效应,本节重新构建发电侧标杆电价财税成本模型,不考虑分区基准导致的平准化电力成本和相应的补贴基准偏差影响,重点考虑该政策实施存在的重大补贴拖欠、低效并网消纳等因素影响。标杆电价政策下,可再生能源度电补贴(S_n^z)是相对燃煤发电上网电价(SP_n^z,CP_t^z)差额,总补贴(TS_t)是各地(z)各期(n)新增装机当期上网电量(Q_{nt}^z)补贴和,税负(TX_t)是可征税电量(TE_t)补贴分担:

$$S_{n,t}^z = SP_n^z - CP_t^z \tag{4-17}$$

$$TS_t = \sum_{z=1}^{Z} \sum_{n=1}^{t} S_{n,t}^z \cdot Q_{n,t}^z \tag{4-18}$$

$$TX_t = TS_t / TE_t \tag{4-19}$$

值得注意的是,SP_n^z 是分类资源区禀赋、建设安装和保障性电量收购等基准条件的平准化电价,基准偏差会导致财税负担的重大变化,主要影响包括:

(1)考虑弃电的补贴需求下降,度电补贴削减($CI_{n,t}^z$)与弃电率($R_{n,t}^z$)和度电补贴有关:

$$CI_{n,t}^z = S_{n,t}^z \cdot R_{n,t}^z \tag{4-20}$$

(2)考虑补贴拖欠,补贴削减($CS_{n,t}^z$)与度电补贴、资金成本(i)和拖欠时间(t')有关:

$$CS_{n,t}^z = S_{n,t}^z \cdot i \cdot t' \tag{4-21}$$

相应地,不考虑弃电和补贴拖欠,t 期总补贴(TS_t)和税负(TX_t)分别为:

$$TS_t = \sum_{z=1}^{Z} \sum_{n=1}^{t} S_{n,t}^z \cdot Q_{n,t}^z \tag{4-22}$$

$$TX_t = TS_t / TE_t \tag{4-23}$$

考虑弃电和补贴拖欠，t 期总补贴变化（$\Delta TS_t^R, \Delta TS_t^i$）和税负变化（$\Delta TX_t^R$，$\Delta TX_t^i$）如下：

$$\Delta TS_t^R = -\sum_{z=1}^{Z}\sum_{n=1}^{t} S_{n,t}^z R_{n,t}^z \cdot Q_{n,t}^z, \quad \Delta TX_t^R = \Delta TS_t^R / TE_t \tag{4-24}$$

$$\Delta TS_t^i = -\sum_{z=1}^{Z}\sum_{n=1}^{t} S_{n,t}^z Q_{n,t}^z + \sum_{z=1}^{Z}\sum_{n=1}^{t-t'} S_{n,t-t'}^z \cdot (1-i\cdot t')\cdot Q_{n,t}^z,$$
$$\Delta TX_t^i = \Delta TS_t^i / TE_t \tag{4-25}$$

二、绿证交易与财税减负效应建模

当可再生能源标杆电价政策与绿证制度并存时，往往规定绿证价格不得高于标杆电价中对应电量的补贴标准。由此，构建以认购交易和限价为基础的绿证交易定价模型，分类自愿和强制交易市场，探讨绿证价格均衡与财税减负效应。其中，绿电发电商为售证方，通过绿证交易获得补贴对等收益，实现利润最大化。火力发电商、售电商或电力用户为购证方，通过绿证交易完成绿电配额或确认绿电消费。以下分市场进行探讨。

（一）绿证自由市场交易均衡

命题 4：绿证自由市场交易限价机制下，市场出清取决于绿电支付意愿，均衡价格区间为 $LP_{n,t}^z \in [S_{n,t}^z(1-i\cdot t'-R_t^{n\cdot z}), S_{n,t}^z]$，交易集中在平准化电价低、补贴基准低的售证区和电源类型。

证明：

绿证售证方根据利益最大化和限价机制，确定绿证挂牌价格（$LP_{n,t}^z$）：

$$LP_{n,t}^z \leqslant S_{n,t}^z \tag{4-26}$$

$$LP_{n,t}^z \geqslant S_{n,t}^z - CI_{n,t}^z - CS_{n,t}^z = SP_n^z(1-i\cdot t'-R_t^{n\cdot z}) - CP_t^z(1-i\cdot t') \tag{4-27}$$

$$LP_{n,t}^z \geqslant S_{n,t}^z - CI_{n,t}^z - CS_{n,t}^z = S_{n,t}^z(1-i\cdot t'-R_t^{n\cdot z}) \tag{4-28}$$

$LP_{n,t}^z$ 不高于补贴标准[式(4-27)]，不低于考虑补贴损失后的定价[式(4-28)]，与度电补贴需求（SP_n^z）呈正比，与弃电率（$R_{n,t}^z$）、资金成本和补贴拖欠时间（$i\cdot t'$）呈反比。绿证交易与补贴政策并不冲突，绿证挂牌量在发电量区间内，即 $LQ_{n,t}^z \in [0, Q_{n,t}^z]$。

绿证自由交易体现为绿电消费而意愿支付高于常规电力的成本。支付意愿包括改善环境（$VI_{n,t}^z$）和提高绿色形象（$VP_{n,t}^z$）等意愿价值。绿证需求价格（$DP_{n,t}^z$）落在支付意愿区间内：

$$0 \leqslant DP_{n,t}^z \leqslant VI_{n,t}^z(I, Pr, V_s) + VP_{n,t}^z(I, Pr, V_s) \tag{4-29}$$

意愿价值受收入水平（I）、个体特征（Pr）和环境价值认知（V_s）等因素影

响。绿证需求量($DQ_{n,t}^z$)是价格的函数,与之呈反比:

$$DQ_{n,t}^z = DQ_{n,t}^z(DP_{n,t}^z) \tag{4-30}$$

绿证自由市场均衡具有三类情形:

当 $\text{Min}\{LP_{n,t}^z\} > DP_{n,t}^z$ 时,绿证定价高于支付意愿,市场无交易需求,挂牌价格区间为 $LP_{n,t}^z \in [S_{n,t}^z(1 - i \cdot t' - R_t^{n,z}), S_{n,t}^z]$。

当 $\text{Min}\{LP_{n,t}^z\} \leqslant DP_{n,t}^z < \text{Max}\{S_n^z\}$ 时,绿证支付意愿落在定价区间内。不考虑定价策略和地区偏好,均衡价格是考虑各类损失后的最低定价,即 $P_{n,t}^z = S_{n,t}^z(1 - i \cdot t' - R_t^{n,z})$,市场交易将依据跨区域由低到高挂牌价格依次达成。

当 $\text{Max}\{S_n^z\} \leqslant DP_{n,t}^z$ 时,绿证支付意愿高于相应补贴标准,市场定价和成交价均等于补贴水平,即 $LP_{n,t}^z = GP_{n,t}^z = S_{n,t}^z$。挂牌量和成交量($GQ_{n,t}^z$)达到发电量上限,即 $LQ_{n,t}^z = GQ_{n,t}^z = Q_{n,t}^z$。

鉴于非强制性绿证交易和高额绿电成本,绿电自主消费意愿并不强烈,前两类情况更普遍,即绿证自由市场挂牌量会远高于意愿购买量,交易集中在低价挂牌区,具有成本优势的风电绿证交易量将远大于其他类型。

根据以上结论,命题 4 得证。

命题 4 政策启示:基于市场竞争机制,绿证交易更有效地体现购证方支付意愿。绿电支付意愿较低时,绿证交易作用影响受限,但随着绿电成本不断下降,绿证交易规模和影响力将不断提升。由于不同电源存在成本差异,不考虑个人偏好,购证方将选择定价更低的绿证电源类型。那么,取消高成本电源技术补贴不会显著影响绿证交易量及其财税减负效应。

(二) 发电商配额制与绿证市场交易均衡

命题 5:标杆电价政策与发电商配额制并存时,火电企业通过购买绿证或自建自发绿电项目完成配额要求,绿证市场均衡在于购证和绿电投资相对成本差异。当满足工业常规购电成本大于绿电自发自用成本,即 $Ind_t^z \geqslant PC_t^z \cdot Ind_t^z \geqslant PC_t^z$,或绿电投资成本低于标杆电价,即 $SP_t^z \geqslant PC_t^z \cdot SP_t^z \geqslant PC_t^z$ 时,火电企业选择自建绿电项目,绿证市场有价无市,绿证定价与标杆电价补贴基准一致。

证明:

绿证强制市场通过配额约束来促进绿证交易。当配额对象是火力发电商时,基于成本最小化原则,可以选择购买绿证或自建绿电项目完成绿电配额。在购证情境(不考虑绿证转售)下,完成配额的成本(RC_t^z)是购证成本和高于自建火电的购电成本:

$$RC_t^z = GP_{n,t}^z + Ind_t^z - CC_t^z \tag{4-31}$$

其中,$GP_{n,t}^z$ 是 n 期装机项目在 t 期的绿证认购价格,Ind_t^z 和 CC_t^z 是 t 期工业购电价格和自建火电成本。在绿电项目自建情景下,绿电可以自发自用,也可以并网销售。前者完成配额的成本(DC_t^z)是自发电源的相对成本,后者(GC_n^z)是绿电自发自用相对并网售电的差额:

$$DC_t^z = PC_t^z - CC_t^z \tag{4-32}$$

$$GC_t^z = PC_t^z - PS_t^z \tag{4-33}$$

其中,PC_t^z 是绿电自发自用成本;PS_t^z 是绿电销售电价,是标杆电价 SP_t^z 或其他方式的转让电价。比较式(4-31)和式(4-32)可知,无论绿证价格高低,当绿电自发自用成本小于工业常规购电成本,即 $Ind_t^z \geqslant PC_t^z$ 时,自建自用项目更合算,即 $RC_t^z > DC_t^z$。比较式(4-31)与式(4-33),得到:① 若按照标杆电价并网,满足绿电投资成本低于标杆电价 $PC_t^z \leqslant PS_t^z = SP_n^z$,结合式(4-17)、式(4-31)和式(4-33),则可以得到:$RC_t^z - GC_t^z > GP_{n,t}^z - PC_t^z + SP_t^z \geqslant 0$,即绿电投资销售更合算;② 其他形式与绿电自发自用结果一致,当 $Ind_t^z \geqslant PC_t^z$,$RC_t^z - GC_t^z > Ind_t^z + GP_{n,t}^z - CC_t^z - PC_t^z + CP_t^z \geqslant 0$ 时,绿电投资销售更合算。

根据以上结论,命题 5 得证。

命题5政策启示:绿证交易参与度不仅与配额义务主体有关,也取决于电力批发市场类型及定价政策。在电力管制市场及交叉补贴电价政策下,绿电投资相对工业购电或绿电并网标杆电价可以具有成本竞争力,发电商完成配额的最优选择是自建绿电项目而非进行绿证交易。目前,中国风电成本已普遍低于工业购电成本,火电企业会选择绿电自建完成配额。除非分类规定风、光发电配额或取消工业电价交叉补贴政策,否则发电商配额制无助于绿证市场发展。

(三)售电商配额制与绿证市场交易建模

命题 6:售电商配额制下,发电商最优策略是电力批发和绿证市场均采取领导—跟随产量策略,绿证供给影响电力边际收益,导致电力供给减少、电力批发价格和终端价格高于完全竞争均衡,标杆电价政策并存使绿证定价与补贴一致,但不改变产量竞争格局。为确保配额制实施,售电商违约成本应不低于环境成本和最低替代生产成本之和,即 $CC_t^z \geqslant V_t^z + \mathrm{MinS}_t^z$。

考虑管制市场发、售电商数量比[①]、发电商集中度及其电源投资类型,设定发电商在电力交易和绿证交易中具有定价权。根据 Newbery(1998),设定两类市场具有线性需求曲线:

$$w = a_1 - b_1 m \tag{4-34}$$

$$s = a_2 - b_2 n \tag{4-35}$$

电力批发价格与需求量是(w,m);电力供给包括火电和绿电(x,y);绿证价格和销售量是(s,n);绿电配额占比为 α;电力最终价格为 p。发电商(r)火电和绿

电成本函数设为：

$$c_r = c_r(x_r), 满足\ c'_r(x_r) > 0\ 且\ c''_r(x_r) \geqslant 0 \tag{4-36}$$

$$g_r = g_r(y_r), 满足\ g'_r(y_r) < 0\ 且\ g''_r(y_r) \geqslant 0 \tag{4-37}$$

由于规模效应和学习效应，火电边际成本递增，而绿电边际成本递减。

分两类情况讨论：

（1）发电商在电力批发市场采取斯塔克尔贝格产量策略，选择绿电和火电发电量，绿证市场是完全竞争市场。

（2）发电商在两类市场采取斯塔克尔贝格产量策略。

为简化分析，设定两类发电商：I 个领导者和 J 个跟随者，同类企业具有相同产量和成本。领导者火电、绿电、绿证供给量 (x_i, y_i, n_i)，火电和绿电成本 $[c_i(x_i), g_i(y_i)]$。跟随者火电、绿电、绿证供给量 (x_j, y_j, n_j)，火电和绿电成本 $[c_j(x_j), g_j(y_j)]$。

第一类情况下，发电商利润最大化问题可以表示为：

$$\underset{x_j, y_j}{\text{Max}}\pi_j(x_j + y_j) = wx_j + (w+s)y_j - c_j(x_j) - g_j(y_j) \tag{4-38}$$

$$\underset{x_i, y_i}{\text{Max}}\pi_i(x_i + y_i) = wx_i + (w+s)y_i - c_i(x_i) - g_i(y_i) \tag{4-39}$$

由线性需求曲线假设可知：$\dfrac{\partial w}{\partial x_j} = \dfrac{\partial w}{\partial y_j} = \dfrac{\partial w}{\partial m} = \dfrac{\partial(p - \alpha s)}{\partial m} = \dfrac{\partial p}{\partial m}$ $\tag{4-40}$

对式（4-38）进行一阶求导得到：$-b_1(x_j + y_j) + w = c'_j(x_j)$；$-b_1(x_j + y_j) + w + s = g'_j(y_j)$ $\tag{4-41}$

以上两式说明跟随者根据领导者产量选择最优产量，其火电边际收益与边际成本相同，且绿电和绿证边际总收益与绿电边际成本相同。代入式（4-39），求解得到：

$$m_i^* = x^* + y^* = \frac{a_1 + Jc'_j - c'_i(J+1)}{b_1(I+1)} = \frac{a_1 - Js^* + Jg'_j - c'_i(J+1)}{b_1(I+1)} \tag{4-42}$$

$$m_j^* = x_j^* + y_j^* = \frac{a_1 + c'_i(IJ + I) - c'_j(IJ + I + 1)}{b_1(I+1)(J+1)} =$$

$$\frac{a_1 + c'_i(IJ + I) - (IJ + I + 1)(s^* - g'_j)}{b_1(I+1)(J+1)} \tag{4-43}$$

$$m^* = (x^* + y^*) = y^*/\alpha,\ m^* = \sum_{r=i,j} m_r^*,$$

$$x^* = \sum_{r=i,j} x_r^*,\ y^* = \sum_{r=i,j} y_r^* \tag{4-44}$$

$$w^* = a_1 - b_1 m^*,\ p^* = w^* + \alpha s^* \tag{4-45}$$

可知，领导者厂商实施产量策略，通过总发电量选择影响电力批发和最终价格，领导者电力供给量大于跟随者。给定绿证市场均衡价格 s^*，交易量与绿电和配额相一致，不影响电力价格。但由于存在标杆电价政策且绿电边际成本递减，跟随者通过产量追赶可以转变为领导者,领导者策略难以长期维系。这一结论与 Amundsen 和 Bergman(2012) 不同,其产量策略是稳定的出清结果。

第二类情况下,发电商利润最大化问题可以表示为:

$$\underset{x_j, y_j}{\text{Max}} \pi_j(x_j + y_j) = w(x_j + y_j) + sn_j - c_j(x_j) - g_j(y_j) \tag{4-46}$$

$$\underset{x_i, y_i}{\text{Max}} \pi_i(x_i + y_i) = w(x_i + y_i) + sn_i - c_i(x_i) - g_i(y_i) \tag{4-47}$$

$$\text{s.t. } n_i \leqslant y_i; n_j \leqslant y_j$$

构建 Lagrange 方程:

$$L_j(x_j, y_j, n_j) = w(x_j + y_j) + sn_j - c_j(x_j) - g_j(y_j) - \lambda_j(n_j - y_j) \tag{4-48}$$

$$L_i(x_i, y_i, n_i) = w(x_i + y_j) + sn_i - c_i(x_i) - g_i(y_i) - \lambda_i(n_i - y_i) \tag{4-49}$$

求导得到:$-b_1(x_j + y_j) - b_2 n_j + w + s = g'_j(y_j)$ (4-50)

求解得到:$m_i^* = x^* + y^* = \dfrac{a_1 + Jc'_j - c'_i(J+1)}{b_1(I+1)}$;

$$m_j^* = x_j^* + y_j^* = \frac{a_1 + c'_i(IJ+I) - c'_j(IJ+I+1)}{b_1(I+1)(J+1)} \tag{4-51}$$

$$m^* = (x^* + y^*) = n^*/\alpha \tag{4-52}$$

$$n_i^* = \frac{a_2 - J(c'_j - g'_j) + (J+1)(c'_i - g'_i)}{b_2(1+I)};$$

$$n_j^* = \frac{a_2 + (IJ + +I + 1)(c'_i - g'_i) - I(J+1)(c'_j - g'_j)}{b_2(1+I)(1+J)} \tag{4-53}$$

$$s^* = a_2 - b_2 n^*, \ p(m^*) + \frac{\partial p(m^*)}{\partial m}(m_r^* + n_r^*) =$$

$$(1-\alpha)c'_r(x_r^*) + \alpha g'_r(y_r^*), \ r = i, j \tag{4-54}$$

由式(4-42)、式(4-43)和式(4-51)可知,电力总供给均衡函数不变。但由式(4-41)和式(4-50)可知,两市场产量策略下绿证销售影响绿证价格,也影响电力价格,加剧边际收益下降。由此,电力和绿证供给量减少,电力批发和终端价格提高[式(4-52)— 式(5-54)]。这一结论与 Amundsen 和 Bergman(2012) 一致,即无论采用古诺策略或斯塔克尔贝格策略,均会导致电力和绿证价格攀升。不同的是,标杆电价政策并存使绿证价格保持限价水平,仅造成电力价格攀升,且市场出清结果稳定。

考虑到配额不履约成本过低,售电商宁可支付罚金也不通过绿证完成配额。惩罚成本(CC_t^z)应高于增加火电的环境成本(V_t^z)和绿电替代的最低补贴(MinS_t^z)之和:

$$CC_t^z \geqslant V_t^z + \text{MinS}_t^z \tag{4-55}$$

根据以上结论,命题 6 得证。

命题6政策启示:售电商配额制可以更有效地提升中国绿证市场作用,推进绿电市场化和规模化应用,但发电商绿证产量策略会提高电力甚至绿证价格,导致电力支出普遍提高,削弱(标杆电价)政策替代的财税减负效应。绿证制度设计应充分考虑发电商市场竞争策略。

(四)绿证交易的财税减负效应建模

绿证交易的财税减负效应是标杆电价补贴削减与绿证交易转嫁支付的综合效应。前者指绿证交易减小财政补贴规模,降低可征税用户的可再生能源电价附加费用。后者指绿证交易增加绿电消纳区域的售电成本,抵消前者效应。

命题7:绿证市场通过购证交易转嫁绿电补贴支出,绿证限价机制和市场竞争策略使得转嫁总支付低于相应电量的资金补助,即 $TG_t \leqslant \Delta TS_t$,减轻公共支出负担,但绿电规模与可征税电量的巨大差异使得配额义务主体购电成本增幅高于附加税下降幅度,即 $\Delta GTX_t^z > \Delta TX_t$,抵消绿证交易的财税减负效应。弃电、补贴拖欠和配额调整等因素通过改变绿证价格、交易量或交易区域显著影响绿证自由和售电商配额市场的财税减负效应。

公共支出和附加税减负效应可以表示如下:

$$\Delta TS_t = \sum_{z=1}^{Z} \sum_{n=1}^{t} S_{n,t}^z \cdot GQ_{n,t}^z \tag{4-56}$$

$$\Delta TX_t = \Delta TS_t / TE_t \tag{4-57}$$

财政支出削减幅度(ΔTS)是绿证交易量($GQ_{n,t}^z$)与对应电量的标杆电价补贴($S_{n,t}^z$)合计。附加税削减幅度(ΔTX_t)取决于相对可征税电量规模(TE_t)的支出削减程度。

另一方面,绿证交易成本或标杆电价补贴的支付转嫁效应如下:

$$TG_t = \sum_{z=1}^{Z} \sum_{n=1}^{t} GP_{n,t}^z \cdot GQ_{n,t}^z \leqslant \Delta TS_t \tag{4-58}$$

$$\Delta GTX_t^z = GP_n^z \text{ 或者 } \Delta GTX_t^z = TG_t^z / TE_t^z > |\Delta TX_t| \tag{4-59}$$

由于绿证限价机制($GP_{n,t}^z \leqslant S_{n,t}^z$),其交易额($TG_t$)不高于相应绿电量的总补助下降幅度($\Delta TS$),从而减轻电力总支出负担。由绿证市场出清结果可知,财政补贴总支出净减负效应取决于自由交易的支付意愿水平或强制市场的绿证策略定价水平。由于可征税电量(TE_t^z)远超过认证电量($GQ_{n,t}^z$),即 $TE_t^z \gg GQ_{n,t}^z$,配额义务主体的电价成本增幅(ΔGTX)可以高于可再生能源电价附加降幅(ΔTX),也就是说会抵消甚至超过绿电附加税减负效应。由此,绿证交易可能进一步提高跨区绿电消纳区域的售电成本,增加度电支出实际负担。

进一步考虑弃电、补贴拖欠和配额调整等因素对绿证交易的财税减负效应影响:

(1)弃电和补贴拖欠的影响。由式(4-24)和式(4-25)、式(4-28)和式(4-54)可知,无论是在自由或强制市场,弃电或补贴拖欠以发电商收益损失为代价,引致绿证价格低于认证电量的补贴基准,使得转嫁支付的电价成本下降。由此,在弃电、补贴拖欠以及两类因素综合作用下,转嫁支付总额分别减少

$$\sum_{z=1}^{Z}\sum_{n=1}^{t} S_n^z \cdot R_{n,t}^z \cdot GQ_n^z \text{、} \sum_{n=1}^{Z}\sum_{1n=1}^{t} S_n^z i \cdot t' GQ_{n,t}^z \text{ 和 } \sum_{z=1}^{Z}\sum_{1n=1}^{t} S_n^z (R_{n,t}^z + i \cdot t') GQ_{n,t}^z,$$

而转嫁支付的度电成本在绿证自由市场的降幅与度电补贴收益损失一致,在发电商配额制下不受影响,售电商配额制地区的可征电量($TEtz'$)度电成本增幅分别减少

$$\sum_{n=1}^{t} R_{n,t}^z S_{n,t}^z GQ_{n,t}^z/TE^{z'} \text{、} \sum_{n=1}^{t} i \cdot t' S_{n,t}^z GQ_{n,t}^z/TE^{z'} \text{ 和 } \sum_{n=1}^{t} S_{n,t}^z (R_{n,t}^z + i \cdot t') GQ_{n,t}^z/TE_t^{z'}.$$

(2)绿证配额调整的影响。配额变化不仅可以改变绿证供给或销售量,还可能通过改变跨区交易范围而影响绿证交易的财税减负效应。给定可再生能源占比目标,由发电量等式(4-60)可得非水绿电占比(GE_t)及其配额(QO)变化引致的电量变化关系:

$$Q_t = PC \cdot (1 - R^{Deg})^t \cdot H_t(1 - R_t^{GC}) \tag{4-60}$$

$$GE_t = \sum_{z=1}^{Z}\sum_{k}^{w,s,o} EQ_t^{k,p}/CQ_t \tag{4-61}$$

$$\sum_{z}^{Z}\sum_{k}^{w,s,o} (\partial EQ_t^{k,z}/\partial QO_t^{g,z}) \leqslant \sum_{z=1}^{Z}\sum_{k}^{w,s,o} (\partial EQ_t^{k,z}/\partial QO_t^{d,z}) \tag{4-62}$$

如式(4-61)所示,非水绿电主要包括风电(w)、光伏(s)和生物质发电(o),其发电量占比是其与总电量(CQ)之比。发电商配额变化直接影响绿电发电量,售电商配额变化通过绿证交易间接影响绿电发电量。如式(4-62)所示,给定发电商特定(风、光或生物质)绿电技术,其配额变化的绿电边际效应不高于售电商情景。同时,不同配额制的财税效应存在差异:

$$\partial LQ_{n,t}^z/\partial QO_t^{g,z} > 0 ; \sum_{n=1}^{t} GQ_{n,t}^z/\partial OQ_t^{k,z} = 0 \tag{4-63}$$

$$\partial LQ_{n,t}/\partial QO_t^{d,z} > 0 ; \sum_{n=1}^{t} GQ_{n,t}^z/\partial OQ_t^{k,z} \geqslant 0$$

$$\text{且 } \partial \sum_{z=1}^{Z}\sum_{n=1}^{t} GQ_{n,t}^z/\partial QO_t^z > 0 \tag{4-64}$$

调整发电商配额($QO_t^{g,z}$)会改变地区绿证供给量,但不改变自建投资最优选择[式(4-63)]。调整售电商配额($QO_t^{d,z}$)会改变绿证供给总量,也会改变具有绿电成本优势的交易量跨区分布[式(4-64)]。显然,前者的财税减负影响将小于后者。

根据以上结论,命题7得证。

命题7政策启示:绿证制度有助于减轻可再生能源标杆电价政策的财税负担,但补助资金由全国范围可征税电量主体共同承担变为绿电消纳省份的购电主体独立承担,会加重部分电力用户购电成本,显著影响低收入群体电力消费

需求,因此需谨慎设定地区绿电配额占比。

第四节　本章小结

　　本章围绕标杆电价政策的补贴需求和财税负担,结合平准化电力成本改进模型,构建将电价基准、外部效应及并网消纳等纳入电价补贴的财税负担模型,主要以风光发电技术为例,分类讨论电价调整和财税成本效应。理论模型主要结论如下:①在标杆上网电价政策支持下,可再生能源发电成本和度电补贴需求将明显下降,但补贴总量和税收负担会急剧上升。②受地区分类基准、价格调整机制、系统效率和外部成本内部化偏差等影响,可再生能源标杆上网电价政策不仅要考虑政策退出的适时性,强化市场竞争力,还要充分考虑分类基准差异导致的过度补贴或补贴不足、弃风/光导致的资源浪费和补贴攀升,以及外部价值体现不足和补贴需求过度等多种两难问题。③标杆电价政策易造成过度补贴,应逐步退出标杆电价政策或匹配以市场交易和数量机制为核心的其他政策,推进兼顾可再生能源市场应用与财税成本减负的政策调整。

　　为比较研究绿证交易政策影响标杆电价政策的财税成本负担,构建绿证定价和财税减负效应模型,分类探讨不同交易机制和配额安排:绿证自由市场、发、售电商配额强制市场交易影响售证方定价策略和配额义务主体履约抉择,分析论证绿证市场均衡和政策互动作用影响可再生能源资金补助支出、可再生能源附加税负担和绿证交易的电价税负转嫁效应。理论模型主要结论如下:一是绿证交易提供了绿电消费选择或低成本履行配额义务的制度安排,无论是自由市场还是强制市场都有助于减轻标杆电价政策的财税负担。二是鉴于管制电价制度和电价交叉补贴政策,绿证强制市场须以售电商配额制为基础。标杆电价政策并存下,发电商最优策略是在电力批发和绿证市场均采取领导—跟随产量策略,但将造成电力和绿证价格攀升,变相增加配额义务主体的电价成本。三是弃电、补贴拖欠和配额调整等因素通过改变绿证价格、交易量或交易区域显著影响绿证自由和售电商配额市场的财税减负效应。四是为确保配额制实施,售电商违约成本不应低于环境成本和最低替代生产成本之和。

第五章 能源技术创新、成本效应 与经济增长转型理论模型构建

能源技术变革影响经济增长转型的各类理论都强调技术创新作为动力源泉的重要作用,内生经济增长理论还强调要素价格机制和市场规模机制强化技术创新的微观基础。但已有研究未充分考虑能源清洁化和清洁能源技术创新的共同作用、未区分机制关联性和作用影响,尤其是不同技术创新方式的成本效应,包括自主创新"探索学习"的成本效应和市场规模所带动的"干中学"的成本效应,还缺乏相关成本效应的政策选择和增长影响,需要进一步深化可再生能源发展推动经济增长转型的作用机制和影响效应研究。本章基于技术偏向的分析框架,构建内生经济增长模型,设定六部门经济体系,综合考虑化石和可再生能源特性如稀缺性、技术替代性和环境外部性,刻画生产和资源配置决策,论证不同能源技术进步方式的成本效应,并基于此改进及探讨自由放任和政策干预下的增长转型的影响作用。

第一节 问题的提出

文献对经济发展由化石能源转向可再生能源为基础的增长模式的探讨源于前者的耗竭性和环境外部性特点。内生增长分析框架下,主流模型包括基于Romer(1990)内生经济增长框架的 DHSS 拓展模型,以及基于 Acemoglu(2003)技术偏向性的经济增长模型。DHSS 拓展模型主要关注能源耗竭性和节能增效对最优均衡增长路径的影响,技术生产部门并不直接体现能源利用效率或能源技术清洁化程度,而以外生变量形式与能源消费相结合。技术偏向性的经济增长模型兼顾传统化石能源的耗竭性和环境外部性特点,有效论证了技术结构偏向的微观机制,其由要素价格和市场规模效应共同决定并不断强化。但能源技术创新方式仍仅体现为有目的的研发活动的成本效应,而忽视累积生产所导致的"干中学"成本效应,也忽视促进市场规模化应用的经济政策作用,无法有效刻画现实经济系统中能源替代及其推动增长转型的作用过程。

关于政策效应的文献研究已形成三类主流观点。在技术外生性分析框架下,Nordhaus(2008)认为,经济增长转型要求对能源替代进行渐进性政策干预,政策干预对长期经济增长产生影响,影响程度适中。同样,在技术外生性设定下,Stern(2006)认为,当机立断的大规模政策干预是必需的,且政策干预应该是永久持续的。在有偏技术分析框架中,Acemoglu等(2012)则认为,如果清洁技术与非清洁技术是替代关系,那么当机立断的短期政策是必要的,政策干预对长期经济增长的作用很小甚至没有;如果清洁技术与非清洁技术的替代关系不够强,则持续的政策干预才能避免环境外部性可能导致的环境灾难。Acemoglu等(2012)的观点更为乐观,但其没有考虑技术和市场政策工具的综合成本作用,会高估 R&D 创新作用或低估其他政策的作用效应。本章在 Acemoglu等(2012)的基础上改进分析结果,更有效地体现不同能源技术进步方式的成本效应以及相关政策影响经济增长转型的机制作用。

第二节　基本模型

借鉴基于有偏技术进步的内生增长框架,考察具有最终产品生产、可再生能源和化石能源投入品生产、中间产品生产、技术研发以及化石能源开采等部门的经济系统。其中,研发部门通过研发人员(人力资本)与知识存量相结合进行有目的的研发活动,研发人员拥有技术的所有权并结合最终产品进行中间品(机器)生产销售,可再生能源和化石能源投入品部门结合质量更高的中间品投入和低技能劳动力生产可再生能源技术、化石能源技术投入品;最终产品部门结合两部门投入生产出最终产品。技术进步体现在中间品质量提高、可再生能源和化石能源技术部门产出提高。

一、效用函数

考虑一个包括劳动力、企业家和科学家的无限期、离散时间经济系统运行。代表性家庭效用函数表示为消费和环境质量的两变量凹函数。具体如下:

$$\sum_{t=0}^{\infty} \frac{1}{(1+\rho)^t} u(C_t, S_t) \tag{5-1}$$

其中,C_t 代表 t 期最终产品消费,S_t 代表 t 期环境质量,ρ 是贴现率($\rho > 0$)。设定 $S_t \in (0, \bar{S})$,表示无污染影响下,环境质量为 $\bar{S}$,不失一般性地假设期初 $S_0 = \bar{S}$。由凹函数的假定条件,可以得到如下性质:

$$\lim_{c \to 0} \frac{\partial u(C,S)}{\partial C} = \infty \tag{5-2}$$

$$\lim_{S \to 0} \frac{\partial u(C,S)}{\partial S} = \infty \tag{5-3}$$

$$\lim_{S \to 0} u(C,S) = -\infty \tag{5-4}$$

$$\frac{\partial u(C,\overline{S})}{\partial S} = 0 \tag{5-5}$$

式(5-2)和式(5-3)表示稻田(Inada)条件,式(5-4)表示当环境质量趋向0时,效用将趋向无穷大负值,即环境灾难带来的负向效应非常大。式(5-5)表示当处于无污染环境时,环境质量变化的效用影响可以忽略不计。

二、生产函数

最终产品部门、投入品部门、中间品部门的生产函数分别如下设定。

(一) 最终产品部门

用 CES 生产函数刻画最终产品部门的产出,具体如下:

$$Y_t = \left[Y_{ct}^{(\varepsilon-1)/\varepsilon} + Y_{dt}^{(\varepsilon-1)/\varepsilon} \right]^{(\varepsilon-1)/\varepsilon} \tag{5-6}$$

其中,Y_t 表示由结合可再生能源技术投入品 Y_{ct} 和化石能源技术投入品 Y_{dt} 生产的最终产品。ε 是两部门投入品替代弹性,设定 $\varepsilon \in (0, +\infty)$。若 $\varepsilon > 1$,则表示投入品存在替代关系。若 $\varepsilon < 1$,则存在互补关系。不失一般性地,不考虑 $\varepsilon = 1$ 的情况,即不考虑柯布 — 道格拉斯函数形式,便于以下的模型推导。

(二) 投入品部门

两部门投入品产出函数用新凯恩斯生产函数形式来表示:

$$Y_{ct} = L_{ct}^{1-\alpha} \int_0^1 A_{cit}^{1-\alpha} x_{cit}^{\alpha} \, \mathrm{d}i \tag{5-7}$$

$$Y_{dt} = L_{dt}^{1-\alpha} \int_0^1 A_{dit}^{1-\alpha} x_{dit}^{\alpha} \, \mathrm{d}i \tag{5-8}$$

两部门投入品生产由低技能劳动力、中间投入品和稀缺资源投入来刻画。其中,L_{ct} 和 L_{dt} 分别表示两部门劳动力的资源配置,且劳动力总供给标准化为1,具体如下:

$$L_{ct} + L_{dt} \leqslant 1 \tag{5-9}$$

A_{cit} 和 A_{dit} 表示中间品 i 的质量水平,中间品种类数被标准化为1。x_{cit} 和 x_{dit} 表示对应中间品 i 的产量。另外,若考虑资源稀缺性影响,化石能源技术投入品生产中将加入资源投入 R_t。可再生能源技术投入品生产中不存在资源稀缺性问题,不考虑资源使用量影响。为刻画资源稀缺性情况,将式(5-8)转变为:

$$Y_{dt} = R_t^{\alpha_2} L_{dt}^{1-\alpha} \int_0^1 A_{dit}^{1-\alpha_1} x_{dit}^{\alpha_1} \, di \qquad (5\text{-}10)$$

其中，$\alpha_1 + \alpha_2 = \alpha$，表示式(5-10)投入品生产具有规模报酬不变特征：

$$Q_{t+1} = Q_t - R_t \qquad (5\text{-}11)$$

其中，Q_t 和 Q_{t+1} 分别表示 t 期和 $t+1$ 期的资源储量，R_t 表示资源流量。当资源为一般性资源时，成本为非递增函数；当资源为可耗竭资源时，成本变化遵循霍特林(Hotelling)原则。

(三) 中间品部门

中间产品由垄断竞争性厂商独立生产。为体现"干中学"成本效应，设定一单位中间品生产需要 ψ 单位的最终产品且生产成本随产量 x_i 的增加而下降。不失一般性地，将最终产品投入量表示为 α^2，则生产成本 ψ 表示为：

$$\psi = \alpha^2 x_i^{-\beta} \qquad (5\text{-}12)$$

其中，β 是"干中学"效应指数，生产成本 ψ 与产量 x_i 呈负相关关系。若不考虑"干中学"成本效应，则生产成本 ψ 表示为固定不变的最终产品投入成本，即：

$$\psi = \alpha^2 \qquad (5\text{-}13)$$

同理，若考虑存在生产规模效应，则生产成本 ψ 表示为：

$$\psi = \alpha^2 x_i^{-h} \qquad (5\text{-}14)$$

三、研发部门技术创新

研发部门有目的的研发活动由科学家(或高技能劳动者)研发活动刻画。科学家自主选择进行不同类型的能源技术创新，但被随机分配到至多一种中间品研发活动，避免同类研究产生研发拥挤问题。创新成功概率为 η_c 或 η_d，设定 $\eta_c \in (0,1)$，$\eta_d \in (0,1)$。若研发成功，则中间品 i 质量提高比率 γ，即技术水平提升到 $(1+\gamma)$ 倍。成功发明更高质量中间品的科学家可以获得一期该技术的专利所有权并进行对应的中间品生产。若研发失败，垄断权将被随机分配给其他企业家，该科学家只能对旧技术进行利用。两部门技术平均质量或产出效率为：

$$A_{ct} = \int_0^1 A_{jit} \, di \qquad (5\text{-}15)$$

$$A_{dt} = \int_0^1 A_{jit} \, di \qquad (5\text{-}16)$$

以及动态方程：

$$A_{ct} = (1 + \gamma \eta_c s_{ct}) A_{ct-1} \qquad (5\text{-}17)$$

$$A_{dt} = (1 + \gamma \eta_d s_{dt}) A_{dt-1} \qquad (5\text{-}18)$$

科学家总和标准化为 1，即

$$S_{ct} + S_{dt} \leqslant 1 \tag{5-19}$$

四、环境质量

刻画环境质量变化,动态方程具体设定为:

$$S_{t+1} = -\zeta Y_{dt} + (1+\delta)S_t \tag{5-20}$$

式(5-20)表示当期环境质量与上期化石能源技术投入品产出有关,相关系数为ζ,表示环境外部性程度。δ代表环境自净能力。当外部性大于环境自净能力时,环境质量变差。目前,化石能源的环境外部性明显大于环境自净能力。当期环境质量为 0 时,环境质量不可逆,即构成环境灾难。

第三节 技术进步、成本效应与平衡增长路径

本节重点关注能源不存在稀缺性且无政策干预时,有偏技术进步的方向、成本效应和平衡增长路径。化石能源不存在稀缺性,即$\alpha_2 = 0$,或两部门产出用式(5-7)和式(5-8)刻画。对于这一假设,主要考虑储量增加、开采技术提高、节能技术提升以及对新能源如页岩气等资源的开采利用,在很大程度上缓解了能源稀缺性问题。无政策干预的设定,即在分散经济框架下的市场均衡。以下将通过刻画均衡生产和资源配置决策,分析有偏技术进步方向、成本效应和平衡增长路径。

其他变量定义如下:低技能劳动力的 t 期工资为 w_t,两部门投入品价格分别为 p_{ct} 和 p_{dt},中间品价格分别为 p_{cit} 和 p_{dit};技术研发中,两类科学家配置分别为 s_{ct} 和 s_{dt}。以下对平衡增长路径的分析,将通过中间品利润最大化分别求解相应的价格及需求水平(p_{cit},x_{cit})和(p_{dit},x_{dit}),通过两部门投入品利润最大化求解低技能劳动力配置,通过两部门投入最优化求得最终产品的利润最大化。

一、能源技术进步方式与技术偏向

命题 1:若满足 $\eta_c A_{ct-1}^{-\frac{(1-\alpha)(1-\beta)(1-\varepsilon)}{1+\alpha\beta-\beta-\varepsilon\alpha\beta}} > \eta_d (1+\gamma_c)^{(1-\alpha)(1-\beta)(1-\varepsilon)+1} A_{dt-1}^{-(1-\alpha)(1-\beta)(1-\delta)}$ 条件,则存在基于化石能源技术的投入品创新均衡;若满足 $\eta_c (1+\gamma\eta_d)^{\frac{\varphi'}{1+\alpha\beta-\beta-\varepsilon\alpha\beta}+1} A_{ct-1}^{-\frac{\varphi'}{1+\alpha\beta-\beta-\varepsilon\alpha\beta}} < \eta_d A_{dt-1}^{-\frac{\varphi'}{1+\alpha\beta-\beta-\varepsilon\alpha\beta}}$ 条件,则存在基于化石能源技术的投入品创新均衡;若满足 $\eta_c (1+\gamma\eta_d S_{dt})^{\frac{\varphi'}{1+\alpha\beta-\beta-\varepsilon\alpha\beta}+1} A_{ct-1}^{-\frac{\varphi'}{1+\alpha\beta-\beta-\varepsilon\alpha\beta}} = \eta_d (1+$

$\gamma\eta_c S_{ct})^{\frac{\varphi'}{1+a\beta-\beta-\epsilon a\beta}+1} A_{dt-1}^{-\frac{\varphi'}{1+a\beta-\beta-\epsilon a\beta}}$ 条件,则基于可再生能源技术和化石能源技术的投入品创新均衡均存在。由于兼顾不同技术进步方式的成本效应,以上均衡条件得以强化,技术发生偏向将更为容易。

证明:

1. 投入品生产利润最大化问题求解

$$\underset{x_{jit},L_{jt}}{\text{Max}}\left\{p_{jt}L_{jt}^{1-a}\int_0^1 A_{jit}^{1-a}x_{jit}^a\,\mathrm{d}i - w_t L_{jt} - \int_0^1 p_{jit}x_{jit}\,\mathrm{d}i\right\}$$

其中,下标 j 代表利用可再生能源技术的投入品部门(c)或利用化石能源技术的投入品部门(d),由一阶条件可以得到以下结果:

$$x_{jit}=\left(\frac{\alpha p_{jt}}{p_{jit}}\right)^{1/(1-a)}A_{jit}L_{jt} \tag{5-21}$$

$$w_t=(1-\alpha)p_{jt}L_{jt}^{-a}\int_0^1 A_{jit}^{1-a}x_{jit}^a\,\mathrm{d}i \tag{5-22}$$

2. 最终产品价格由完全竞争市场决定,可以得到两部门相对价格比,具体如下:

$$\frac{P_{ct}}{P_{dt}}=\left(\frac{Y_{ct}}{Y_{dt}}\right)^{-\frac{1}{\epsilon}} \tag{5-23}$$

式(5-22)意味着两部门相对价格与相对产量呈反比关系,相关关系与替代弹性有关。不失一般性地,对最终产品价格进行标准化处理,可以具体表示为:

$$\left[p_{ct}^{1-\epsilon}+p_{dt}^{1-\epsilon}\right]^{\frac{1}{1-\epsilon}}=1 \tag{5-24}$$

3. 中间品的垄断竞争性定价

$$\text{Max}\{p_{jit}-\psi\}x_{jit}$$

在给定 x_{jit} 以及 ψ 满足式(5-12)的情况下(考虑"干中学"和"探索学习"成本效应),可以得到:

$$p_{jit}=\alpha(1-\beta)^{-\frac{a-1}{1-a-\beta}}p_{jt}^{-\frac{\beta}{1-a-\beta}}(A_{jit}L_{jt})^{-\frac{(1-a)\beta}{1-a-\beta}} \tag{5-25}$$

$$x_{jit}=(1-\beta)^{\frac{1}{1-a-\beta}}p_{jt}^{\frac{1}{1-a-\beta}}(A_{jit}L_{jt})^{\frac{1-a}{1-a-\beta}} \tag{5-26}$$

$$\pi_{jit}=\alpha\left[(1-\beta)^{\frac{2-a}{1-a-\beta}}-\alpha(1-\beta)^{\frac{1-\beta}{1-a-\beta}}\right]p_{jt}^{\frac{1-\beta}{1-a-\beta}}(A_{jit}L_{jt})^{\frac{(1-\beta)(1-a)}{1-a-\beta}} \tag{5-27}$$

由于 $0<\beta<1$,式(5-26)和式(5-27)表明中间品利润和需求量与中间品技术水平、投入品价格以及低技能劳动力投入呈正比关系,式(5-25)则表明中间品价格与以上因素呈反比关系。若仅考虑有目的的研发活动,即 $\beta=0$ 时,$p_{jit}=\alpha$,$x_{jit}=p_{jt}^{1/(1-a)}L_{jt}A_{jit}$,$\pi_{jit}=(1-\alpha)\alpha p_{jt}^{1/(1-a)}L_{jt}A_{jit}$。这一结果表明,若中间品成本固定,则价格也固定不变,但中间品利润和需求量仍与中间品技术水平、投入品价格以及低技能劳动力投入呈正比关系。兼顾"干中学"和"探索学习"成本效应后,中间品技术水平、投入品价格以及劳动力投入的影响效应将增强。

4. 两部门产品的产出、相对价格和相对劳动投入

完全竞争市场条件下，两部门投入品价格比为：

$$\frac{p_{ct}}{p_{dt}} = \left(\frac{A_{ct}}{A_{dt}}\right)^{-(1-\alpha)} \left(\frac{L_{ct}}{L_{dt}}\right)^{-\frac{\alpha\beta}{1-\beta}} \tag{5-28}$$

由于 $1-\alpha$ 和 $\frac{\alpha\beta}{1-\beta}$ 为正，两部门投入品价格比与技术水平比、劳动力投入比呈反向关联，即相对技术越高、劳动力投入越高，相对价格越低。当仅考虑"探索学习"效应时，两部门相对价格简化为 $\frac{p_{ct}}{p_{dt}} = \left(\frac{A_{ct}}{A_{dt}}\right)^{-(1-\alpha)}$，仅与技术比呈反向关联。可见，兼顾"干中学"和"探索学习"成本效应后，两部门投入品价格比率因劳动投入效应或文献所指的"市场效应"而增强。

由式(5-26)、式(5-7) 和式(5-8)，可以得到两部门产出：

$$Y_{ct} = \left(\frac{1-\alpha-\beta}{1-\alpha-\beta+\alpha\beta}\right)(1-\beta)^{\frac{\alpha}{1-\alpha-\beta}} p_{ct}^{\frac{\alpha}{1-\alpha-\beta}} A_{ct}^{\frac{1-\alpha-\beta+\alpha\beta}{1-\alpha-\beta}} L_{ct}^{\frac{1-\alpha-\beta+\alpha\beta}{1-\alpha-\beta}} \tag{5-29}$$

$$Y_{dt} = \left(\frac{1-\alpha-\beta}{1-\alpha-\beta+\alpha\beta}\right)(1-\beta)^{\frac{\alpha}{1-\alpha-\beta}} p_{dt}^{\frac{\alpha}{1-\alpha-\beta}} A_{dt}^{\frac{1-\alpha-\beta+\alpha\beta}{1-\alpha-\beta}} L_{dt}^{\frac{1-\alpha-\beta+\alpha\beta}{1-\alpha-\beta}} \tag{5-30}$$

由式(5-29) 和式(5-30) 可知，两部门产出与价格、技术和劳动投入呈正向关联。这符合供给曲线基本特性：价格越高，产出供给越大；技术水平越高，产出供给越大；劳动投入越大，产出供给越大。若仅考虑"探索学习"成本效应，式(5.29) 和(5.30) 可简化为：$Y_{ct} = (p_{ct})^{\alpha/(1-\alpha)} A_{ct} L_{ct}$ 和 $Y_{dt} = (p_{dt})^{\alpha/(1-\alpha)} A_{dt} L_{dt}$，产出的价格效应、技术效应以及劳动投入效应均低于考虑了"干中学"成本效应情景。

利用式(5-23)、式(5-28)、式(5-29) 和式(5-30)，可以得到两部门劳动投入比，具体如下：

$$\frac{L_{ct}}{L_{dt}} = \left(\frac{A_{ct}}{A_{dt}}\right)^{\frac{(1-\varepsilon)(1-\alpha)(1-\beta)}{\varepsilon\alpha\beta+\beta-\alpha\beta-1}} \tag{5-31}$$

由式(5-31) 可知，当 $1 < \varepsilon < \frac{1+\alpha\beta-\beta}{\alpha\beta}$，即两部门投入品存在替代关系但替代关系不是太大时，$\frac{(1-\varepsilon)(1-\alpha)(1-\beta)}{\varepsilon\alpha\beta+\beta-\alpha\beta-1} > 0$，劳动投入比与相对技术呈正向关联，相对技术水平越高，相对劳动投入越大。若仅考虑"探索学习"效应，式(5-31) 可简化为 $\frac{L_{ct}}{L_{dt}} = \left(\frac{A_{ct}}{A_{dt}}\right)^{-(1-\alpha)(1-\varepsilon)}$。因为 $\frac{(1-\varepsilon)(1-\alpha)(1-\beta)}{\varepsilon\alpha\beta+\beta-\alpha\beta-1} > -(1-\alpha)(1-\varepsilon)$，考虑"干中学"成本效应将加强"市场效应"。

5. 技术部门的创新收益和收益比

给定某一中间品 i 的技术水平 A_{jit}，可以得到相应的利润水平 π_{jit}[见

式(5-27)]。考虑技术创新概率,得到不同部门利润水平,进而可确定技术偏向性。由此,部门利润函数可表示为:

$$\Pi_{ct} = \eta_c \alpha (1+\gamma) \left[(1-\beta)^{\frac{2-\alpha}{1-\alpha-\beta}} - \alpha(1-\beta)^{\frac{1-\beta}{1-\alpha-\beta}} \right] p_{ct}^{\frac{1-\beta}{1-\alpha-\beta}} L_{ct}^{\frac{(1-\beta)(1-\alpha)}{1-\alpha-\beta}} A_{ct-1}^{\frac{(1-\alpha)(1-\beta)}{1-\alpha-\beta}}$$
(5-32)

$$\Pi_{dt} = \eta_d \alpha (1+\gamma) \left[(1-\beta)^{\frac{2-\alpha}{1-\alpha-\beta}} - \alpha(1-\beta)^{\frac{1-\beta}{1-\alpha-\beta}} \right] p_{dt}^{\frac{1-\beta}{1-\alpha-\beta}} L_{dt}^{\frac{(1-\beta)(1-\alpha)}{1-\alpha-\beta}} A_{dt-1}^{\frac{(1-\alpha)(1-\beta)}{1-\alpha-\beta}}$$
(5-33)

由式(5-32)和式(5-33)可知,两部门利润均与价格水平、劳动投入水平以及技术水平呈正向关联。若利润中仅考虑有目的的研发活动,则利润函数可简化为 $\Pi_{jt} = \eta_j (1+\gamma)(1-\alpha)\alpha p_{jt}^{1/(1-\alpha)} L_{jt} A_{jt-1}$。价格水平、劳动投入水平以及技术水平的正向效应不变,但影响作用小于考虑"干中学"效应的情景。将式(5-32)和式(6-33)进行相比,得到两部门利润比:

$$\frac{\Pi_{ct}}{\Pi_{dt}} = \frac{\eta_c}{\eta_d} \left(\frac{p_{ct}}{p_{dt}} \right)^{\frac{1-\beta}{1-\alpha-\beta}} \left(\frac{L_{ct}}{L_{dt}} \right)^{\frac{(1-\beta)(1-\alpha)}{1-\alpha-\beta}} \left(\frac{A_{ct-1}}{A_{dt-1}} \right)^{\frac{(1-\alpha)(1-\beta)}{1-\alpha-\beta}}$$
(5-34)

由此,在不考虑能源稀缺性问题时,两部门利润关系主要取决于价格效应、市场效应和技术效应的变化,作用影响同向。将相对价格、相对劳动投入表示为技术的方程,式(5-34)可改写为如下形式:

$$\frac{\Pi_{ct}}{\Pi_{dt}} = \frac{\eta_c}{\eta_d} \left(\frac{1+\gamma\eta_c s_{ct}}{1+\gamma\eta_d s_{dt}} \right)^{\frac{(1-\alpha)(1-\beta)(1-\varepsilon)}{\varepsilon\alpha\beta+\beta-\alpha\beta-1}} \left(\frac{A_{ct-1}}{A_{dt-1}} \right)^{\frac{(1-\alpha)(1-\beta)(1-\varepsilon)}{\varepsilon\alpha\beta+\beta-\alpha\beta-1}}$$
(5-35)

若需判断技术方向性,则需确定式(5-35)的单调性。将式(5-35)改写为有关于两部门科学家投入(s)的函数,具体如下:

$$f(s) = \frac{\eta_c}{\eta_d} \left[\frac{1+\gamma\eta_c s}{1+\gamma\eta_d(1-s)} \right]^{\frac{(1-\alpha)(1-\beta)(1-\varepsilon)}{\varepsilon\alpha\beta+\beta-\alpha\beta-1}-1} \left(\frac{A_{ct-1}}{A_{dt-1}} \right)^{\frac{(1-\alpha)(1-\beta)(1-\varepsilon)}{\varepsilon\alpha\beta+\beta-\alpha\beta-1}}$$
(5-36)

当 $1 < \varepsilon < \frac{1+\alpha\beta-\beta}{\alpha\beta}$ 时,则 $\frac{(1-\alpha)(1-\beta)(1-\varepsilon)}{\varepsilon\alpha\beta+\beta-\alpha\beta-1} > 0$。

若 $-\frac{(1-\alpha)(1-\beta)(1-\varepsilon)}{\varepsilon\alpha\beta+\beta-\alpha\beta-1} + 1 > 0$,则 $1 < \varepsilon < \frac{2+2\alpha\beta-2\beta-\alpha}{2\alpha\beta+1-\alpha-\beta}$。

由于 $\frac{2+2\alpha\beta-2\beta-\alpha}{2\alpha\beta+1-\alpha-\beta} < \frac{1+\alpha\beta-\beta}{\alpha\beta}$,那么当 $1 < \varepsilon < \frac{2+2\alpha\beta-2\beta-\alpha}{2\alpha\beta+1-\alpha-\beta}$ 时,式(6.34)中 $f(s)$ 关于 s 是严格递减的。由此,若 $f(1) > 1$,那么 $s=1$ 是唯一均衡解。若 $f(0) < 1$,那么 $s=0$ 是唯一均衡解。若 $f(0) > 1 > f(1)$,那么由单调性,可判断存在 $s \in (0,1)$,使得 $f(s)=1$。

若 $\frac{(1-\alpha)(1-\beta)(1-\varepsilon)}{\varepsilon\alpha\beta+\beta-\alpha\beta-1} - 1 > 0$,则 $\varepsilon > \frac{2+2\alpha\beta-2\beta-\alpha}{2\alpha\beta+1-\alpha-\beta}$。当 $\frac{2+2\alpha\beta-2\beta-\alpha}{2\alpha\beta+1-\alpha-\beta} < \varepsilon < \frac{1+\alpha\beta-\beta}{\alpha\beta}$ 时,$f(s)$ 关于 s 是严格递增的。那么,若 1

$< f(0) < f(1)$，则 $s=1$ 是均衡点。若 $f(0) < f(1) < 1$，则 $s=0$ 是均衡点。若 $f(0) < 1 < f(1)$，则存在内点解 $s \in (0,1)$，使得 $f(s)=1$。

若 $\dfrac{(1-\alpha)(1-\beta)(1-\varepsilon)}{\varepsilon\alpha\beta+\beta-\alpha\beta-1}-1=0$，则 $\varepsilon=\dfrac{2+2\alpha\beta-2\beta-\alpha}{2\alpha\beta+1-\alpha-\beta}$。那么，$f(s)$ 不随 s 变化。若 $f(s) > 1$，则 $s=1$；若 $f(s) < 1$，则 $s=0$ 是均衡解。

以上分析说明，若两部门利润比不相等且初始存在技术偏向，那么这种技术偏向会一直存在，而不会发生改变；若两部门利润相等且初始不存在技术偏向，那么平衡路径也不会发生技术偏向。

根据式(5-35)，若满足 $\eta_c(1+\gamma\eta_d)^{\frac{(1-\alpha)(1-\beta)(1-\varepsilon)}{1+\alpha\beta-\beta-\varepsilon\alpha\beta}+1}A_{ct}^{-\frac{(1-\alpha)(1-\beta)(1-\varepsilon)}{1+\alpha\beta-\beta-\varepsilon\alpha\beta}} < \eta_d A_{dt}^{\frac{(1-\alpha)(1-\beta)(1-\varepsilon)}{1+\alpha\beta-\beta-\varepsilon\alpha\beta}}$ 且初始技术是基于化石能源技术的投入品部门，那么技术将偏向该部门的创新投入，并在平衡路径实现创新均衡，技术不会偏向可再生能源技术部门。反之，若满足 $\eta_c A_{ct-1}^{-\frac{(1-\alpha)(1-\beta)(1-\varepsilon)}{1+\alpha\beta-\beta-\varepsilon\alpha\beta}} > \eta_d(1+\gamma\eta_c)^{(1-\alpha)(1-\beta)(1-\varepsilon)+1}A_{dt-1}^{(1-\alpha)(1-\beta)(1-\varepsilon)}$ 且初始状态是基于可再生能源技术的投入品部门，则存在基于可再生能源技术的投入品创新均衡，若能满足 $\eta_c(1+\gamma\eta_d S_{dt})^{\frac{(1-\alpha)(1-\beta)(1-\varepsilon)}{1+\alpha\beta-\beta-\varepsilon\alpha\beta}+1}A_{ct-1}^{-\frac{(1-\alpha)(1-\beta)(1-\varepsilon)}{1+\alpha\beta-\beta-\varepsilon\alpha\beta}} = \eta_d(1+\gamma\eta_c S_{ct})^{\frac{(1-\alpha)(1-\beta)(1-\varepsilon)}{1+\alpha\beta-\beta-\varepsilon\alpha\beta}+1}A_{dt-1}^{-\frac{(1-\alpha)(1-\beta)(1-\varepsilon)}{1+\alpha\beta-\beta-\varepsilon\alpha\beta}}$ 条件，则基于两类投入品的创新均衡均存在。由此，命题1得证。

若仅考虑"探索学习"效应，以上证明则等同于若满足 $\eta_c(1+\gamma\eta_d)^{(1-\alpha)(1-\varepsilon)+1}A_{ct-1}^{-(1-\alpha)(1-\varepsilon)} < \eta_d A_{dt-1}^{-(1-\alpha)(1-\varepsilon)}$ 条件，化石技术部门的创新均衡存在，而满足 $\eta_c A_{ct-1}^{-(1-\alpha)(1-\varepsilon)} > \eta_d(1+\gamma\eta_c)^{(1-\alpha)(1-\varepsilon)+1}A_{dt-1}^{-(1-\alpha)(1-\varepsilon)}$ 时，可再生技术部门的创新均衡存在，以及当 $\eta_c(1+\gamma\eta_d S_{dt})^{(1-\alpha)(1-\varepsilon)+1}A_{ct-1}^{-(1-\alpha)(1-\varepsilon)} = \eta_d(1+\gamma\eta_c S_{ct})^{(1-\alpha)(1-\varepsilon)+1}A_{dt-1}^{-(1-\alpha)(1-\varepsilon)}$ 时，两部门技术创新均衡均存在。由于 $\dfrac{(1-\alpha)(1-\beta)(1-\varepsilon)}{\varepsilon\alpha\beta+\beta-\alpha\beta-1} > -(1-\alpha)(1-\varepsilon)$，在不发生技术偏向的条件下，$\dfrac{A_{dt-1}}{A_{ct-1}}$ 比值由于"干中学"效应而较小，即若考虑"干中学"效应，则技术发生偏向（如政策干预等）将更为容易。

进一步考虑生产规模效应，成本效应进一步增强。由于生产规模效应形式类似于市场规模效应，因此以上结论仍然存在。由实证文献可知，融合"干中学"效应的学习曲线的成本函数并不必然存在显著生产规模效应。由第二章构建的改进学习曲线可知，生产规模效应包括生产层面和产品层面的规模经济。"中国特色"创新模式突出表现在结构性创新和技术工程创新，是基于技术体系化、交互式的创新作用。由此，尽管生产规模效应形式类似于市场规模效应，但作用机制存在差异。

根据以上结论，命题1得证。

二、无政策干预下能源技术偏向与经济增长转型

命题 2： $1 < \varepsilon < \dfrac{1 + \alpha\beta - \beta}{\alpha\beta}$，初始技术效率比 $\dfrac{A_{c0}}{A_{d0}}$ 满足以下条件：

$$\frac{A_{c0}}{A_{d0}} < \mathrm{Min}\left\{ (1 + \gamma\eta_c)^{\frac{(1-a)(1-\beta)(1-\varepsilon)+1+a\beta-\beta-\varepsilon a\beta}{(1-a)(1-\beta)(1-\varepsilon)(1+a\beta-\beta-\varepsilon a\beta)}} \left(\frac{\eta_c}{\eta_d}\right)^{\frac{1}{(1-a)(1-\beta)(1-\varepsilon)}}, \right.$$

$$\left. (1 + \gamma\eta_d)^{\frac{(1-a)(1-\beta)(1-\varepsilon)+1+a\beta-\beta-\varepsilon a\beta}{(1-a)(1-\beta)(1-\varepsilon)(1+a\beta-\beta-\varepsilon a\beta)}} \left(\frac{\eta_c}{\eta_d}\right)^{\frac{1}{(1-a)(1-\beta)(1-\varepsilon)}} \right\}$$

则技术创新仅发生在化石能源技术部门，长期增速是 $\dfrac{(1-\alpha)(1-\beta)}{(1-\alpha-\beta)}\gamma\eta_d$，考虑"干中学"成本效应的平衡增长路径上的经济增速更高。经济系统将固化在化石能源技术体系，无论是否考虑不同技术进步形式的成本效应，都无法实现转向以可再生能源技术体系为基础的增长模式。

证明：

由命题 1 可知，在无政策干预和满足式(5-35)性质的情况下，当 $1 < \varepsilon < \dfrac{1 + \alpha\beta - \beta}{\alpha\beta}$ 时，初始能源技术经济无法转换到其他技术 — 经济体系。由此，$\dfrac{A_{c0}}{A_{d0}}$ 与初始能源技术方向保持一致，能源技术经济体系得以延续。若期初为化石能源技术，两部门利润比应小于 1，可得 $\dfrac{A_{c0}}{A_{d0}}$ 满足：

$$\frac{A_{c0}}{A_{d0}} < \mathrm{Min}\left\{ (1 + \gamma\eta_c)^{\frac{(1-a)(1-\beta)(1-\varepsilon)+1+a\beta-\beta-\varepsilon a\beta}{(1-a)(1-\beta)(1-\varepsilon)(1+a\beta-\beta-\varepsilon a\beta)}} \left(\frac{\eta_c}{\eta_d}\right)^{\frac{1}{(1-a)(1-\beta)(1-\varepsilon)}}, \right.$$

$$\left. (1 + \gamma\eta_d)^{\frac{(1-a)(1-\beta)(1-\varepsilon)+1+a\beta-\beta-\varepsilon a\beta}{(1-a)(1-\beta)(1-\varepsilon)(1+a\beta-\beta-\varepsilon a\beta)}} \left(\frac{\eta_c}{\eta_d}\right)^{\frac{1}{(1-a)(1-\beta)(1-\varepsilon)}} \right\}$$

可再生能源技术增长速度为零，即无增长，而化石能源技术增长速度与设定有关。可以利用式(5-28)至式(5-31)，解得平衡增长路径的两部门产出：

$$Y_{ct} = \left(\frac{1-\alpha-\beta}{1-\alpha-\beta+\alpha\beta}\right)(1-\beta)^{\frac{a}{1-a-\beta}}(A_{ct}^{-\frac{(1-a)(1-\beta)(1-\varepsilon)}{1+a\beta-\beta-\varepsilon a\beta}} +$$

$$A_{dt}^{\frac{(1-a)(1-\beta)(1-\varepsilon)}{1+a\beta-\beta-\varepsilon a\beta}})^{\frac{a+(1-a)(1-\beta)(1-\varepsilon)}{(1-\varepsilon)(1-a-\beta)}} A_{ct}^{\frac{(1-a)(1-\beta)}{1-a-\beta}} A_{ct}^{\frac{(1-a)(1-\beta)(a+(1-a)(1-\beta)(1-\varepsilon))}{(1+a\beta-\beta-\varepsilon a\beta)(1-a-\beta)}} \tag{5-37}$$

$$Y_{dt} = \left(\frac{1-\alpha-\beta}{1-\alpha-\beta+\alpha\beta}\right)(1-\beta)^{\frac{1}{1-a-\beta}}(A_{ct}^{-\frac{(1-a)(1-\beta)(1-\varepsilon)}{1+a\beta-\beta-\varepsilon a\beta}} +$$

$$A_{dt}^{\frac{(1-a)(1-\beta)(1-\varepsilon)}{1+a\beta-\beta-\varepsilon a\beta}})^{\frac{a+(1-a)(1-\beta)(1-\varepsilon)}{(1-\varepsilon)(1-a-\beta)}} A_{ct}^{\frac{(1-a)(1-\beta)(a+(1-a)(1-\beta)(1-\varepsilon))}{(1+a\beta-\beta-\varepsilon a\beta)(1-a-\beta)}} A_{dt}^{\frac{(1-a)(1-\beta)}{1-a-\beta}} \tag{5-38}$$

$$Y_t = \left(\frac{1-\alpha-\beta}{1-\alpha-\beta+\alpha\beta}\right)(1-\beta)^{\frac{a}{1-a-\beta}}(A_{ct}^{\frac{(1-a)(1-\beta)(1-\varepsilon)}{1+a\beta-\beta-\varepsilon a\beta}} +$$

$$A_{dt}^{\frac{(1-\alpha)(1-\beta)(1-\varepsilon)}{1+\alpha\beta-\beta-\varepsilon\alpha\beta}})^{-\frac{1+\alpha\beta-\varepsilon\alpha\beta-\beta}{(1-\varepsilon)(1-\alpha-\beta)}}A_{ct}^{\frac{(1-\alpha)(1-\beta)}{1-\alpha-\beta}}A_{dt}^{\frac{(1-\alpha)(1-\beta)}{1-\alpha-\beta}} \qquad (5\text{-}39)$$

由以上等式可得,在平衡路径上,技术增长率为 $\frac{(1-\alpha)(1-\beta)}{1-\alpha-\beta}\gamma\eta_d$,最终产品增长率也为 $\frac{(1-\alpha)(1-\beta)}{1-\alpha-\beta}\gamma\eta_d$。由此,命题 2 得证。

若仅考虑"探索学习"效应,则平衡增长路径上有偏技术增长率将为 $\gamma\eta_j$。由于 $\gamma\eta_j < \frac{(1-\alpha)(1-\beta)}{1-\alpha-\beta}\gamma\eta_d$,考虑"干中学"成本效应将提高平衡增长路径上的经济增速。

根据以上结论,命题 2 得证。

另外,需要指出的是,当 $\varepsilon > \frac{1+\alpha\beta-\beta}{\alpha\beta}$ 时,初始能源技术可以发生转变,前提是"干中学"效应足够大。因为 $\frac{\Pi_{ct}}{\Pi_{dt}} = \frac{\eta_c}{\eta_d}\left(\frac{1+\gamma\eta_c s}{1+\gamma\eta_d(1+s)}\right)^{\frac{(1-\alpha)(1-\beta)(1-\varepsilon)}{\varepsilon\alpha\beta+\alpha\beta-\alpha\beta-1}}\left(\frac{A_{ct-1}}{A_{dt-1}}\right)^{\frac{(1-\alpha)(1-\beta)(1-\varepsilon)}{\varepsilon\alpha\beta+\alpha\beta-\alpha\beta-1}}$。

$\frac{A_{ct-1}}{A_{dt-1}}$ 是递减函数,随着 $\frac{A_{ct-1}}{A_{dt-1}}$ 变小,$\frac{\Pi_{c0}}{\Pi_{d0}}$ 会变大,逆转期初利润比为 $\frac{\Pi_{c0}}{\Pi_{d0}}$。但这一推论与技术进步路径不相符合:重大技术进步依赖技术创新而非"干中学"效应。当不考虑"干中学"效应时,$\frac{1+\alpha\beta-\beta}{\alpha\beta}$ 值不存在,即命题 2 中的条件 $1 < \varepsilon < \frac{1+\alpha\beta-\beta}{\alpha\beta}$ 转变为 $\varepsilon > 1$。

第四节　环境灾难、政策干预与经济增长转型效应

化石能源对经济的负面影响最主要是环境外部性。根据命题 1 和 2,可以得到有关环境灾难和政策干预的相关命题和证明。

一、无政策干预下的环境灾难

命题 3:命题 1 在无政策干预(放任自由)情况下,平衡增长路径必然导致环境灾难。

证明:环境质量动态方程式为:

$$S_{t+1} = -\zeta Y_{dt} + (1+\delta)S_t \qquad (5\text{-}40)$$

在命题 1 情况下,由于平衡增长路径增长率大于零,环境质量在某期必然会

达到$(1+\delta)\zeta^{-1}\overline{S}$，那么下一期环境灾难将发生。这一结果并不会因为环境质量变差引致的实际效用变化差异而有所变化，除非这样的环境质量变化能够引致消费习惯的自愿改变或使非清洁能源（稀缺性资源）耗尽时环境质量零值还未达到。前者情景意味着代表性消费者对环境质量改变的忍耐程度非常低，其值远未达到零时，效用函数已趋向负无穷大（或效用函数曲率u'''非常大）。由此，Inada条件不满足。

根据以上结论，命题3得证。

二、政策干预与增长转型效应

为避免环境灾难、降低环境外部性和实现可持续增长，可以采取政策措施进行干预。以下重点讨论能源技术有目的的研发活动政策和扩大规模应用的市场政策。

命题4：当两部门投入品存在强替代关系$\left(\varepsilon>\dfrac{2+2\alpha\beta-2\beta-\alpha}{2\alpha\beta+1-\alpha-\beta}\right)$以及$\overline{S}$足够高时，短期的科研补助可以避免环境灾难。相反，当两部门投入品仅是弱替代关系$\left(1<\varepsilon<\dfrac{2+2\alpha\beta-2\beta-\alpha}{2\alpha\beta+1-\alpha-\beta}\right)$时，短期的科研补助不能避免环境灾难。

证明：向以可再生能源为基础的投入品部门提供科研补助，则利润函数以及相应的利润比函数可以由式（5-31）和式（5-34）改写成如下形式：

$$\Pi_{ct}=\eta_c\alpha(1+\gamma)\left[(1-\beta)^{\frac{2-\alpha}{1-\alpha-\beta}}-\alpha(1-\beta)^{\frac{1-\beta}{1-\alpha-\beta}}\right](1+\upsilon_t)p_{ct}^{\frac{1-\beta}{1-\alpha-\beta}}L_{ct}^{\frac{(1-\alpha)(1-\beta)}{1-\alpha-\beta}}A_{ct-1}^{\frac{(1-\alpha)(1-\beta)}{1-\alpha-\beta}} \tag{5-41}$$

$$\frac{\Pi_{ct}}{\Pi_{dt}}=(1+\upsilon_t)\frac{\eta_c}{\eta_d}\left(\frac{1+\gamma\eta_cs_{ct}}{1+\gamma\eta_ds_{dt}}\right)^{\frac{(1-\alpha)(1-\beta)(1-\varepsilon)}{\varepsilon\alpha\beta+\beta-\alpha\beta-1}-1}\left(\frac{A_{ct-1}}{A_{dt-1}}\right)^{\frac{(1-\alpha)(1-\beta)(1-\varepsilon)}{\varepsilon\alpha\beta+\beta-\alpha\beta-1}} \tag{5-42}$$

当$\varepsilon>\dfrac{2+2\alpha\beta-2\beta-\alpha}{2\alpha\beta+1-\alpha-\beta}$时，在短期充足的科研补助$\upsilon_t$的支持下，式（5-41）中$\dfrac{(1-\alpha)(1-\beta)(1-\varepsilon)}{\varepsilon\alpha\beta+\beta-\alpha\beta-1}-1>0$，以可再生能源技术为基础的投入品部门可以追上化石能源的技术水平。同时，由式（5-37）可知，$\dfrac{(1-\alpha)(1-\beta)(1-\varepsilon)[\alpha+(1-\alpha)(1-\beta)(1-\varepsilon)]}{(1+\alpha\beta-\beta-\varepsilon\alpha\beta)(1-\alpha-\beta)}\leqslant0$，以化石能源技术为基础的投入品部门长期增长将停止。由此，部门技术和科学家资源在科研补助停止时仍集中在以可再生能源技术为基础的投入品部门，环境灾难得以避免。

当$1<\varepsilon<\dfrac{2+2\alpha\beta-2\beta-\alpha}{2\alpha\beta+1-\alpha-\beta}$时，式（5-40）中$\dfrac{(1-\alpha)(1-\beta)(1-\varepsilon)}{\varepsilon\alpha\beta+\beta-\alpha\beta-1}-1<0$

且 $\dfrac{(1-\alpha)(1-\beta)(1-\varepsilon)[\alpha+(1-\alpha)(1-\beta)(1-\varepsilon)]}{(1+\alpha\beta-\beta-\varepsilon\alpha\beta)(1-\alpha-\beta)} \geqslant 0$，以可再生能源技术为基础的投入品部门仍可以在高科研补助 υ_t 的支持下追上另一部门的技术水平，但以化石能源技术为基础的投入品部门长期增长为 $\dfrac{(1-\alpha)(1-\beta)}{(1+\alpha\beta-\beta-\varepsilon\alpha\beta)(1-\alpha-\beta)}[(1+\gamma\eta_c)^{\alpha+(1-\alpha)(1-\beta)(1-\varepsilon)}-1] > 0$。那么，只有长期科研补助才能避免环境灾难。

根据以上结论，命题 4 得证。

命题 5：扩大规模应用的市场政策将通过价格效应、规模效应提高以可再生能源技术为基础的投入品部门的利润水平，改变能源技术产业资源配置，加快能源技术转型发展。但效应水平取决于"干中学"成本效应以及相应的技术边界突破。扩大规模应用的市场政策也容易造成过度补贴和财税负担攀升。

证明：实施扩大规模应用的市场政策后，向以可再生能源技术为基础的投入品部门提供间接的价格支持，利润以及相应的利润比函数可由式（5-32）和式（5-35）改写为：

$$\Pi_{ct} = \eta_c \alpha (1+\gamma)\left[(1-\beta)^{\frac{2-\alpha}{1-\alpha-\beta}} - \alpha(1-\beta)^{\frac{1-\beta}{1-\alpha-\beta}}\right](p_{ct}+\upsilon_t)^{\frac{1-\beta}{1-\alpha-\beta}} L_{ct}^{\frac{(1-\alpha)(1-\beta)}{1-\alpha-\beta}} A_{ct-1}^{\frac{(1-\alpha)(1-\beta)}{1-\alpha-\beta}} \tag{5-43}$$

$$\frac{\Pi_{ct}}{\Pi_{dt}} = \frac{\eta_c}{\eta_d}\left(\frac{p_{ct}+\upsilon}{p_{dt}}\right)^{\frac{1-\beta}{1-\alpha-\beta}}\left(\frac{L_{ct}}{L_{dt}}\right)^{\frac{(1-\beta)(1-\alpha)}{1-\alpha-\beta}}\left(\frac{A_{ct-1}}{A_{dt-1}}\right)^{\frac{(1-\alpha)(1-\beta)}{1-\alpha-\beta}} \tag{5-44}$$

如式（5-44）所示，间接价格支持可以改变两部门利润比，使得资源配置倾向以可再生能源技术为基础的投入品部门，即 $\dfrac{L_{ct}}{L_{dt}}$ 比值提高。由于有利可图，产能扩张和累积生产引致"干中学"成本效应或 β 值提高，进一步提升以可再生能源技术为基础的投入品部门利润水平。然而，支持规模应用的市场政策也会造成企业 R&D 投入不足，相对技术水平停滞不前，技术补贴过度。一旦取消市场政策支持，可再生能源技术提升将不足以弥补利润下降，资源配置再次倾向化石能源产业，无法实现增长绿色转型。

根据以上结论，命题 6 得证。

第五节 能源耗竭、技术替代率与经济增长转型效应

命题 6：考虑能源耗竭性，可再生能源对化石能源投入品部门的替代弹性 $\varepsilon > 1$，能源投入品部门将转向可再生能源部门，但无政策干预下不能确保避免环境灾难。

化石能源投入品生产函数如式(5-10)所示。依据第三节的最优求解方法，可以得到两部门利润之比的函数形式：

$$\frac{\Pi_{ct}}{\Pi_{dt}} = o\, \frac{\eta_c c(Q_t)^{\alpha_2(\varepsilon-1)}}{\eta_d}\, \frac{(1+\gamma\eta_c s_{ct})^{\frac{(1-\alpha)(1-\beta)(1-\varepsilon)}{\varepsilon\alpha\beta+\beta-\alpha\beta-1}-1}}{(1+\gamma\eta_d s_{dt})^{\frac{(1-\alpha_1)(1-\beta)(1-\varepsilon)}{\varepsilon\alpha_1\beta+\beta-\alpha_1\beta-1}-1}}\, \frac{A_{ct-1}^{\frac{(1-\alpha)(1-\beta)(1-\varepsilon)}{\varepsilon\alpha\beta+\beta-\alpha\beta-1}}}{A_{dt-1}^{\frac{(1-\alpha_1)(1-\beta)(1-\varepsilon)}{\varepsilon\alpha_1\beta+\beta-\alpha_1\beta-1}}} \quad (5\text{-}45)$$

其中，$o = \dfrac{(1-\alpha)\alpha}{(1-\alpha_1)\alpha_1^{(1-\alpha_1+\alpha_2)/(1-\alpha_1)}}\left(\dfrac{\alpha^{2\alpha}}{\alpha_1^{2\alpha_1}\alpha_2^{\alpha_2}}\right)^{(\varepsilon-1)}$。

式(5-44)与式(5-34)最大的区别在于 $c(Q)^{\alpha_2(\varepsilon-1)}$ 的形式，也就是化石能源投入成本的利润影响效应。当 $\varepsilon > 1$ 时，可再生能源对化石能源投入品部门的替代弹性大于1，能源资源稀缺性将提高化石能源投入品部门成本。当化石能源耗竭或足够稀缺时，能源投入品部门生产将转向可再生能源部门。然而，这种能源技术形式转变的前提条件是环境还未恶化到不可恢复的情形。考虑化石能源稀缺性，平衡路径的技术增长率仍然为 $\dfrac{(1-\alpha)(1-\beta)}{1-\alpha-\beta}\gamma\eta_d$，最终产品增长率也为 $\dfrac{(1-\alpha)(1-\beta)}{1-\alpha-\beta}\gamma\eta_d$，不改变不同技术进步方式的成本作用机制。

根据以上结论，命题6得证。

第六节　本章小结

本章基于技术偏向的分析框架，改进内生经济增长模型，设定六部门经济体系，刻画生产和资源配置决策，分析有偏技术进步方向、平衡增长路径以及增长转型条件，不仅论证了能源稀缺性、技术替代性和环境外部性如何综合影响经济转型，而且论证了创新机制与要素价格机制、市场机制的关联作用、多样化技术进步方式的成本效应，得到了其如何共同影响能源技术替代并改变平衡增长路径的主要结论。

不考虑政策干预和资源稀缺性，给定期初化石能源技术经济体系，能源技术将固化在化石能源技术，无法实现能源技术和增长路径转换，平衡增长路径必然导致环境灾难；给定期初特定的技术水平，化石能源技术和可再生能源技术创新均衡可同时存在，且由于兼顾不同技术进步方式的成本效应，平衡增长路径得以强化，政策干预也更容易促进能源技术发生偏向；给定期初可再生能源技术体系，存在平衡增长路径且无环境灾难，考虑不同技术进步方式的成本效应，平衡增长路径上的经济增速更高。

考虑研发政策干预，若两部门能源投入品存在强替代关系，则短期的科研补助可以避免环境灾难；若两部门投入品仅是弱替代关系，则短期科研补助不能避免环境灾难。考虑市场政策干预，扩大规模应用的市场政策将通过价格效应、规模效应提高以可再生能源技术为基础的投入品部门的利润水平，改变能源技术产业资源配置，加快能源技术替代，但效应水平取决于"干中学"成本效应以及相应的技术边界突破。扩大规模应用的市场政策也容易造成过度补贴和财税负担攀升。

考虑能源稀缺性，化石能源稀缺性将提高该投入品部门的成本。当化石能源耗竭或足够稀缺时，能源投入品部门生产将转向可再生能源部门。然而，这种能源技术转变的前提是环境还未恶化到不可恢复的情形，且考虑化石能源稀缺性，不改变不同技术进步方式的成本作用机制、平衡路径的技术增长率和最终产品增长率。

第二篇　国家战略与行业发展篇

——可再生能源技术发展的基础事实

第六章 全球能源变迁与可再生能源发展趋势

本章基于全球能源的历史变迁,审视能源技术、供需结构及相应的经济体系的阶段性特点和国别特征,重点探讨化石能源向可再生能源技术转变,以及由化石能源技术主导的经济体系向化石—可再生能源中间阶段过渡并最终转向由可再生能源技术主导的经济体系发展的趋势,为能源技术变革推动经济增长转型提供事实依据。

第一节 全球能源变迁:历史阶段与国别事实

从全球能源变迁的历史阶段与国别事实来看,能源体系始终也将继续向更高效、更低成本、更可持续的供需结构转变。当前阶段,尽管主要国别对"去煤化""去碳化""零核电"等能源发展路径存在分歧,但普遍认同能源清洁化、可持续化发展的大方向。

一、全球能源阶段性变迁

从能源利用的历史进程来看,工业革命改变了人们工作和生活的方式,煤炭、石油替代薪柴成为主导能源,全球市场能源需求进入高速增长阶段。然而,随着经济增长波动和能源供需失衡的阶段性变化,化石能源构成和供需占比波动较大,呈现非化石能源加快替代化石能源的发展趋势。

(一)1820—1900 年,煤炭开采与规模化利用

煤炭的大量利用使得高能耗行业如金属、玻璃、水泥等开始规模化生产,新动力技术如火车、蒸汽船的商业化应用等成为可能。据 Smil(2010)估计,这一历史时期全球能源总量增长 2.5 倍,年度增速达到 1%,而人口增量在 1.6 倍左右,人均能源消费量提高了 50%。

(二)1900—1970年,石油的开采和大规模利用

石油的开采与大规模利用使得交通机械、冶炼化工等行业突破以煤炭为动力或原料的发展方式,并产生电力、汽车、航空、化工制药和食品加工等新型部门,能源结构转向以石油能源为核心的新发展阶段。如图6-1所示,全球能源消费量由4.86亿吨油当量增加到49.11亿吨油当量,增长了近10倍,年增速达到3.4%,是1820—1900年能源消费量的3.4倍。同期,人口增量在2.3倍左右,人均能源消费量提高近50%。在此期间,煤炭消费量增加了3倍,而石油消费量增加了112倍。1964年,石油超过煤炭,成为全球第一大能源。

值得注意的是,1900—1970年经历了世界范围的经济危机和婴儿潮带动的经济扩展,全球化石能源发展处于年均增速最快也是波幅最大的时期。其中,有14个年度(20%的年份)能源总量增幅为负值,年度波动范围在—13%~16%。相应地,煤炭能源波动更为剧烈,年度波动范围在—16.5%~19.8%,20个年度(28.5%的年份)增幅为负值。石油能源年度波动范围在—5.9%~23.7%,负向增长较少,8个年度增幅为负值。

(三)1970—2000年,石油价格危机与能源多元化

受石油价格危机影响,能源消费增长势头有所下滑,油价高涨开始推动能源高效利用技术和低成本替代能源(天然气、核能等)的飞速发展。如图6-1所示,2000年全球能源消费总量增加到93.88亿吨油当量,是1970年的1.9倍,年均增速回落到2.2%。石油危机期间的能源消费量下降更为明显,1974—1979年期间全球能源消费增速下滑到3%,在第二次、第三次石油危机或1980—1990年期间进一步下滑到1.59%。同时,这一阶段人口增量为1.6倍,人均能源消费量提高19%。

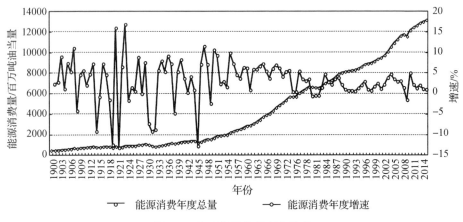

图6-1 全球能源需求变化趋势

数据来源:IEA。

　　值得注意的是,石油危机引致全球能源供给结构发生重大变化。石油危机前,化石能源占比接近100%。危机后,尽管化石能源整体主导地位仍不可撼动,但石油占比趋于下降,煤炭占比不断下降,而天然气占比稳步上升(见图6-2)。石油占比由1973年的最高值49%下降到2000年的42%,煤炭由30%逐步下降到23.5%。1990年起,天然气占比超过煤炭,至2000年占比达到24.8%,是1970年的2倍。与此同时,非化石能源中水能保持占比稳定,核能增幅显著,其他新兴能源有所发展。水能占比保持在2.0%～2.5%,核能从不足1%增长到7%,成为最重要的电力能源之一。其他可再生能源增长态势较好,但占比很有限,不足1%。

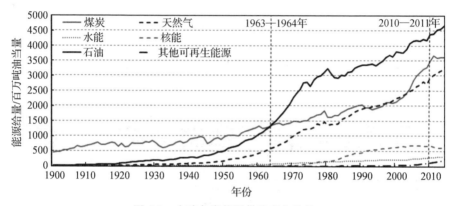

图6-2　全球各类能源供给变化趋势

(四)2000年以来,石油价格再创阶段性峰值,新兴能源快速发展

　　在此阶段,新兴国家尤其是中国的经济崛起,对能源的环境影响和可持续发展等因素进行战略考量,石油价格达到历史峰值,核能发展受限制,新兴可再生能源开始快速发展(见图6-3和图6-4)。2015年,世界能源消费量增长到131.47亿吨油当量,是2000年的1.38倍。若考虑人口增长1.17倍,则人均能源消费量增长17%。能源供给方面,化石能源占比保持在90%～91%。其中,石油年增速在1.9%左右,占比下降至36%左右;煤炭增速回升到3.8%左右,占比上升至28.5%左右;天然气增长稳定在2.7%,占比保持在25%左右。同时,非化石能源中,水能占比保持在2.5%左右,核能占比下降到4.9%;其他可再生能源增长明显,占比2%,成为重要的补充性电力能源。

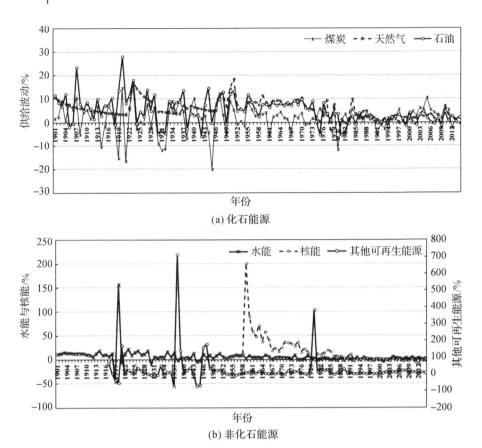

(a) 化石能源

(b) 非化石能源

图 6-3　全球各类能源供给波动趋势

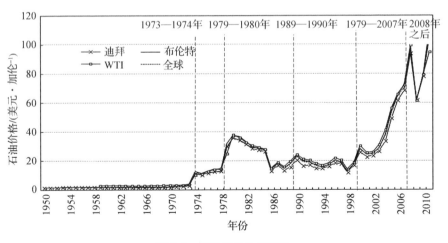

图 6-4　国际石油价格变化

资料来源：TSP 数据库。

二、国别能源消费与能源结构演变

从各国、各地区市场的能源利用情况来看,发展中国家能源消费量增长趋势显著,而发达国家能源结构转变更为明显。美国、德国、日本等国呈现"去煤化""去碳化""去核化"交错递进的能源结构变化趋势。

(一)OECD 国家与非 OECD 国家能源消费增速形成剪刀差

第一次石油危机以来,OECD 国家能源消费增速不及非 OECD 国家,且金融危机后能源消费量一直未超过 2008 年水平(见图 6-5)。两类国家能源消费量之比由 1973 年的 6∶4 下降到 2007 年的 1∶1 和 2015 年的 3∶7。OECD 国家能源消费量增速放缓与欧盟消费降幅密切有关。1970 年,欧盟的能源消费量为 12.86 亿吨油当量,而 2016 年为 16.30 亿吨油当量,仅增长 27%,年增速不足 0.6%。欧盟的 OECD 占比从 1970 年的 37% 逐步下降到 2008 年的 31.7% 和 2015 年的不足 30%,2008—2016 年能源下降量更是达到 OECD 降幅的 99%。2000 年以来,非 OECD 国家成为全球能源消费增长的主要动力。1982—2000 年,其份额占比长期保持在 40%～42%,而 2000—2015 年攀升至 58%。其中,中国、印度和巴西能源消费增长最为显著。尤其是中国,能源消费量占比由 1965 年的 12% 上升到 2016 年的 39.5%,占非 OECD 国家能源消费增量的 44%。相应地,印度占比由 4.8% 增长到 9.2%,占非 OECD 国家增量的 10%;巴西占比由 2% 增长到 3.8%,占非 OECD 国家增量的 4.2%。

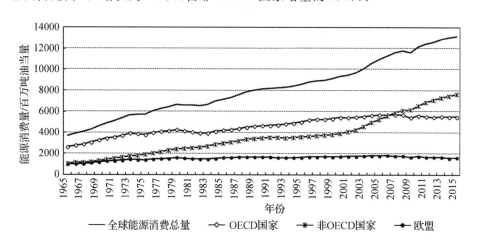

图 6-5　能源消费总量地区差异

资料来源:IEA 数据库。

(二)美国、德国、日本"去碳化"能源结构分化

美国,以煤为主的"去碳化"或"去煤化"能源结构更明显[见图 6-6(a)]。美国煤炭产量占比从 20 世纪初开始不断下降,石油和天然气消费占据主导地位,并在第一次石油危机前达到峰值 73%。受资源禀赋和政策影响,石油和天然气消费仍然占据 60% 以上,且随着页岩气等新兴油气资源的勘探,这两种能源在很长时间内仍将处于主导地位。核能占比在石油危机后迅速上升,2007 年达到峰值 12.2%。之后,随着新能源规模化应用,核能占比有所下降但供给稳定。目前,新能源增速快于其他能源,但占比较小,不足 4%。

德国,从"去煤化"转向"去碳化"和"零核电"能源结构[见图 6-6(b)]。石油危机前,煤炭占据德国能源供给主导地位。石油危机后,天然气和核能替代煤炭进程加快,到 1998 年已取代一半以上的煤炭份额。2000 年后,德国成为新兴可再生能源发展支持力度最大、发展最早的国家之一。相比其他国家,德国新能源占比最高,2018 年一次能源占比 13%,发电量占比超过燃煤、燃气、燃油,达到 46%。2022 年,德国还将关闭所有核电站。从总体趋势来看,转向可再生能源的趋势最为显著。

日本,"去煤化"和"去核化"交错递进的能源结构[见图 6-6(c)]。日本能源结构阶段性变化显著,主要体现在石油危机后,"增核去煤"显著,1998 年核能占比达到峰值 78.6%。受 2011 年核电站事故影响,核能占比波动较大,石油、天然气和煤炭发电量上升但已基本趋稳。新能源发展较快,一次能源占比从 2010 年的 1.1% 增长至 2016 年的 7.0%。总体趋势来看,受地理位置和资源禀赋影响,核能比重保持阶段性平稳,新能源比重逐步提高。

(三)中国"去煤化"能源结构的阶段性差异

中国能源消费量不断上升。总量从 1970 年的近 2900 亿吨标煤,增长到 1979 年的 5800 亿吨标煤、2000 年的 1.3 万亿吨标准煤、2008 年的 3.17 万亿吨标准煤以及 2018 年的 4.6 万亿吨标准煤。2008 年前,能源消费量年均增速高达 6.2%,2008—2018 年有所下滑,为 4.4%,但均超过国别平均水平,总量位居全球第一。

受资源禀赋影响,中国煤炭生产始终占主导地位,与全球和欧美日能源结构有所差异[见图 6-6(d)]。1979 年前,"去煤化"趋势主要与石化能源产业建设有关。煤炭生产占从近 100% 下降到 71%。1979 年后,煤炭占比呈现波动性上升和下降,反"去煤化"和增"去煤化"特征明显。到 2011 年,由于电力消费快速攀升、非煤能源供给不足,燃煤发电强化反"去煤化",煤炭小幅波动增至 81%。2011 年后,新兴可再生能源迅猛发展,从不足 1% 到 2018 年 4.3%,成为"去煤化"主要新动力。其间,煤炭需求迅速下降至 2018 年 69.0% 的历史低谷。其他常规性清洁能源,如水能、核能,占比稳定、缓慢上升,到 2018 年分别为 11.4% 和 3.1%。总体来看,长期处于补充性能源地位的清洁能源,尤其是新兴能源,将更快发展,并成为"去煤化"主要能源。

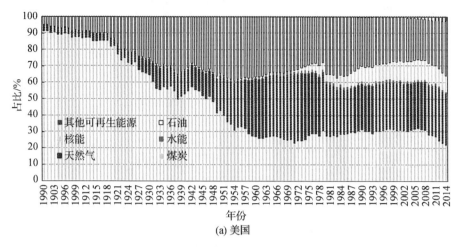

(a) 美国

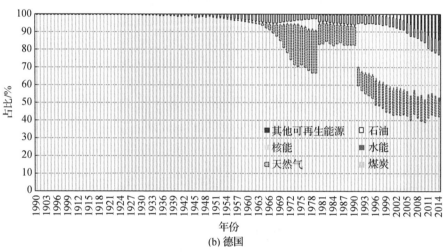

(b) 德国

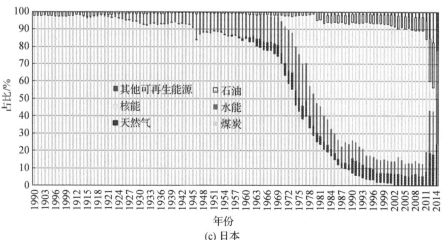

(c) 日本

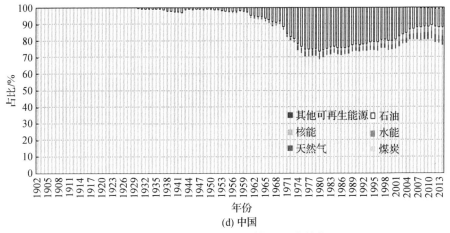

图 6-6　按能源分类的国别能源生产结构

数据来源：IEA 数据库。

第二节　能源技术的变革力量：技术革命与经济范式的历史演化

文献基本认同工业革命［农业进步被认为更多源于社会变革而非技术变革（霍布斯鲍姆，2014）］，以来重大的技术变革与能源技术密切相关，并改变了经济增长方式。文献争议点在于阶段性划分。本节将采取 Perez(2009) 的五阶段划分法，并为能源技术对经济增长的变革影响提供事实依据。

一、能源技术变革与技术—经济范式演化

Perez(2009) 指出，技术—经济范式首先是一种技术革命，是新技术扩散的过程，技术影响涉及整个经济体系，也改变社会制度结构。也就是说，转向新技术—经济范式具备两大条件：一是不是任意的技术系统创新，而是与经济各系统密切关联的技术体系变化；二是可以给整个经济乃至社会带来重大变化。能源作为关键投入品，其技术变革往往引致新产业崛起、关联区域和产业发展的基础设施改变和跨区域经济增长方式转型，在很长的一段时期内促进生产效率的提升和组织结构的优化。

根据 Perez(2009) 的五阶段划分法，技术变革引致的经济演变阶段包括：工业革命及蒸汽和铁路时代，钢铁、电力和重型工程时代，石油、汽车规模化生产

时代,以及信息和通信时代(见表 6-1)。除信息技术外,其他几次技术革命均带动能源技术的发展或以能源技术革命为核心。

表 6-1　技术革命与经济周期

技术革命	重大能源技术	新技术和新兴(概念)产业	新兴(概念)设施
1.工业革命 (1780—1850 年)	蒸汽技术	棉花、钢铁、机械行业与工业化生产	运河,收税关卡/收费公路 水利设施
2.蒸汽和铁路时代 (1844/1851— 1890/1896 年)	蒸汽和煤动力技术	蒸汽机和机械化生产产业(以钢材为原料、以煤炭为动力) 钢铁和煤炭开采业 铁路建设业 以蒸汽动力为基础的行业	铁路 电报 港口、码头、船只
3.钢铁、电力和重型工程时代 (1890/1896— 1939/1950 年)	电力技术	低成本钢铁业 重工业和民用工程业 电力设施工业 铜矿和电缆业 罐装食品业 纸业和包装业	全球航运设施 跨洲铁路 大桥和隧道 全球电报 电力网络
4.石油、汽车规模化生产时代 (1939/1950— 1984/1991 年)	燃料、化工技术	规模化汽车制造业 低成本油气业 化工业 以内燃机为基础的交通设备行业 冷冻设备行业	铁路、高速公路、港口和机场网络 石油管道网络 全行业电力网络 全球通信网络(电话、电报)
5.信息和通信时代 (1984/1991— 2008/2010 年)	信息技术	电脑、软件行业 通信行业 控制设备行业 电脑辅助的生物技术和新材料行业	世界电子通信设施(电缆、光纤、卫星) 因特网/电子邮件等电子服务 高速多元化运输网络(陆运、空运和水运)

资料来源:Mathews(2013);Mahajan(2012);Perez(2002)。

1.工业革命(1780—1850 年)及蒸汽和铁路时代(1844/1851—1890/1896 年)与煤炭技术革命

这一时期是作坊经济向规模化、机械化生产经济的转变,而推动工业化的基本动力正是燃煤利用技术的革命性变革。煤产量由 1700 年的 270 万吨,增长到 1750 年的 470 万吨、1800 年的 1000 万吨、1850 年的 5000 万吨以及 1900 年的 2.5 亿吨。以英国为代表,经济增长率由 1700—1760 年的 0.63% 增长到

1760—1780 年的 0.81％、1780—1801 年的 1.54％、1801—1830 年的 1.69％、1830—1870 年的 2.4％。以煤为动力的生产方式(冶金、燃料)不仅改变了经济增长动力,还通过加快煤炭输送引致运输工具(蒸汽火车、蒸汽船、燃料火箭)和基础设施(铁路、公路、港口)的大力建设,打通了由于昂贵的运输费用而被阻断的跨区贸易,带动国内劳动、资本等经济资源大动员和优化配置。

2. 钢铁、电力和重型工程时代(1890/1896—1939/1950 年)与电力技术革命

这一时期被认为是大工业时代或二次工业革命,形成了现代工业体系,基本动力正是电力技术革命及其引致的信息传送技术变化。1900 年能源电力产出占比仅为 2％,1973 年达到 9.4％。电器开始代替机器,成为补充和取代蒸汽机为动力的新能源,加速低成本钢铁业和电器工程业发展,如工业原材料领域进入钢铁时代;电力用于农业、工业、交通、通信等部门;电报技术改变信息传递方式,引致洲际铁路、公路、航运和电网等基础设施建设,进一步实现快捷高效的跨国、跨区域贸易流动和经济资源配置。

3. 石油、汽车规模化生产时代(1939/1950—1984/1991 年)与燃料、化工技术革命

这一时期被认为是大众消费经济时代、现代工业体系成熟发展期。石油替代煤炭作为燃料、化工原料普遍用于工业各部门,不仅催生出医药化工、轻纺化工、气液态燃料等现代产业部门,还加速以发电机和内燃机为基础的家电设备和交通设备行业发展,尤其是规模化汽车制造标志着标准化、流水线、大规模制造工艺和民用便利交通工具的普及,进一步带动联通全行业通信、电力、交通的网络建设和全球化经济发展。

二、化石能源技术—经济范式的不可持续性

能源技术革命带来了整个经济体系的技术范式转换。Cooke(2008)用碳氢化合物范式来概括以化石能源为主导的技术—经济范式。Andrew 和 Tetsunari(2011)认为,即将迎来自然能源利用方式的转变。技术范式变革强调"关键生产要素"的经济和技术作用。化石能源技术—经济范式集中表现在经济发展依赖化石能源作为基础生产原料(关键要素),经济增长方式从依赖(动物、人类)原动机向更高效率的蒸汽原动机以及电气化动力(关键要素技术作用)转变,经济活动以集中、低成本的能源生产和供给开展规模化、低成本生产和服务(关键要素经济作用)。若有能源技术—经济范式的转变,必然是对现有关键生产要素及其生产供给方式的一种颠覆。

(一)关键要素的技术和经济主导作用

化石能源技术—经济范式仍是主导路径,关键要素技术和经济作用可以从技术创新空间、效率成本结构、经济组织模式的优势地位得以体现。

　　从化石能源产品利用结构来看(见图 6-7),能源技术创新的产业空间大。化石能源产品日益丰富,应用范围涉及所有产业,在工业领域成为难以替代的燃料或原料投入。以中国化石能源产品和产业利用情况来看,煤炭加工产品包括八大类:洗精煤、其他洗精煤、焦炭、焦炉煤气、高炉煤气、转炉煤气、其他煤气以及其他焦化产品。石油加工产品包括十三个大类:汽油、煤油、柴油、燃料油、石脑油、润滑油、石蜡、溶剂油、石油沥青、石油焦、液化石油气、炼厂干气、其他石油制品。天然气主要以固态或液化形式加以利用。化石能源还以热力和电力能源形式存在。这些化石能源加工产品几乎被用于所有细分行业,并在如下行业和使用场景中还难以找到有效替代品,如作为冶金、化工、道路、建筑用原料;作为包装材料,化妆品原料、蜡制品及化工原料;作为香精、油脂、试剂、橡胶加工、涂料工业溶剂;作为锅炉、轮船及工业炉的燃料;用作大型车辆、船舰喷气式飞机的燃料润滑油等。可见,化石能源发展覆盖了产品、设施、原料各产业领域,形成了以化石能源技术为边界的经济新结构和新增长模式。

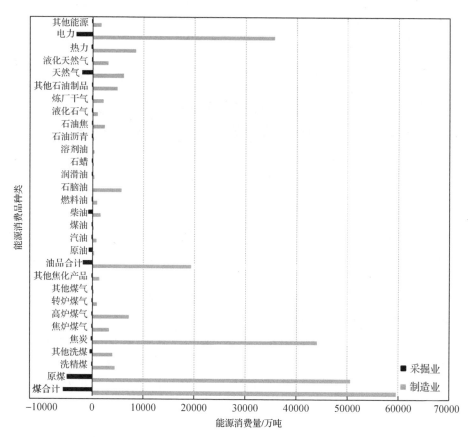

图 6-7　2016 年按能源消费品种类分的中国工业用能情况
资料来源:《中国能源统计年鉴 2017》。

如图6-8所示,全球范围内的化石能源利用效率不断提升(见图6-8),使得低成本趋势的技术创新和投资结构成为可能。1965—2015年,全球GDP单位能源消耗从255吨油当量/百万美元下降到174吨油当量/百万美元(2010年美元价格),降幅达到32%。同一时期,OECD国家的GDP单位能源消耗从225吨油当量/百万美元下降到113吨油当量/百万美元,降幅达到50%。美国、德国和日本等能源大国2015年的能源消耗量普遍低于全球水平,分别为137吨油当量/百万美元、95吨油当量/百万美元和103吨油当量/百万美元,相对1965年的能耗分别下降42%、94%和93%。可见,以化石能源为基础的经济体系具有低成本的能源投入结构,使得经济增长效率可以不断提升,低成本投入的产业形态可以不断优化。

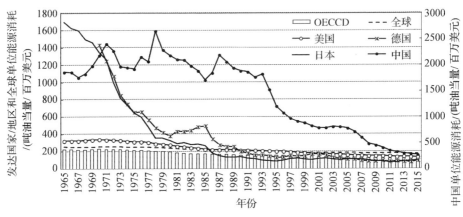

图6-8　全球/国别能源效率变化

数据来源:IEA数据库。

从化石能源生产模式来看,集中、规模化能源生产与供给是现代工业体系大规模化、机械化生产的基础和根本要求。从化石能源生产性和生活性消费来看(见图6-9和图6-10),电气化水平不断提升,便利化程度不断提高,生产生活组织形式更为灵活。1973—2016年,工业、运输以及农业、商业和居民等各领域的能源消费增长79%~190%,而非电力用途的化石能源消费增长17%~190%。电气化利用比重提升主要发生在工业以及农业、商业和居民领域,2016年利用比重分别达到26%和30%,是1973年的1倍以上,且90%以上来源于化石能源。可见,化石能源生产消费形式代表着当前主导的经济组织模式。

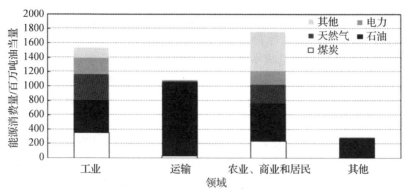

图 6-9　1973 年按行业分类的全球能源消费分布

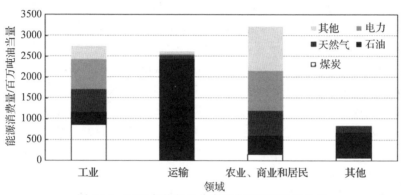

图 6-10　2016 年按行业分类的全球能源消费分布

数据来源:IEA 数据库。

(二)关键要素技术和经济作用的不可持续性

尽管化石能源技术—经济范式仍处于优势主导地位,但从长期来看,其作为关键要素的技术和经济作用并不可持续,具体体现在持续上升的成本结构、成熟技术创新空间的有限性等方面。

1.资源稀缺性与经济成本攀升

资源稀缺性主要体现在霍特林定律(Hotelling,1931)中的矿产资源定价准则,即矿产资源报酬率应与社会贴现率相同。当资源为经济增长要素时,新古典增长模型论证了资源稀缺性还将影响长期经济增长。相对于可再生能源,全球化石能源资源已有探明储量是有限的,即具有稀缺性。继 1956 年壳牌石油公司地理学家胡伯特(Hubbert)提出石油峰值和钟形曲线概念后,众多文献对化石能源供给峰值进行预测。由于受供需、技术进步等多种因素影响,化石能源峰值一再被延后,但仍将在 21 世纪发生。根据 BP(2018)的最新预测,煤炭、石油和天然储量分别达到 1.1 万吨、1.7 万亿桶和 187 万亿立方米,将分别在 2169 年、2066 年和 2068 年耗竭。

2. 外部性与环境成本攀升

环境外部性意味着能源在开采、生产加工、使用回收过程中对环境造成了负面影响,化石能源利用总成本将不断攀升。化石能源的环境影响包括气候变暖、空气污染、土地破坏、水资源污染、地震和动物栖息地破坏等(NETL,2010)。尽管这些影响被科学界广为认同,但商界和政界仍然质疑声不断。Supran 和 Oreskes(2017)等的最新研究显示,一些大型石油、天然气企业,如埃克森美孚公司在气候研究中推进了化石能源环境影响的学术研究,但在广告、宣传、公共辩论中误导公众质疑气候变化。早在 1979 年,埃克森美孚公司的内部文件已经探讨了目前"最为广泛接受的理论",即化石能源燃烧引起地球表面变暖以及会在 2050 年前造成巨大的环境影响,其却在《纽约时报》(*The New York Times*)以及其他报刊中以常规广告形式质疑其环境影响。随着日益广泛和深入的学术研究和舆论探讨,对化石能源环境影响的质疑越来越转向广泛认同。

环境外部性意味着环境成本是不可忽视的。欧盟的研究结论表明,燃煤发电的外部费用是核电/水电成本的 10 倍,是风电的 100 倍(Bickel,Friedrich,2005)。Obrecht(2014)的研究表明,OECD 国家的煤炭外部成本是石油的 0.6~1.4 倍,天然气的 2~15 倍,以及其他能源的 9~30 倍。哈佛大学的研究表明,燃煤发电的外部成本是经济成本的 50%,化石能源开采的外部成本可高达 745 亿美元(David,2018)。

3. 技术成熟性与创新空间受限性

技术—经济范式通常对应着具有特定技术边界的技术进步轨迹(见表 6-2)。受技术边界和技术路径依赖影响,技术越成熟,技术进步的渐进式、可预期性越显著,创新空间越受限。化石能源技术非常成熟,难以对能源产业结构、能源利用效率以及能源利用方式产生进一步的根本性改变。

表 6-2 能源技术—经济增长范式特征

范式	能源技术—产业结构	能源技术—经济增长模式
化石能源技术—经济范式(碳氢化合物时代)	能源集中生产供给;由"动物原动机"向"蒸汽原动机"转型;由"蒸汽原动机"向"电气化"转型;低成本能源供给	稀缺性、负外部性能源支持经济增长;能源低效利用向高效利用转变
清洁能源/可再生能源技术—经济范式(后碳氢化合物范式)	再电气化(以电代油等)产业;分布式能源生产;以智能电网为核心的能源体系;更低成本能源供给	非稀缺性、非负外部性能源支持经济可持续绿色发展;更为高效地利用能源

第三节　经济增长可再生能源化：突破成本结构与技术边界现实依据

一、可再生能源特性的事实依据

可再生能源包括传统能源，如水能和地热能，还包括新兴能源，如太阳能、风能、生物质能和海洋能。清洁能源包括可再生能源以及清洁非再生能源，如天然气、页岩气、可燃冰等。清洁非再生能源仍具有稀缺性和集中供能特点，可作为化石能源特例来考虑。本节基于可再生能源的特性（资源非稀缺性、环境非负性和能源替代性），为经济增长可再生能源化的资源成本、环境成本和技术弹性提供分析依据。

（一）资源非稀缺性与突破经济成本结构

当资源为经济增长必需要素时，新古典增长模型论证了资源稀缺性将影响长期经济增长。若可再生能源对化石能源是可替代的，则可再生能源非稀缺性将忽略资源品投入成本，彻底摆脱化石能源投入的边际成本递增困境，从而确保低成本能源消费和长期经济增长。部分清洁能源为稀缺资源，若无可替代性要素，最终无法确保长期经济增长。资源非稀缺性的成本效应可改变传统能源的经济成本结构。

从能源总量来看，可再生能源可开发利用量远超过现有全球能源总量，不存在资源供给的非稀缺性。目前，全球能源需求总量中，可再生能源仅占到17％。其中，传统可再生能源（生物质和水能）占比达到14.7％（生物质和水能占比分别为9％和5.7％），而新兴能源（风能和太阳能）占比仅为2％。据IEA估计，可再生能源可用量是全球能源需求量的20倍。Leggett（2010）指出，光伏能源可提供的能源是世界能源需求的10000倍。世界可再生能源理事会主席Scheer（2011）指出，可再生能源可供给量是现有核能和石油能源消费量的15000倍。尽管受勘探技术、核算方法等因素影响，可再生能源存量和可开发利用量的具体数值存在异议，但相对现有能源消费量，其被认为不存在稀缺性问题。

从能源地区分布来看，受地理因素、人口因素影响，可再生能源供给存在地区性限制，但不平衡程度大大降低。太阳能、风能和生物质等各类可再生能源受地区条件限制存在供给上限，地区分布存在差距，极有可能无法满足本国能源需求(何祚庥,2006)。但相对化石能源在个别国家或地区的高度集中,对可再生能源的利用极大地缓解了地区能源的不平衡。由此,可再生能源的资源可获性问题所造成的经济成本上升可以忽略,其资源非稀缺性打破了化石能源的经济成本结构。

(二)环境非负性与突破外部成本结构

基于环境外部性和"污染者付费"原则,造成环境污染的主体应当为环境影响付费,以补偿相关的环境损失。这意味着造成任何环境影响的能源技术都应该支付相应的环境成本,改善环境的技术创新的成本效应也应纳入成本体系,体现环境外部性效应变化。化石能源外部性所造成的环境成本不断攀升,可以抵消甚至逆转能源利用效率提升所形成的低成本趋势(具体见本章第二节)。可再生能源的环境影响通常可以忽略,其环境非负性(或弱负性)可颠覆化石能源外部成本结构。

可再生能源的开发和利用并非不会对环境产生影响,而是呈现环境弱负外部性,环境自净能力和能源利用技术提升可以抵消其影响。Mahajan(2012)指出,清洁技术应用还做不到对环境完全无污染,设备生产、项目建设和安装拆卸过程中均存在噪声污染、土地污染、生态破坏等负面影响。尽管如此,可再生能源的开发和利用对环境的影响远小于化石能源。EU(2015)研究发现,欧盟区可再生能源影响不足1%。IEA(1998)发现,非碳可再生能源全周期释放的硫化物、氮化物远少于化石能源。我国的可再生能源利用也涉及环境污染问题,但通过各产业链环保创新,可以减少环境影响,如螺旋桩系统减少电站建设的地表植被破坏,氯氢化技术提高晶硅废物循环利用率,声学和化学装置避免伤害鸟类(杨紫琪,高亚丽,2015)。可见,技术创新可以进一步降低可再生能源的弱负外部性。

(三)能源替代弹性与突破技术创新空间

能源替代包括物质替代和技术替代。物质层面,可再生能源可以替代化石能源。技术层面,包括不同能源技术和其他要素(资本)对能源技术的替代效率。若化石能源为必要因素且其他技术替代弹性低,则经济增长绿色转型困难,反之则容易。

从现有技术来看,可再生能源很大程度上可以替代化石能源,但还做不到百分之百高效低成本替代。EU(2015)指出,化石能源在工业原料方面的应用仍无法被替代。尽管生物化工接近化石能源的工业原料技术,但技术性能还无法比拟。另外,化石能源节能减排技术可以削弱可再生能源技术替代的必要性。节能技术包括节电、节煤、节油、节气、工艺改造节能等多领域能源节约技术。减排技术包括化学和物理减排,探讨最多的是碳捕捉技术。能源利用效率和外部效率的提高可强化化石能源的主导地位。

可再生能源替代还体现在创建新的技术创新空间方面。可再生能源将改变相对化石能源大投入、大产出、集中配送、生产消费分离的供需体系,具体表现在再电气化新产业形态、分布式能源生产投资一体化、以智能电网为核心的能源输送与更低成本的能源供给等。如 2019 年新能源汽车全球销售量为 221 万辆,分布式能源装机量为 158GW,智能电网投资 238 亿美元,可再生能源市场成长性普遍好于传统市场(见图 6-11 和图 6-12)。

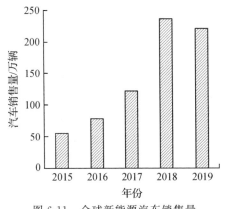

图 6-11　全球新能源汽车销售量

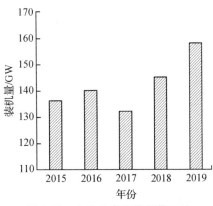

图 6-12　全球分布式能源装机量

数据来源:IEA 数据库。

总而言之,从资源非稀缺性来看,可再生能源总量和全球分布确保低成本能源消费的现实需要,将彻底摆脱化石能源递增的经济成本结构;从资源非负性来看,可再生能源的环境弱负外部性和全产业链环保创新的现实依据,将突破化石能源递增的环境成本结构;从能源技术来看,长期能源利用方式可以是多元化的,包括化石能源的高效清洁利用,也包括可再生能源利用,但可再生能源在新产品、新设施和新原料等各产业领域的创新空间更广阔。

二、全球创建高效、低成本可再生能源新技术体系的现实依据

相对于化石能源,可再生能源具备非稀缺性、环境非负性和技术高替代性。但在实际的能源消费过程中,能源技术互补替代关系转变并非确定无疑、一蹴而就的。文献对能源技术关联及其变迁的复杂性的研究,聚焦于技术创新、市场因素、公共政策、社会制度等影响因素;对化石能源向可再生能源变迁的研究,主要聚焦于技术创新、成本竞争力和相应的政策措施效应。

(一)创建技术路径与技术创新难点

以可再生能源为基础的经济体系要求相应的能源体系形成具有清晰的技

术边界的基础学科和工程技术体系。新兴可再生能源技术已经经历了上百年的技术积累和创新,创新重点已由基础原理建构、实验室技术突破转向兼顾商业化阶段重视技术可行性研发,或进一步转向规模化阶段高效率、低成本技术创新。

新兴可再生能源的基础原理建构自 19 世纪就已经开始,具有系统化的基础学科体系,覆盖热学、流体力学、材料学、光学、微电子学、动力机械学、能源工程学等多学科。大部分新兴可再生能源产业化和商用化技术开始于 20 世纪中叶后,已经覆盖电力、交通、化工、航空太空、建筑等各领域。具有里程碑意义的行业发展包括:从发展规模来看,1990 年非水可再生能源占可再生能源比重达到 10%,而 2018 年这一比重达到 50%;智能用电领域,2017 年,全球安装约 9000 万个智能电表,可实现实时定价;航空和航天领域,从 1964 年和 1965 年开始,光伏和燃料电池分别应用于外太空,2011 年,商用飞机使用生物质燃料,2016 年,太阳能飞机项目,只使用蓄电池储存而无燃料日夜飞行,实现绕地球飞行;建筑领域,2002 年,英国建成零能源贝丁顿社区,2014 年,印度尼西亚建成"零碳社区"摩天大楼,2019 年,北安普敦社区学院建成零能源校园。

尽管可再生能源技术进步显著,但仍存在能效、稳定性、安全性等方面的诸多技术性难题。风、光电波动性强,并网调峰难,中国年度最高弃风率超过 17%,甘肃、新疆、青海和宁夏弃光率超过 30%;新能源汽车在续航能力、电池科技等方面仍存在重大缺陷;生物燃油能耗高、耐用性低。可再生能源技术路径和技术创新还远未完善。

(二)成本竞争力与成本不确定性

成本竞争力不仅体现在可再生能源的成本变化,更体现在传统能源技术进步和效率提升的相对成本效应;不仅体现在生产、应用的成本竞争力,更体现在外部成本的相对竞争力。成本竞争力是判断能源技术市场竞争性、政策扶持正当性、社会承受性、经济有效性的重要因素。

从全球范围来看,新兴能源已经或潜在具备相对于化石能源的成本竞争力。如光风发电最低竞价由 2011 年的 360 美元/兆瓦时和 80 美元/兆瓦时下降到 2018 年的 20 美元/兆瓦时和 21 美元/兆瓦时,已经低于现行化石能源项目静态成本。动力电池最低成本由 2014 年的 540 美元/千瓦时降到 2017 年的 210 美元/千瓦时,若降至 100 美元/千瓦时,就可与燃油车成本看齐。从 E85、B99—B100、B20 等乙醇汽油、生物柴油交易价来看,低价区也具备价格竞争力。

从分类地区和分类技术来看,各国、各地区能源技术成本目标和实际成本趋势均差异较大。欧美日等可再生能源大国的光伏、风电平价普遍设定在 2020—2025 年,远早于生物质、海洋能、氢能等新技术。同时,由于技术受限,大部分发展中国家并没有设立可再生能源成本目标。可再生能源技术的实际成本也存在波动性大、地区差异大的情况。从晶硅光伏技术来看,全球组件价格兼有大幅度下降和大波动趋势。1979—2014年,组件均价降低73倍,年均降速高达11%,但2003—2007年,组件价格不降反升,远偏离长期趋势。又如风电机组技术,众多发达国家机组价格在2004—2009年显著攀升,尽管2008年后开始下降,但仍略低于2004年水平。中国光伏组件、风电机组价格也出现偏离趋势的阶段,但下降幅度更明显,引领传统大国。再如生物燃料,由于农林生物质原料价格波动较大,生物质燃油价格还未呈现显著的下降趋势。可见,低成本可再生能源利用具有充分的技术可行性和现实依据,但实际成本变化因地域、技术、市场条件等因素影响而具有不确定性。

(三)推动技术与成本突破的政策支持与退出

由于可再生能源技术创新与成本突破需要,影响可再生能源技术发展最重要的政策是技术创新政策和市场应用政策。技术创新政策推动新能源技术创新和产业化发展,市场应用政策加快新技术应用示范、规模化应用、低成本普及以及产业链互动创新。

全球范围内,最早由国际机构推动新兴能源技术发展的政策主要是研发和示范(RD&D)政策,具体项目如1993年启动的IEAPVSP光伏项目和2000年启动的IEA R&D Wind风能项目,项目推动欧美日国家波动电源并网建模、建筑一体化并网系统建设、离网项目建设、大型电站设计与运营等领域的技术研发、示范及信息交流。国别或地区范围内,美国、德国、日本、韩国仍是最早一批制定RD&D政策的国家,如德国EFP(能源研究规划项目,1977—1980年)、韩国AETD(替代能源技术发展计划,1988—1997年)项目等,主要通过实验室和产业化技术突破,提高新能源利用效率和降低成本水平。现阶段,国际机构和主要国别地区持续更新新能源技术路线,规划能源技术效率目标和成本目标。

市场应用政策类型较多,包括能源立法、电价政策、生产投资政策、财税政策等(具体见第四章)。1980年,美国颁布了《能源安全法》,最早以立法形式奠定新能源发展的法律地位。1990年,德国开始实施新能源示范项目固定上网电价政策。随后,丹麦和西班牙在1992年和1997年也开始实施该政策。2000年和2004年,德国两次上调固定上网电价,正式启动规模化市场应用,也标志着全球新能源应用进入规模化发展阶段。目前,固定上网电价政策仍是全球范围内应用最广泛的政策,但其他政策由于财税负担较小,也被众多国家或地区所采用(具体见第七章)。

第四节　本章小结

作为关键生产要素,能源技术变革改变了人们的工作和生活方式,带动革命性产品、技术和设施的重大创新变动,形成特定的能源技术—经济范式。现阶段,化石能源技术主导的经济范式集中反映在经济发展从依赖劳动原动力向蒸汽动力及电气化动力转变,具体体现为:一是能源供给方式由分散高成本供给向集中、低成本生产和供给转变;二是产业形成规模生产和结构细化,形成高耗能行业和衍生品行业;三是能源效率大幅度改进,但能源增长远慢于经济增长,人均能源消费量持续上升。

可再生能源对化石能源的替代,必然是对关键生产要素及其生产供给方式的一种颠覆。新兴清洁能源或可再生能源已经表现出这些方面的重要影响,如再电气化(以电代油等)产业、分布式能源生产、以智能电网为核心的能源输送与更低成本的能源供给体系,能源消费的环境非负外部性等。

可再生能源完全替代化石能源还存在诸多不确定性。从成本趋势来看,可再生能源具有成本竞争力,但其成本还普遍高于化石能源。从技术趋势来看,能源技术选择可以是可再生能源技术、清洁能源技术、节能和减碳技术,可再生能源技术优越性不断显现,但仍存在重大技术难题。从产业应用来看,可再生能源还无法完全替代化石能源。因此,探讨可再生能源技术创新模式、成本效应和代表性国家样本对实现经济增长转型具有重要的理论和现实意义。

第七章　中国可再生能源发展的战略部署与政策措施

在经济新常态和绿色发展理念下,我国做出能源技术—经济体系转变的重要战略部署:加快推进能源生产和消费革命,推动能源体系由化石能源向清洁能源或高比例可再生能源转型,推动产业结构调整与能源结构优化互驱共进,逐步实现经济增长转向以清洁、低碳、高效的能源技术体系为基础。为此,我国陆续出台一系列政策支持可再生能源行业发展,主要包括技术政策和价格财税政策,推动能源技术提升、成本持续下降和市场规模化应用。

第一节　可再生能源与增长转型:绿色发展理念与能源革命战略

一、绿色发展理念与能源革命战略部署

现阶段,中国经济发展理念主要体现为经济新常态和绿色发展理念,而能源发展战略则体现为推动能源变革的体系化战略。这些战略调整揭示了清洁、可再生能源技术应用将成为产业发展全领域全过程的普遍性要求。

经济发展新常态和生态文明建设中正式提出了我国能源技术结构、资源能源利用方式迈入全新阶段,"绿色、低碳、高效"的清洁能源技术发展将成为主导方向。2014年5月,习近平在河南考察时首次用"新常态"来描述新周期的中国经济特征(顾钱江等,2014)。同年12月,中央经济工作会议首次阐述了新常态的九大特征,其中第七大特征资源环境条件强调了过去能源资源和生态环境空间相对较大,环境承载能力已经达到或接近上限,必须推动形成绿色低碳循环发展新方式。2015年,中共中央、国务院印发《关于加快推进生态文明建设的意见》,把生态文明建设放在突出的战略位置,把"绿色化"与"新四化"(新型工业化、信息化、城镇化和农业现代化)并列,调整为"新五化",推动整个经济体系的

绿色化发展,并明确以"绿色、循环、低碳"战略理念构建节约资源保护环境的产业体系(新华社,2015)。

能源生产和消费革命在 2012 年党的十八大报告中被首次提出。能源革命包括能源消费革命、供给革命、技术革命、体制革命。后续出台的《能源发展战略行动计划(2014—2020 年)》(国务院办公厅,2014)和《能源生产与消费革命战略(2016—2030)》(国家发改委,2016)进一步细化了能源革命的战略取向和主要任务,明确转向清洁化能源体系及以此为基础的产业结构转型。

2014 年 6 月,《能源发展战略行动计划(2014—2020 年)》(国务院办公厅,2014)明确指出推进能源生产与消费革命对于全面建成小康社会和加快建设现代化国家所具有的重要现实和战略意义,并提出推进能源生产消费革命的"节约、清洁、安全"战略方针,构建清洁、高效、安全、可持续的现代能源体系。但此战略行动仅明确了 2020 年的短期战略任务,没有细化中长期目标。2016 年 12 月,《能源生产与消费革命战略(2016—2030)》(国家发改委,2016)重申了能源生产消费革命的战略意义,把推进能源革命定调为能源发展的国策,全面提出"安全、节约、绿色低碳、主动创新"战略取向,并设定 2020 年、2030 年、2050 年中长期能源开发利用目标,逐步实现能源清洁低碳化、高效化的能源体系转型,能源类型由化石能源向高比例可再生能源转型。具体战略任务不仅包括能源技术的清洁低碳化转型路径,还明确"推动产业结构调整与能源结构优化互驱共进""节能贯穿于经济社会发展全过程和各领域"以及"促进能源与现代信息技术深度融合,……重塑(能源)产业链、供应链、价值链"。

由以上分析可见,无论是从经济发展战略还是能源技术发展本身来看,中国能源技术发展正推动能源技术结构发生根本转变,并带动经济增长与产业结构的重大转型。图 7-1 比较了中国与其他能源大国在推进能源经济绿色转型方面的战略差异。尽管战略重点有所差异,但能源技术向清洁、绿色方向转型是基本一致的。

二、能源大转变与高比例可再生能源体系的长期规划

为支持能源大转变,国家能源局设定了 2050 年新兴可再生能源的基本和积极发展情景。为尽可能降低化石能源在整个能源系统中的比例,形成以可再生能源为主的能源体系,国家能源局又提出了 2050 年高比例可再生能源发展情景。几类情景均表明,能源技术替代程度仍存在较大不确定性,但新兴可再生能源将由补充性能源转变为主要能源,可再生能源逐步占据能源体系主导地位,能源体系实现大转变(见图 7-2)。

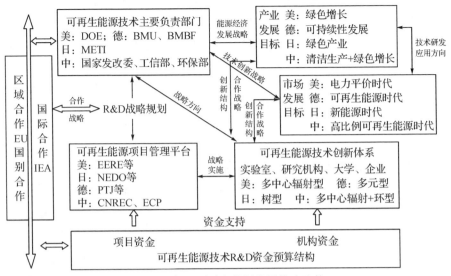

图 7-1 各国可再生能源发展战略比较

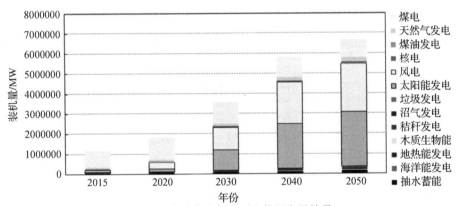

图 7-2 中国高比例可再生能源发展情景

数据来源:国家发改委(2016)。

高比例情景,是以 2050 年可再生能源基本替代为目标。清洁能源装机量占比由 2015 年的 43% 上升到 2020 年、2030 年和 2050 年的 49%、73% 和 87%,相应的发电量占比从 32% 上升到 40%、61% 和 93%。可再生能源装机占比则由 2015 年的 33% 上升到 2020 年、2030 年和 2050 年的 41%、68% 和 83%,相应的发电量占比则从 23% 上升到 30%、53% 和 86%。太阳能发电和风电装机占比增幅最大,从 2015 年的 2.9% 和 8% 上升到 2020 年的 7.3% 和 14.7%、2030 年的 26.1% 和 27.5%,以及 2050 年 37.3% 和 33.1%。相应地,太阳能发电和风电发电量占比则从 2015 年的 0.97% 和 4% 上升至 2020 年的 2.7% 和 9%、2020 年的 12.6% 和 21.9%,以及 2050 年的 28.4% 和 35.2%。煤电占比则下降最快,装机由 56.7％下降到 12.3％,发电量由 67.5％下降到 6.8％。

可再生能源基本和积极发展情景,是以积极推进能源替代为目标,取值设定低于相应的高比例情景指标(见图 7-3、表 7-1)。如,风电装机到 2020 年、2030 年和 2050 年,分别为 200 GW、400 GW 和 1000 GW(基本情景)或 300 GW、1200 GW 和 2000 GW(积极情景);太阳能装机则为 100 GW、400 GW 和 1000 GW(基本情景)或 200 GW、600 GW 和 2000 GW(积极情景)。与高比例情景相比,积极发展情景下降近 34％。同样,相比高比例情景,生物质能源利用在基础情景中也较低,如发电装机仅为 28％。总体来说,可再生能源上升为中国经济的主导能源趋势将保持不变,但对化石能源的替代程度仍存在很大不确定性。这不仅与技术自身发展趋势的不确定性有关,也与国别政策有关。

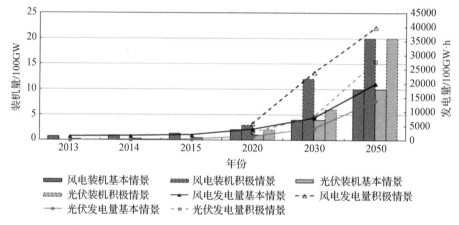

图 7-3　中国风电、光伏发电基本和积极情景

数据来源:国家发改委(2016)。

表 7-1　中国生物质能源发展基本情景

指　标	2015 年	2020 年	2030 年	2050 年
生物质装机量/万千瓦	1030	2890	5300	5900
生物质发电量/亿千瓦时	520	1520	9720	3680
生物质供热/PJ	—	950	2000	2200
沼气/亿米^3	190	230	550	750
生物燃气/亿米^3	—	100	400	500
生物乙醇/万吨	210	400	700	1100
生物柴油和航空油/万吨	80	200	1750	4900

出处:国家发改委(2016)。

三、能源技术、经济可行性与可再生能源技术路线

能源技术路线主要设定技术性能、成本水平以及商业化分阶段要实现的目标。中国设定的各类新兴可再生能源技术路线处于世界前列，并已超前实现2020年目标，有望在中长期实现可再生能源技术、经济可行性目标，具体如下。

(一)太阳能

在中国太阳能技术路线中(见表7-2)，各代技术效率方面，转化效率目标与IEA预估目标(2050年单晶25%、多晶21%；2030年硅基15%、铜铟镓硒18%和碲化镉15%)基本一致或更高，即符合或引领主流技术发展。2019年，单、多晶行业平均效率达到22.3%和19.3%，非常接近2020年目标；最高纪录是24%和22.8%，接近2030年目标。生产规模方面，2020—2050年中国产量设定成倍上升。实际来看，2009年后中国生产能力居世界第一，2018年达到120GW，占全球71%的份额，远超过2020年和2030年目标。成本方面，光伏发电2030年实现全面平价。从逐步退出的光伏电价调整政策来看，2020年用户侧平价进展顺利，即具备相对化石电力能源的成本竞争力。

表 7-2　中国太阳能技术路线

指标	2012 年	2015 年	2020 年	2030 年	2050 年
年产能	40 GW	35 GW	40~80 GW	50~100 GW	
并网成本	10 元/kWh	—	7 元/kWh	6 元/kWh	5 元/kWh
上网电价	1.0~1.2 元/kWh	—	0.6~0.8 元/kWh	0.5 元/kWh	—
器件和部件技术	单晶组件17.5%~19% 多晶组件16.5%~18% 硅基薄膜组件11% 碲化镉组件12% 铜铟镓硒组件13% 高倍聚光模组34%		单晶组件20%~22.5% 多晶组件18%~20% 硅基薄膜组件12% 碲化镉组件15% 铜铟镓硒组件16% 高倍聚光模组37%	单/多晶组件22.5%~24.5% 硅基薄膜组件14% 碲化镉组件18% 铜铟镓硒组件19% 高倍聚光模组42.5%	单/多晶组件>25% 硅基薄膜组件>25% 碲化镉组件>25% 铜铟镓硒组件>25% 高倍聚光模组>48%

数据来源：RED(2014)。

(二)风电

风电技术主要突破超大规模风电机组的生产。技术路线的效率方面，2020

年设定实现 5MW 机组规模化生产。从实际技术来看,中国风电技术已走在全球前列,明阳、国电等风电集团具备 5MW 级机组规模生产能力,山东 SE 电建公司具备 10MW 小规模生产能力。生产规模方面,技术路线没有明确设定。从实际规模来看,2009 年后中国风电制造居全球第一,2050 年有望继续保持全球最大生产能力。成本方面,近海和陆上风电差异大,2020 年陆上风电平均并网成本仍高于上网电价,与居民侧电价持平。从实际成本来看,风电电价政策目标,尤其是陆上风电,已经普遍达到 2020 年预期。

表 7-3 中国风电技术路线

指标		2015 年	2020 年	2030 年	2050 年
陆上/近海风电并网成本			0.51/0.77 元/kW	0.48/0.60 元/kW	0.45/0.54 元/kW
大型风电	整机技术	3MW	5MW 应用	10MW 应用	10MW 以上应用
关键设备	叶片	100 米以上叶片研发	100 米以上叶片应用	叶片智能化控制	
	齿轮箱		低增速比齿轮		
	发电机	中压发电机	高压发电机	高温超导	
	变流器	大功率中压变流器	大功率高压变流器	新型电力电子器件	新型电力电子器件
远海大型风电系统建设		电场设计建设风电机组设计建设			远海深水区大容量海上风电场选址、布置、建造、施工大型风电机组基础结构形式设计建设
电场运行				海上电场监控与运维	大型海上风电基地群控技术

资料来源:RED(2014)。

(三)其他新兴技术

生物质能技术创新方面,主要突破千吨、万吨级生物质液体燃料研发。技术效率方面,2030 年突破生物质液体燃料规模化生产技术,2050 年达到大规模应用技术。从实际技术效率来看,千吨级生物质液体燃料已进入示范项目生产阶段。成本方面,2020 年实现生物质混燃发电、热电联产、生物质热解气以及工业的生产成本等于或低于同时期同类化石能源的全成本;到 2030 年实现成本等于或低于同时期同类能源产品总成本,形成成本竞争力。从实际情况来看,直接混燃发电示范项目处于亏损或停运状态,生物质直燃并联发电没有行业数据;农林生物质气化后与燃煤混燃 10MW 项目成本 2800 万元,具有成本竞争力(见表 7-4)。

表 7-4　中国生物质、海洋能、地热能技术路线

能源种类	2015 年	2020 年	2030 年	2050 年
生物质发电	高效生物质燃气内燃发电机组、混燃发电	分布式多联产能源站、垃圾焚烧在线监控装备		
生物质供热	生物质锅炉供热成套装备技术、供热示范工程		装备规模化应用	
沼气	高容积产气率沼气厌氧发酵工艺及成套装备规模化厌氧发酵示范工程		装备规模化应用	
生物质液体燃料	生物质航空燃油关键技术、纤维素酶及乙醇成套工艺基元结构保持的催化转化技术仿生学的生物质生物转化技术生态能源农场构建技术			大规模应用
海洋能	潮流能、波浪能、温差能发电技术		规模应用	
地热能	干热岩技术水热型地热系统改造及增产技术		规模应用	

在海洋能、地热能的开发利用方面,中国与其他国家的技术研发与应用水平相近。2020—2030 年,海洋能的开发利用主要突破潮流能、波浪能的装置设计、建设与运行,地热能主要在于干热岩关键开发技术,逐步实现 100kW、1MW 项目应用和运维技术突破。生产规模和成本方面,这些能源发展目标并不确定。

同时,为支持能源技术向清洁或高比例可再生能源转变,在战略行动、技术路线等文件中制定了相关产业行动和政府行动重点,以下进行归纳说明。

产业行动重点包括创新体系支撑和研发投入、新兴技术产业化、技术应用市场化以及相关配套设施建设。这些在技术路线中已得到充分体现,如 2025 年前,主要推动发电成本降低,实现两大主要新兴能源风光发电的大规模应用和平价上网;2030 年前,实现其他新兴能源技术如海洋能、生物化工的完整产业链和市场规模化应用,实现风光发电的全面推广普及;到 2050 年,形成引领全球的可再生能源技术和产业体系,实现其他前沿新颖技术的应用和推广。另外,由于波动性电源特征,新兴可再生能源要求更为灵活的发电、储能、输配电管理与调配技术。中短期基础设施建设重点就是加快大容量储能装备、远距离输送、智能微电网等的建设或完善。

政府行动重点是对不同阶段能源技术开发利用的制度保障,包括优先发展清洁能源的战略和行动计划、适合新能源发展的电力市场体制机制、绿色财税和碳交易市场体系以及相应的法律保障和监管体系。已出台的主要政策性文件包括《中华人民共和国可再生能源法》《中共中央、国务院关于进一步深化电力体制改革的若干意见》《中共中央、国务院关于推进价格机制改革的若干意见》《可再生能源发展专项资金管理暂行办法》《可再生能源发电全额保障性收购管理办法》等。下一节将对这些政策性保障进行具体细致的分析。

第二节　可再生能源政策体系:系统化、全方位政策支持

为建设清洁、高效、安全、可持续的现代能源体系,加快化石能源体系转向高比例可再生能源体系,我国逐步形成系统化、全方位发展的可再生能源政策体系。以 IEA 可再生能源政策分类为依据,分析我国可再生能源政策体系和主要构成。

一、可再生能源发展的政策体系

IEA 依据执行机构、政策对象和实施目标等,对新兴可再生能源产业发展政策进行了分类讨论。大类政策包括:支持性、经济性、RD&D 和监管性政策。这些政策大类还可继续细分,具体如图 7-4 所示。支持性政策具有战略意义和导向作用,基本体现在战略行动和规划发展相关文件中。经济性政策直接作用于产业投资和市场应用,其形式、内容最为丰富,效应最显著、直接,具体可包括新能源上网电价基准、直接资金补贴、绿色电力计划、可再生能源投资组合标准或配额标准、投资基金或金融计划、税收抵免、净电表计量制、商业银行活动、电力公用事业部门活动、可持续建筑要求等。其中,上网电价基准、直接资金补贴、绿色电力计划、可再生能源投资组合标准、税收抵免和可持续建筑要求是各国在推动新兴可再生能源产业发展中采纳率较高的,比较探讨也最为细致。而RD&D 和监管性政策注重技术研发和发展规范,直接或间接地确立了产业发展的技术路径和技术标准。

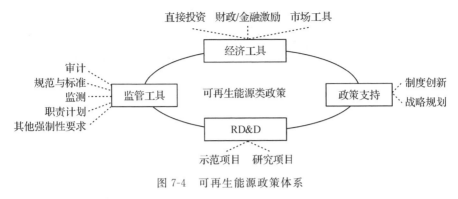

图 7-4　可再生能源政策体系

资料来源：IEA 数据库。

二、中国可再生能源主要政策措施

表 7-5 列举了中国可再生能源政策的主要分类和出台的文件。其中，2006年颁布的《中华人民共和国可再生能源法》确立了可再生能源产业的发展地位、技术支持、市场应用、价格管理和费用分摊等内容，是确保可再生能源长效发展的法律性文件。之后出台的相关政策法规旨在加快可再生能源产业发展、确保专项资金利用，为产业投融资、技术创新、并网运营等提供了各方面的政策便利。以下对部分重要政策进行简要说明。

战略规划政策。除《中华人民共和国可再生能源法》外，对可再生能源发展具有战略性意义的政策文件还包括中长期政策《能源生产与消费革命战略（2016—2030）》《能源发展战略行动计划（2014—2020 年）》《中长期可再生能源发展规划》和《中国应对气候变化国家方案》，中短期规划《可再生能源发展"十三五"规划》和《可再生能源发展"十二五"规划》等，以及针对特定能源技术的中短期发展规划如《太阳能"十三五"规划》《生物质能发展"十三五"规划》《海洋可再生能源发展"十三五"规划》等。这些政策文件综合性地规划了可再生能源技术及其产业的发展目标。

投资财税价格政策。这些政策主要涉及投资准入、财税激励、定价管理等产业发展支持性政策文件。2012 年，国家能源局出台《关于鼓励和引导民间资本进一步扩大能源领域投资的实施意见》，明确鼓励民营资本在石油、天然气以及风光等可再生能源领域进行投资，创建公平的竞争环境。2009 年、2010 年、2013 年和 2014 年，分别出台风电、生物质、光伏、水电等能源技术具有标志性意义的标杆电价政策，标志着市场应用进入规模化发展阶段或政策一体化阶段。2012 年，出台《可再生能源发展基金征收使用管理暂行办法》和《可再生能源电价附加补助资金管理暂行办法》，明确规定支持可再生能源价格政策的税费征收方法，在财税政策上保障了可再生能源规模化市场发展的财政资金需求。

2013年,出台《关于支持分布式光伏发电金融服务的意见》和《关于对分布式光伏发电自发自用电量免征政府性基金有关问题的通知》,提出具有代表性的项目融资支持政策。可见,这些政策确保了可再生能源产业投融资和市场应用获得更为便利的经济性支撑。

表 7-5   中国可再生能源发展的主要政策

序号	时间	政策类型:战略规划	政策对象
1	2016 年 12 月	《能源生产与消费革命战略(2016—2030)》	可再生能源
2	2014 年 11 月	《能源发展战略行动计划(2014—2020 年)》	可再生能源
3	2016 年 12 月	《可再生能源发展"十三五"规划》	可再生能源
4	2012 年 8 月	《可再生能源发展"十二五"规划》	可再生能源
5	2012 年 7 月	《"十二五"国家战略性新兴产业发展规划》	可再生能源
6	2009 年 12 月	《中华人民共和国可再生能源法(修正案)》	可再生能源
7	2007 年 12 月	《中长期可再生能源发展规划》	可再生能源
8	2007 年 6 月	《中国应对气候变化国家方案》	可再生能源
9	2006 年 1 月	《中华人民共和国可再生能源法》	可再生能源
序号	时间	政策类型:金融激励政策、价格财税政策	政策对象
1	2016 年 12 月	《关于调整光伏发电陆上风电标杆上网电价的通知》	风电、光伏
2	2014 年 1 月	《关于完善水电上网电价形成机制的通知》	水电
3	2013 年 9 月	《关于调整发电企业上网电价有关事项的通知》	可再生能源
4	2013 年 9 月	《关于光伏发电增值税政策的通知》	太阳能
5	2013 年 8 月	《关于发挥价格杠杆作用促进光伏产业健康发展的通知》	太阳能
6	2013 年 7 月	《分布式发电管理暂行办法》	太阳能
7	2012 年 3 月	《可再生能源电价附加补助资金管理暂行办法》	可再生能源
8	2012 年 1 月	《可再生能源发展基金征收使用管理暂行办法》	可再生能源
9	2010 年 7 月	《关于完善农林生物质发电价格政策的通知》	生物质
10	2009 年 7 月	《关于完善风力发电上网电价政策的通知》	风电
序号	时间	政策类型:RD&D 规划	政策对象
1	2016 年 3 月	《能源技术革命创新行动计划(2016—2030 年)》	所有能源
2	2013 年 2 月	《关于申报新能源示范城市和产业园区的通知》	可再生能源
3	2007 年 11 月	《可再生能源与新能源国际科技合作计划》	可再生能源
序号	时间	政策类型:监管文本、规范和标准	政策对象
1	2014 年 2 月	《新建电源接入电网监管暂行办法》	可再生能源
2	2013 年 9 月	《光伏制造行业规范条件》	太阳能
3	2013 年 10 月	《光伏制造行业规范公告管理暂行办法》	太阳能
4	2013 年 8 月	《光伏电站项目管理暂行办法》	太阳能

资料来源:国家发改委。

RD&D 规划。《能源技术革命创新行动计划(2016—2030 年)》和《可再生能源与新能源国际科技合作计划》是最具代表性的 RD&D 政策文件,规划了中长期产业技术发展目标和国内外市场技术创新行动措施。与之相匹配的是,辅助 RD&D 政策还有能源局或协会出台的各类技术路线、情景发展报告等。在示范应用方面,最主要的政策文件是《关于申报新能源示范城市和产业园区的通知》,还包括特定技术的相关政策如 2009 年的《关于实施金太阳能工程》、2010 年的《实施太阳能光电建筑应用一体化示范的通知》等。RD&D 规划对加快关键核心技术攻关,推动前沿技术产业化和市场推广起到重要作用。

规范和标准政策。最主要的政策文件是《国家能源局 2016 年第 1 号公告》,包含 345 项行业标准,涵盖设备技术、工程运营、设施建设等各类能源电力技术。如《新建电源接入电网监管暂行办法》和《光伏电站项目管理暂行办法》规范了电站运营和发电并网的技术标准和准入条件,明确了开发商、运营商、电网公司和管理部门等利益相关方的行业技术标准和利益职责。再如,《光伏制造行业规范条件》和《关于加强光伏产品检测认证工作的实施意见》通过技术指标、检测认证制度设立行业准入门槛,阻断中低端产能的扩张可能,通过技术标准加速淘汰低端企业,有效推动企业向高端方向发展。

第三节 可再生能源技术创新政策:战略性定位 与高效低成本创新

一、技术创新战略取向

作为技术后发国家,中国在"向科学进军""科学技术是第一生产力""科教兴国""建设创新型国家"等一系列战略方针指导下,优化科技力量布局和科技资源配置,加速了我国科技进步与创新,将增强创新能力贯彻到现代化建设的各个方面。但在能源利用和发展过程中,新兴可再生能源技术的初期研发投入和商业化发展明显落后于其他国家。2000 年后,欧美日发达国家开始规模化应用新兴可再生能源技术,我国才将此正式列入国家科技战略重点方向。可再生能技术创新战略主要体现在国务院印发的科技战略、产业战略和发展规划中,战略取向由强调引进吸收创新、集成创新向自主创新、创新领先等转变。

2006 年,《国家中长期科学和技术发展规划纲要》出台,将新兴可再生能源列入重点技术发展方向,全面推动可再生能源(陆上海上风能、太阳能光伏光热、生物质能与地热)低成本规模化开发利用。2010 年《关于加快培育和发展战略性新兴产业的决定》出台,2011 年《工业转型升级规划(2011—2015 年)》出台,提出了战略性新兴产业的发展定位,其中将新兴可再生能源技术列入我国未来发展的战略性新兴产业重要培育领域,培育壮大产业链和技术链,并优化其产业空间布局。2014 年《能源发展战略行动计划(2014—2020 年)》出台,2016 年《能源生产与消费革命战略(2016—2030)》出台,明确提出了能源转型发展四大战略,其中之一就是"创新驱动战略",并强化能源科技创新战略方向——绿色、低碳、智能发展,以及创新重点——风光前沿技术创新、生物质能和海洋能等关键技术的攻关与商业化应用。

除技术创新战略部署外,可再生能源技术创新政策还体现在行业政策中,即反映产业发展的内生动力转变,也反映自上而下的技术政策创新引导作用。风电产业发展前期,风电机组进口依赖程度高、自主创新能力差。为此,2006年,国家出台了《促进风电产业发展实施意见》,鼓励支持国内风电机组及其零配件企业采取自主创新、引进创新、集成创新等多种方式提高国产化率,并要求风电招标项目中采购设备国产化率必须高于 60%,以支持风电装备自主生产。为全面提高新兴能源技术创新和产业化能力,国家在"十二五"期间对风电、光伏、生物质领域关键技术攻关进行了系统科技规划,自 2012 年起,陆续出台《风力发电科技发展"十二五"专项规划》《太阳能发电科技发展"十二五"专项规划》和《生物质能源科技发展"十二五"重点专项规划》,具体明确各类技术的公共试验测试系统、发电设备、零部件及其电场建设等核心技术的研发和人才培养规划,重点鼓励自主创新能力建设,全力攻坚核心技术,引领技术研发与创新。

二、技术创新体系

《能源发展战略行动计划(2014—2020 年)》(国务院办公厅,2014)首次提出了建立以企业为主体、市场为导向、政产学研用相结合的能源技术创新体系。但无论是政策文件还是文献研究,对中国新能源创新体系结构均无详尽说明或研究。本书将结合相关政策文件、现有科研体系、组织形式和创新方式来进行解构。

目前,中央和地方政府部门包括科技管理和产业发展部门,通过制定实施产业发展规划、构建区域创新平台、设立重大科技专项以及提供财政资金支持,积极推动并引导"产、学、研"合作创新。这种科技创新管理体系与欧美日等发达国家和地区基本一致,但对应的所属管理部门有所差异。管理部门差异也意味着资金来源、研发技术范围、应用效应的差异。中国可再生能源技术科研管理负责部门主要是科技部、工信部和国家发改委,对应的项目管理平台并非独立,而是与其他技术平台一致。相应地,德国主要负责部门是教研部、环境部和科技部,主要项目管理平台是项目管理部门(PTJ),而美国主要负责部门是能源部,其项目管理平台是能源效率与可再生能源办公室。

可再生能源技术创新体系的主体构成呈现多中心辐射结构。高校和科研机构是可再生能源技术创新的主导力量。高校和科研机构通过学科建设和科研攻坚,积极推进可再生能源技术基础性和应用性基础研究。现有 81 个材料类国家重点实验室、4 个清洁能源国家(重点)实验室,59 所高校设有可再生能源领域相关专业,以及 8 所高校直属研究院涉及或专门从事可再生能源领域技术研发。可再生能源企业主要通过与主要高校和科研机构合作推动技术创新,从而呈现高校与科研机构研发辐射效应。但随着自主创新能力的增强,越来越多的企业通过产业联盟、技术联盟和企业国家实验室等产学研形式,积极推进并引领应用型基础研发和应用型技术研发,从而形成多元化主体研发辐射效应。以光伏产业为例,以企业联盟为主的研究主体形式多样。2010 年,由光伏产业精英企业发起并联合产业研究机构和行业协会共同建立的中国光伏产业联盟(CPIA)主要致力于推动光伏产业的合作与发展,维护产业发展权益和市场竞争秩序。2015 年,由主流智能光伏企业、机构联合发起并联合产学研促进协会建立的智能光伏产业技术创新战略联盟,主要致力于推进协同创新、规范标准和产业智能化升级发展。2015 年,由中国产学研促进会和生产力促进中心联合产学研机构建立的中国光伏农业产业联盟,旨在发挥光伏技术在农业和共性技术领域的积极作用。

可再生能源技术创新形式主要体现在全面突破、协同创新与联动创新共同推动产业技术创新能力提升。全面突破不仅体现在《国家中长期科学和技术发展规划纲要》和《能源发展战略行动计划(2014—2020 年)》中众多的技术研发重点领域,还体现在相关产业发展规划中,如信息产业、电子信息制造业、战略性新兴产业等"十二五"和"十三五"发展规划或科技发展专项规划,均全面涵盖光伏光热、风电、生物质能、智能电网等新兴能源和设施技术。协同创新不仅体现在拟建构能源领域政产学研用相结合的创新体系中,也体现在产学研合作创新发展中。联动创新体现在大规模市场应用推动新兴能源技术发展的战略行动中,也体现在全产业链技术领域研发投入和政产学研用相结合的创新体系构建中。

三、技术创新政策成效

目前,无论是国际组织还是国内各类数据库,均未公开中国可再生能源科研投入或政府预算数据。本部分仅以太阳能技术为例,利用实验室技术创新、首次专利申请和同类专利授予,以及研发主体活跃度三个方面的创新成效指标,来比较说明中国可再生能源技术政策的创新成效。

（一）实验室技术领先度

实验室技术效率是最具代表性的技术成效指标，也最能反映国别/地区技术创新政策的支持成效。由美国 NREL 公布的 1975 年以来太阳能实验室最优转换效率纪录可知，美国、德国、日本主导该领域技术前沿创新。美国各类技术最优转换效率纪录量均超过其他国家，创新成效遥遥领先。德国和日本最优效率纪录总量相当，德国在新型概念技术领域领先程度更明显，而日本在晶硅、薄膜、多节技术领域领先程度更显著。中国纪录由天合光能国家重点实验室创造。2014 年，该实验室首次打破单晶技术世界纪录，也突破了成熟技术领域近 10 年的实验室极限。2015—2016 年，该实验室再次连续刷新单晶、多晶效率世界纪录。可见，2006 年以来中国可再生能源技术创新战略取向和政策重点——自主创新推动技术前沿创新，是积极有效的。

表 7-6　实验室最优转换效率纪录量

单位：次

国别	晶硅	薄膜	多节	单节 GaAs	新颖概念
中国	3	0	0	0	0
美国	14	18	18	4	8
日本	3	5	3	0	5
德国	2	2	2	2	6
总量	27	28	24	9	21

数据来源：NREL、欧洲专利局、美国专利数据库、中国专利数据库。

（二）首次专利申请和同类专利授予

专利申请和同类专利授予可以反映技术原发创新和基础创新能力。基于欧美和中国专利数据库，从截至 2014 年的专利首次申请国别与技术分类检索结果来看，国别太阳能产业创新能力差异较大（见表 7-7）。美国在上游产业的材料技术方面具备明显专利优势，日本具备全产业链绝对优势，而德国虽然在各环节较均衡但首次专利总量处于劣势。中国首次专利申请量仅次于日本，但实用专利和外观专利比重较大，即原发创新能力仍不如主要发达国家。然而，从主要技术同类专利授予情况来看，国内申请人专利授予基本覆盖太阳能成熟技术主要领域，产业技术创新能力不断增强。可见，中国作为技术后发国家，原发创新仍有所欠缺，但在技术创新政策重点任务——攻关关键技术、核心技术——方面的创新成效是显著的。

表 7-7　专利申请首次申请国别与技术主题分类

单位:%

国别	材料制造	电池芯片	组件	发电系统	总量
中国	9	17	23	38	20
美国	35	16	14	12	17
日本	49	50	41	39	39
德国	7	6	8	7	9
总量	15	35	32	15	—

(三)研发主体活跃度

由实验室最优转换效率还可知,太阳能技术创新主体形式多样。其中,企业、高校和研究机构的创新贡献较为活跃。企业纪录贡献年增幅达到21%,研究所贡献增幅50%,而高校贡献降幅达60%。这不仅与创新主体的研究偏向有关,也与创新协同方式(产学研用一体化、产业创新联盟等)有关。其中,企业研究机构最显著的特征表现为大学分拆或技术产业化形式创建的趋势明显加强。

如表7-8和表7-9所示,从国别创新主体形式来看,最优转换效率纪录中企业研发机构的地区集中度最高,其次是研究所和大学。企业地区集中度赫芬达尔(Herfindahl)指数达到0.47,是大学的2倍多,表明企业创新活力显著高于其他研究机构。中国天合光能国家重点实验室也是以企业为主体所建设的国家实验室。从中国前十专利申请人分布数据来看,企业也是光伏技术各环节(材料制造、电池芯片、组件、发电系统)专利申请量最靠前的机构形式。可见,中国可再生能源技术创新体系建设与主流趋势及其政策导向是相吻合的。

表 7-8　实验室创新主体特征

创新主体	最早纪录保持/(次/年)	最新纪录保持/(次/年)	最晚建立时间	创建形式	地区集中度
企业	11	14	2011 年	大学分拆/技术产业化、创投、集团	0.47
大学	10	4	—	独立法人	0.23
科研所	6	9	1988 年	实验室、研究院	0.36

注:大学建立时间均较早,建校历史均超过50年,此表不再标明。

数据来源:NREL 和欧洲专利局。

表 7-9　中国前十专利申请人分布

单位:个

主体	材料制造	电池芯片	组件	发电系统	总量
企业	4	6	10	10	8
大学	3	3	0	0	2
科研所	3	1	0	0	0

中国可再生能源技术政策成效还可体现在成本效应上。第九章将结合技术创新方式,综合研究技术创新成本效应问题。

第四节　可再生能源价格财税政策:政策扶持与成本竞争力

为确保可再生能源市场应用获得更为便利的经济性支撑以及市场应用,进一步促进高效、低成本能源技术开发,各国普遍实施价格财税政策扶持和政策适时退出。各类新兴可再生能源因资源特征和技术要求不同,政策措施具有阶段性差异,具体如下。

一、风电阶段性政策与政策扶持

1986—2002 年,风电发展初期阶段,我国的风电设备基本由国外援助或进口购买,上网电价有还本付息电价、经营期均价和竞争电价等形式,电价由国家物价部门核准,上网电价高出平均电价部分由电网公司负担。2003—2008 年,风电市场规模化发展阶段,为提高风电机组产业化水平和市场应用规模,实施特许招标电价与核准电价并存,风电与常规燃煤标杆电价差额在省电网内(2003—2005 年)或全国可再生能源电价附加中进行分摊(2006—2008 年)。

2009 年 7 月以来,风电进入大规模应用阶段。发改委〔2009〕1906 号文件开始实施具有标志性意义的分区域固定上网电价或标杆上网电价政策,补贴标准基于相对煤电的价差,并通过可再生能源电价附加进行费用分摊。2015—2019 年,多次下调分类资源区电价标准。国能发新能〔2020〕17 号《2020 年风电项目建设方案》明确规定补贴退出和鼓励市场竞争的政策安排,"优先推进无补贴平价上网风电项目建设,重点支持已并网或在核准有效期、需国家财政补贴的风电项目自愿转为平价上网项目,执行平价上网项目支持政策"。风电标杆电价政策即将退出,标志着风电发展进入市场化竞争阶段,相对传统电力具备成本竞争力(见表 7-10)。

表 7-10 中国风能、太阳能上网电价政策与补贴标准

时间段	风电		时间段	光伏	
	上网电价	补贴标准		上网电价	补贴标准
2003 年以前	还本付息电价、经营期电价、政府定价等	风电上网电价与电网平均电价差	2009 年以前	国家直接拨款和外国赠款	2000 元/(千瓦·年)
2003—2005 年	审批电价、特许招标电价	中标电价与燃煤标杆电价差	2009—2013 年	核准电价、招标电价	投资侧补贴、中标价格与燃煤标杆上网电价差
2006—2008 年	核准电价、特许招标电价	招标电价与燃煤标杆电价差	2011—2013 年	固定上网电价	光伏标杆上网电价与燃煤标杆电价差
2009 年至今	固定上网电价	风电标杆上网电价与燃煤标杆电价差	2013 年至今	固定上网电价	全额上网补贴、全电价补贴

资料来源:国家发改委。

二、光伏发电政策与分区分类政策扶持

2009 年前,太阳能发电市场应用初期阶段,主要依赖国家直接拨款和国际赠款,如"送电到乡""光明工程"等项目(中国可再生能源发展项目,2008),采取审核电价和援助补贴电价形式。2009—2013 年,为推进光伏发电示范应用及关键技术产业化,国家启动特许招标和金太阳示范工程项目。前者补贴标准为中标价格与当地燃煤机组标杆上网电价差额,后者实施审核电价和投资侧补贴政策,财政支出纳入全国费用分摊。

2013 年,太阳能发电处于大规模应用阶段,国家发改委出台〔2013〕1638 号和〔2014〕406 号文件,实施具有标志性意义的标杆上网电价政策。地面电站补贴标准基于相对煤电的价差水平,而分布式发电实行全额上网补贴(标杆电价差补贴)或全电价补贴(余电上网 0.42 元/千瓦时)。2015—2019 年,多次下调三类资源区的电价标准。2019 年,三类资源区电站补贴下降至 0.40~0.55 元/千瓦时;采用"自发自用、余量上网"模式的工商业分布式项目补贴下降到 0.10 元/千瓦时;采用"全额上网"模式的该类项目实行市场竞争方式配置;其他户用分布式光伏全发电量补贴标准调整为 0.18 元/千瓦时。国能发新能〔2020〕17 号《2020 年光伏发电项目建设方案》明确 2020 年实施兼顾平价项目

建设和限额补贴政策,年度新建项目补贴预算总额度为15亿元。光伏发电限额补贴标杆电价政策同样标志着市场应用的扶持政策进入倒计时。

三、其他可再生能源的差异化政策扶持

生物质发电政策。2006年,《中华人民共和国可再生能源法》和《可再生能源发电价格和费用分摊管理试行办法》确立了生物质能发电项目上网电价实行政府定价,电价标准由各省脱硫燃煤机组标杆上网电价加补贴电价组成,补贴电价标准为0.25元/千瓦时,但自2010年起,每年新批准和核准建设的发电项目的补贴电价比上一年新批准和核准建设项目的补贴电价递减2%。然而,政策实施后,补贴力度不足以支持项目运行。2008年,国家出台《关于可再生能源电价补贴和配额交易方案的通知》,对2007年10月至2011年4月审批的秸秆直燃发电亏损项目进行临时电价补贴,补贴标准为0.1元/千瓦时。2010年,又出台〔2010〕1579号文件,对2010年7月后新增项目实施统一电价政策,即0.75元/千瓦时,补贴标准和费用分摊通过可再生能源电价附加进行分摊(见表7-11)。

表7-11 中国生物质发电上网电价政策与补贴标准

时期	生物电电价	补贴标准
2006—2010年	标杆电价	0.25元/千瓦时
2007—2011年	秸秆发电临时补贴	0.10元/千瓦时
2010年至今	固定上网电价	标杆上网电价与燃煤标杆电价差

水力发电政策。中国电力能源中,水电成本最低,无电价补贴。但因项目规模、流域分段等差异,各地区水电成本仍存在较大差别。由此,水力电价政策在2004年前基本采取成本加成或者"一机一价"政策,如还本付息电价和经营期电价。2004年,响应电价市场化改革,国家发改委出台《关于进一步疏导电价矛盾规范电价管理的通知》,并制定水电参考标杆电价。在此期间,10多个水电大省开始实施标杆电价政策,但2009年政策被暂停。2014年,国家发改委出台《关于完善水电上网电价形成机制的通知》,再次加快水电定价市场化改革,规定省内标杆电价,鼓励跨地区通过竞争方式确定电价(见表7-12)。

表 7-12　中国水电上网电价政策与补贴标准

时期	水电电价	补贴标准
2004 年前	还本付息电价、经营期电价	无
2004—2009 年	成本加成、标杆电价	无
2009—2014 年	成本加成为主	无
2014 年至今	标杆电价、市场电价	无

资料来源：国家发改委。

新能源汽车政策。新能源汽车补贴政策主要鼓励新兴可再生能源在动力能源领域的市场应用，通过节能减排专项资金（补助资金）进行财政支持，经历一次性定额补贴和差价补贴两个阶段。2009—2012 年，新能源汽车在 20 个城市试点推广，并给予一次性定额补贴。2013 年和 2015 年，财政部、科技部、工业和信息化部以及国家发政委出台《关于继续开展新能源汽车推广应用工作的通知》（财建〔2013〕551 号）和《关于 2016—2020 年新能源汽车推广应用财政支持政策的通知》，规定补助标准依据新能源汽车与同类传统汽车的基础差价确定，其中纯电动乘用车、插电式混合动力乘用车都以纯电行驶里程（R）为标准，实行普惠制和退坡机制。2017 年和 2018 年，四部门出台《关于调整新能源汽车推广应用财政补贴政策的通知》和《关于调整完善新能源汽车推广应用财政补贴政策的通知》，细化车速、续驶里程、质量能量、能耗等性能指标分类、分技术实施补贴标准，表现出了高性能增补、低性能退补的"低退高补"态势。2019 年，《关于进一步完善新能源汽车推广应用财政补贴政策的通知》简化性能分区和下调补贴标准，国家补贴下降 50% 以上，地方补贴取消而转向至充电（加氢）基础设施建设及配套运营服务等方面。以上可见，与其他新兴可再生能源一样，新能源汽车提性能、降补贴的政策安排体现高效、低成本可再生能源技术创新和应用要求，进一步扩大具备技术可行性和成本竞争力的能源替代。

第五节　本章小结

本章基于中国经济新常态和生态文明建设的经济发展理念，厘清转向清洁、低碳、高效能源体系的技术目标、成本目标、创新目标及其战略行动和政策措施。经济发展的战略调整揭示了清洁、可再生能源技术应用将成为产业发展全领域全过程的普遍性要求。能源生产消费革命的战略意义在于定调能源发展国策，即实现能源清洁低碳化、高效化的能源体系转型和实现化石能源向高比例可再生能源转型。相应的配套法律和政策措施,如《中华人民共和国可再生能源法》进一步确立可再生能源产业的发展地位、技术支持、市场应用、价格管理和费用分摊等内容,确保可再生能源长效发展,提供产业投融资、技术创新、并网运营等各方面的政策保障与便利。可见,无论是从经济发展还是从能源发展出发,无论是战略导向还是具体政策,中国正在推动能源技术结构的根本转变以及经济增长与产业结构的重大转型。

中国可再生能源技术政策不仅体现技术的战略重要性,还体现出"中国特色"的技术创新模式。可再生能源技术政策包括国家科技战略、产业战略和发展规划各个层面,战略取向与技术突破已由战略性技术攻关、技术产业化向尖端前沿技术拓展以及商用技术大规模普及转变,由强调引进吸收创新、集成创新向自主创新、创新领先等转变,以实现能源技术引领和高效、低成本技术替代。"中国特色"技术创新模式,如可再生能源技术的全面突破体现在国家中长期科技规划纲要、能源发展战略行动计划、相关产业发展规划等诸多政策文件的技术研发重点领域,有效强化技术自主创新效应及对经济增长的全面影响;可再生能源技术的协同创新体现在能源领域政产学研用相结合的创新体系和创新合作政策,有效强化结构创新和工程创新效应;可再生能源技术的联动创新体现在全产业链技术研发和政产学研用相结合的创新体系构建,有效强化交互创新效应和全产业发展。

中国可再生能源价格财税政策不仅体现市场应用的经济性支持,也反映政策工具影响能源技术成本竞争力和社会福利的经济效用。中国可再生能源技术处于市场示范向规模化应用过渡阶段,依据更广泛市场推广的阶段性政策目标,风电、光伏发电、生物质发电、水电、新能源汽车等商业化程度高的各类技术普遍实施经济支持力度更大的价格财税政策,由政府审批、特许招标定价、定额补贴政策转向标杆定价、竞争性定价、平价差额补贴政策。同时,为避免政策依赖,推动高效、低成本可再生能源技术创新和应用要求,可再生能源价格财税政策部门调整增效降补的政策安排,进一步扩大具备技术可行性和成本竞争力的能源替代。

第八章 中国可再生能源技术产业成效与发展制约

转向可再生能源经济增长模式的关键是新能源的高效、低成本技术创新和开发利用。太阳能、风能和生物质已具备鲜明的技术路线,处于前沿技术产业化与市场规模化应用阶段。海洋能与氢能技术路线逐步明晰,处于前沿技术突破与产业化初期阶段。水能和地热能等传统可再生能源,技术成熟且市场稳定,是其他新兴可再生能源的重要互补能源。尽管如此,增效降本仍然是制约各类可再生能源技术产业大发展的核心问题。本章将基于技术与成本两大要点,以中国为国别研究重点,梳理分析可再生能源各类技术产业成效与发展制约。

第一节 太阳能技术与产业发展:转换效率与成本之争

太阳能技术效率集中体现在发电设备的光电转化效率,已形成四代技术:晶硅、薄膜、光导和其他新颖概念,以及相应的 27 条技术分支。太阳能产业发展重点始终围绕如何兼顾效率与成本的技术突破和生产扩张。中国太阳能技术优势主要是晶硅光伏,不仅体现在实验室最优效率纪录,也涵盖产业化技术领域。中国太阳能技术成本降幅最为显著,但市场供需失衡引致的成本冲击也最明显。

一、太阳能技术路线与创新方向

太阳能技术包括光伏和聚光两大类。光伏技术是利用光电材料将太阳光能直接转变为电能,而聚光技术是先将光能转化为热能,再转化为电能。为实现高效、低成本太阳能发电,光伏最重要的技术研发方向是半导体材料和制造技术突破,即如何制造成本低、转换效率高的半导体材料,并加工成光伏电池;聚光最重要的技术研发方向是尽可能收集并零损失转化太阳能,即追求尽可能高的光储存和电转换效率。由于技术路线差异,光伏技术效率不及聚光技术,但安装、资金和基础设施等要求低、成本低。如何兼顾效率与成本的技术突破成为两大技术创新竞争的聚焦点。

1973年以来,美国可再生能源实验室开始记录全球实验室太阳能技术分支年度最优转换效率,以展示技术进步的发展路径,引导产业技术发展方向。由太阳能电池最优效率年度纪录及其国别信息来看,太阳能技术创新竞争呈现三大特点。

1. 前沿技术仍在突破创新纪录

在太阳能27条技术分支中,最活跃的分支是新兴技术,如多结技术和新颖概念,纪录突破的频率与幅度近10年最高,且保持着最高的效率水平。在成熟光伏技术分支中,市场份额最高的多晶和单晶传统技术在2005年和2000年后长时间保持纪录不变,但在2014年和2016年又有新的突破。新兴晶硅技术——晶硅异质结(HIT)——在2000年后表现突出,纪录突破的频率与幅度明显提高,已高于单晶效率,有望跃居晶硅技术榜首。薄膜光伏四条技术分支中,碲化镉薄膜(CdTe)和铜铟硒(CIS)技术效率突破最为明显,已经略高于传统多晶技术的最新纪录,但与晶硅异质结(HIT)以及单晶效率相比仍有差距。总体而言,无论是太阳能成熟技术还是新颖技术分支,前沿技术创新都非常活跃。

2. 技术创新极限与成本极限并非同步

太阳能技术分支的实验室最优效趋势变化还反映技术创新潜力。一方面,晶硅和薄膜技术实验室效率已进入成熟阶段,相对新颖技术的增长幅度较小,这意味着第一、二代光伏技术性能趋向实验室极限。另一方面,产业化技术进步并未减缓,由企业实验室突破的最优效率不断呈现。这意味着光伏技术创新不仅依赖前沿技术进步,也依赖产业化技术及其与实验室技术的互动作用。这种关联使得光伏技术生产成本不仅依赖R&D技术创新,也依赖工艺流程改造等其他技术进步方式,技术创新极限与成本极限并非同步。

3. 前沿技术主要集中在欧美日国家

实验室太阳能电池最优转换效率纪录分布显示,各国研发地位和竞争优势是有明显差异的(见表8-1)。从创新程度上看,光伏技术创新主要集中在美、德、日、中四国。其中,美国前沿创新成效最显著,晶硅和薄膜光伏技术的创新成效均遥遥领先。德国和日本就总量而言创新能力相当,但两者分别在砷化镓和硅基薄膜技术方面优势明显。中国技术优势主要体现在晶硅光伏,效率纪录由全球电池生产规模最大的天合光能在2014年和2016年创造。相对其他三国,中国光伏前沿技术创新实验室优势明显加强,但优势技术领域创新仍然有限。

表 8-1　实验室最优转换效率纪录量

单位:次

类别	中国	美国	德国	日本	总量
晶硅	2	14	4	3	27
薄膜	0	22	5	7	37

数据来源:NREL(2016)。

二、中国太阳能技术产业化与竞争优势

太阳能技术商业化制造始于 20 世纪 70 年代初,主要集中在美国、德国、日本等国家。由于技术效率与成本竞争力不足,90 年代,IEAPVSP 项目致力于推动全球光伏技术产业化与全球应用。但直到 2000 年,除第一代晶硅技术和第二代薄膜商业生产外,其他技术仍处于试生产或实验室应用阶段,各类技术市场应用都非常有限。随着德国 2000 年开始实施固定上网电价政策,全球范围的太阳能技术应用才真正开始普及。各类光伏技术商业化、产业化进程显著加快,并应用于规模电站、用户电源、建筑一体化以及交通、通信、石油、海洋、气象等多领域的电源系统。但由于物理特性、生产特点和应用条件差异,各类技术产业化发展程度仍有较大差异(见表 8-2)。

表 8-2　全球光伏技术产业化程度

技术	2016 年份额	生产成本	实验室规模研究	实验室试生产	产业试生产	产业生产
晶硅	78.6%	一般				
硅基	10.3%	低				
铜铟(镓)硒	2.5%	低				
碲化镉	7.9%	低				
砷化镓	—	高				

数据来源:IEA。

中国自 20 世纪 70 年代开始推动太阳能技术产业化,但直至 2004 年才开展大规模生产。技术优势主要体现在光伏领域,突出表现在快速提升的生产技术能力和更为平稳、显著的生产成本下降趋势。产业化程度一般指产业形成和发展过程,往往以核心技术为标志,以市场占有率和产业配套程度为依据,判断所形成的产业链群的完整性和运转效率。联合国经济委员会概述了产业化的六点特征:生产的连续性、生产物的标准化、生产过程各阶段的集成化、工程高度组织化、机械化、生产与组织一体化的研究与开发。综合太阳能技术特点和

产业化特征内涵,以下从四个方面说明中国太阳能技术在产业化进程中的技术与成本竞争优势。

1.技术专业化与技术优势

第一代、第二代光伏技术产业体系已具备清晰、明确、稳定的产业链环节,自下而上包括上游材料制备、中游电池/组件和平衡系统生产以及下游系统集成和项目开发运营,还包括服务于装备制造业以及分散在所有产业环节的金融、培训等服务活动(见图 8-1)。依据技术专业化要求,上中游产业链重在制备和加工技术,技术壁垒高、关联性强、标准化程度高,适宜全球规模生产供给;下游系统集成主要由项目开发商依据地理条件进行研发与设计,重在集成化技术,产品地区差异较大、标准化程度低。2004 年以来,中国光伏产业由以上游材料制备为核心转向全产业链生产。通过引进吸收再创新、"结构性+工程性"技术创新等多样化方式,实现各代技术全覆盖,效率优势显著提升。如协鑫成功实现超高纯度、低能耗、闭环生产技术,打破欧美日七大原料生产商垄断,成为全球第一梯队领军企业;又如中国前十大组件生产商屡次名列 PVinsights 全球年度十大最佳电池效率企业名单,引领全球技术标准;再如《光伏制造行业规范条件(2020 年本)》不仅规定了"技术路线"中 2020 年目标上限的全产业链制造准入技术高标准,而且加入了智能制造、绿色制造和资源利用效率的全面规定,引领全行业技术发展。

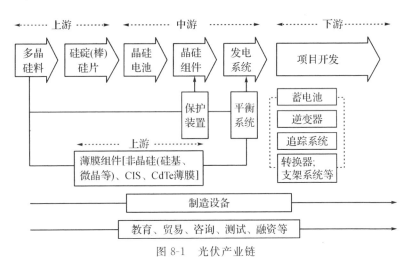

图 8-1 光伏产业链

2.生产规模化与规模经济优势

不同技术的规模化生产水平和规模经济效应存在显著差异。半导体材料规模生产级别至少达到 300 吨/年,电池组件需达到兆瓦级/年以上。近 15 年,中国半导体材料厂商产能由平均 300 吨增至最高 6 万吨级,组件厂商产能由百兆瓦级增至最高 6 吉瓦。中国光伏制造规模增长远超过其他国家,2010 年起全球占比超过50％,规模经济效应尤其显著。

3.布局集群化与外部规模优势

第一代、第二代光伏技术产业链及其配套产业集群已较为成熟,并形成以中国制造、当地开发为主的全球分工格局。截至2016年,中国光伏行业协会数据库提供的全球光伏企业数达到23928家,中国企业数量和外部规模优势显著。从企业产业链布局来看,有硅料企业99家、硅片企业175家、晶硅电池企业278家、晶硅组件企业1287家、硅基薄膜组件企业87家、铜铟(镓)硒企业41家、碲化镉企业7家、安装商15768家、设备商1342家。以及零部件商和销售商上千家。从企业区位来看,全球超半数生产企业分布在中国,产业集中度、集群度程度高。其中,硅料企业52家、硅碇企业113家、硅片企业136、晶硅电池企业170家、晶硅组件企业544家、硅基薄膜组件企业37家、碲化镉企业7家、铜铟(镓)硒企业2家、开发销售企业318家,超过90％的企业分布在东南沿海地区和中部地区。结合光伏厂商产能和全产业链产能,中国大规模生产、大生产/供给网络体系凸显了规模经济优势,也为"中国特色"技术累积和提升提供了现实基础。

4.经营一体化与战略竞争优势

光伏产业经营一体化体现在单一产业链向全产业链拓展的垂直一体化经营方式。中国企业纵向一体化程度高,产业链各环节产能排名前十的企业均为垂直一体化经营。典型的一体化方式包括,如协鑫以晶硅生产为核心涵盖生产、项目开发全产业链,正泰以电池生产为基础建立晶硅和薄膜完备产业链,日地由电池生产拓展到硅料、切片、电池组件各环节。垂直一体化不仅可以提高产业链创新联动能力以及生产和应用技术的匹配、调整与改进能力,还可以强化产品制造和设备制造产业体系的互动能力,使得产业竞争的技术效率和成本优势更为显著。

三、中国太阳能技术市场应用与竞争优势

中国光照资源较为丰富,是全球太阳能资源最丰富的地区之一。规模化光伏示范电站建设始于1983年10千瓦兰州太阳能基地,规模化海外市场投资始于2009年航天机电意大利项目,规模化国内市场开发始于2013年固定上网电价政策出台后。截至2016年,中国已成为全球太阳能市场应用和海外市场投资第一大国,凸显技术和成本优势。

(一)国内太阳能资源

中国光照资源较为丰富,年辐射量在$3.3×10^3$~$8.4×10^3$MJ/米^{2}或$2.4×10^4$亿吨标准煤量。光照资源地区分布差异较大,呈现"高原大于平原、西部干

燥区大于东部湿润区"的分布特点。国家能源局将光照资源区分为三类,第一类年辐射超过 1600 千瓦时/米²,第二类年辐射量在 1400~1600 千瓦时/米²,第三类年辐射量在 1000~1400 千瓦时/米²,以此来确定分区资源政策。

(二)太阳能市场应用成效与竞争优势

中国太阳能产业以国际国内市场开发为契机,在市场规模、应用方式和降本增效方面潜力巨大,竞争优势显著提升(见图 8-2 至图 8-5)。

1.中国光伏市场起步较晚,但是成长性最好、占比最高的国别市场

2004—2016 年,中国光伏制造规模扩大了 1249 倍,市场占有率由 3% 提升到 60%(见图 8-2)。2009 年后,国际光伏组件价格急剧下滑,中国市场出口受限,国内制造开始转向国内市场开发。近五年内,国内总量超过 77GW,同时实现增量和总量的全球第一。

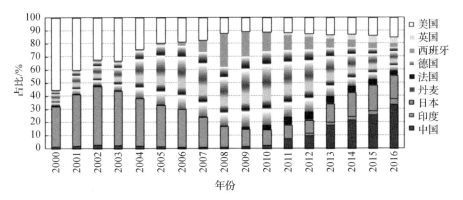

图 8-2　1996—2016 年国别太阳能累计装机容量占比

数据来源:IEA。

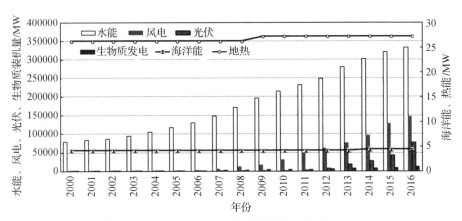

图 8-3　2000—2016 年中国各类可再生能源装机量

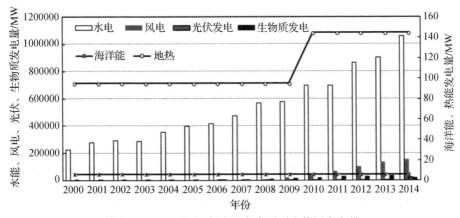

图 8-4　2000—2014 年中国各类可再生能源发电量

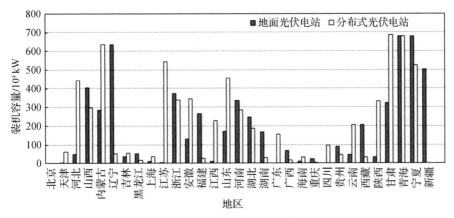

图 8-5　2016 年中国各省(区、市)光伏装机容量

数据来源:国家能源局。

2.中国省(区、市)光伏市场普及率高,应用方式与资源优势相匹配

国内光伏分布式和地面并网光伏电站发展迅速,成为主导市场。地面电站主要分布在资源丰富的"三北"地区,分布式电站主要分布在"三北"地区以及资源相对匮乏但经济发达的华东、华南地区。

3.中国光伏装机补贴下降快,成本下降显著

依据 2013—2019 年中国固定上电价政策,各地区分布式发电补贴标准下降 0.32 元/千瓦时,降幅 76%,部分省份地面电站和分布式电站以市场竞争方式配置,即无须补贴,发电成本可与常规电源相比拟。若以平准化电价成本评估,光伏发电成本下降仍然显著,具体评估见第十章、第十一章。

四、中国太阳能产业发展的技术与成本制约

太阳能技术经历近50年的产业化发展和30年的全球范围开发应用,由小规模利基市场发展为主流电力能源市场,其高效、低成本竞争优势日益显现。但作为新兴能源,太阳能产业整体发展仍然面临技术和成本方面的诸多困难,中国市场尤为突出。

1.光伏供需全球失衡严峻,国别国际市场竞争显著加剧

太阳能市场迅猛发展主要源于各国政策性支持,2016年全球光伏安装量超过295GW,是1996年的957倍。但政策的制定、实施、偏差调整也导致市场供需失衡,年度增幅大起大落。2008年,全球新增装机增速达到历史高峰,近160%,而2012年达到低谷,接近于零(见图8-6)。全球光伏供需严重失衡,造成市场投机或价格战,加剧贸易摩擦和福利损失。尤其是欧美印澳等国家和地区相继发起对华"双反"贸易调查和认定,以他国利益损失加剧高成本市场竞争,强化技术和成本优势成为更迫切的竞争趋势。

图8-6　1996—2016年全球太阳能发电新增及累计装机容量

数据来源:IEA数据库。

2.光伏技术效率提升呈现边际递减趋势,识别并实现高效、低成本技术成为竞争关键

无论是全球还是国内市场,无论是晶硅、薄膜还是其他光伏技术,商业化电池生产均呈现技术效率提升和成本下降的边际递减趋势。以晶硅技术为例,2010年前中国电池转换效率年均提升0.5个百分点,2010年后下降至年均提升0.25个百分点。行业内存在两条不同的技术提升路线。其一是以晶硅技术为主导,在原材料提纯、切片、加工制备、封装等产业链环节提效降本。其二是转向新概念技术路线,尤其是高效技术的低成本工艺和工程技术的开发及应

用。从国内市场来看,晶硅技术效率提升路线仍是主流,而国际市场更倾向新概念技术路线。光伏产业发展重点和难点越加锁定在如何识别并实现高效、低成本技术开发应用。

3.光伏设备成本大起大落,"两头在外",国别市场价格冲击尤为显著

全球光伏供需失衡下,光伏价格波动似坐"过山车",偏离长期趋势。2013年之前,中国处于"两头在外"的贸易分工地位,组件、装机价格冲击远甚于其他国家。2004—2008年,晶硅价格由5美元/千克上升到最高500美元/千克,导致组件、装机成本不降反升,增幅高达50%。2009—2012年,晶硅价格跳水,急速回落到30美元/千克以下,导致组件、装机价格负向偏离长期趋势。2013年以来,中国国内市场快速成长,价格下降有所趋稳,但受全球市场供需冲击,价格波动依然较大。提升国际市场分工地位和市场定价权成为太阳能产业在外向型发展模式下提高技术和成本效率的关键。

4.光伏应用受制于弃光率,并网消纳效率影响光伏成本竞争力

从全球范围来看,弃光现象较少,但中国市场弃光率较高的现象无法忽视。西北五省(区)弃光率高,新疆、甘肃、宁夏、青海和陕西弃光率波动尤其严重,2015年弃光率分别达到26%、31%、5.05%、3.2%和0%,2016年分别为32.23%、30.45%、7.15%、8.33%和6.89%,2017年分别为21.6%、20.8%、6.4%、6.2%和13.0%。弃光原因很多,包括网容量、地区规划、市场消纳能力、市场交易限制等方面的技术性和制度性困难。目前,优先并网和跨域交易等制度性安排正逐步并有效改善弃光情况,但技术层面的系统性并网消纳仍然困难,弃电和成本受损依然存在。要消除光伏产业发展制约,必须有效提高电网系统并网消纳能力。

第二节　风电技术与产业发展:系统效率与成本之争

风力是目前技术最成熟、最具规模化发展前景的可再生能源之一,但也是波动性最强、稳定性最差的新兴能源之一。风电产业发展重点是如何兼顾超大型机组低成本制造以及融入电力系统的综合效率提升。自1996年起,中国风电产业自主创新能力不断提高,主要部件实现本土化制造,并初步具备10MW超大型机组生产能力,保持着成本相对稳定下降的优势。2009年,中国启动风电规模化应用,年度与累计装机量已跃居全球第一。尽管中国风电技术产业化取得重大突破,但如何保持成本持续下降仍是产业发展重大难题。随着风电规模化应用,中国还面临高比例弃风弃电问题,这一问题显著减缓了全国性风电平价进程。

一、风电技术类型与创新方向

利用风力带动风车叶片旋转,风力发电机将机械能转化为电能。早在 1930 年,小容量风力发电机技术已初步成熟。2000 年后,中型发电机组实现商用化。目前,风力发电系统的技术越来越多样化,各国纷纷致力于大型或超大型发电机组制造。

按照传动链布置类型,风电机组分为水平轴风机和垂直轴风机;按功率调节方式,分为定桨距风机和变桨距风机;按齿轮箱和发电机结构形式,分为励磁同步、直驱永磁同步、中速永磁同步、高速永磁同步、中速双馈和高速双馈;按齿轮箱和发电机布置形式,分为单点支撑、两点支撑和三点支撑。永磁风电技术具有能量利用效率高、机组体积小、无须碳刷和滑环维护的特点,适宜超大型容量风电机组制造,但永磁材料地缘供给性强,易在震动、冲击、高温下发生失磁的缺点,技术不成熟,市场份额相对较小。双馈风电技术较为成熟,设计和制造难度较低,配件通用性较好,是目前技术最成熟、市场占有率最高的技术路线之一。

由风电机组研发与生产来看,风电技术创新具有以下两大特点。

第一,大型、超大型双馈风电技术研发成为主流方向。全球主流厂商主要采用双馈风电技术,该技术具备部件通用性、轻量化、高效能等特点,即如何实现配件通用性好、制造难度低,以及制造齿轮箱增速比高、可靠性高、体积小、风机能量利用率高的风电机组成为风电机组技术研发的主要方向。主流厂商已普遍具备 5 兆瓦风电技术能力(见图 8-7),生产高功率、高效率的 10 兆瓦和 15 兆瓦单机容量机组成为关键核心技术能力。

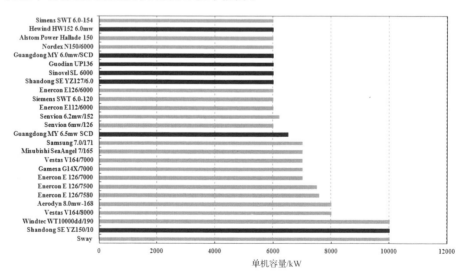

图 8-7　全球代表性风电单机容量

第二,风电机组技术创新与成本变化并非一致。由文献与国别数据(见第十二章)可知,风电机组单机容量的规模经济存在国别差异,即成本与功率比对应的最优机组功率并不一致。高功率机组成本在欧美国家呈上升趋势,而在亚洲地区尤其是中国仍保持下降趋势。

二、中国风电技术产业化水平与竞争优势

20 世纪 80 年代,欧美日等国家和地区已实现小型风电机组规模化生产。20 世纪末,中国引进风电机组技术,并逐步实现风电机大规模生产。以下将综合技术本土化、技术专业化、生产规模化、布局集群化、经营一体化等特点,从五方面来说明风电技术产业化水平与竞争优势。

1. 技术本土化与技术优势

风电机组技术具备清晰、明确、稳定的产业链环节,自下而上包括上游原材料生产、中游零部件制造和风机生产、安装/吊装和调试,以及下游系统集成和项目开发运营,还包括服务于风电机组制造的装备制造业以及分散在所有产业环节的金融、培训等服务活动(见图 8-8)。1998 年,金风科技作为国内最早的风电机组制造商,开始风电机组国产化生产。1998—2006 年,中国风电产业逐步实现大型风电组件本土化生产。截至 2018 年,核心零部件中,叶片、齿轮箱的国产化率达到 90%,玻纤和叶片所用的树脂、结构胶、芯材等 100% 国产;主要设备中,发电机和变流器几乎全部国产,偏航/变桨轴承和变桨系统等大部分国产;其他主要设备、轴承国产率也超过 50%(秦海岩,2018)。

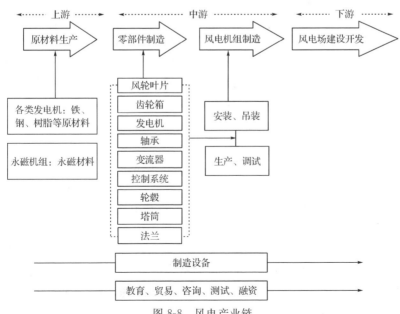

图 8-8　风电产业链

2.技术专业化与技术优势

技术专业化体现在大型、超大型机组生产能力。双馈发电机是市场占有率最高、技术最成熟、单机容量达到超大规模的机型。20世纪90年代,全球风电机组生产规模超过3吉瓦,厂商平均规模已达到兆瓦级规模化生产。其中,双馈发电机市场占有率高达90%。到2016年,全球生产量高达63吉瓦,Vestas、GE、Siemens、Gamesa、Sulzon、Nordex和Repower等为国际第一梯队,其最大机型均为双馈发电机。阳明、东方电气、金风科技等中国主流风电机组制造商均已达到国际一流生产水平,具备10兆瓦双馈发电海上机组生产能力。永磁技术由于材料稀缺性、技术稳定性等原因,商用化生产较晚,最大商用机型为3.0兆瓦,主要由中国生产。

3.生产规模化与规模经济优势

从生产总规模来看,1998—2006年,中国风电产业逐步实现大型风电组件规模化生产,内资与外资制造商平分国内市场份额。2006—2016年,中国内资企业的国内市场份额已上升至90%,总规模优势显著提高。从生产商规模来看,国内企业产量增长尤为显著。2006年,金风科技产量排名第一,占国内市场份额的33%,超过外资占比最高的丹麦Vestas近10个百分点。2016年,金风科技生产规模仍排名第一,占国内市场份额的27%,总量近6吉瓦,超过Vestas近24个百分点,厂商规模优势明显。

4.布局集群化与外部规模优势

从产业布局来看,恒速和变速风电技术已经形成成熟的产业链及其配套产业集群。截至2016年,中国风电行业协会数据库提供的全球风电生产企业超过1700家,其中风电机组企业117家,叶片制造商60家,控制系统制造商33家,塔筒制造商39家,项目开发商321家。从企业区位来看,制造和安装的国别集中度差异大。中国制造商数量最多(见图8-9和图8-10),风电制造商共计279家,风电机组制造商27家,叶片制造商27家,主控系统26家,其他配件商199家,集中分布在"三北"地区和华东、华南地区。结合企业分布和产量规模,风电产业集群外部规模优势显著。

5.经营一体化与战略竞争优势

中国风电企业中下游纵向一体化程度高。依据产业技术关联性和标准化生产,中游零部件制造与风电机组制造技术关联性最强,产业链一体化程度最高。如表8-3所示,主流风电机组商业务内容也基本涵盖核心零部件生产,如叶片、发电机、控制器等。上游原材料生产属于标准生产,是非面向风电产业的特定制备。下游主要由项目开发商依据地理风能条件进行研发与设计,重在集成化技术。由于掌握核心技术,风电机组制造商往往也是风电项目开发商,中下游一体化程度高。2018年,金风自营4.7吉瓦风电场,明阳自营779兆瓦风电场,远景合作经营8.50吉瓦风电场。与光伏产业相似,风电产业垂直一体化可以提高产业生产和应用技术的协调创新和运营能力,使得企业在市场竞争和产业发展中的技术效能和成本优势更为显著。

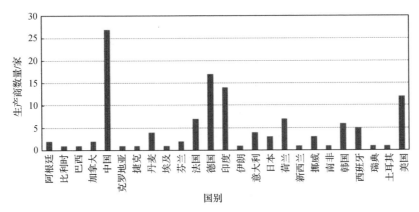

图 8-9　全球风电机组生产商分布

资料来源:笔者调研考察、中国风能专业协会。

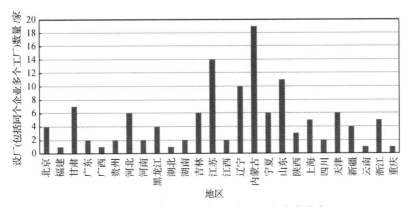

图 8-10　中国各省(区、市)风电机组生产商分布

表 8-3　风电机组主流制造商零部件采购体系

厂商	叶片	轴承	齿轮箱	发电机	变流器	控制系统
Vestas	Vestas	Rollix	Winergy, Metso	ABB, Wier, Vestas	Abb, Emersson	Vestas
Gamesa	Gamesa	Rollix	Gamesa	Gamesa	—	Gamesa
GEWind	LM	GE	na	GE	—	GE
Nordex	Nordex	FAG	Winergy	—	—	Mita, Nordex
金风	金风	SKF, 罗特艾德	重齿, 南高齿	南车电机、金风	Switch 金风	金风
华锐	中航惠腾, 中复连众, 中材,上坡院	SKF, Rollix, FAG	大重减速机、卓轮、南高齿	佳木斯电、华锐、兰电	美国超导、大重电控	华锐

三、中国风电技术市场应用与竞争优势

中国风能资源较为丰富，总量居全球前列。中国规模化风电示范始于 1986 年 4 台 200 千瓦福建平潭岛的风电合作项目，国内市场规模化开发始于 2009 年固定上网电价政策后。自 2010 年起，中国一直是全球风力发电第一大国，凸显技术和成本优势。

（一）国内风能资源

中国陆地风能资源技术可开发面积约为 54 万平方千米，技术可开发量为 26.8 亿千瓦，离岸 20 千米海域范围内可开发面积为 3.7 万平方千米，可开发量 1.8 亿千瓦，风能资源纵向较为丰富。其中，"三北"地区风资源最丰富，如新疆、甘肃、宁夏、内蒙古、河北北部、黑龙江、吉林、辽宁等地，风功率密度在 150 瓦/米^2 以上。基于此风能资源区分为四类：第一类资源区风功率密度在 200~300 瓦/米^2 以上，第二类风功率密度在 150 瓦/米^2 左右，第三类风功率密度在 50 瓦/米^2 以上，第四类风功率密度在 50 瓦/米^2 以下，以此制定分区电价政策。

（二）风电市场应用成效与竞争优势

中国风电产业以进口替代、国内市场开发为契机，市场规模、应用方式和降本增效潜力巨大，竞争优势显著提升。

1. 中国风电市场与产业发展进程趋向同步，增速快，规模优势显著

1998—2006 年，中国风电产业逐步实现大型风电组件本土化生产，风电市场也由初期示范转向规模化推广。2006 年，国家发改委、财政部联合印发《促进风电产业发展实施意见》，从风能资源评估、规划编制、风电设备认证体系建设、风电产业化体系建设等方面进行战略部署。2009 年，国家发改委发布分区域上网电价政策，开启风电市场规模化应用。2010 年，中国累计风电装机量位居全球第一。2009—2016 年，中国累计风电装机增长率超过 30%，远高于世界水平。2016 年，新增和累计风电装机容量分别达到 20 吉瓦和 148 吉瓦，是全球第二大市场美国的 4 倍和 2 倍，风电市场规模优势显著。

2. 中国风电发电地区分布与资源条件相匹配，陆上、海上风电均呈现大规模化发展态势

受资源条件影响，中国风电装机主要集中在华北、东北和西北电网地区（见图 8-11）。2016 年，"三北"地区新增风电占比超过 40%，累计装机量全国占比超过 60%。中国陆上风力发电起步较早，项目规模占 99% 以上市场份额，年增速超过 30%，具有绝对规模优势。海上风电发展相对较晚，但增速快。上海东海大桥风电场是我国首个海上风电示范项目，安装了 34 台国产 3.0 兆瓦机组，

2010 年 6 月全部并网发电。2014 年,国家发改委出台固定上网电价政策,前后 5 年年均增速提高一倍。2016 年,中国陆上、海上风电增量占全球市场的 42% 和 37%,均呈大规模化发展态势。

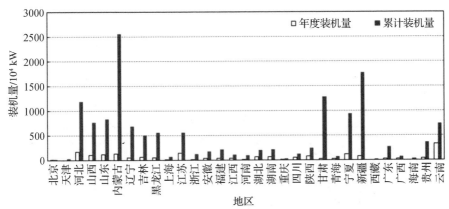

图 8-11　2016 年中国各省(区、市)新增及累计风电装机容量

数据来源:国家能源局。

3.中国风电装机补贴退出,成本下降显著

2020 年,中国退出固定上电价政策,即风电无须补贴,发电成本可与常规电源相比拟,或 10 年内发电成本降幅超过 100%。全球范围来看,IRENA(2017) 报告显示,2010—2017 年全球新增陆上风电度电平均成本下降 1/4,达到 6 美分/千瓦。美国作为风电大国,2006—2016 年主流机型发电成本从 8.5 美分/千瓦下降到 4.3 美分/千瓦,降幅近 50%(彭澄瑶,2016),领先其他发达国家。可见,中国风电成本降幅更大,更具成本优势。

四、中国风电产业发展的技术与成本制约

风电是技术最为成熟、成本平价最早可实现的新兴可再生能源。但在平价电源的发展进程中,风电产业整体发展仍然面临技术和成本方面的诸多困难,中国市场尤为突出。

1.风电市场需求波动大、不确定性强,市场增长内生动力仍显不足

近 20 年是全球风电市场发展高峰期,累计装机容量从 2000 年的 17 吉瓦增至 2016 年的 466 吉瓦,年增速达到 22%。但受欧债危机、金融危机和传统市场补贴政策终止或生产税收抵免政策(PTC)暂停等众多负面因素影响,风电市场需求波动较大、不确定性较强,技术和成本竞争异常激烈。全球市场 2008 年和 2014 年增长率达到 29% 和 46%,而 2010 年低至 7%,2013 年和 2016 年不增反降,增速为 −36% 和 −21%(见图 8-12、图 8-13)。相应地,中国市场 2007 年

增速为 127%,2012 年陡然降到 20%。风电市场需求剧烈波动不仅加剧市场技术和成本竞争,如 2016 年中国五大风电机组制造商市场占比首次超过 60%,也反映出风电市场还不成熟,还不具有强劲的内生动力。

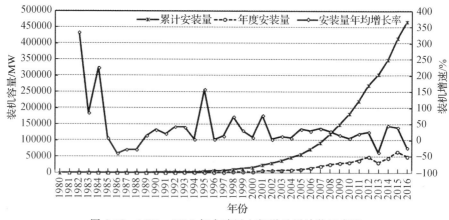

图 8-12　1980—2016 年全球风电新增及累计装机容量

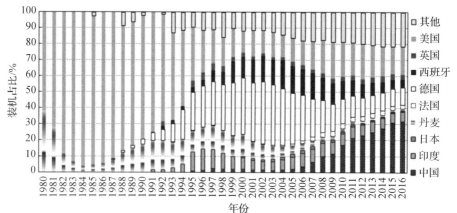

图 8-13　1980—2016 年国别风电累计装机容量

数据来源:IRENA。

2. 风机制造成本下降的边际递减趋势显著,单机规模经济越加困难

IRENA(2017)报告显示,2017 年全球新增陆上风电度电平均成本已接近火电成本下限,相对化石能源完全具备成本竞争力。尽管如此,受原材料成本、生产工艺、工程规模经济等影响,风机单价下降趋势平缓和单机规模经济提升困难成为全球风电市场共同制约。从 BNEF 合同价格数据库统计来看,2009—2018 年风机价格从 183 万美元/兆瓦下降到 276 万美元/兆瓦,但在全球市场供需相对稳定的情况下,2018 年价格相对 2017 年不降反升。以 2.0 兆瓦主流机型国内招标均价为例,2009 年均价为 6380 元/千瓦,2012 年均价为 4819

元/千瓦,2016 年均价为 3700 元/千瓦,2018 年底达到最低 3300 元/千瓦,2019 年回弹到 3700 元/千瓦。可见,风电产业的发展关键和重要制约都在于如何保持更具成本竞争力的制造和应用。

3. 风机制造企业国际化程度不高,技术和成本竞争力仍然不足

尽管中国企业风机制造量近 10 年居全球第一,但出口量仍然有限,市场竞争力仍然不强。2007 年,中国企业开始出口风电机组,出口量 692 兆瓦。截至 2017 年,14 家企业共出口 2.97 吉瓦,占比不足制造量的 1%。风电机组有四种出口方式:打包销售、自主开发、联合开发和单纯风机销售。国内制造商以打包销售为主,即通过国内开发商或投资商打包销售进行贸易,而非自主开发并独立销售,缺乏独立销售能力。一方面原因是风电上下游产业链技术关联性大,国内风电技术与出口国风电场建设开发以及运维技术不完全匹配,技术标准未得到国际充分认可和认证,技术水平阻碍出口规模和国际影响力扩大。另一方面原因是大型风电机组出口涉及多种费用,国内制造的相对成本优势还不足以覆盖出口运输、销售、税收等各类成本。中国风电产业进一步发展的关键将是贯通产业链的风电技术优势和成本优势。

4. 风电市场应用受制于弃光率,电力系统并网消纳效率影响风电成本竞争力

由于波动性特征,全球风电市场均存在弃风现象,但中国风力资源条件丰裕的"三北"地区弃风情况尤其严重(具体分析见第九章),2012 年和 2016 年最为明显,"三北"地区弃风率达到 17%。2016 年,"三北"地区的甘肃、新疆、吉林和内蒙古四地的弃风率更是高达 43%、38%、30% 和 21%。受此影响,这些地区风电成本不降反升。弃风原因很多,包括电网容量、地区规划、市场消纳能力、市场交易限制等方面的技术性和制度性困难。目前,优先并网和跨域交易等制度性安排正逐步并有效改善弃风情况,但技术层面的系统性并网消纳仍然困难,弃风和成本受损依然存在。要消除风电产业发展制约,必须有效解决电网系统并网消纳能力的难题。

第三节　生物质技术与产业发展:原料供给与高值利用突破

相比其他可再生能源,生物质能源利用方式更为多样化,对化石能源的替代性也更强。生物质能源利用的最大障碍在于生物质原料短期供给限制,产业发展重点就是如何兼顾原料受限与高值利用的技术突破和生产扩张。中国生物质能已向大规模应用发展转变,生物质发电产业化程度高,生物质燃料产业发展加速推进。

一、生物质能源技术类型与创新方向

生物质原料类型多样,生物质能源利用范围广泛。生物质原料包括城市固态废弃物、农林废弃物、秸秆和畜禽排泄物等,主要能源产品包括生物液体燃料、生物质供热、生物燃气和生物质发电。除液体燃料外,其他技术较为成熟,应用广泛。生物质能源利用的最大障碍在于生物质原料短期供给限制。为克服原料供给限制,生物质能源技术更新替代路线较多(见图8-14)。

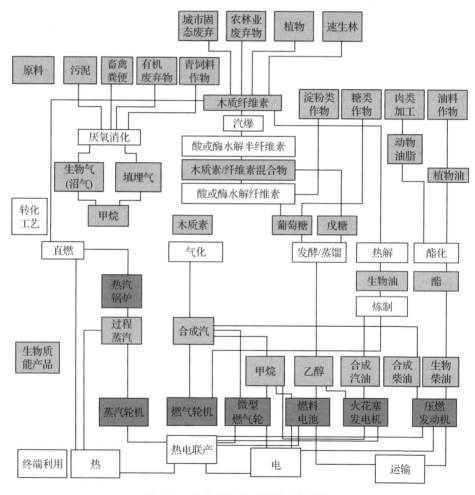

图 8-14　生物质能技术转化应用路线

资料来源:国家能源局、笔者调研考察。

生物液体燃料包括纤维素质和油脂类生物煤油、纤维素质和油脂类生物柴油、纤维素和非纤维素乙醇。第一代技术以淀粉类作物和油料作物为原料,与化石燃油掺混使用,且掺入比需低于 10%。由此,生物质能源利用效率较为有限,可利用资源量也很有限。第二类技术是基于纤维素乙醇,但仍需与化石燃油混用,比例不超过 15%。第三代技术也是现有先进技术,是通过热化学转化制取合成生物燃油和生物合成天然气,从而可实现合成燃油的直接使用。不过,该技术仍不成熟,规模化、低成本商业应用存在较大困难。

生物质供热技术包括锅炉供热、热电联供供热和生物热节气。生物沼气主要指发酵工艺,包括工业沼气和畜禽沼气制备。生物质发电包括气化和直燃发电技术,用于垃圾发电、生物质混燃、气化和直燃发电。这些技术发展时间较早,技术成熟、应用广泛,最大限制仍在于原料总量规模受限、分散供给和价格波动大等。

二、中国生物质能源技术产业化水平与竞争优势

中国生物质能源是以"改善农村能源"为基础发展起来的。2000 年以后,生物质能源现代工业体系开始建立并不断完善。以下针对综合技术专业化、生产规模化、布局集群化、经营一体化等特点,从四个方面来说明生物质能源技术产业化水平与竞争优势。

1.技术专业化与技术优势

从产业结构来看,生物质发电产业链包括上游原料资源,中游发电设备制造,下游发电并网。生物燃料主要是燃料乙醇和柴油,产业链包括上游原料资源、中游生物燃料生产、下游加油站、炼油厂、使用燃油动力产业环节等。中国生物质能源产业覆盖以上所有产业,产业链核心是中游环节,部分技术已完全国产或具备国际竞争优势。燃料生产技术方面,直燃发电技术成熟,完全实现国产化和自主化;非粮燃料乙醇技术,国投已达到 30 万吨级项目产能水平,实现大规模产业化生产;以餐饮废油为原料的生物柴油和生物航煤技术优势突出,中石化等完全实现自主研发和商业化应用。能源高效利用方面,2018 年起农林生物质行业转向热电联产技术,成为产业升级和能源高效利用的重要优势。发电系统耦合方面,2018 年哈电锅炉燃煤耦合生物质气化发电技术项目开始承建,代表电力耦合达到国际先进标准。

2.生产规模化与规模经济优势

截至 2016 年,全国共有 313 家生物质发电企业(中国生物质能联盟,2017),产能规模达到 2 吉瓦,超过美国和日本,位居全球第一。其中,农林生物质企业数量较多,达到 184 家企业,且企业装机容量差异较大,最大装机容量超过 1 吉瓦,是最小规模企业的 8000 倍;垃圾发电企业数量达到 129 家,企业装

机容量差异相对较小,最大装机容量达到 0.43 吉瓦,是最小规模企业的 86 倍。生物燃料产业方面,中国企业生产产能相对较大,但生产总规模相对较小。中国燃料乙醇产业实行严格的行业准入制度,定点生产、定点销售、封闭流通,生产需经国家批准、获得定点采购资格才可以向中石油和中石化进行供货。截至2016 年,全国 8 家燃料乙醇定点生产企业,主要是中粮、中兴、国投等下属生物质企业,在建和已建产能 395 万吨,总量占全球市场的 3%。生物柴油主要利用废油脂,全国共有生物柴油企业 50 家,年产能 330 吨,总量占全球市场的 10%,生产规模超过 10 万吨的生物柴油企业有 16 家,最大规模为 30 万吨。总体而言,生物质能源产业具备规模生产优势,但在不同应用方面差异较大。

3. 布局集群化与外部规模优势

生物质发电产业集群水平较高,集中在生物原料资源大省和电力需求大省。企业数超过 20 家的省份包括黑龙江、河北、山东、江苏、安徽、河南,均为资源大省。由于行业准入制度,燃料乙醇生产未能形成产业集群。全国 8 家企业分布在安徽、吉林、河南、广东、广西、内蒙古和山东等 6 个省份。生物柴油生产经历了产能增加、减少、再增加的发展历程,产能地区集中度较高,50% 以上分布在华北和华东地区。从企业数量来看,企业主要集中在东部沿海省份,这与成品油市场活跃程度有关。其中,河北企业数量最多,为 6 家,山东和湖北均为5 家,四川、河南、浙江和重庆均为 3 家,其他省份 1~2 家。总体而言,中国生物质能源产业呈现地区集群分布态势,具有外部规模优势,但相对风、光等新能源产业集群,优势较弱。

4. 经营一体化与战略竞争优势

生物质发电产业呈现典型的上下游一体化特征,即发电企业有效整合了资源环节与发电环节,而中游发电设备制造环节相对独立。燃料乙醇产业呈现典型的上中游一体化形式,即资源环节与燃料生产环节一体化程度高,而下游销售环节相对独立。生物柴油产业呈现上中游和上中下游一体化两类形式。前者主要是民营企业,后者主要是中石油和中海油等传统能源大企业。无疑,垂直一体化可强化生物质能源企业技术和成本竞争力,但不同于风、光发电产业,其具体形式还受到传统能源市场结构和能源品类可替代性的显著影响。

三、中国生物质能源技术市场应用与竞争优势

生物质能源技术市场已逐步从地区性市场发展为全球主要能源市场。中国生物质资源相对丰富,正逐渐成为可再生能源利用中的新生力量,显示出规模化、多元化应用等竞争优势。

(一)国内生物资源

依据生物质能协会的统计数据,中国各类生物质原料资源较为丰富,可获

取量约为年 4.6 亿吨标准煤。但由于数据可获性问题,本书利用生物质资源评估方法,仅对秸秆资源和沼肥资源进行评估,分析说明生物资源丰裕水平和可获性程度。

1. 秸秆资源

依据农作物产量与相应的草谷比系数乘积进行估算,得到 2015 年中国秸秆资源规模,并利用均等取值分类法确定从高到低五类资源区:8000 万~10000 万吨、6000 万~8000 万吨、4000 万~6000 万吨、2000 万~4000 万吨和 2000 万吨以下区间。一类资源区是农作物秸秆资源最丰富、年度增长最快的地区,包括河南和黑龙江,资源量占总量的 21% 左右,年均增速达 6.6%,其中河南小麦秸秆量受谷草比影响较大。二类资源区是农作物秸秆资源丰富但增长较平缓的地区,包括山东和吉林,总量占 16%,年均增速达 3%,山东秸秆资源量受谷草比影响大。三类资源区是农作物秸秆资源总量较大、年度增长较快的地区,包括河北、内蒙古、安徽和四川,占总量的 21%,年均增速达 4.7%。四类和五类资源区,是农作物秸秆资源总量最大但增速较低且分布分散的地区,主要分布在西北、华中和华南大部分省份,占总量的 42%,年均增速达 3.1%,秸秆资源受谷草比影响小。

2. 沼肥资源

根据畜禽饲养周期、粪便排泄系数、折标系数等指标估算沼肥资源,得到 2015 年主要沼肥资源和地区分布。受牲畜粪便排泄系数影响,沼肥可开发资源总规模在 26.3 亿~37.9 亿吨。其中,牛、肉猪和猪沼肥资源规模分别占 27.7%~38.8%、18.2%~29.3% 和 24.9%~42.9%。牛沼肥量由于年度数量下降幅度大,排泄系数高,总量和占比均有较大幅度下降。肉猪和猪沼肥量由于年度数量增量更大,且猪粪便排泄系数取值范围广,总量和占比增幅较大。可见,此三类畜禽数量和粪便排泄系数基准基本决定了总量规模变化和类别构成。这意味着这三类畜禽数量丰富的地区,因年度饲养量变化和物种差异会显著影响沼肥发电可获规模。

畜禽沼肥资源地区年度变化趋势差异较小,但地区间资源差异较大。利用均等取值分类法确定四类区域:年度沼肥量在 18.9 亿~25.2 亿吨、12.6 亿~18.9 亿吨、0.63 亿~12.6 亿吨以及 0.63 亿吨以下。一类资源区是沼肥资源最丰富但年度增长低的地区,包括四川和河南,占总量的 18% 左右,年均增速在 0.4%~0.5%,受畜禽数量和粪便排泄系数基准影响跨度较小。二类资源区是沼肥资源较丰富但增长较平缓的地区,包括湖南、云南和山东,年增速在 0.8%~2.1%,受畜禽数量和粪便排泄系数基准影响跨度较大。三类资源区是沼肥资源不丰富但总量占比大、年度增长差异大的地区,包括湖北、广西、内蒙古、河北、辽宁、广东、黑龙江、贵州、江西、吉林、新疆、安徽、甘肃、西藏和江苏,占总量的 51.3%,年均增速在 -0.11%~4.4%,受畜禽数量和粪便排泄系数基准影响跨度较大。四类资源区是沼肥资源匮乏、总量占比低且年度增长差异大的地区,这些地区资源总量占比 12.7%,年均增速在 0～4.2%,受畜禽数量和粪便排泄系数基准影响跨度最大。

总体而言,中国各类生物质原料可获量相对较高,可为生物质能源利用提供较为可靠的原料供给。然而,无论是秸秆资源、沼肥资源还是原料总量,各省(区、市)分布相对分散,仍存在收集、运输和处理生物质原料的成本较高、供应波动性大等问题。

(二)生物质能市场应用成效与竞争优势

中国生物质能已向大规模应用发展转变,生物质资源应用于发电、供热、沼气、液体燃料等领域。2016 年,全球液态燃料需求量 1 亿吨,供热燃料生产性需求 3000 万吨、沼气 570 亿立方米,生物质发电装机容量约 1 亿千瓦。中国在生物质发电应用方面规模优势明显,在其他领域已初具规模。

1. 生物质发电增长快,地区集中性强

2010 年前后,生物质发电投资规模增速高,达到 30%,2014 年起增势有所回落,但基本保持在 10% 左右,全球排名第二。2018 年,中国生物质年度新增装机容量为 305 万千瓦,累计 1781 万千瓦;发电量 906 亿千瓦时,占可再生能源电量比重不断提升,达到 5.3%。从省份分布来看,项目集中在 10 个省份。其中,山东项目数最多,达到 43 个;黑龙江和安徽分列第二位和第三位,项目数分别为 34 个和 27 个;江苏、湖北、河南、湖南、河北、山西和吉林发电项目数位列前 10,从 12 个到 21 个不等。从省份装机量来看,地区集中度更高。山东、浙江、安徽和江苏位列前 4,总占比达到 43%。

2. 生物质供热燃料普及度高,新兴液体燃料利用初具规模

生物质供热燃料生产性需求达到 800 万吨,相当于 400 万吨标煤。生物沼气包括户用沼气和大型沼气工程,全国供给量达到 190 亿立方米或 1320 万吨标准煤。其中,农村沼气用户数较多,约 4380 万户,但规模相对较小。生物液体燃料主要是燃料乙醇和柴油,年产量初具规模。根据《关于扩大生物燃料乙醇生产和推广使用车用乙醇汽油的实施方案》,2018 年起生物燃料乙醇在京津冀及周边、长三角、珠三角等大气污染防治重点区域开始推广。目前,黑龙江、吉林、辽宁、河南、安徽、广西和天津已实现乙醇汽油封闭销售。生物燃料乙醇规模平稳上升,产量由 2015 年的 210 万吨增至 2018 年的 290 万吨。生物柴油推广相对困难。2015 年产量 80 万吨,2016 年降至低谷 60 万吨,2018 年回升到 103 万吨。可见,生物质燃料产业有较大提升空间。

四、中国生物质能源产业发展的技术与成本制约

生物质能源产业发展的最大困难在于生物质原料短期供给限制和高值、低

成本利用效率限制,中国生物质能源产业发展同样显现出这两大发展约束。

1. 低价原料供给不足成为生物质能源产业发展瓶颈

生物质原料供给不足的原因众多,普遍存在"粮食安全"保障、非粮化原料供给不稳定、进口原料价格波动大等因素。以粮食为原料的生物质能源利用,必须考虑粮食保障问题。中国更以粮食安全作为首要战略,如 2006 年《关于加强生物燃料乙醇项目建设管理,促进产业健康发展的通知》提出"坚持非粮为主,积极稳妥推进生物燃料乙醇产业发展",2007 年《关于促进玉米深加工业健康发展的指导意见》进一步指出"玉米产需关系处于紧平衡态势""玉米国际市场供需持续偏紧,进口难以补足国内缺口""玉米深加工业与饲料养殖业争粮矛盾突出"等粮食安全突出问题,严格审批所有玉米乙醇项目。部分非粮化原料供给和收集不稳定,如木薯种植面积小,2015 年干木薯进口量近亿吨,原料进口依赖过大、价格波动大;废弃油脂量 2016 年已达到 686 万吨,回收率仅 70%,其中部分还被作为饲料油,部分初级处理品良莠不齐、产量不稳;秸秆等纤维作物资源由于产出季节性和时间分布性极不均衡、易腐、储存占地大等问题,同样存在供给和收集效率瓶颈。

2. 资源成本冲击、传统能源价格冲击、流通渠道限制等多重因素制约生物质能经济性提升

由于生物质资源可获性、稳定性等成本原因,生物发电技术成本降低存在较大不确定性。2010 年,《关于完善农林生物质发电价格政策的通知》规定全国统一实施农林生物质发电标杆上网电价标准 0.75 元/千瓦时,之后 10 年间都未进行调整。生物燃料效能仍无法与传统能源比拟,其价格因化石能源价格负向冲击而受到抑制,难以形成稳定的规模化生产扩张,难以有效体现规模经济效应。传统能源大厂商还控制基础设施和销售渠道,生物燃料产量、销量受限且成本竞争力不足,极大制约着产业发展。

3. 技术低值性、低成熟度制约着生物质能源产业发展与转型

由于生物质资源组分多样、结构复杂,资源利用技术整体仍处于集中攻关和实验示范阶段。生物质转化技术对催化过程的催化剂、生化过程的微生物比化石能源转化技术要求更高,现有技术并不成熟且集成度低,大多数技术仍处于实验室研发及中试阶段,产业规模化程度较低。中国生物质资源利用技术与国际先进标准还存在差距,如发电机国产化率仍然偏低,输送和燃烧装置效率较低;乙醇制备以 1.0 代和 1.5 代技术为主,而 2.0 代、3.0 代技术规模化工业生产还未实现;净化技术、高值技术和系统集成技术的自主研发较弱。这些缺陷均显著制约了生物质能源产业竞争力提升。

第四节　其他可再生能源技术与产业发展：
多能融合发展

其他可再生能源包括传统能源——水能和地热能，以及新兴能源——海洋能。水能和地热能技术较为成熟，产业化程度较高，市场应用稳定增长。海洋能、氢能等还处于技术研究初期阶段，示范应用还较有限（见图 8-15）。中国在其他可再生能源产业发展上，重点推动新兴能源技术产业化发展和多种能源共同发展。

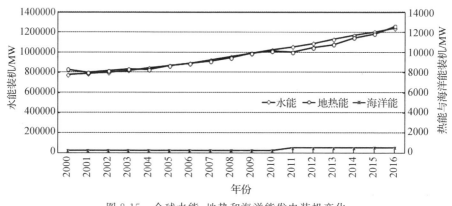

图 8-15　全球水能、地热和海洋能发电装机变化

一、水电技术

依据发电方式是常规发电还是蓄能发电，水电站可分为常规水电站和抽水蓄能水电站。常规水电站是利用河流湖泊进行发电的电站。抽水蓄能水电是利用电网负荷低谷时的电力，由下水库抽水到上水库蓄能，在电力负荷高峰期再放水回到下水库发电，是最为稳定灵活、容量最大的蓄能方式，能有效支持风电、光伏等波动式电源，实现调谷填峰。

全球水电市场利用率普遍较高（IEA，2017）。2016 年，全球水电装机容量达到 1243 吉瓦，年发电量超过 4 万亿千瓦时，开发程度达到 26％。其中，欧美日等国家和地区水电装机量较大，开发程度较高。如美国装机量超过 12 吉瓦，开发率达到 67％；德国装机量 9 吉瓦，开发率达到 74％；日本装机量超过 4 吉瓦，开发率达到 73％。亚洲、南美地区国家水电资源开发率普遍不高，中国作为发展中国家，水电装机量最大（见图 8-16）。

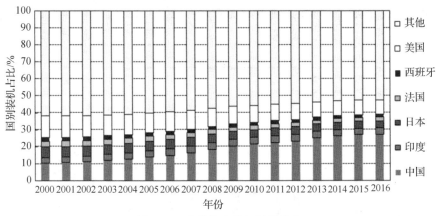

图 8-16　水能发电装机国别分布

　　中国水能资源可开发装机量为 6.6 亿千瓦,年发电量可达到 3 万亿千瓦时,可开发资源量仅次于煤炭。2016 年,装机总量达到 33 吉瓦,电量 1.05 万亿千瓦时,占总发电量的 17.8%,占非化石能源的 70%。中西部是水能资源较为丰富的地区,金沙江、雅砻江、大渡河、黄河和长江是水电站开发投产的主要流域,中部、西部水电装机占比分别达到 18% 和 70%。大小型水电占比 92.8%,常规水电和蓄能水电占比差异较大,前者占 90%,约为后者的 10 倍。由于蓄能水电在"削峰填谷"中的重要作用,大力发展蓄能水电是中国水电规划和可再生能源大发展的重点。

二、地热技术

　　地热技术包括直接利用(浅层地热供暖/制冷、水热型地热能供暖、干热岩技术)和地热发电技术。目前,浅层和水热型技术较为成熟,主要使用热泵技术,商业化应用范围较广,已形成完整产业链。干热岩技术研发难度较大,仍处于实验室研发或小规模应用示范阶段,还未能形成商业化制造和广泛应用。地热发电包括高温干(湿)蒸汽发电、中低温干(湿)蒸汽发电等。高温蒸汽发电技术较为成熟,进入商业化应用阶段,其他技术以实验室研发或小规模示范应用为主。

　　从可获数据来看(IEA,2017),全球地热资源量远超过现有能源需求,但只有很少的一部分具有开发利用的经济可行性。全球范围内,地热资源的直接利用比较广泛,地热发电应用相对较少。到 2015 年,直接利用容量达到70328 兆瓦,发电装机量达到 11.8 吉瓦。其中,地热直接利用量较多的国家包括美国、日本、冰岛、德国和中国,分别占全球市场的 24.8%、3%、3%、4% 和 25.4%。地热发电利用量较多的国家包括美国、菲律宾、印度尼西亚、墨西哥、意大利、冰岛和日本,分别占全球市场的 20％、15％、12％、8％、7％、5％和 4％(见图 8-17)。

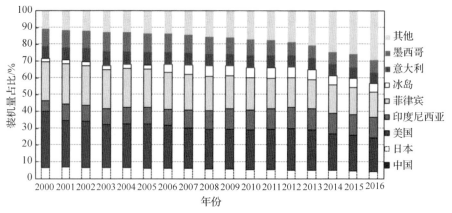

图 8-17　地热发电装机国别分布

根据 2015 年地质调查局的评价结果,中国地热资源丰富,浅层地热、水热型和深层干热岩可开采资源量在 7 亿吨、1.25 万亿吨和 856 万亿吨标准煤。地热资源分布比较集中,如浅层地热资源主要分布在京津冀和长江中下游地区部分城市,水热型地热资源主要分布在盆地如松辽盆地、渤海湾盆地、江汉盆地等,干热岩资源分布于藏滇地区、华北平原和松嫩平原。2016 年,中国地热能年度利用量约为 2000 万吨标准煤,以直接利用为主。其中,浅层地热能供暖/制冷应用地区较广,集中在"三北"地区,应用总面积达到 4 亿平方米;水热型地热能供暖集中在"三北"地区,应用总面积达到 1 亿立方米;地热发电主要集中在西藏、四川、江苏、福建和广东等省份及华北地区,装机量达到 27 兆瓦。

三、海洋能技术

海洋能是利用潮汐、波浪等形成的机械能和热能,具体包括海洋潮汐能、潮流能、波浪能、温差能、盐差能、生物质能以及海岛可再生能源等。相对其他可再生能源,海洋能资源丰富,但技术开发和应用条件最为苛刻。全球海洋能发电一直处于小规模示范应用阶段,至今未超过 600 兆瓦。海洋热能利用还处于实验室研发阶段。海洋能还未实现商业化应用,国别分布较为稳定(见图 8-18),也未能建立完整的产业链。

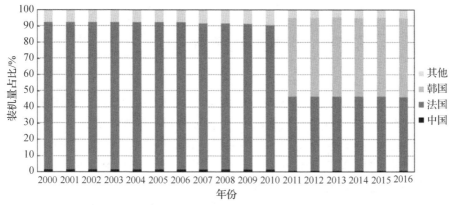

图 8-18　海洋能发电装机国别分布

四、氢能技术

氢能作为二次能源,来源多样,主要是化石能源重整、焦化、氯碱、钢铁、冶金等工业副产提纯以及电解水制氢。中国以可再生能源电解水制氢作为有效供氢主体,煤制氢配合碳捕捉技术、生物制氢和太阳能光催化分解水制氢等技术为补充。储氢技术包括气态、液态和固体储氢。国内主要应用高压气态储氢,低温液态储氢在航空领域应用,有机液态和固态技术仍在示范阶段。氢输运与储氢相对应,国内主要是长管拖车高压气态输运。燃料电池商业化应用主要有三种技术路线,熔融碳酸盐燃料电池、质子交换膜燃料电池和固体氧化物燃料电池。国内主要是质子交换膜燃料电池和固体氧化物燃料电池。前者适合交通和固定式电源领域,已具有国产化能力,但生产规模较小,进口依赖度大。后者适合大中型供电和分点,国内自主化能力低,电池性能和效率与国际领先水平有较大差距,还未有商业化推广。

据中国氢能联盟数据(2019),中国是最大的制氢国,工业制氢产能达 2500万吨/年,化石能源制氢和工业副产氢分别占比 67% 和 30%。2018 年,氢气产量 2100 万吨,加氢站 23 座,累计氢燃料电池车 3896 辆。北京、河北、广东三地占燃料电池销量的 80%。中国在 2013 年研制成功第一辆燃料电池机车,2017年在河北进行商业运营,并在广东、浙江等多省开始规划氢燃料电池有轨电车生产。固定式燃料电池发电项目仍在示范阶段,仅在 2016 年投入运行 2 兆瓦质子交换膜燃料电池发电系统。总体而言,氢能源技术仍在初期商业化阶段,有待形成完整产业链和规模化应用。

第五节　本章小结

本章基于技术与成本两大要点，以中国作为国别研究重点，梳理分析可再生能源各类技术产业成效与发展制约，为实证分析提供现实依据。作为新兴可再生能源技术，太阳能、风能和生物质能源已具备鲜明的技术路线、技术产业化发展和市场规模化应用。技术产业化方面，中国作为新能源后发大国，在技术本土化（专业化）、生产规模化、布局集群化和经营一体化方面具备突出的技术和成本优势，不仅体现在自主创新和"干中学"的技术进步方式和成本效应，也体现在全球生产网络体系与规模化生产基础的"中国特色"创新模式和全产业链竞争战略的发展优势。得益于全面的产业体系建设和高效、低成本发展，中国新能源市场应用虽起步晚，但增速快、内资开发占比高，在市场规模、应用方式和降本增效方面同样体现出显著的竞争优势和发展潜力。中国其他可再生能源产业或是传统可再生能源技术，如水电和地热技术已较为成熟、产业化程度较高，但作为波动性能源的重要互补能源而优化能源成本；或是其他新兴能源，如海洋能和氢能，处于技术研发和示范应用初期阶段，已显现出技术提升和成本下降的巨大空间。

新能源产业尽管具有高效、低成本等竞争优势，但产业整体发展仍然面临技术和成本方面的诸多困难，中国市场尤为突出。技术效应层面，风、光能源技术已相对成熟，呈现效率提升边际递减趋势，识别并实现高效、低成本技术难度显著加大，制约产业发展；风、光发电普遍存在弃电现象，电力系统并网消纳效率影响新能源利用效率和竞争性能源替代；新兴能源技术还存在国别与国际技术标准不匹配、技术低值性和成熟度低等问题，制约产业整体发展，削弱技术影响力。成本效应方面，新兴可再生能源相对传统能源普遍还不具有成本竞争优势，在政策扶持下易造成供需严重失衡，尤其影响"两头在外"贸易形式的价格波动，削弱产业发展内生动力，增加提效降本的产业发展难度；资源成本冲击、传统能源价格冲击、流通渠道限制等多重因素都制约着新能源经济性提升和产业长效发展。由此，深入探讨并实证检验可再生能源技术，尤其是新能源的技术创新、成本效应及其关联作用至关重要。

第三篇 实证研究篇

——能源技术创新、成本效应与增长
转型的实证研究

第九章 中国可再生能源技术创新和生产成本效应的实证研究

本章基于第二章改进学习曲线模型以及第六章、第八章高效、低成本可再生能源技术突破难题的事实依据,利用国际和国内市场风、光发电技术的生产成本数据,估计检验可再生能源生产技术创新模式及其成本效应,探讨学习曲线的适用性和解释力,揭示模型构建和变量设定的重要性。探讨国别成本变动趋势差异和阶段性波动强度差异,揭示中国作为典型技术后发国,由引进吸收再创新向自主创新模式转型,以及由结构性创新向"结构性创新+技术工程创新"转化,对拓展技术创新模式以及强化技术创新成本效应的重要性。

第一节 基于简单学习曲线的实证研究

本节利用简单学习曲线对中国风、光发电生产成本变动进行实证研究,探讨两类技术创新模式的成本效应,说明单变量和双变量学习曲线模型的适用性和解释力,分析总结改进简单学习曲线的必要性。

一、计量模型设定和数据说明

基于单变量和双变量学习曲线模型[见式(1-1)和式(1-3)],进行对数变化,得到相应的计量方程,具体如下:

$$\log C_t = a + b_1 \log Q_t + \varepsilon_t \tag{9-1}$$

$$\log C_t = a + b_2 \log Q_t + c \log KR_t + \varepsilon_t \tag{9-2}$$

其中,b_1 和 b_2 是单变量和双变量模型中累计产量变量系数,c 是双变量模型中知识存量变量系数。

由于数据可获性限制,利用中国和国际市场风电、光伏发电设备成本进行简单学习曲线的实证研究。其中,成本变量以价格序列来替代;中国市场风电产量以安装量为代理变量(考虑到前期中国风电进口比例高,现阶段国产化率高且出口量有限（2%）；光伏产量直接以生产量为变量（国内产量远高于安装量）；R&D 投入的存量是知识累积，以专利累积或研发投入为代理变量。相关模型变量设定和基础数据来源见表 9-1 和表 9-2。

表 9-1　基于简单学习曲线的风电机组模型变量与数据说明

市场	变量	单位	时间	数据来源	其他说明
中国市场	机组成本（C）	美元/kW	1998—2010 年	IEA 数据库、中国风能协会数据库	价格作为代理变量
	产量累积（Q）	MW	1998—2015 年	中国风能协会数据库	安装量为代理变量
	知识存量（KR）	项		专利信息服务平台	专利数量为代理变量

表 9-2　基于简单学习曲线的光伏组件模型变量与数据说明

市场	变量	单位	时间	数据来源	其他说明
国际市场	组件成本（C）	美元/W	1979—2014 年	Maycock（2005）IEA 数据库	价格作为代理变量
	产量累积（Q）	MW		IEA 数据库	
	知识存量（KR）	美元		IEA 数据库	RD&D 投入
中国市场	组件成本（C）	美元/W	2007—2015 年	中国光伏行业协会	价格作为代理变量
	产量累积（Q）	MW		中国光伏行业协会	
	知识存量（KR）	%		中国光伏行业协会	转换效率为代理变量

二、统计性描述

（一）风力发电

机组价格。如图 9-1 所示，1998—2015 年，中国市场风电机组实际价格（2010 年价格指数）与装机量呈现反向变化趋势，不同阶段趋势特征有所差异。整体而言，风电机组价格降低 65%，年均降速达到 7%，降幅明显。相应地，年度安装量增长 297 倍，年均增速达到 46%。分阶段看，2004—2008 年以及 2011—2016 年，风电机组价格变动明显放缓，相应年份的安装量增速下降，但累计安装量上升趋势依然显著。

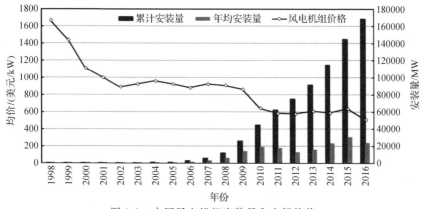

图 9-1　中国风电机组安装量和市场均价

数据来源:IEA 数据库、中国风能协会数据库。

机组安装量。 由于国内风电机组生产量数据不可获,机组出口量相对安装量比例较小,不足 5%,采用国内风电机组安装量作为代理变量。由图 9-1 可见,2006 年(《中华人民共和国可再生能源法》出台)前,风电机组年度增长较为平缓,2006—2010 年显著加快。2011—2013 年,安装增量明显回落,主要是受弃风影响但滞后于弃风影响。2014—2015 年,持续受弃风影响,但机型进行适应性调整,产量逐步回升。

专利数。 由于专利自申请日后 18 个月公布,本书采用 1998—2015 年完整数据样本(见图 9-2)。依据专利类型——发明、实用新型和外观设计进行分类,前两类专利增长速度相近,总量占专利数 90% 以上,年度增速均在 35% 左右。依据所有者分类,专利申请总量排名前十的所有者中,国内机构占比从不足 10% 增加到80% 以上。这些事实特征说明中国风电技术创新——引进、吸收再创新的成效显著,也说明国内生产制造技术进步方向以标准或准标准发明创新为主。

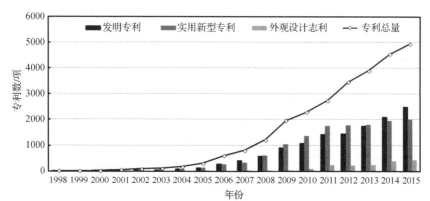

图 9-2　中国风电机组专利数据

数据来源:专利信息服务平台。

(二)光伏发电

组件价格与生产量。如图 9-3 所示,1979—2014 年全球市场光伏组件实际价格(2010 年价格指数)与装机量呈现反向变化趋势,但不同阶段变化特征有所差异。整体而言,光伏组件价格降幅明显,并超过风电设备价格下降幅度。相应地,年度安装量增长超过 25000 倍,年均增速超过 31%。然而,在 1988—1990 年以及 2003—2007 年,组件价格变动平缓,不降反升。对应地,年度安装量增速和累计安装量上升趋势依然显著。如图 9-4 所示,中国组件价格和生产/安装量变化幅度更为显著。2007—2015 年,组件价格下降了 8.4 倍,年均下降速度超过 30%,生产量增长了 98 倍,年均增速超过 76%,安装量增长 430 倍,年增速超过 210%。2008 年后,中国成为组件生产量全球第一大国,2013 年后,进一步成为光伏安装量全球第一大国。

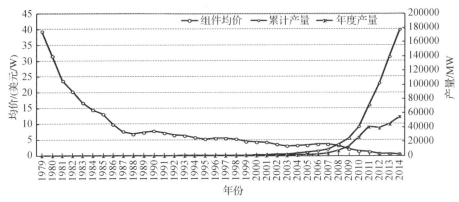

图 9-3　国际市场光伏组件均价与累计产量

数据来源:Maycock(2005)、中国光伏行业协会。

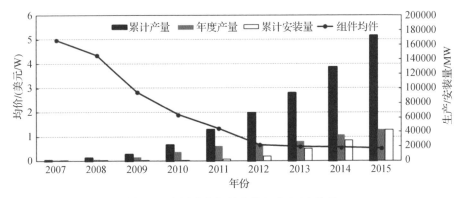

图 9-4　中国光伏组件价格与生产/安装量

数据来源:中国光伏行业协会。

研发投入。如图 9-5 所示,1979—2014 年 IEA 国家光伏技术 RD&D 预算(2010 年价格指数)投入具有显著的阶段性变化。1979—1986 年,即第一次石油危机后,IEA 国家光伏技术 RD&D 预算呈明显下降趋势。1986—2003 年,即德国上调固定上网电价扶持政策前,IEA 国家 RD&D 预算呈平稳或缓慢上升趋势。2004—2011 年,全球光伏市场规模化发展阶段,IEA 国家 RD&D 预算呈现急剧上升趋势。而 2012 年后,受市场发展不稳定影响,RD&D 预算有所回落。

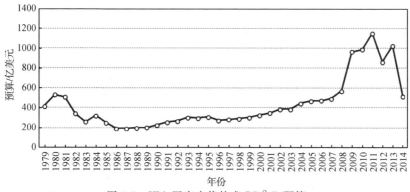

图 9-5　IEA 国家光伏技术 RD&D 预算

数据来源:IEA 数据库

转换效率。Marins(2009)提出创新活动的三类代理变量,包括 R&D(RD&D)等形式的创新投入、专利等形式的中间产出,以及创新收益等形式的直接产出。电池转换效率是光伏技术创新活动效率的综合体现,可以看作是创新活动的直接产出(见表 9-3)。由图 9-6 可见,2003—2015 年,中国光伏产业电池转换效率平稳持续上升,由 14% 上升到 18.9%,充分反映中国具备生产高性能组件的技术能力。随着产业效率逐步逼近实验室效率,光伏组件转化率提升幅度有所放缓,但仍有上升空间。

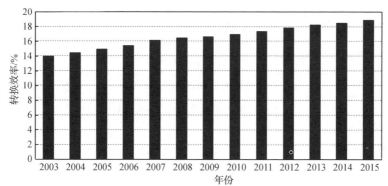

图 9-6　中国光伏产业电池转换效率

数据来源:中国光伏行业协会。

表 9-3   创新的代理变量

知识投入	中间创新产出	直接创新产出
内部和外部 R&D 支出	专利	文献统计
运营性 R&D 支出		创新收益
技改费用支出		
创新有关的培训支出		
R&D 活动的人员		
创新人员的学历		

资料来源：Marins(2009)。

三、实证结果

(一)风力发电

基于单变量和双变量学习曲线的计量结果如表 9-4 所示，通过生产累积所获的"干中学"效应和"探索学习"效应显著，综合技术学习率在 6.43%～9.7%，即累计产量增长一倍或累计产量与知识存量增长一倍，成本下降 6.43%～9.7%。但两类估计结果均显现估计有偏，随机误差项存在正的序列相关(DW值过低)。基于不同方程设定和样本估计，实证结果有所差异。双变量学习曲线中，"干中学"效应明显下降，技术学习率与单变量学习曲线估计结果低一半以上。在涵盖弃风阶段的样本(1998—2015 年)实证估计中，两类学习效应均有所提高。

比较单变量和双变量学习曲线的估计拟合度，后者估计结果的拟合程度更高，但仍无法有效解释不同时期的趋势偏离变化。如图 9-7 所示，基于双变量学习曲线的风电机组价格估计值与实际数据吻合度提高，即估计拟合度(R^2)由 0.70～0.72 提高到 0.72～0.76。但在 2001—2003 年、2007—2009 年以及 2011—2012 年，估计值与实际数据仍有较大偏差。

表 9-4   风电机组简单学习曲线的估计结果

指标	中国市场(单因素)		中国市场(双因素)	
	1998—2010 年	1998—2015 年	1998—2010 年	1998—2015 年
累计安装量	−0.0959**	−0.1130***	−0.0382**	−0.0423**
	(0.031)	(0.0179)	(0.0101)	(0.0131)
专利数			−0.0946**	−0.1021*
			(0.035)	(0.0443)

续表

指标	中国市场（单因素）		中国市场（双因素）	
	1998—2010 年	1998—2015 年	1998—2010 年	1998—2015 年
调整 R^2	0.70	0.72	0.72	0.76
技术学习率（"干中学"效应）	6.43%	7.53%	2.6%	2.9%
技术学习率（探索学习效应）			6.3%	6.8%
技术学习率（"干中学＋探索学习"效应）	6.43%	7.53%	8.9%	9.7%
DW	0.34	0.54	0.90	0.98

注：***、**、* 分别表示在 1%、5%、10% 的水平上显著。

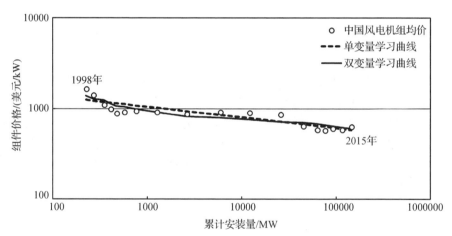

图 9-7 中国风电机组市场均价与学习曲线

（二）光伏发电

基于单变量和双变量学习曲线的计量估计结果（见表 9-5）可知，"干中学"效应和"探索学习"效应对降低光伏组件价格的作用显著，国际市场和中国市场综合技术学习率在 22%～51% 和 32%～36%，即累计产量增长一倍或累计产量与知识存量增长一倍，成本下降 22%～51% 或 32%～36%。但两类估计结果均显现估计有偏，随机误差项存在正的序列相关（DW 值过低）。基于不同方程设定和样本估计，实证结果有所差异。双变量学习曲线中，"干中学"效应明显下降，而综合技术学习率高于单变量学习曲线的学习率，即"探索学习"效应作用显著，不容忽视。

表 9-5　光伏组件简单学习曲线的估计结果

指标	国际市场（单因素）1979—2014 年	国际市场（双因素）1979—2014 年	中国市场（单因素）2007—2015 年	中国市场（双因素）2007—2015 年
累计产量	−0.36***	−0.31***	−0.55***	−0.32*
	(0.0139)	(0.0189)	(0.0430)	(0.1496)
RD&D 投入/转换效率		−0.56***		−0.25*
		(0.1849)		(0.1021)
Adj R^2	0.70	0.79	0.65	0.72
技术学习率（"干中学"效应）	22％	19％	32％	20％
技术学习率（"干中学＋探索学习"效应）		51％		36％
DW	0.38	0.53	1.40	1.44

注:***、**、*分别表示在1％、5％、10％的水平上显著。

比较单变量和双变量学习曲线的估计拟合度,后者更高且差异较大,但两者都存在拟合程度不高的问题。如图 9-8 所示,基于双变量学习曲线的国际市场组件价格估计值与实际数据吻合度提高,即估计拟合度(R^2)由 0.70 提高到 0.79。但在 1987—1990 年以及 2005—2010 年,估计值与实际数据仍有较大偏差。由此,基于简单变量学习曲线的实证估计结果可以解释光伏组件价格及成本变化的长期趋势,但无法有效解释实际数据的阶段性趋势偏离。

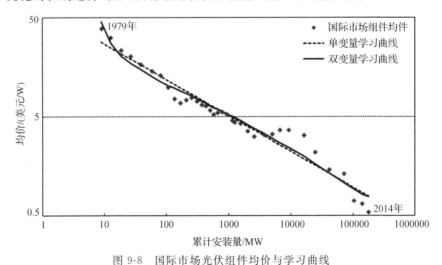

图 9-8　国际市场光伏组件均价与学习曲线

四、简单学习曲线的解释力

简单学习曲线建模的实证研究存在以下几点问题：一是模型建立在实证数据基础上"自上而下"地解释成本变化，并没有严格的模型推导；二是不同样本时间内技术学习率的估计值差异较大；三是无法解释实际数据与拟合曲线之间较大的偏离。文献对此解释如下：一是成本数据往往用市场价格作为代理变量，市场价格可能受到更多因素的干扰；二是技术学习率的变化与技术发展阶段有关，遵循经验效应边际下降和技术生命周期阶段性特征（Jamasb,2006）；三是仍然存在着遗漏变量的问题。尽管如此，这些解释仍然无法有效说明中国风、光发电成本下降趋势更显著且波幅和波段存在差异等特点。由此，有必要通过改进学习曲线，细化中国可再生能源创新模式的成本效应，提高实证检验解释力。

第二节　基于改进学习曲线的实证研究

为比较分析可再生能源生产技术创新的机制作用和国家创新模式的效应差异，本节基于改进简单学习曲线模型，对风、光发电中国市场的生产成本波动进行实证研究。建模方法参照第二章，此处不再赘述。

一、改进学习曲线的计量建模

分类计量建模包括：①考虑"中国特色"创新模式及其成本效应；②考虑竞争战略选择与创新作用机制。分类模型还考虑阶段性的电力系统效率、产能利用率、资本和原料价格波动等干扰因素影响。以下分点说明。

（一）考虑双重规模效应的学习曲线计量模型

基于式（2-9）和式（2-11），以风电机组为例，考虑规模效应的改进学习曲线对数化的计量方程可表示为两类，包括基本改进方程和拓展改进方程。

1.基本改进方程（B Model）

$$\log C_t = \log\rho + b_2\log Q_t + c\log\overline{Q}_t + d\log KR_t + e\log p_{l,t} + f\log p_{k,t} + \\ g\log p_{i1,t} + h\log p_{i2,t} + \varepsilon_t \tag{9-3}$$

其中，b_2、c、d、e、f、g 和 h 是变量系数，并定义为 $b_2 = \varphi/\theta$，$c = (1-\theta)/\theta$，$d = \tau/\theta$，$e = \alpha/\theta$，$f = \beta/\theta$，$g = \gamma/\theta$，$h = \delta/\theta$，分别代表"干中学"效应、探索学习效应、

规模效应、(钢材、树脂等)原料价格效应的相关指数。

2. 拓展改进方程(E Model)

$$\log C_t = \log \rho + b_2 \log Q_t + c_1 \log \frac{\sum_{i=1}^{i=n} WTU_i}{N} + c_2 \log UC_t + d \log KR_t +$$
$$e \log p_{l,t} + f \log p_{k,t} + g \log p_{i1,t} + h \log p_{i2,t} + \varepsilon_t \qquad (9\text{-}4)$$

其中,c_1 和 c_2 分别为 $c_1 = (1-\theta)/\theta$ 和 $c_2 = (1-\theta)/\theta$,代表单机容量规模和生产数量规模效应。理论上,由于规模经济的技术边界并不一致,这两个效应指数并不必然相等。实际生产中,由于库存量等因素影响,这两个效应指数也不必然相等。

数据样本量受限,方程(9-4)进一步转化为如下方程:

拓展改进方程 1(E Model 1):

$$\log C_t = \log \rho + b_2 \log Q_t + c_1 \log \frac{\sum_{i=1}^{i=n} WTU_i}{N} + d \log KR_t + e \log p_{l,t} +$$
$$f \log p_{k,t} + g \log p_{i1,t} + h \log p_{i2,t} + \varepsilon_t \qquad (9\text{-}5)$$

拓展改进方程 2(E Model 2):

$$\log C_t = \log \rho + b_2 \log Q_t + c_2 \log UC_t + d \log KR_t + e \log p_{l,t} +$$
$$f \log p_{k,t} + g \log p_{i1,t} + h \log p_{i2,t} + \varepsilon_t \qquad (9\text{-}6)$$

式(9-5)仅考虑生产数量规模经济效应,式(9-6)仅考虑产品规模经济效应。另外,受弃风影响,利用式(9-3)、式(9-4)、式(9-5)和式(9-6)对不同时期的风电价格波动进行计量估计和检验。

(二)考虑竞争战略的学习曲线计量模型

基于式(2-12),考虑光伏产业竞争战略的改进学习曲线模型,利用对数化形式进行多种变化。由于使用企业横截面数据,实证模型不考虑原料价格效应。具体如下:

$$\log C_t = a + b_1 \log Q_t + \varepsilon_t \qquad (9\text{-}1)$$
$$\log C_t = a + b_2 \log Q_t + c \log KR_t + \varepsilon_t \qquad (9\text{-}2)$$
$$\log C_t = a + b_1 \log Q_t + b_5 \log \lambda + \varepsilon_t \qquad (9\text{-}7)$$
$$\log C_t = a + b_2 \log Q_t + b_4 \log KR_t + b_5 \log \lambda + \varepsilon_t \qquad (9\text{-}8)$$
$$\log C_t = a + b_2 \log Q_t + b_3 \log KR_t + b_4 \log \overline{Q_t} + b_5 \log \lambda + \varepsilon_t \qquad (9\text{-}9)$$

式(9-7)和式(9-8)是在单变量或双变量模型基础上加入横向专业化或纵向一体化战略选择变量,式(9-9)是不仅综合考虑"干中学"和"探索学习"效率,也强调横纵向战略的交互学习作用。

利用 2011 年和 2015 年浙江省光伏企业调研数据,分类实证研究具体包括:

(1)基于单变量学习曲线的横截面数据研究,2011 年与 2015 年加入横向专业化战略。

（2）基于双变量学习曲线的横截面数据研究，2011 年与 2015 年加入横向专业化战略和/或纵向一体化战略。

（3）基于改进学习曲线的横截面数据研究，2011 年与 2015 年加入横向专业化战略和/或纵向一体化战略。

（4）基于改进学习曲线的横截面数据研究，加入横向专业化战略和/或纵向一体化战略。

二、数据说明与统计性描述

（一）数据来源

风电和光伏发电相关数据来源具体见表 9-6 和表 9-7。另外，由于样本量和比较分析需要，光伏产业数据以调研数据作为数据样本。

表 9-6　基于改进学习曲线的风电模型变量与数据说明

变量	变量	单位	时间	数据来源	其他说明
应变量	机组成本(C)	美元/千瓦	1998—2010 年	IEA 数据库、中国风能协会数据库	市场均价为代理变量
	产量累积(Q)	兆瓦	1998—2015 年	中国风能协会数据库	安装量为代理变量
	知识存量(KR)	项		专利信息服务平台	专利量为代理变量
自变量	机组数量(WTU)	台		中国风能协会数据库	
	单机容量(UC)	兆瓦		中国风能协会数据库	
	劳动力价格(p_l)	美元/年		中国劳动统计年鉴	
	资本价格(p_k)	%		中国统计年鉴	五年期贷款利率为代理变量
	钢材价格(p_{i1})	指数		美国劳动统计局	
	树脂价格(p_{i2})	指数		美国劳动统计局	

表 9-7　基于改进学习曲线的光伏模型变量与数据说明

变量	变量	单位	时间	数据来源
应变量	组件成本(C)	美元/瓦		
	产量累积(Q)	兆瓦	2011 年	
	知识存量(KR)	%	2015 年	
自变量	生产规模($\overline{Q}$)			77 家浙江光伏企业调研
	横向专业战略			
	纵向一体化战略			

(二)统计性描述

1.风力发电

生产规模。由于风电机组生产商通常不公布生产规模,替代方法是用年安装容量与厂商数之比来衡量。这一方法优点是数据可获性强,困难是如何调整厂商数和开工率。前者需要确定主流生产商数量,后者需要确定弃风率。1998—2015年,前15位生产商始终占据90%以上市场份额,将这部分企业定义为主流生产商。生产开工率主要受弃风影响。表9-8列明2010—2015年弃风影响所引致的工厂开工率调整。将该指标作为调整系数,即利用开工率滞后一期值代表受弃风影响的产能调整率。

弃风率。风电机组价格波动与弃风率变化存在关联。2010年以来,全国规模的弃风问题日益严峻(见表9-9)。2012—2013年,风电机组价格不降反升,同时还伴随年度装机增量的首次下降。随着弃风率的上升,风电机组厂商停产现象明显上升。尤其是2010—2013年,停产厂商由2家增加到6家和21家,产能利用不足现象明显,规模化生产受到影响,风电机组生产成本出现明显反弹。

表9-8 中国风电机组生产商开工情况

工厂所属企业	工厂所在省份	工厂运行情况(建设○,生产√,停工×)							
		2008年	2009年	2010年	2011年	2012年	2013年	2014年	2015年
航天万源	甘肃			○	√	×	×	×	×
华创	山东			○	√	×	×	×	×
风瑞能源	四川		○	√	×	×	×	√	×
久和能源	内蒙古	○	√	√	√	×	×	×	×
久和能源	陕西	○	√	√	√	×	×	×	×
国晶电气	北京			○	√	×	×	×	×
汉维风电	黑龙江			○	√	×	×	×	×
锋电能源技术	内蒙古	○	√	×	×	×	×	×	×
华仪	山东			○	√	√	×	×	×
鲁科风电	山东			○	√	×	×	×	×
麦德风电	江西	○	√	√	×	×	×	×	×
明阳	甘肃			○	√	√	×	×	×
明阳	陕西	○	√	×	×	×	×	×	×
中钢西重	陕西	○	√	√	×	×	×	×	×
智翔风电	上海			○	√	×	×	×	×
苏州特普	江苏			○	√	×	×	×	×
Suzlon	天津	√	√	√	×	×	×	×	×
Vestas	内蒙古	√	√	√	×	×	×	×	×
湘电风能	甘肃			○	√	×	×	×	×
湘电风能	内蒙古			○	√	×	×	×	×
湘电风能	内蒙古	○	√	√	×	×	×	×	×

资料来源:中国风能协会。

表 9-9　2006—2017 年中国弃风率和风电机组有效利用率

指标	2006 年	2007 年	2008 年	2009 年	2010 年	2011 年
弃风率/%	na*	na*	na*	na*	10	16
有效利用小时/hrs	1917	2015	2046	2077	2047	1875

指标	2012 年	2013 年	2014 年	2015 年	2016 年	2017 年
弃风率/%	17.12	10.74	8	15	17	11.8
有效利用小时/hrs	1893	2074	1900	1728	1742	1948

数据来源:国家能源局。na* 表示忽略不计。

单机容量和装机数量。与其他国别地区不同,随着风电机组平均功率的上升,中国风电机组单位价格并没有呈现显著上升趋势。如图 9-9 所示,1998—2015 年单机容量持续增大,增长幅度达到 320%。2006 年后,1.5 兆瓦增幅明显上升,成为主流机型(见图 9-10)。2010 年后,单机容量进一步增大,2.0 兆瓦替代 1.5 兆瓦,成为主流机型。另外,受弃风影响,2009 年后,1.5 兆瓦和 2.0 兆瓦主流机型的叶片长度明显加长,以满足南部地区新兴市场开发所需的低风高效要求(见图 9-11 和图 9-12)。可见,单机容量规模因外部因素和效率要求发生明显改变。图 9-9 显示装机量变化,与总装机容量波动趋势相近,受弃风影响大,即 2010 年装机数量达到阶段性高峰,2011 年出现首次增幅下降,2012 年增幅下降达到最大值。

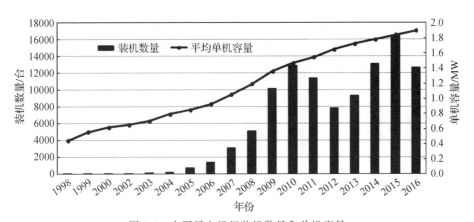

图 9-9　中国风电机组装机数量和单机容量

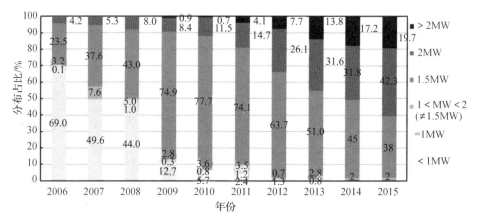

图 9-10　中国风电机组装机单机容量分布

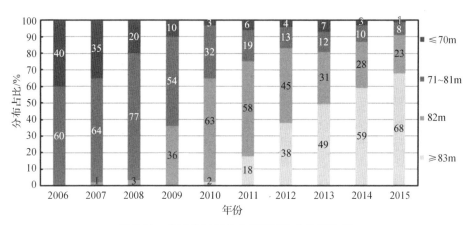

图 9-11　中国风电机组 1.5MW 叶片长度分布

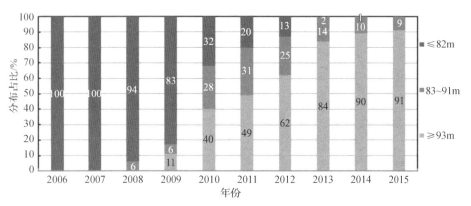

图 9-12　中国风电机组 2.0MW 叶片长度分布

资料来源:中国风能协会。

劳动力价格、资本价格。图 9-13 和图 9-14 显示风电机组行业(电器制造行业)劳动力价格(平均收入)和资本价格(长期贷款利率)变化趋势。显然,贷款利率波动变化与风电机组价格波动更相近,即 2002—2007 年稳定略有增长,2008—2009 年急速下降,2010—2015 略有上升或下降。相反,行业劳动力收入保持着稳定增长趋势。

原材料价格。鉴于中国市场公开可获数据仅为行业而非产品价格数据,且中美钢材和树脂贸易来往较为密切,将利用美国两类产品 PPI 指数作为风电机组主要原材料价格的替代变量。由图 9-15 可见,1998—2015 年两类原料产品价格波动趋势相近,即 2004 年前波动较为稳定,2004—2008/2009 年增幅显著,2009/2009—2012 年快速或急剧下降到长期水平。原材料价格波动有助于解释2009 年全球范围风电机组价格不降反升的情况,但无法解释中国市场 2010 年以来价格再次出现小幅增长的情况。

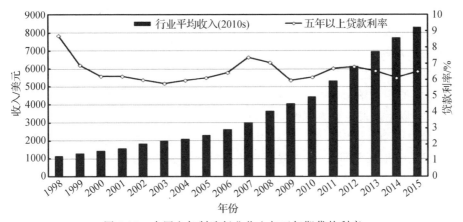

图 9-13　中国电气制造行业收入与五年期贷款利率

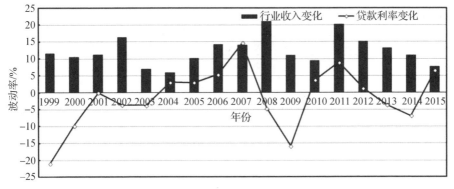

图 9-14　中国电气制造行业收入与五年期贷款利率波动

数据来源:中国统计年鉴。

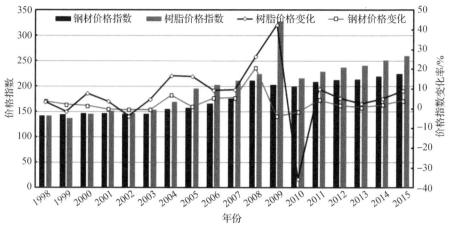

图 9-15　1998—2015 年钢材和树脂价格波动趋势

数据来源：美国劳动统计局。

2.光伏发电

生产规模。生产规模反映规模经济效应，也反映行业影响力。根据 2011 年和 2015 年对浙江光伏产业的两次调研我们发现，企业规模分类基本保持不变，即大型企业在 1000MW 以上，中型企业在 100～1000MW，小型企业在 100MW 以下。发生重大规模变化的主要原因是行业领军企业昱辉和东方日升年产量由中型升级为大型。2015 年，行业重点企业正泰、日地生产规模也扩大为大型。从地区分布来看，大规模企业主要分布在杭州、嘉兴、金华、宁波，中小型企业平均规模也大于其他市县，且区域企业平均规模的排名在两次调研中没有明显变化（见表 9-10 和表 9-11）。

表 9-10　2011 年浙江省光伏调研企业生产规模

单位：家

地区	调研企业生产规模			企业总量
	大型（1000MW 以上）	中型（100～1000MW）	小型（100MW 以下）	
杭州市		6	4	19
湖州市		1	4	10
嘉兴市	1	3	10	21
金华市		4	8	18
绍兴市		2	2	13
温州市		5	3	15
丽水市		2	—	2
台州市		4	4	10
衢州市		1	1	2
宁波市		9	3	64
合计	1	37	39	173

表 9-11　2015 年浙江省光伏调研企业生产规模分布

单位：家

地区	调研企业生产规模			企业总量
	大型(1000MW 以上)	中型(100～1000MW)	小型(100MW 以下)	
杭州市		6	4	25
湖州市		1	4	13
嘉兴市	2	2	10	18
金华市		4	8	24
绍兴市		2	2	15
温州市		5	3	18
丽水市		2	—	6
台州市		4	4	16
衢州市		1	1	9
宁波市	1	8	3	69
合计	3	35	39	213

企业开工率。 企业开工率反映实际生产状况、反映"干中学"效应。两次调研中，企业开工率有显著差异。按照规模分类，大型企业开工率较高，在 70％以上。其中，产量不足部分主要发生在 2014—2015 年，一方面部分企业受"双反"调查影响还未能完全释放产能，另一方面部分企业已摆脱"双反"调查影响，产能处于规模扩张中还未能进入生产阶段。相比 2011 年和 2015 年，中小型企业产能恢复差异性较大，部分企业已实现高运行状态，部分企业产能效率仅过半（见表 9-12）。从区域分布来看，杭州、嘉兴、宁波地区企业在后"双反"调查时期产能恢复较迅速，这与企业主动出击、多渠道开拓市场密切相关。规模较小光伏企业由于资金不足、行业影响力低，在"双反"影响下产量大大低于产能，不仅不足以发挥规模经济效益，还因开工率不足而致成本显著上升。

表 9-12　2011 年和 2015 年浙江省光伏调研企业开工率分布

地区	调研企业(2011 年/2015 年)开工率		
	大型(1000MW 以上)	中型(100～1000MW)	小型(100MW 以下)
杭州市		60％～80％/50％～88％	65％～80％/50％～70％
湖州市		67％/65％	65％～78％/45％～60％
嘉兴市	92％/89％～94％	55％～80％/55％～85％	64％～80％/55％～75％
金华市		50％～72％/45％～68％	62％～79％/53％～68％
绍兴市		50％～60％/50％～65％	65％～73％/60％～65％
温州市		43％～70％/54％～71％	68％～79％/65％～70％
丽水市		60％～76％/50％～60％	—
台州市		65％～75％/60％～72％	60％～75％/60％～67％
衢州市		75％/70％	70％/70％
宁波市	93％/71％	55％～85％/50％～80％	65％～78％/60％～75％
合计	92％/71％～93.8％	43％～85％/45％～88％	60％～80％/45％～75％

竞争战略。企业竞争战略布局反映企业资源综合配置能力,可通过规模经济、上下游产业链"交互学习"作用等多方式提高成本效应。两次调研中,光伏企业横向专业化战略和纵向一体化战略均有重大变化(见表 9-13 和表 9-14)。2011 年前,光伏企业拓展主要依赖投资扩产,即扩大原有产能的方式实现规模扩张。所有调研企业均回复通过产能扩张扩大规模。在第二次调研中我们发现,大企业不仅仅依靠原有产能,还通过并购、参股、海外代工等多种方式快速、便利、低成本地扩大生产能力。中小企业由于资金不足、市场拓展能力有限,还未能完全摆脱"双反"影响,扩产积极性不足。纵向一体化形式上,两次调研中组件光伏企业均涉及电池和组件共同生产,但在第二次调研中,众多企业或通过项目开发实现中下产业链一体化,或通过前后向共同拓展实现全产业链联动。大部分企业涉足中下产业链一体化,全产业链联动仅发生在已有原料生产的企业。无论是哪种企业竞争战略布局,都主要分布在杭州、宁波、嘉兴等光伏产业实力较强的区域。

表 9-13　2011 年和 2015 年浙江省光伏调研企业横向专业化战略布局

单位:家

地区	横向专业化(2011 年/2015 年)				调研企业数量
	扩产	并购	参股形式	海外生产	
杭州市	10/10	0/5	0	0/3	10
湖州市	5/4	0	0	0	5
嘉兴市	14/12	1/1	0/1	0	14
金华市	12/10	0/2	0	0	12
绍兴市	4/2	0/2	0	0	4
温州市	8/5	0	0/1	0	8
丽水市	2/2	0	0	0	2
台州市	8/5	0	0/1	0	8
衢州市	2/2	0/2	0	0	2
宁波市	12/10	1/4	0	2/2	12
合计	62	2/16	0/3	0/5	77

表 9-14　2011 年和 2015 年浙江省光伏调研企业纵向一体化战略布局

单位：家

地区	纵向一体化（2011 年/2015 年）			调研企业数量
	全产业链一体化	电池—组件	电池—组件—项目开发	
杭州市		9/5	1/5	10
湖州市		5/5	0/0	5
嘉兴市	0/1	13/11	1/3	14
金华市		12/9	0/3	12
绍兴市		4/2	0/2	4
温州市		8/5	0/3	8
丽水市		4/4	0/0	3
台州市		8/6	0/2	8
衢州市		2/1	0/1	2
宁波市	1/1	10/7	2/5	12
合计	1/2	73/53	4/24	77

技术创新投入/产出。技术创新投入通常以 R&D 来表示，反映创新投入强度，也反映创新实力。两次调研中，行业大企业创新积极性强，资金投入量大，数据公开性程度高。如晶科在 2011 年和 2015 年研发投入分别达到 3000 万元和 1 亿元，东方日升分别为 6900 万元和 9055 万元，昱辉分别为 2.8 亿元和 3.5 亿元等。中型企业创新积极性较强，但资金投入量有限。小型企业由于资金不充足，技术资金投入主要用于技术吸收引进和设备运行维护。中小企业技术创新投入数据公开性程度低或未能进行严格的数据统计，无法进行统计描述。为了更有效地反映技术进步效率，本研究组通过专利申请量指标来更好地反映创新成效，也规避 R&D 微观企业数据公开性程度低的缺陷。从 2011 年和 2015年专利申请总量来看，大企业是专利申请或获得的主体，如晶科的专利获得量从 2011 年的 35 个增加到 2015 年的 130 个，昱辉的专利获得量从 2011 年的203 个增长到 2015 年的 282 个。中小型企业与大企业专利申请量差距较大，数量较少且主要以实用或外观专利为主。从区域分布来看，各地区中小企业获得或申请专利量普遍较低，而大企业获得或申请专利量则差异较大（见表 9-15）。一方面，纵向一体化战略布局差异显著影响专利总量；另一方面，横向专业化战略布局差异显著影响创新资金充裕度和创新绩效。

表 9-15　2011 年和 2015 年浙江省光伏调研企业专利

单位:个

地区	2011 年			2015 年		
	大型	中型	小型	大型	中型	小型
杭州市		15～30	5～14		20～80	11～35
湖州市		10	3～11		15	6～13
嘉兴市	35	11～203	6～30	130～282	15～67	10～41
金华市		4～20	4～16		13～33	6～23
绍兴市		5～11	3～8		5～24	5～15
温州市		7～14	4～9		9～28	8～20
丽水市		3	—		5～12	—
台州市		5～17	4～16		15～32	10～25
衢州市		10	8		19	15
宁波市	21	8～20	8～15	62～78	15～53	15～28

生产成本和产品价格。生产成本构成最能清晰明确地反映成本变化,但无论是通过调研还是其他渠道,往往都无法获得真实成本水平。价格是成本最直接的代理变量,笔者通过调研获取了一部分企业价格数据,通过协会和海关还获取了一部分企业出口产品价格。2011—2015 年,光伏企业组件价格发生了显著变化,由 8.70～9.10 元/瓦下降到 3.78～4.05 元/瓦,降幅超过 47%。从企业规模来看,大企业价格优势明显,比其他企业组价格低 0.1～0.3 元/瓦;小型企业价格水平最高;不同企业间 2011—2015 年价格差距缩小,说明市场竞争日趋激烈(见表 9-16)。从地区均价来看,大中型企业主要分布在如杭州、嘉兴和宁波等地区,这些地区的价格竞争力更强,也稳定地保持着价格优势。

表 9-16　2011 年和 2015 年浙江省光伏调研企业组件均价

单位:元/瓦

地区	2011 年			2015 年		
	大型	中型	小型	大型	中型	小型
杭州市		8.90	8.98		3.84	3.94
湖州市		8.99	9.01		3.9	4
嘉兴市	8.70	8.76	8.95	3.78	3.84	3.92
金华市		8.85	8.99		3.86	3.95
绍兴市		8.93	9.00		3.95	4
温州市		8.95	9.02		3.86	3.96
丽水市		8.99	9.02		3.9	—
台州市		8.93	8.97		3.88	3.98
衢州市		8.88	8.96		3.87	3.96
宁波市	8.80	8.85	8.94	3.82	3.84	3.92

三、实证结果

(一)风力发电生产成本的实证结果

表 9-17 显示基于简单学习曲线、基本改进模型和拓展改进模型的中国风电机组成本波动计量估计结果。改进曲线的估计结果在计量推断上更有效、数据拟合度更高。以下将对这些计量结果进行比较说明。

"干中学"和"探索学习"效应。"干中学"反映风电机组生产累积所引致的生产效率提升,相应的技术学习率在不同时期达到 6.75%～8.92%,高于基于单因素简单学习曲线的估计区间 6.43%～8.08%。"探索学习"主要反映风电机组 R&D 创新活动所引致的制造成本下降,技术学习率在 7.01%～10.52% 区间,略高于各模型估计中对应的"干中学"技术学习率。"干中学"和"探索学习"的综合技术学习率在 15.01%～19.41% 区间或是 17.36% 平均水平。这些结果意味着中国风电机组制造的"干中学"和"探索学习"效应相当,累计产量增长一倍或知识存量累计量增长一倍将分别引起生产成本 7.97% 和 9.39% 的下降。值得注意的是,比较 1998—2010 年和 1998—2015 年样本估计结果,"干中学"效应有显著提高。后者极有可能是"干中学"效应被高估,高估部分来源于受弃风影响导致的利润下降,进而价格下降将而非技术进步所导致的成本下降。由图 9-5 也可知,2011—2012 年中国风电组件价格在趋势线以下,2013 年价格出现反弹。这一期间,生产规模和投入品价格等变量也未发生显著变化。

双重规模经济效应。在衡量规模效应的计量方程估计中,风电机组生产的规模经济效应结果有所差异。基于基本改进模型(生产规模模型)和拓展改进模型 1(生产数量模型),规模经济效应指数在 1998—2015 年样本估计中,结果显著且分别为 0.0984 和 0.1079,但这一结果与基于拓展改进模型 2(单机容量模型)对 1998—2010 年样本估计的结果 −0.0832 显著不同。若用规模报酬指标(θ)来衡量,则拓展改进模型 1(生产数量模型)中规模经济指数 $c_1 = (1-\theta)/\theta = 0.903$,而拓展改进模型 2(单机容量模型)中规模经济指数 $c_2 = (1-\theta)/\theta = 1.091$,即意味着生产数量的规模不经济和单机容量的规模经济效应。估计结果还显示,单机容量的规模经济效应发生在 1998—2010 年,而 1998—2015 年不存在显著的规模经济或不经济。这表明产品层面的规模效应依赖于产品结构变化,但受弃风影响所进行的产品重构的成本效应还不具有统计意义上的长期效应。估计结果显示,生产数量(或生产规模)的规模不经济发生在弃风时期,即弃风之前相应的估计结果不显著。由此,可以判断规模不经济并非由生产规模扩张所引起,而是产能利用不足或产能利用受限所致。这些结果表明,风电机组的规模经济更好地体现在更高性能产品层面的低成本生产效率上,尽管无法证明因果关联,但其与技术工程创新是密不可分的。

表 9-17　基于改进学习曲线的风电机组成本影响因素的估计结果

变量	单变量模型		基本改进模型		拓展改进模型1		拓展改进模型2	
	1998—2010年	1998—2015年	1998—2010年	1998—2015年	1998—2010年	1998—2015年	1998—2010年	1998—2015年
产量累计效应	-0.0959** (0.031)	-0.1216*** (0.0315)	-0.1095*** (0.0328)	-0.1348*** (0.0271)	-0.1194* (0.0478)	-0.1343** (0.0328)	-0.1008*** (0.0131)	-0.1203** (0.0337)
知识存量效应			-0.1430** (0.0326)	-0.1551** (0.0395)	-0.1569** (0.0251)	-0.1604** (0.0328)	-0.1338*** (0.0167)	-0.1048* (0.0469)
规模效应			0.0425 (0.0407)	0.0984* (0.0342)	0.0427 (0.0490)	0.1079* (0.0366)	-0.0832* (0.0360)	-0.1271 (0.1042)
劳动价格效应			0.2290 (0.1309)	0.2890 (0.1789)				
资本价格效应			0.6547** (0.1426)	0.5017** (0.1561)	0.6591* (0.1581)	0.4895* (0.1555)	0.6790*** (0.075)	0.6080* (0.2179)
钢材价格效应			0.5812*** (0.0953)	0.6479*** (0.1162)	0.5783* (0.1049)	0.6582*** (0.1161)	0.5475*** (0.0493)	0.5112** (0.1428)
树脂价格效应			0.0680*** (0.0075)	0.0712*** (0.0107)	0.0659*** (0.0087)	0.06524** (0.0113)	0.0661*** (0.0054)	0.0756*** (0.0152)
调整 R^2	0.6998	0.8040	0.9956	0.9915	0.9953	1.0000	1.0000	0.9828
技术学习率("干中学")	6.43%	8.08%	7.31%	8.92%	7.94%	8.89%	6.75%	8.00%
技术学习率(探索学习)			9.44%	10.19%	10.30%	10.52%	8.86%	7.01%
总学习率			16.75%	19.11%	18.25%	19.41%	15.61%	15.01%
DW	0.34	0.58	1.63	1.72	1.53	1.99	2.29	1.68

注:***、**、*分别表示在1%、5%、10%的水平上显著。

劳动与资本投入品价格效应。估计结果显示,中国风电组件制造的资本投入品价格效应显著,而劳动价格效应不显著。在所有计量估计中,资本投入品价格波动与风电机组价格波动显著负相关。在基本改进模型和拓展改进模型 1 中,资本投入品价格效应系数估计结果相近,分别在 0.5017～0.6547 和 0.4895～0.6591,比拓展改进模型 2 估计结果(0.6080～0.6790)波动性大。这意味着风电机组制造的资本成本对数量规模变化的敏感度较高,符合资源配置影响的实际情况。

原料价格效应。计量估计结果显示,钢材与树脂的价格系数估计结果均显著。在基本改进模型、拓展改进模型 1 和拓展改进模型 2 估计中,钢材价格系数分别为 0.5812～0.6479、0.5783～0.6582 和 0.5112～0.5475,树脂价格系数分别为 0.0680～0.0712、0.0652～0.0659 和 0.0661～0.0756。这些结果表明原料价格波动将引起风电机组成本同向变化,且钢材价格效应较大。

其他效应。其他效应可包括其他原材料价格效应、利润效应等。这些效应体现在残差项中,未能直接在计量方程中表示。依据 DW 检验结果和 R^2 值可知,估计结果不存在序列相关或内生性问题,即其他效应不对计量结果产生显著影响。

(二)光伏发电投资成本的实证结果

表 9-18 和表 9-19 显示了基于简单学习曲线和基本改进模型的浙江光伏组件成本波动影响因素的计量估计结果。改进曲线的估计结果在计量推断上更有效、数据拟合度更高。以下将对这些计量结果进行比较说明。

表 9-18　2011 年浙江光伏企业成本降低的实证结果

变量	单变量及其拓展模型		双变量及其拓展模型		改进学习曲线模型
	单变量＋横向战略		双变量＋横向战略		基本模型
累计产量	−0.5258	−0.2501	−0.1267	−0.1005	−0.0816
知识累积(专利总量)			−0.1189	−0.0944	
知识累积(发明专利)					−0.0566
知识累积(实用和外观专利)					−0.0328
横向战略:扩产		−0.1104		−0.0304	−0.0226
拟合优度	0.6593	0.7896	0.9053	0.9266	0.9598
"干中学"效应	30.54％	15.91％	8.41％	6.7％	5.49％
"探索学习"效应			7.91％	6.3％	6.10％

表 9-19　2015 年浙江光伏企业成本降低的实证结果

变量	单变量及其拓展模型			双变量及其拓展模型		改进学习曲线模型	
	单变量＋横向战略			双变量＋横向战略		基本模型	
	单变量	＋横向战略	＋纵横向战略	双变量	双变量＋纵横战略	基本模型	＋战略形式
累计产量	−0.3771***	−0.2732**	−0.1599**	−0.1098**	−0.0914**	−0.0855**	−0.0803**
知识累积（专利总量）				−0.1209**	−0.0816**		
知识累积（发明专利）						−0.0598*	−0.0526*
知识累积（实用和外观专利）						−0.0342*	−0.0212*
横向战略：扩产		−0.0767*	−0.0561*		−0.0233*	−0.0216*	−0.0190*
横向战略：并购和参股							−0.0151*
横向战略：海外投资							−0.003
纵向战略：中游生产			−0.0589*		−0.0301*	−0.0232*	−0.0143*
纵向战略：中下游一体							−0.0101*
纵向战略：全产业链							−0.004
拟合优度	0.6265	0.7916	0.8120	0.9125	0.9288	0.9601	0.9886
"干中学"效应	23%	17.3%	10.49%	7.3%	6.13%	5.8%	5.41%
"探索学习"效应				8.0%	5.50%	6.4%	5.04%

注：***、**、*分别表示在 1%、5%、10%的水平上显著。

"干中学"效应。基于单变量学习曲线基础模型进行实证估计，即产量累积形成的"干中学"效应作为唯一变量解释成本变化。估计结果显示，"干中学"效应水平较高，在 2011 年和 2015 年分别达到 30.54% 和 23%，即累计产量扩大一倍，成本下降 30.54% 和 23%。但估计拟合度值较低，分别为 0.6593 和 0.6265。考虑到 2011 年前，浙江光伏企业主要基于产能扩张进行战略布局，则拓展后模型估计结果显示"干中学"效应下降为 15.91%，同时拟合度上升到

0.7896。考虑到 2014 年,不少浙江光伏企业还通过纵向一体化战略布局提高竞争优势。拓展横向以及拓展纵横向战略的模型估计结果显示"干中学"效应下降为 17.3% 和 10.49%,同时估计拟合度上升到 0.7916 和 0.8120。可见,单独考虑"干中学"技术学习率是有偏的。

"探索学习"效应。基于双变量学习曲线基础模型进行实证估计,即产量累积形成的"干中学"效应和技术创新形成的"探索学习"效应作为双变量解释成本变化。估计结果显示,"干中学"效应水平较高,在 2011 年和 2015 年分别达到 8.41% 和 7.3%,即累计产量扩大一倍,成本分别下降 8.41% 和 7.3%。"探索学习"和"干中学"效应相当,在 2011 年和 2015 年分别达到 7.91% 和 8.0%。相应地,估计拟合度值分别为 0.9053 和 0.9125。考虑到 2011 年之前,浙江光伏企业主要基于产能扩张进行战略布局,则拓展后模型估计结果显示,"干中学"和"探索学习"效应下降为 6.7%、6.3%,同时拟合度上升到 0.9266。

规模经济效应。基于改进学习曲线实证研究,将技术进步方式更好地体现为自主创新和引进吸收再创新形成的"探索学习"效应、产量累积形成的"干中学"效应、规模扩张形成的规模经济效应等因素解释成本变化。估计结果显示,"干中学"效应在 2011 年和 2015 年进一步下降为 6.1% 和 5.8%,即累计产量扩大一倍,成本下降 6.1% 和 5.8%。"探索学习"效应通过不同专利形式体现,发明专利代表的自主创新效率在 2011 年和 2015 年分别为 5.66% 和 5.26%,而实用新型和外观设计专利代表的引进吸收创新效率分别达到 3.28% 和 2.12%。规模化扩张同样显著,规模经济分别达到 5.66% 和 7.67%。相应地,估计拟合度值分别为 0.9598 和 0.9601。可见,各类技术进步方式和规模经济对成本下降都起到积极的作用。

竞争战略选择效应。①拓展单变量学习曲线。在 2011 年考虑横向专业化战略和 2015 年考虑纵向一体化战略,探讨战略选择对成本变化的影响。估计结果显示,在 2011 年光伏企业产能扩张也会显著引起成本变化,产能扩大一倍,成本下降 11%;在 2015 年,仅考虑横向专业化战略,则产能扩张的成本效应下降为 7.7%,综合考虑纵横向战略则引致的成本效应将分别达到 5.6% 和 5.9%。可见,企业战略布局有助于更好地解释成本变化。②拓展双变量学习曲线。在 2011 年考虑横向专业化战略和 2015 年考虑纵向一体化战略,探讨战略布局对成本变化的影响。估计结果显示,在 2011 年光伏企业产能扩张会显著引起成本变化,产能扩大一倍,成本效应下降到 3.04%;在 2015 年,纵横向战略引致的成本效应将分别达到 3.01% 和 2.33%。可见,企业战略布局在双变量学习曲线模型中对成本的作用有所下降,但仍然有助于更好地解释成本变化。③拓展改进学习曲线。考虑横向专业化战略和纵向一体化战略的具体形式,探讨战略布局对成本变化的影响。考虑到 2011—2015 年浙江光伏企业选择更为多元化的价值链战略,如横向专业化战略包括扩产、并购和参股、海外投资等形式,纵向一体化战略包括中游生产、中下游一体化和全产业链一体化等形式。估计结果显示,在2015年,横向专业化战略中扩产、并购和参股的成本效应是显著的,纵向一体化战略中中游生产和中下游一体化的成本效应也是显著的。而其他战略形式在计量意义上是不显著的。同时,扩产、并购和参股形式引致规模扩张的成本效应为1.9%和1.5%,中游生产和中下游一体化引致的"交互学习"效应分别为1%和0.4%。可见,光伏企业纵横向一体化的竞争战略的成本效应不容忽视,尽管影响相对较小,但可以有效支持"中国特色"的创新模式和成本效应。

第三节　实证估计的有效性

大量实证文献支持新兴可再生能源技术具备显著的学习效应,技术进步可以推进成本持续下降。但大部分研究针对技术先发市场和传统技术创新模式,缺少兼顾技术追赶型国家创新模式和技术体系下创新关联的成本效应实证研究。中国风、光发电技术进步突出体现为制造环节的产品结构性创新,即在不牺牲产品质量、功用的基础上,以更低的成本、更好的产品兼容性进行生产的技术能力,也体现在以技术工程为主导的技术能力上,即更有效地将R&D原创技术转变为规模化生产,并通过与全国乃至全球生产网络的交互关联进行技术累积和提升。本章基于简单学习曲线和改进学习曲线,实证检验了可再生能源生产技术创新的成本效应模型的适用性和解释力。

一、风力发电

如图9-16所示,基于改进学习曲线的计量结果更好地解释了中国市场风电机组成本变化趋势,数据拟合度、统计推断有效性显著提高。实证结果表明,技术学习效率是风电机组成本下降的主要原因,而且技术创新的作用机制是多样的。1998—2015年,"干中学"和"探索学习"效应对风电机组成本降低的贡献最大,贡献率达到115%,是中国风电机组价格不断下降并低于国际水平的最重要因素。尤其在2006年以后,中国市场风电机组的技术进步由引进创新模式向以自主创新为主转变后,"探索学习"效应更为显著,其成本效应与"干中学"效应相当。风电技术创新的作用机制还体现在单机容量规模的增大并没有引起显著的成本上升,反而进一步降低成本,为大生产网络体系下的技术累积和提升或"中国特色"的产品"结构性创新+技术工程创新"影响提供了经验依据。

造成成本反弹的因素较为复杂,包括电力系统效率、产能利用率、资本和原料价格波动等。受弃风影响,风电机组生产表现出数量上的规模不经济性,主要由生产受限、产能利用不足所造成。这部分影响占 2011—2012 年风电机组价格增幅的 15%,是这一时期中国市场价格异常变化(不降反升)的重要原因。资本和原料价格波动对风电机组价格波动影响显著,尤其在 2004—2008 年,资本和原料的价格效达到风电机组年度价格增幅的 45% 和 65%,是这一时期中国市场风电机组成本不降反增的主要原因。基于以上实证结果可知,基于简单学习曲线的实证研究无法有效解释风电机组价格偏离趋势的诸多情况,也无法解决估计有偏性问题。

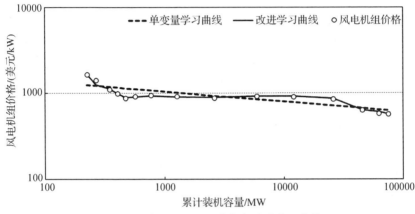

图 9-16　中国风电机组价格与改进学习曲线

二、光伏发电

本书基于浙江百家光伏企业调研数据,探究光伏企业生产成本下降的根源。实证结论表明,光伏企业成本变化来源于“干中学”效应、“探索学习”效应、专业化战略“规模经济”效应以及纵向一体化战略“交互学习”效应。

无论是单变量模型、双变量模型还是改进学习曲线,“干中学”效应和“探索学习”效应均是显著的,这也是大多文献研究的基本结论。同时,模型加入产业发展的战略选择,模型估计结果均支持显著的战略效应,拟合程度接近 99%,几乎完全拟合数据序列。这一结论验证了可再生能源产业发展不仅通过企业间“交互学习”和规模经济作用,提高资源配置效率和推动产品结构性创新,也通过产业链交互作用进一步强化工程性创新和前沿技术的规模化生产,促进生产成本下降,引领国别成本竞争优势。

第十章 中国能源技术的发电成本和外部成本分析

基于第三章产业链视角和电力能源技术效率特性的发电成本研究与第六章能源技术替代的关键要素之成本竞争力事实,本章分析中国可再生能源与常规化石能源的平准化电力成本和外部成本构成,细化影响电力成本变动的技术性、地区性和政策性因素,探讨多视角下平准化电力成本模型和变量设定的重要性,为第十一章可再生能源成本评估提供现实依据。

第一节 电力能源发电成本结构

一、电力能源发电成本构成

电力项目发电成本包括资本性成本和运营成本,具体如图 10-1 所示。发电总成本的主要影响因素包括系统期初(系统、建设安装等)投资成本、可变成本(运行维护成本和燃料成本)、金融和财务成本等。发电单位成本的主要影响因素包括项目系统和电力系统运行效率。这些成本并不包括可再生能源改善外部环境的成本节约(外部性的收益,如减少当地空气的污染、环境破坏等)。

按照可再生能源产业链视角,主要成本因素的具体内容如下。

(1)系统成本(system costs)。系统成本包括发电机组核心设备成本和平衡系统成本(balance of system cost),平衡系统成本是发电系统其他配件成本,如变压器、控制器等。系统成本是占固定资产投资份额最大,也是成本下降最大的部分。按照电力项目建设运行的产业链视角,相关成本包括建设安装成本、接网成本、预备费用和其他费用,以及运行维护费用。

(2)建设安装成本(engineering costs)。包括基础建造、施工、系统安装、运输仓储、验收、管理等,地域因素影响程度大。

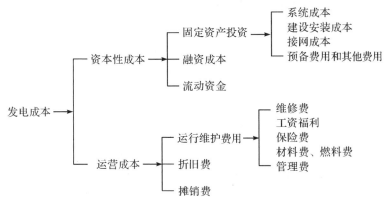

图 10-1　电力项目发电成本构成

资料来源:项目可行性研究报告。

(3)接网成本(connection costs)。接入电网的成本,依据《可再生能源发展基金征收使用管理暂行办法》有具体的补贴标准:50 千米内为 1 分/千瓦时,50~100 千米为 2 分/千瓦时,100 千米及以上为 3 分/千瓦时。该部分成本为电网工程成本,不展开具体讨论。

(4)预备费用和其他费用(other costs)。项目工程建设安装所需预备支出和其他支出,通常按工程技术标准以及工程勘察设计收费管理规定等定额设定。

(5)运行维护费用(O&M costs)。项目运营时涉及的人员工资、修理维护、设备更新等费用。

其他成本指融资、税收和折旧等,按照法律法规或建设要求设定,不一一说明。

二、平准化电力成本

平准化电力成本(LCOE)是全周期收益成本相抵的电力价格,包括了资本回报率(等于贴现率)。该成本受总成本、年等效利用小时数、经济金融性指标等因素影响。年等效利用小时数受以下因素影响。

(1)资源和气候条件。

(2)运行方式(固定安装和自动跟踪;集中和分布式发电;陆上和海上运行等)。

(3)系统各部分效率(控制器、逆变器和变压器效率等)。

(4)系统损失(系统衰减、温度损失、灰尘、遮挡、线路等损失)。

第三章详述了平准化电力成本经济金融性指标,此处不再赘述。基于中国

行业惯例和金融财税要求,LCOE 改进模型具体如下:

$$LCOE = \frac{R_{IS} \cdot ICC + \sum\limits_{t=1}^{T'} \dfrac{(1-R_{IS}) \cdot ICC \cdot [1+(T'-t+1) \cdot i](1-R_{IT})}{T'} D_t + \sum\limits_{t=1}^{T} \dfrac{(O\&M+F+Ins)_t(1-R_{IT}) - Dep \cdot R_{VA} \cdot [1+R_{VAS} \cdot (1-R_{IT})+R_{IT}]}{(1+R_{VA})} D_t}{\left[1 - \dfrac{R_{VA}}{(1+R_{VA})} - \dfrac{R_{VAS} \cdot R_{VA} \cdot (1-R_{IT})}{(1+R_{VAS})}\right] \cdot \sum\limits_{t=1}^{T} Q_t D_t}$$

$$(10\text{-}1)$$

第二节　风力发电成本分析

一、风电机组

风电系统主要设备器件是风力机组,包括发电机、风轮、机舱和塔筒等,依据项目规模、地区、技术等差异,占发电总成本的 50%～75%。风电机组的成本变化主要受技术创新效率、创新模式等因素影响。为有效解释机组价格变化,第十章利用改进学习曲线进行估计和预测,具体见相关内容。机组价格波动地区差异大,中国相较于其他国家存在明显的成本优势且保持着长期下降趋势。2016 年,中国风电机组价格达到 3385 元/千瓦,是西班牙市场的 51%,墨西哥的 35%,是所有国家市场平均售价中最低的。从 2001—2016 年长期数据来看,中国风电机组价格下降趋势显著,降幅超过 50%,而众多发达国家经历 2004—2009 年机组价格显著攀升后,目前只是略低于 2004 年水平。局限于发达国家的风电市场,将不利于风电成本竞争力的有效评估。

二、电气设备和接入系统

电气设备的技术创新,是国际市场电力设备成本下降的主要原因,而电气设备国产化率的提高,进一步加快了国内电力设备的成本下降。风电场接入系统成本包括:接网线路(110 千伏或 220 千伏路线)、接网变电站间隔扩建、调度自动化装置和系统通信工程造价。风电的接网(并网)电气成本在风电场资本投资中占比较高,其中接网的线路成本影响最大。这两项成本受制于整体电气电力行业发展规模和技术创新,而不仅限于风电行业,总体占比在 10% 左右。

三、建设安装

不同地形风电场建设安装成本有很大区别,即风电场建设安装成本必须考虑不同地区的地理条件。由于海上风电装机占比低(不足 2％)且服役环境条件差异大,以下重点说明陆上风电场建设安装情况。

(1)设备安装费,山地海岛风电场单位投资最高,主要是因为山地海岛风场特殊的地形及复杂的运输过程。

(2)单台风机基础投资,沿海滩涂风电场最高,内陆平原风电场次之,山地海岛风电场最低。内陆平原风电场与沿海滩涂风电场一般采用功率较大的单机机组,沿海滩涂风电场风机基础投资较内陆平原投资更大的主要原因是沿海滩涂风电场特殊的地质条件需要采用桩基和施工围堰,并且滩涂地区砂石材料缺乏,使得建筑材料费用增加。山地海岛风电场所用的风电机组单机容量小、轮毂高度低,基础投资相对较小。

总体来看,沿海滩涂、山地海岛风电场的建设成本要高于内陆平原风电场。

四、系统运营维护

运行维护成本是在项目运营寿命期内为保证风机、电气等设备正常运行所产生的维护成本,主要包括常规检修费用、故障维修费、备品备件购置费、保险费以及管理费用五个方面。风电机组出现故障的原因主要来自风电场极端风速变化所导致的风电机组组件非正常工作以及风电机组和风电场不相匹配、组件故障等问题增加的维修维护成本和风机发电量下降。故障维修费和备品备件购置费因风机磨损老化和外部环境因素影响难以预测,但保险费和管理费在风机的使用寿命是相对稳定。目前,我国陆上风电场运行维护费用大约为0.05～0.1 元/千瓦时(NDRC,2011;王振明等,2010)或 2％ 项目投资费/年(根据调研数据整理)。

五、风力资源与发电量

除以上各类成本加成影响外,风力发电单位成本还受风能资源、发电转化效率、并网消纳能力等重要因素影响。

(一)风能资源与地区资源分布

第四次全国风能资源详查和评估工作中,中国气象局在全国范围内建立了由 70 米、100 米和 120 米测风塔组成的全国风能专业观测网,开发了由历史观测资料筛选、树脂模式和地理信息系统(GIS)空间分析组成的风能数值模拟评估系统(WERAS/ CMA),极大提高了陆地风力资源开发的准确性。表 10-1 显示了高度为 50 米、70 米以及 100 米的风能资源技术开发量(国家发改委,2011)。表 10-2 显示了水深 5~50 米的海上 100 米高度的陆地以及近海风能资源技术开发量。表 10-3 显示了风力资源存在地区分布集聚现象,"三北"地区风力资源更丰富、开发潜力更大。

表 10-1　中国陆上风能资源技术开发量

单位:100GW

离地面高度	4 级及以上(风功率密度≥400W/m²)	3 级及以上(风功率密度≥300W/m²)	2 级及以上(风功率密度≥200W/m²)
50m	8	20	29
70m	10	26	36
100m	15	34	40

资料来源:中国风力发电技术路线图(国家发改委,2011)。

表 10-2　中国陆地和近海风能资源潜在开发量

地区	总面积/10⁴ km²	风能资源潜在开发量/100GW
陆上(70m 高度)	960	26
海上(水深 5~50m,100m 高度)	39.4	5

资料来源:中国风力发电技术路线图(国家发改委,2011)。

表 10-3　2019 年各省(区、市)陆地 70m 高度年平均风功率密度≥150W/m² 区域面积及其年景变化

地区	总面积/10⁴ km²	风功率密度偏大面积占比/%	风功率密度偏小面积占比/%
北京	0.4	69.7	30.3
天津	0.6	52.1	47.9
河北	9.1	28.6	71.4
山西	7.1	70.4	29.6
内蒙古	104.9	71.3	28.7
辽宁	12.3	87.0	13.0
吉林	17.0	97.8	2.2
黑龙江	42.8	98.6	1.4
上海	0.6	6.1	93.9
江苏	2.6	43.0	57.0

地区	总面积/10⁴km²	风功率密度偏大面积占比/%	风功率密度偏小面积占比/%
浙江	2.1	37.5	62.5
安徽	4.1	82.4	17.6
福建	2.3	55.9	44.1
江西	2.8	61.0	39.0
山东	9.0	33.9	66.1
河南	4.6	75.7	24.3
湖北	2.9	80.5	19.5
湖南	3.8	35.4	64.6
广东	5.4	41.8	58.2
广西	14.7	82.2	17.8
海南	1.1	28.0	72.0
重庆	1.2	96.9	3.1
四川	16.9	85.9	14.1
贵州	5.7	30.8	69.2
云南	13.9	82.0	18.0
西藏	81.9	92.0	8.0
陕西	5.6	61.8	38.2
甘肃	23.8	36.0	64.0
青海	41.7	42.3	57.7
宁夏	3.3	56.0	44.0
新疆	83.3	48.4	51.6
全国	527.3	68.6	31.4

数据来源：中国气象局。

（二）理论发电量与转换效率

发电量预测的不确定性往往难以量化，因为它是一个有很多独立因素的函数。基于计算流体力学的 WT 软件所获得的风电场理论年发电量，可能未充分考虑风场空气密度、机组受尾流、风机控制和湍流、叶片表层污染、气候影响停机、风电机组可利用率影响、电气设备（厂用电和线损）的能耗影响等因素对发电量的折减影响，需要判断并估计风力发电量的不确定性以及误差来源，推算风电场的实际可上网电量。风电场场址和地形的粗糙复杂性也会影响发电量预测，如浙江低山地区某风电场总传输效率为 0.721，而江苏近海风电场总传输效率为 0.824，两者差异很大。

（三）并网消纳能力与系统效率

2008年，中国启动了七大风电基地——六个千万千瓦级陆上风电基地（内蒙古的蒙东和蒙西基地、新疆哈密基地、甘肃酒泉基地、河北基地、吉林基地）——和一个江苏沿海风电基地——的规划和建设工程。结合风力资源可开发量情况以及各省份风电累计安装量，"三北"地区风能开发能力与输配电能力并不匹配，弃风形势严峻，严重影响风电有效利用小时数。电力系统效率影响的原因较多。如蒙东地区2012年风电平均利用小时数比2010年下降364小时，低于2013年511小时，其主要原因是风电装机规模超过本地风电消纳能力且外送通道严重不足；吉林2012年风电平均利用小时数比2010年下降190小时，低于2013年240小时，其主要原因是调峰能力不足；甘肃2016年弃风率达到43.11%，新疆达到38.37%，主要原因是受跨省跨区输电通道能力限制。改善电力系统效率可以通过基建扩大电网建设，也可以通过技术提升改善调峰消纳能力。2017年以来，随着保障性、技术性等多方面举措的推进，弃风率已下降到10%左右，弃风情况得到显著改善。

第三节　光伏发电成本分析

一、光伏组件

光伏发电系统主要设备器件是组件，技术分类主要有晶硅和薄膜，成本主要影响因素包括原料成本、加工成本和转换效率变化等。以晶硅光伏技术为例，2009—2016年中国光伏组件主流厂商制造平均成本由1.29美元/瓦降至0.47美元/瓦，其中晶硅原料降幅贡献最大，成本下降达0.4美元/瓦；其次是硅片加工成本，降幅达0.19硅片美元/瓦；电池和组件成本降幅分别为0.1美元/瓦和0.14美元/瓦。2004年以来，实验室晶硅电池转换效率纪录提升非常缓慢，但厂商生产效率逐年稳步上升。2007—2016年，中国单晶硅电池平均效率由16%上升到20%，多晶硅电池效率由14%上升到18%。

在新能源技术中，光伏技术的长期学习效应最为明显。但在产业发展的不同阶段以及不同国别，组件价格与产量关系并不完全一致。如2004—2008年，光伏组件价格不降反升；2008—2016年，组件价格急剧下降；两个时期国别价差波动较大。为此，大量文献在研究方法和样本数据上进行改进，并对组件价格波动趋势进行实证检验。第九章针对光伏技术创新模式和竞争战略选择的国别和行业特点，实证检验了光伏组件成本波动的来源和效应，具体内容见前文相关内容。

二、平衡系统

(一)逆变器

光伏逆变器在平衡系统中成本占比最高,且国别差异较大。中国是光伏逆变器生产平均成本和价格最低的国家,是美国的 50% 左右。值得注意的是,不同销售渠道下光伏逆变器售价相差较大。以美国为例,大型客户与居民客户之间的价差超过 40%。

光伏逆变器生产成本变化相对平稳,可利用学习曲线进行预估。利用历史数据进行单因素学习曲线估计可知,中国光伏逆变器学习效应显著,但低于组件生产的学习效率。光伏逆变器累计产量增长一倍,生产成本将下降 5%。

(二)系统成本

中国光伏发电系统整体生产成本下降明显。2008—2011 年,中国光伏制造份额已跃居世界第一,但制造总成本仍普遍高于传统光伏制造大国,平均售价高于德国和美国大型光伏系统均价,也高于日本居民光伏系统价格水平。2012 年后,中国光伏系统平均售价开始低于其他国家各类规模的系统均价,具有成本优势。2013 年,国内光伏系统价格已达到 1.06~1.51 美元/瓦。但与此同时,年度价格降幅也开始放缓,2007—2012 年年均降幅超过 30%,而 2016 年不降反增,系统价格逐步逼近成本。

三、建设安装

随着光伏市场的成熟,发电系统成本降幅将变小,而建设安装环节的相关成本变化将日益重要。建设安装成本在各国差异较大,尤其是劳动力成本和建设安装效率。以劳动成本为例,全国建筑业工人平均工资水平区域差异显著。太阳能一类资源区青海低于全国水平;二类资源区如新疆、宁夏、内蒙古和甘肃平均工资略低于全国水平;三类资源区如北京和天津,超过全国水平的一半。四类资源区如上海、江苏、浙江和山东等,省份间差异大,如上海超过全国平均水平 70%,而山东低于全国平均水平 10%。从年均增速来看,年增速较为平稳但数值较高,全国建筑业实际工资水平年均增长率达到 8.5%~9.5%。可见,建设安装成本会因劳动力成本等因素,放缓下降趋势。

四、系统运营维护

运行维护成本是在项目运营寿命期内为保障光伏组件、电气设施等设备正常运行所产生的维护成本,主要包括常规检修费用、故障维修费、备品备件购置费、保险费以及管理费用五个方面。该部分成本因地理条件、装机规模有所差异但年度变化不大。调研数据显示,运行维护成本占项目投资费用的2%～5%,恶劣天气的地区维护成本较高,经济发达地区检修人工成本较高。

五、光照资源与发电量

除以上各类成本加成外,光伏发电的单位成本还受太阳能发电量的不确定性影响,主要因素包括太阳能资源和发电效率等。

(一)太阳辐射量与地区资源分布

《中国光伏分类上网电价政策研究报告》(2013)基于中国气象局96个基准气象站10年年均水平面总辐射数据进行等效利用小时数的测算。IEA(2014)对中国太阳能资源等级水平年总辐射量、年等效小时数以及测算取值并不完全相同。前者三类资源区取值为1600小时、1400小时和1200小时,而后者分别取值为1500小时、1200小时和1000小时。因IEA报告未说明取值小时数指标的测算方法,本书将依据中国气象局相关数据进行研究讨论。

表 10-4 太阳能资源等级与地区分布

资源区域	水平面年总辐射量/(千瓦时/米²)	年等效利用小时数/(小时/年)	测算取值/(小时/年)	地区分布
资源最丰富(Ⅰ)	1750～2300	>1600	1600	青海海西、海北、果洛、玉树
资源很丰富(Ⅱ)	1400～1750	1400～1600	1400	新疆,宁夏,内蒙古,青海西宁、海东、黄南,甘肃嘉峪关、武威、张掖、酒泉、敦煌、金昌,四川阿坝、甘孜,云南丽江、迪庆
资源较丰富(Ⅲ)	1050～1400	1000～1400	1200	北京,天津,黑龙江,吉林,辽宁,河北承德、张家口、唐山、秦皇岛,山西大同、朔州、忻州,陕西榆林、延安,云南省除二类地区外其他地区,甘肃省除二类地区外地区
一般(Ⅳ)	<1050	<1000	1000	其他

资料来源:IEA(2014)、可再生能源专业委员会(2013)。

（二）安装与运行方式

光伏系统的安装和运行方式分为固定倾角、单轴向日跟踪、方位角向日跟踪和双轴向日跟踪等多种形式，对辐射量提高的比例各有差异。还因所测地纬度、海拔等多因素，辐射量提高比例有所变化。因我国向日跟踪系统应用还较有限，本书不讨论跟踪安装和固定安装方式技术提升引致的发电量差异，但将其与资源区基准相结合，可综合反映地理分区差异对发电单位成本的重要影响。

（三）系统效率和损失影响

系统效率是光伏发电系统电气设备（逆变器、变压器等）的运行效率。系统发电损失是光伏阵列在能量转换过程中形成的损失，如组件的匹配损失、表面尘埃遮挡损失、温度影响和直流线路损失等。目前，国内大型光伏项目系统损失率基本设定在85％，系统效率和损失综合影响基本在79％水平。从生产商系统效率理论值和调研数据来看，技术创新引致的光伏系统效率提升是渐进而平缓的，年度增幅呈线性趋势。我国光伏发电系统效率和损失影响与发达国家相比还有差距，有较大的提升空间。

第四节　燃煤发电成本分析

火力发电是目前最成熟、最具规模化的电力技术，也是中国主导的电力能源。在电力能源供给紧缺时期，火电对支持中国经济发展发挥了重要作用。但在可持续性发展日益迫切的形势下，火电清洁低碳利用迫在眉睫。2005年，《中华人民共和国可再生能源法》颁布后，新兴可再生能源迎来高速增长期，而煤电生产投资进入低速增长期，其供给投资主导地位不断削弱。中国火力发电主要是燃煤发电技术，技术成熟，但技术提升带来的成本降低效应较弱。以下以燃煤发电技术为例展开分类成本讨论。

一、发电机组

燃煤发电机组项目成本细项分类较多，基于分析需要，按照国内主流60万千瓦机组工程项目对发电设备、建设工程、安装工程以及其他费用的成本和占比进行比较说明。

由于用电、环保等发展需要，中国燃煤发电项目向大容量方向发展。2016年，在运100万千瓦机组54台，60万千瓦及以上机组占全部火电机组容量的

43.4%,30万千瓦及以上火电机组占全部火电机组容量的80.57%。2008年以来,各类机组工程参考造价稳定下降,而60万千瓦及以上容量降价更为平稳。由于工程技术差异,60万千瓦以下机组工程扩建和新建造价差异较大(500~700元/千瓦),而100万千瓦机组工程造价差异较小(200~400元/千瓦)。

工程造价构成中,设备购置费用占比最高,建设和工程总额趋近设备购置。由于设备购置费用的下降,其他项目构成的成本占比有所上升。然而由于火电工程技术较为成熟,并未表现出如风电、光伏发电项目那么明显的学习效应,工程造价中设备购置费用的下降和其他项目费用的上升会基本相抵或仅总体略有下降。

二、电煤燃料

区别于大部分可再生能源,燃煤发电还包括燃料成本,主要是电煤,辅助性投入还包括用电和用水。电煤成本变化加大,以下进行重点说明。

(一)电煤成本构成

$$F_{c,t} = \frac{3.6F_{c,p}}{\eta(1-s)} \tag{10-2}$$

其中,$F_{c,t}$指单位电量的电煤成本,单位为元/兆千瓦时;$F_{c,p}$指电煤价格,单位为元/吉焦;η为机组年利用小时数;s是发电侧线损率,火电厂一般取$s=0$,即发电侧线损率可忽略。由计算公式可知,电煤价格和机组年利用小时数是电煤成本的主要波动因素。

(二)电煤价格波动

国际国内市场煤炭整体价格波动较大。2008年,受金融危机影响,动力煤价格波动最为剧烈。2010—2012年,受国际经济复苏、国内经济增长强劲等影响,动力煤价格上升明显,达到周期性高峰。2012—2015年之后,受环境要求和经济影响,中国动力煤需求增长减速,国内外煤炭价格均呈下降趋势。2016—2018年,经济稳中有升,动力煤需求回升,价格上涨。

2002年以来,中国煤炭供需平衡和供给来源发生重要变化。国内消费量明显高于国内生产量,进口量急增,进口/消费占比显著提高。动力煤进口量增加主要原因有:①2002年之后煤炭价格机制开始由政府定价逐步转变为市场定价;②国际煤炭价格普遍低于国内价格。中国煤炭价格机制转变,国内外动力煤价格波动呈现协同趋势。尤其在主要煤炭出口国和进口国之间,如中国和南非、澳大利亚等,煤炭价格波动具有协同效应,且国际市场对国内市场的单向价格影响减弱,双向价格影响增强(见图10-2)。这意味着全球煤炭市场呈现一体化市场结构,市场间价格协同波动,价格传导更为有效。

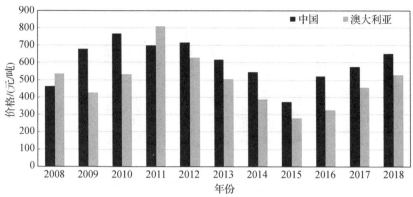

图 10-2　中国和澳大利亚动力煤价格趋势

数据来源：IEA。

（三）电煤价格影响因素

电煤价格的影响因素主要是国内经济增长、电煤供需状况、铁路运输瓶颈、环境要求以及国际煤炭市场价格波动。不同时期，这些影响因素对电煤价格的影响程度不同。本书不对电煤价格变化进行预测，主要利用国内外市场联动和价格协同，根据国际知名机构（如统计门户 Statista、世界银行）的预测来推测。原因如下：①煤电联动机制下，还无法真正实现市场联动，由电煤价格变化引起的电价变化由发改委确定，基本为跨年度调整，调整幅度未有明确估算标准，估算电煤价格波动干扰与实际波动可能相差较大；②电煤价格涉及国内外市场联动，并非所列影响指标均可纳入预测指标体系。因此，本书不深入探讨电煤价格影响因素，也不建模预测电煤价格变化，而参考其他权威机构预测来实证研究电煤价格波动的成本影响因素（具体见第十一章）。

三、机组发电量与利用率

燃煤发电机组发电量受使用寿命年限（t）和年运行利用小时数（η）影响，技术创新空间相对较小。机组使用的理论寿命年限稳定，国内基于投资成本回报年限，一般设定额定年限为 20 年（王志轩，2014）。机组除检修外可以满负荷运行，但实际受用电需求、调峰要求等影响远低于满负荷运行（叶发明，2002）。由图 10-3 可知，2006—2016 年火电有效利用小时数降幅较大。尤其在 2013—2016 年，每年火电设备有效利用小时数分别为 5012 小时、4706 小时、4329 小时和 4165 小时，年均降幅达到 282 小时/年，年降幅超过 5%。从中短期来看，火电作为调峰机组需求将不断增大，调峰技术提升，年均利用小时数将企稳。

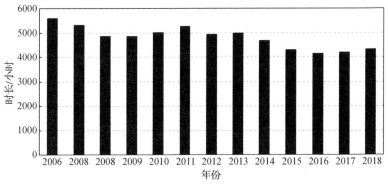

图 10-3　中国火电设备利用小时数趋势

第五节　燃煤发电外部成本分析

一、燃煤发电外部成本构成

燃煤发电外部影响发生在全产业链过程:煤炭的生产和运输、电厂的建设和运行、燃煤发电和煤炭自燃。环境影响的主要因素包括污染排放、温室气体和事故,具体影响包括健康问题、农作物减产、生态系统平衡、材料腐蚀、辐射健康危险和温室效应。外部成本估算是量化外部影响的货币成本(见图 10-4)。

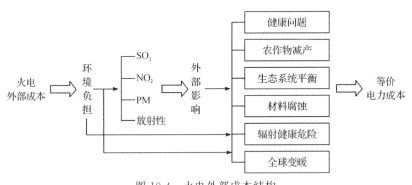

图 10-4　火电外部成本结构

二、燃煤发电环境外部成本估算方法

由第一章第四节可知,燃煤发电的外部成本估算方法包括"自上而下"分析法、"自下而上"分析法和全生命周期法三类。"自下而上"分析法允许使用某单个地点的特定技术的排放数据，以能源链为基础，推算各节点的排放数据、污染方式以及相应的环境和社会影响。若考虑地区技术特征和技术特定性，"自下而上"分析法更为适宜。

姜子英（2008）的煤电链外部成本研究方法和指标体系最具代表性，本书将在此基础上以60万千瓦机组项目为基础进行相关研究。表10-5列出了改进的环境价值估值法和价值指数调整。考虑货币价值指数更新和衡量基准变化，重大指数调整包括碳排放定价标准、可支配收入标准和各类支出标准。

表 10-5　燃煤发电环境外部成本的估算方法

项目	环境价值估值法*	价值指数调整
森林	市场价格法	工业生产者购进价格指数（木材及纸浆类）
农作物	市场价格法	农产品生产者价格（种植业产品）
大气污染健康效应	支付意愿法	城镇居民人均可支配收入指数
材料	替代修复成本法	建筑业材料价格指数
清洗	市场价格、使用防护费用法、替代修复成本法	衣着消费支出指数
辐射健康危险	疾病成本法	医疗费用增长率、通货膨胀率、医疗保健支出指数
全球变暖	美国环境价值标准	2013—2015年度中国碳排放交易价格中值
煤矿事故	晋政发〔2004〕44号《山西省人民政府印发关于落实煤矿安全责任预防重特大事故发生的规定的通知》的赔偿标准	
生态系统	单位价值移植法	

资料来源：* 姜子英（2008）。

由于机组技术、机组利用率、环保设备、排放规定等地区差异，燃煤发电外部成本存在显著差距，不具有完全可比性。燃煤发电外部成本变化主要与大气（包括污染物、温室气体）排放有关，以下将重点探讨燃煤发电污染排放标准与减排要求，比较研究政策规制对外部成本的影响。外部成本核算将在第十一章中以情景分析法进行具体讨论。

三、燃煤发电污染排放标准与减排要求

（一）燃煤发电污染排放标准

中国对燃煤发电污染排放的相关规定包括2000年4月通过的《中华人民

共和国大气污染防治法》《燃煤电厂大气污染物排放标准》《大气污染防治行动计划》和《煤电节能减排升级与改造行动计划（2014—2020 年）》的政策措施。排放标准逐步提高,对环境影响逐步减少。可见,中国煤炭清洁化利用重视程度不断提升。

2011 年,新版排放标准对燃煤电厂大气污染物排放限值非常严格,对新建和现有机组也设定了不同控制要求。现有和新建的分时段规定分别从 2014 年 7 月 1 日和 2012 年 1 月 1 日起实施。其中,二氧化硫和氮氧化物控制在不同机组之间差异依然明显。重点区域不分机组时段,严格执行统一新规。2011 年新规比之前规定提高了 50%～80%,被认为是最为严苛的环保规定。

《煤电节能减排升级与改造行动计划（2014—2020 年）》(国家发改委,2014)明确了《火电厂大气污染物排放标准》特别排放限值的重点地区,且限值规定更为苛刻。到 2020 年,东部地区新建机组烟尘、二氧化硫和氮氧化物排放浓度不高于 $10mg/m^3$、$35mg/m^3$ 和 $50mg/m^3$,中部地区新建机组接近或达到燃气轮机组排放限值（烟尘、二氧化硫和氮氧化物排放浓度不高于 $10mg/m^3$、$35mg/m^3$ 和 $100mg/m^3$）。无疑,排放标准地区差异会导致外部成本差异。严苛的火电厂大气污染物限定使得环境外部成本明显下降,但防治成本将显著提高,防治成本的提高可以看作是外部成本内部化的一种形式。

表 10-6　2011 版《火电厂大气污染物排放标准》火力发电锅炉大气污染物排放浓度限值

单位:mg/m^3(烟气黑度除外)

地区	设施类型	污染物	使用条件	限值	排放监控位置
非限制区域	燃煤锅炉	烟尘	全部	30	烟囱或烟道
		二氧化硫	新建	100	
				200[①]	
			现有	200	
				400[①]	
		氮氧化物（以 NO_2 计）	全部	100	
				200[②]	
		汞及其化合物	全部	0.03	
重点地区	燃煤锅炉	烟尘	全部	20	
		二氧化硫	全部	50	
		氮氧化物(以 NO_2 计)	全部	100	
		汞及其化合物	全部	0.03	

注:①广西、重庆、四川和贵州的火力发电锅炉执行该限值;②采用 W 形火焰炉膛发电锅炉,现有循环流化床火力发电锅炉。

（二）大气污染物减排

在燃煤发电污染排放标准、政策措施的约束下，燃煤电厂大气污染物排放得以明显控制。硫化物排放主要以二氧化硫形式得以严控。如图 10-5 所示，2001—2017 年，电力生产中二氧化硫排放量占全国的比重由最高值 53.2% 下降到 6.5%，总量由最高值 1350 万吨下降到 120 万吨，度电排放由 6.7g/kWh 下降到 0.26g/kWh，下降趋势非常显著。由于燃煤发电污染排放标准和相关政策性要求，排放物浓度的预测不适宜用历史数据进行拟合，而应以政策性规定或环保要求来设定。

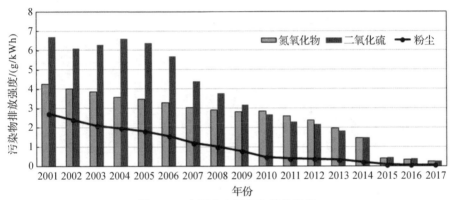

图 10-5　中国火电污染物排放强度

数据来源：《2018 中国电力年鉴》。

燃煤电厂除尘率较高，排放总量和绩效有显著改善。到 2017 年，中国火电厂年除尘率达 99.9%，接近技术限值。尽管电力生产增长迅速，但度电排放量由峰值 2.72g/kWh 下降到 0.06g/kWh。依据《煤电节能减排升级与改造行动计划（2014—2020 年）》，已达到 2020 年目标。

燃煤电厂氮氧化物减排总量和绩效是显著的，但不如硫化物和烟尘，这与氮氧化物形式和技术难度有关。2005—2017 年，电厂氮氧化物排放由峰值 981 万吨下降到 114 万吨，而度电排放由峰值的 4.27g/kWh 下降到 0.25g/kWh，降幅显著。依据《煤电节能减排升级与改造行动计划（2014—2020 年）》，氮氧化物排放水平还需继续下降。

（三）温室气体减排与耗煤

电厂燃煤还排放温室气体二氧化碳。二氧化碳不属于大气污染物，但属于温室气体，其减排的国际承诺体现在 2009 年哥本哈根大会中国减排承诺提出的 2020 年和 2030 年温室气体排放限定和 2014 年中美达成的温室气体减排协议中提出的 2030 年达到峰值。《煤电节能减排升级与改造行动计划（2014—2020 年）》对新建、现役燃煤发电机组提出了供电煤耗明确限定。目前，二氧化碳减排的经济补充还不体现在电价中,实际监控监察也较难,主要以最终耗煤量与发电量比值来体现二氧化碳减排成效。

如图 10-6 所示,2001—2017 年燃煤电厂耗煤由 385g/kWh 下降至 309g/kWh,年均降幅达到 4.48g/kWh,稳步下降,线性趋势显著。对历史数据进行线性拟合,趋势拟合度达到 0.98。根据线性趋势和技术参数,预计 2020—2025 年可以达到新建和现役机组供电耗煤 300～310g/kWh 水平。温室气体排放的单位成本有望持续下降。

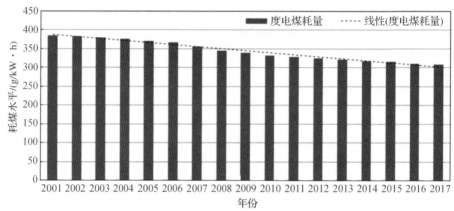

图 10-6 中国发电煤耗水平和线性趋势线

数据来源:《2018 中国电力年鉴》。

第六节 本章小结

基于产业链视角和技术效率特征,本章细化中国可再生能源与常规化石能源的平准化电力成本和外部成本构成,提供技术、地区和政策影响因素的事实依据。

在国内金融和财务成本基本一致的情况下,能源电力技术总成本的主要影响因素是项目投资成本、燃料成本和外部环境成本。技术和地理因素方面,可再生能源电力成本特征鲜明:考虑关键技术,发电机组作为核心设备,成本占比高(50%以上),但受项目场所条件影响,成本占比区间跨度大,还因国内技术创新效率高,成本下降空间大;平衡系统是发电系统配件,成本变化受制于整体电气电力行业发展规模和技术创新,并不仅仅受制于可再生能源行业发展。考虑分类区域,中国可再生能源资源呈现地区集中分布的特点,即"三北"地区资源禀赋优势显著,但场址和地形更复杂、系统损失更高,将部分抵消资源禀赋的成本优势;因技术创新,系统效率提升正逐步削弱地理条件的影响,国内技术提升空间更大。从环境外部影响来看,常规化石能源的电力成本特征鲜明:燃料消耗强度不仅影响发电成本,还影响外部成本;火电大气排放量与机组规模、技术效率有关,国内主流为60万千瓦机组,度电大气排放量差异正不断缩小;排放标准规制下,环保设施是影响外部成本的主要因素,目前各省份排放标准差别仍然较大,外部成本存在区域差异。

基于以上事实特征,可再生能源技术成本评估需充分考虑技术性、地区性和环境政策性因素。第十一章将利用情景法研究中国可再生能源发电成本竞争力。

第十一章　中国可再生能源技术创新
与发电成本竞争力的情景研究
——以光伏为例

可再生能源成本评估不仅体现在相对化石能源的成本水平、跨区域成本差异和环境外部价值,还体现在技术创新的成本效应在不同分类市场、分类资源区以及外部成本内生化程度下的差异化影响。本章综合可再生能源技术经济性、空间异质性和环境外部性等视角,以光伏发电技术为例,量化评估 2014—2025 年可再生能源发电成本竞争力,包括发电侧 vs. 售电侧经济性、资源区 vs. 省区经济性,以及涵盖 vs. 不涵盖环境成本的经济性,分析影响发电成本竞争力的主要因素,尤其是技术创新的成本效应,揭示提升技术创新能力以及充分发挥各类技术进步效应将显著提升光伏发电成本竞争力,有效实现中国可再生能源电力平价上网和能源替代目标。

第一节　多视角下光伏发电成本评估与模型设定

基于改进的平准化电力模型和环境成本估计方法,以光伏发电技术为例,构建光伏发电成本评估模型,从技术经济性、环境外部性和区域异质性等多视角探讨技术创新影响可再生能源发电成本的不同效应,有效地评估可再生能源发电成本动态变化趋势和相对于化石能源的成本竞争力。

一、技术经济性视角下发电成本评估模型

技术经济性视角体现不同应用方式下可再生能源的成本竞争力。光伏发电利用方式包括地面电站和分布式发电,相对于常规电源的技术经济性包括发电侧(DS)和用户侧(CS)相对成本差异:

$$CG_t^{DS,SZ} = LCOE_t^{S,SZ} - LCOE_t^C \quad SZ = SZ\,\mathrm{I}\,,\ SZ\,\mathrm{II}\,,\ SZ\,\mathrm{III} \quad (11\text{-}1)$$

$$CG_t^{CS,SZ} = LCOE_t^{S,SZ} - ET_t^{C,J} \quad J = R\,,\ AP\,,\ GIC \quad (11\text{-}2)$$

以上等式与式(3-34)和式(3-35)类似，$CG_t^{DS,SZ}$衡量发电侧两类电力技术发电成本差异，可以以现行中国三类光照资源区（$SZ\,I$、$SZ\,II$和$SZ\,III$）进行分类比较；$CG_t^{CS,SZ}$衡量用户侧光伏发电成本相对于常规电力各类用电部门（居民R、农业生产AP和一般工商业GIC）的购电成本差异。前者是基于资源区分类，后者是基于省份行政分区，两类分区基准并不相同。

二、区域分类视角下发电成本评估模型

中国电力市场存在自然资源禀赋分区和行政区分区两大基准，可再生能源资源区分类标准跨越省际基准，易造成地区间电力成本估算的基准偏差。为比较说明分区基准影响，构建省际统一基准下光伏发电相对成本方程：

$$CG_t^{DS,PGR} = LCOE_t^{S,PGR} - LCOE_t^{C} \tag{11-3}$$

$$CG_t^{CS,PGR} = LCOE_t^{S,PGR} - ET_t^{C,J} \quad J = R, AP, GIC \tag{11-4}$$

以上等式与式(3-36)和式(3-37)类似，$CG_t^{DS,PGR}$和$CG_t^{CS,PGR}$代表省际区域内不同电源发电侧和用户侧发电成本差异，用于比较现行区域分类基准下光伏发电成本竞争力差异。

三、外部性视角下发电成本评估模型

考虑外部成本内生化程度，构建涵盖环境贡献的光伏发电成本评估方程：

$$CG_t^{DS,SZ,\psi} = LCOE_t^{S,SZ} - LCOE_t^{C} - \psi EC_t^{C}$$

$$SZ = SZ\,I, SZ\,II, SZ\,III; \psi \in [0,1] \tag{11-5}$$

$$CG_t^{CS,SZ,\psi} = LCOE_t^{S,SZ} - ET_t^{C,J} - \psi EC_t^{C}$$

$$J = R, AP, GIC; \psi \in [0,1] \tag{11-6}$$

$$CG_t^{DS,PGR,\psi} = LCOE_t^{S,PGR} - LCOE_t^{C} - \psi EC_t^{C}$$

$$SZ = SZ\,I, SZ\,II, SZ\,III; \psi \in [0,1] \tag{11-7}$$

$$CG_t^{CS,PGR,\psi} = LCOE_t^{S,PGR} - ET_t^{C,J} - \psi EC_t^{C}$$

$$J = R, AP, GIC; \psi \in [0,1] \tag{11-8}$$

以上等式与式(3-38)至式(3-41)类似，衡量考虑常规电力，主要是中国燃煤发电的外部成本内部化程度对光伏发电成本优势的影响。ψ越大，光伏发电环境价值体现越充分，反之越不充分。

四、多视角下可再生能源技术创新的发电成本动态效应

基于第三章第四节的动态建模，技术经济性视角下光伏技术创新的发电成本动态效应如下：

$$\frac{\partial CG_t^{DS,SZ}}{\partial KR_t} = \frac{\partial CG_t^{DS,SZ}}{\partial KR_t} =$$

$$\frac{\frac{\partial C_{E,t}^S}{\partial KR_t}R_{IS} + \sum_{t=1}^{T'} \frac{(1-R_{IS})\frac{\partial C_{E,t}^S}{\partial KR_t} \cdot [(T'-t+1) \cdot i](1-R_{IT})}{T'} D_t}{}$$

$$\frac{+\sum_{t=1}^{T} \frac{\frac{\partial C_{E,t}^S}{\partial KR_t}\theta_{OMI}(1-R_{IT})}{(1+R_{VA})} D_t}{\left[1 - \frac{R_{VA}}{(1+R_{VA})} - \frac{R_{VAS} \cdot R_{VA} \cdot (1-R_{IT})}{(1+R_{VAS})}\sum_{t=1}^{T} Q_t D_t\right]}$$

（11-9）

其中，$\frac{\partial C_{E,t}^S}{\partial KR_t} = \tau/\theta \rho Q_t^{\varphi/\theta} \bar{Q}^{(1-\theta)/\theta} KR_t^{\tau/\theta-1} \lambda^{\bar{\omega}/\theta} p_{L,t}^{\alpha/\theta} p_{k,t}^{\beta/\theta} p_{i,t}^{\gamma/\theta}$。

$$\frac{\partial CG_t^{DS,SZ}}{\partial Q_t} = \frac{\partial CG_t^{DS,SZ}}{\partial Q_t} =$$

$$\frac{\frac{\partial C_{E,t}^S}{\partial Q_t}R_{IS} + \sum_{t=1}^{T'} \frac{(1-R_{IS})\frac{\partial C_{E,t}^S}{\partial Q_t} \cdot [1-(T'-t+1) \cdot i](1-R_{IT})}{T'} D_t}{}$$

$$\frac{+\sum_{t=1}^{T} \frac{\frac{\partial C_{E,t}^S}{\partial Q_t}\theta_{OMI}(1-R_{IT})}{(1+R_{VA})} D_t}{\left[1 - \frac{R_{VA}}{(1+R_{VA})} - \frac{R_{VAS} \cdot R_{VA} \cdot (1-R_{IT})}{(1+R_{VAS})}\sum_{t=1}^{T} Q_t D_t\right]}$$

（11-10）

其中，$\frac{\partial C_{E,t}^S}{\partial Q_t} = \varphi/\theta Q_t^{\varphi/\theta-1} \bar{Q}^{(1-\theta)/\theta} KR_t^{\tau/\theta} \lambda^{\bar{\omega}/\theta} p_{L,t}^{\alpha/\theta} p_{k,t}^{\beta/\theta} p_{i,t}^{\gamma/\theta}$。

式（11-9）和式（11-10）与式（3-36）和式（3-37）相似，无论是发电侧和售电侧，光伏技术创新的发电成本动态效应是一致的。

相应地，区域分类视角下光伏技术创新的发电成本动态效应的表达式与技术经济性视角下相似。不同的是，技术创新的发电成本动态效应是统一为省际效应。

外部性视角下光伏技术创新的发电成本动态效应由两部分构成：电力项目技术效率提升的发电成本效应和技术外部效率提升的发电成本效应。前者通过式（11-9）和式（11-10）进行体现，后者通过传统能源技术外部性效率提升进行体现：

$$\frac{\partial CG_t^{DS,SZ,\psi}}{\partial INN_t} = \frac{\partial CG_t^{CS,SZ,\psi}}{\partial INN_t} = \frac{\partial CG_t^{DS,Z}}{\partial INN_t^S} - \psi\frac{\partial EC_t^C}{\partial INN_t^C} = \frac{\partial CG_t^{CG,Z}}{\partial INN_t^S} - \psi\frac{\partial EC_t^C}{\partial INN_t^C}$$

（11-11）

$$\frac{\partial CG_t^{DS,PGR,\psi}}{\partial INN_t} = \frac{\partial CG_t^{CS,PGR,\psi}}{\partial INN_t} = \frac{\partial CG_t^{DS,PGR}}{\partial INN_t^S} - \psi\frac{\partial EC_t^C}{\partial INN_t^C} = \frac{\partial CG_t^{CS,PGR}}{\partial INN_t^S} - \psi\frac{\partial EC_t^C}{\partial INN_t^C}$$

$$(11\text{-}12)$$

式(11-11)和式(11-12)与式(3-44)和式(3-45)相似。其中，INN_t表示"干中学""探索学习"和"交互学习"等创新效率。煤电外部性效率提升包括发电煤耗技术创新和脱硫脱硝技术创新，也可以综合表示为"干中学""探索学习"和"交互学习"等方式的技术创新。然而，值得注意的是，煤电节能减排技术非常复杂，不仅涉及发电机组技术，还涉及节能节水节煤技术耦合以及系统运行技术集成等，往往难以量化为"干中学""探索学习"和"交互学习"的作用机制。另外，节煤、脱硫和脱硝效率更直接地显现燃煤发电技术提升的外部性效应。由此，式(11-11)和式(11-12)中技术外部效率提升的发电成本效应转变为节煤、脱硫和脱硝技术创新的发电成本动态效应：

$$\frac{\partial CG_t^{DS,SZ,\psi}}{\partial INN_t} = \frac{\partial CG_t^{CS,SZ,\psi}}{\partial INN_t} = \frac{\partial CG_t^{DS,Z}}{\partial INN_t^S} - \psi\frac{\partial EC_t^C}{\partial INN_t^{EC}} = \frac{\partial CG_t^{CG,Z}}{\partial INN_t^S} - \psi\frac{\partial EC_t^C}{\partial INN_t^{EC}}$$

$$(11\text{-}13)$$

$$\frac{\partial CG_t^{DS,PGR,\psi}}{\partial INN_t} = \frac{\partial CG_t^{CS,PGR,\psi}}{\partial INN_t} = \frac{\partial CG_t^{DS,PGR}}{\partial INN_t^S} - \psi\frac{\partial EC_t^C}{\partial INN_t^{EC}} = \frac{\partial CG_t^{CS,PGR}}{\partial INN_t^S} - \psi\frac{\partial EC_t^C}{\partial INN_t^{EC}}$$

$$(11\text{-}14)$$

其中，EC代表节煤、脱硫和脱硝技术或节能减排综合技术，即耗煤量、硫化物排放、氮氧化物排放降低 1g/kWh 所引起的外部成本效应。

第二节　电力技术发电项目的指标体系设定

为有效体现电力技术成本差异和技术创新的成本效应，以可再生能源和化石能源应用范围最广的电力技术——光伏和燃煤发电——为例，设定电力项目各类基准指标和指标动态变化，提供情景研究的基本依据。

一、光伏发电项目的指标体系设定

(一)基准指标设定：技术、财务、地理条件分类设定

基于中国光伏发电项目投资、主要省份调研和固定上网电价政策实施年份等情况，设定项目各类基准指标。以装机量 1 兆瓦并网晶硅项目为基准，以2014 年为基准年份，具体技术设定如表 11-1 所示，并依据行业惯例和税法，设定财务指标。

根据资源区和省际分类情况,设定不同的地理条件分类基准(资源区分类和省级行政区分类)以及相应的变量取值。地理条件的指标包括项目系统效率$[E_*^S(1-R^{S,Deg})^t]$,光照条件(H_t^S)和电网系统效率($1-R^{S,GC}$)。"三北"地区光照资源条件好,但弃光率高、安装条件恶劣。基于典型装机项目省份调研结果,分别设定2014年资源区分类下减阻因数(E^S)为81%和省际分类下"三北"地区省份和其他省份分别为80%和82%。根据光伏产业协会数据库,分别设定资源区和省际弃光率($R_t^{S,GC}$),后者差异在10%~300%。根据固定上网电价政策和水规院测定,分别设定资源区和省际年有效小时数(H_t^S)。

表11-1　光伏发电项目指标基准设定(2014年)

技术变量		财务变量	
项目容量(PC)	1兆瓦	贷款率(R_{IS})	70%
设备成本(C_E)	520万元	贷款期(T')	15年
建设成本(C_{CS})	180万元	贷款利息率(i)	6.55%
其他成本(C_O)	100万元	增值税率*(R_{VAT})	17%
保险(Ins)	0.25%/项目投资费*年	增值税附加税率**(R_{VATS})	10%
运维成本($O\&M$)	2%/项目投资费*年	所得税率***(R_{IT})	0/12.5%/25%
项目周期(T)	20年	内部收益率(r)	8%
减阻因数(E)	81%/资源区; 80%~82%/省际	折旧(Dep)	15年,10% 净残值率
衰减率($1-R^{Deg})^t$	≤15%		
年有效小时数(H)	1000~1600小时/年,资源区 800~2200小时/年,省际		
弃光率(R^{GC})	资源区Ⅰ—Ⅱ,14%;甘肃,42%;新疆,15.3%		

数据来源:水规院、依调研数据整理。

(二)技术指标动态设定

根据第三章、第九章光伏发电项目各类指标动态变化形式,设定2015—2025年相关技术数值,具体见表11-2。其中,对两个指标进行特别说明。

表 11-2　光伏发电项目指标设定(2015—2025 年)

C_E (SA1&SA2)	b	δ	ξ	LBD	2005—2015 年 DW	调整 R^2
OFLC	-0.403***	—	—	0.243	0.646	0.944
MFLC	-0.195**	0.23***	-1.997*	0.126	1.995	0.989

	2020 年	2025 年
$C_E^{S,OFLC}$ b	3.95	3.49
$C_E^{S,MFLC}$ b	3.46	3.01
产量 CQ^b	411	861

C_{CS}		LBD	2025 年	2020 年
θ_{CS}^1	0.95	C_{CS}^{1b}	1.02	1.32
θ_O^1	0.95	C_O^{1b}	0.57	0.74

弃光率资源区 vs. 省际(SC1 & SC2)

2015 年	SC1:无	SC2:12.6%/资源区 I—II;甘肃、新疆、青海和宁夏(30.7%、22%、3.14%、5.05%)
2016 年	SC1:无	SC2:19%/资源区 I—II;甘肃、新疆、青海和宁夏(30.45%、32.23%、8.33%、7.15%)
2017 年	SC1:无	SC2:10%/资源区 I—II;甘肃和新疆 20%;青海和宁夏 5%
2018—2020 年	SC1:无	SC2:5%/资源区 I—II;甘肃和新疆 10%;青海和宁夏 5%

1.生产量

中国光伏制造以全球市场为基础,其生产量与国内装机量有显著差别。2013年中国组件制造占全球市场的64%,远超过其累计装机容量(13%)和新增装机容量(30%)占比。鉴于中国光伏生产量与安装量差异巨大,初期投资成本应以生产量而非装机容量作为规模变量进行预测。本书参照能源局预估的2020年和2025年光伏装机容量,设定以年度均值增长进行递推估计,而生产规模根据IEA对全球市场和中国份额的预估进行估计。

2.投资成本

光伏发电投资成本以系统成本为基础,考虑组件和逆变器成本变化。组件技术指标包括用硅量和电池效率等。其中,用硅量用于调整硅片价格变化,电池效率替代表示研发投入引致的技术进步提升。

3.其他

根据行业调研和发展情况,建设和其他成本(C_{CS} & C_O)设定年下降幅度为5%;系统效率在资源区分类下最佳平均为88%,"三北"地区为87%,在其他省份为89%。根据能源局规划,到2020年弃光率为5%以内,之后忽略不计。其他设定不变。

(三)学习曲线模型的估计检验

为有效检验学习曲线模型设定和技术创新的成本效应,设定基准模型为单变量学习曲线。

二、燃煤发电项目的基础指标设定

(一)基准指标设定:技术和财务指标设定

依据《大气污染防治行动计划》(国发〔2013〕37号文件)燃煤装机地区要求,设定新常规燃煤发电机组容量为2×660MW,以2014年为基准年份。根据《火电工程限额设计参考造价指标》(电规院,2015,2017),设定相应的发电机组造价成本指标和财务指标,具体数值如表11-3所示。

表11-3 燃煤发电项目指标基准设定(以2014年为基准年)

技术变量		财务指标	
系统规模(PC)	2×660MW	贷款率(R_{IS})	70%
设备成本(C_E)	18.40亿元	贷款期(T')	15年
建设成本(C_{CS})	18.20亿元	贷款利息率(i)	6.55%
其他成本(C_O)	5.17亿元	增值税率(R_{VAT})	17%
保险(Ins)	0.25%/项目投资费·年	增值附加税率(R_{VATS})	10%
系统规模(PC)	2×660MW	贷款率(R_{IS})	70%

续表

技术变量		财务指标	
运维成本（$O\&M$）	5%/项目投资费·年	所得税率（R_{IT}）	25%
运行周期（T）	20 年	内部收益率（r）	8%
有效利用小时（H）	4706 小时/年	折旧（Dep）	15 年,5%净
耗煤量（λ）	319 克/千瓦时		残值率
煤价（f_{CP}）	462 元/吨		

数据来源:电规院、依调研数据整理。

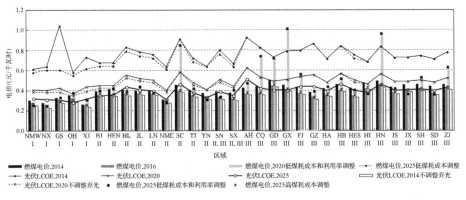

图 11-1　发电侧省际区域基准的光伏发电成本竞争力

　　参考造价指标包括设备成本、建设成本和其他成本,但不包括污染预防设备成本。基于《国家燃煤发电机组环保电价及环保设施运行监管办法》（发改价格〔2014〕536 号）,以脱硫、脱硝、除尘设施的补偿电价 0.027 元/千瓦来进行替代。根据燃煤发电机组年度运行数据,设定有效利用小时（H）和耗煤量（λ）取值。根据中国环渤海煤价指数,设定煤价（f_{CP}）取值。根据行业惯例等,设定相应的财务指标。

　　由于《关于促进我国煤电有序发展的通知》（发改能源〔2016〕565 号）严格控制新增燃煤机组的要求,各省份燃煤发电成本估算仅基于现有燃煤机组装机状况,相应的平准化电力成本及其变化将基于现有的基准上网电价进行调整。

（二）技术指标动态设定

1. 投资成本

　　由第十章第四节可知,燃煤发电投资成本及构成（$C_{E,t}^{2}$,$C_{CS,t}^{2}$ 和 $C_{O,t}^{2}$）符合线性变化趋势。表 11-4 中有基于式（3-33）的 $C_{E,t}^{2}$、$C_{CS,t}^{2}$ 和 $C_{O,t}^{2}$ 的趋势参数 θ_{E}^{2}、θ_{CS}^{2} 和 θ_{O}^{2} 估值。建设成本上升部分抵消设备和其他成本下降,投资成本呈小幅下降趋势。

表 11-4　燃煤发电项目指标设定(2015—2025 年)

ICC	2020 年	2025 年	2020 年	2025 年	2020 年	2025 年
θ_E^2　−39.14	$C_{E,t}^2$　1605	1410	θ_{CS}^2　15.75　$C_{CS,t}^2$　1915	1994	θ_O^2　−4.37　$C_{O,t}^2$　490	469

燃煤成本和有效利用小时(SC3—SC6)		
耗煤量	全国平均:300g/kWh,2020年;	
	东部:300g/kWh,2017年;或固定在 2016 年水平	SC3:297g/kWh,2025年;
	中部:300g/kWh,2018年;或固定在 2016 年水平	SC4:284 g/kWh,2025年;
	西部:300g/kWh,2020年;或固定在 2016 年水平	或固定在 2016 年水平
煤价	世界银行(2017)	
有效利用小时	SC5:固定在 2016 年水平;SC6:2020 年前,以 2011—2016 年变化率	

2. 燃料成本

根据《大气污染防治行动计划》(国发〔2013〕37 号文件),耗煤量(λ)满足全国 2020 年均 300g/kWh 水平,东部省份 2017 年均 300g/kWh 水平,中西部省份 2020 年均 300g/kWh 水平。2025 年,设定排放基准为低水平达标 297g/kWh。由于主要煤炭价格指数呈现共同波动趋势(见第十章第四节),设定环渤海煤炭价格指数与澳大利亚煤炭价格指数波动一致,并以澳大利亚煤炭价格指数预测进行相关估算。

3. 有效利用小时

由于去产能和能源替代发展影响,燃煤机组有效利用小时数不断下滑,2016—2017 年创下 1964 年以来历史最低点。设定 2016 年后机组利用小时数固定不变为基准。

三、燃煤发电项目的外部性指标设定

(一)基准指标设定:污染物排放与货币化指标

《火电厂大气污染物排放标准》(GB 13223—2011)规定了燃煤发电排放要求,2014 年外部成本将以该规定为基准(见表 11-5),主要排放物为粉尘、二氧化硫(SO_2)、氮化物(NO_x)和二氧化碳(CO_2)。外部成本货币化方法和价格指数如表 11-6 所示。需特别说明的是,碳排价格指数设定为 2013 年 6 月—2017 年 12 月交易均价 25 元/吨;事故赔偿标准依据山西重大事故伤亡赔偿晋政发〔2004〕44 号文件,设定为 20 万元/人;其他指标依据中国统计年鉴价格指标进行取值设定。

表 11-5　燃煤发电项目大气污染物排放指标设定(2015—2025 年)

排放物	姜子英(2008)	2014	GB13223—2011(SC7)	ZIIB〔2013〕14	2025 (SC8)
SO_2	7.56g/kWh	1.49g/kWh	0.36g/kWh	全国:2017 年 0.36g/kWh;主要地区:2017 年 0.18g/kWh;其他地区:2017 年 0.36g/kWh	全国:0.18g/kWh
NO_x	3.60g/kWh	1.49g/kWh	0.36g/kWh	全国:2017 年 0.36g/kWh	全国:0.36g/kWh
粉尘	3.18g/kWh	0.24g/kWh	0.108g/kWh	全国:2017 年 0.108g/kWh;主要地区*:2017 年 0.072g/kWh;其他地区:2017 年 0.108g/kWh;	全国:0.072g/kWh
CO_2	907.1 g/kWh	847g/kWh	—	全国:2020 年 786g/kWh;东部地区:2017 年 786g/kWh 北京保持 2014 年水平;中部地区:2018 年 786g/kWh;西部地区:2020 年 786g/kWh	全国**:744/778g/kWh;东部地区:744/778g/kWh 北京保持 2014 年水平;中西部:744/778g/kWh

注:* 表示主要地区,包括京津冀、长三角、珠三角等"三区十群"19 个省(区、市)。** 表示碳排设定基于国发〔2013〕37 号文件中碳排相关要求。

表 11-6　燃煤发电机组的外部成本核算方法

环境影响	计量方法*	价格指数
森林系统效应	市场价格法	木材与纸浆 PPI 指标
生态系统效应	单位收益移植方法	木材与纸浆 PPI 指标
农作物效应	市场价格法	主要农产品 PPI 指标
健康效应(污染影响)	支付意愿法	可支配收入价格指数
材料维护	替代/修复成本法	建材 PPI 指标
材料清洗	市场价格法,防护费用法,替代/修复成本法	服装消费与支出指数
全球变暖	单位收益移植方法	2013—2017 年碳排交易均价
事故及死亡	赔偿标准	晋政发〔2004〕44 号文件《山西省人民政府印发关于落实煤矿安全责任预防重特大事故发生的规定的通知》

注:* 姜子英(2013)。

(二)排放指标动态设定

1.污染物排放

为更好地提高空气质量,国家出台《关于执行大气污染物特别排放限值的公告》(环境保护部〔2013〕14号),实施更为严厉的环境保护规定。该规定要求主要地区——京津冀、长三角、珠三角等"三区十群"19个省(区、市)——实施2017—2018年特别排放限值,其他地区在标准下适度放宽。基于此,设定燃煤发电污染物排放动态变化趋势,具体见表11-5。

2.碳排放

依据国发〔2013〕37号有关燃煤机组煤耗量限制和情景设定,设定碳排放相应的趋势变化(具体见表11-5)。

(三)外部成本内部化设定

环境税费为控制环境污染的财政成本,可以看作为外部成本内部化程度。目前,国家和省份层面燃煤发电的全链条环境税费负担主要集中在生产和发电领域,运输环节忽略,具体见表11-7。值得注意的是:①2014年11月以后,资源税由原来的从量税改为从价税;②2015年6月,矿产资源补偿费、煤炭可持续发展基金、林业建设基金等取消,排污费加倍。

表11-7 燃煤发电全链条环境税费

产业环节	税费类型	税费率
生产	资源税	煤价2%~9%(SC9—10*)
	排污费	3元/吨
	土地复垦费	3元/吨
	农田占用费	2元/吨
	水利建设基金	2元/吨
	水土流失防治费	1元/吨
	森林植被恢复费	4元/吨
	工伤保险基金	10元/吨
发电	排污费	1.2元/当量

第三节　电力技术项目的敏感性检验与情景研究设定

为有效体现可再生能源电力成本竞争力变化和技术创新的成本效应,对电力技术项目的重要指标进行敏感性分析,并分类设定情景进行比较说明。

一、光伏发电项目的敏感性检验和分类情景设定

为有效检验光伏发电成本的各类影响因素,尤其是技术创新和系统效率的成本效应,进行敏感性和情景分析。光伏生产和发电技术创新敏感性分析主要考虑"干中学""探索学习""系统运行效率"的成本效应。光伏项目运行效率的敏感性分析主要考虑电网系统效率的成本效应。鉴于电网系统效率受基础设施建设、系统调配、光伏装机量等多因素影响,波动较大,综合利用敏感性分析和情景研究。

(一)光伏技术创新的模型设定检验

设定(SA1)和(SA)两类模型,分别表示单变量学习曲线和改进学习曲线嵌套平准化电力成本模型的光伏成本估计结果,比较模型估计的有效性和成本变化。

(二)光伏技术创新的敏感性检验设定

(1)"干中学"效应敏感性分析(SB1):"产量累积(Q)"提升 1% 的成本效应。

(2)"探索学习"效应敏感性分析(SB2):"知识累积"(组件转换效率,KR)提升 1 个百分点的成本效应。

(3)"系统运行效率"敏感性分析(SB3):减阻因数和衰减率$[E^S_*(1-R^{S,Deg})]$综合提升 1 个百分点的成本效应。

(三)电力系统效率的敏感性检验设定和情景假设

(1)"电网系统效率"敏感性分析(SB4):弃光率下降 1 个百分点的成本效应。

(3)"电网系统效率"情景 1(SC1):不考虑弃光影响。

(4)"电网系统效率"情景 2(SC2):比较省际弃光与资源区弃光,具体见表 11-2 和表 11-8。

表 11-8　电力成本模型设定、敏感性检验和情景设定

情景假设	光伏平准化电力成本	燃煤发电平准化电力成本	燃煤发电外部成本
嵌套学习曲线(SA)	单变量学习曲线嵌套 改进学习曲线嵌套		
敏感性分析(SB)	"干中学"效应 "探索学习"效应 项目系统效率 电网系统效率	耗煤量 系统利用效率	排放量
情景分析(SC)	电网系统效率	耗煤量 系统利用效率	资源税 排放标准

二、燃煤发电项目的敏感性检验和情景研究

由于燃煤发电技术创新和政策要求,发电成本效应进行敏感性检验和情景研究。燃煤发电技术创新主要体现在耗煤量水平,系统效率主要体现在机组有效利用小时数。具体设定如下。

(一)煤电技术创新的敏感性检验设定和情景研究假设

(1)发电技术进步的敏感性分析(SB5):耗煤量下降 $1g/kWh$ 时的成本效应。

(2)发电技术进步的情景分析(SC3、SC4):2025 年耗煤量标准水平为 $297g/kWh$ vs. 先进水平 $284g/kWh$ 的成本效应。

(二)电力系统效率的敏感性检验设定和情景研究假设

(1)系统效率的敏感性分析(SB6):有效利用小时数下降 1% 的成本效应。

(2)系统效率的情景分析(SC5、SC6):有效利用小时数保持在 2016 年水平 vs. 以 2011—2016 年变化趋势外推且 2020—2025 年不变的成本效应。

三、燃煤发电项目外部性的敏感性分析和情景研究

检验节煤、脱硫和脱硝技术创新的发电成本动态效应,明确燃煤发电污染外部成本内部化影响程度,设定排放标准和资源税两类情景。具体设定如下。

(一)排放技术创新的敏感性检验和情景研究

(1)排放技术创新的敏感性分析(SB7):节煤技术进步为耗煤量下降 $1g/kWh$ 对应的 CO_2 减排的成本效应,脱硫和脱硝设备技术创新降低 10% 硫化物和氮氧化物排放的成本效应。

(2)排放标准的情景分析(SC7、SC8):《火电厂大气污染物排放标准》

(GB 13223—2011)和《关于执行大气污染物特别排放限值的公告》的相对成本效应。

(二)外部成本内部化效应的情景研究

税收的情景分析(SC9、SC10):资源税为煤价 2%或 9%的成本效应。

第四节　多视角下光伏发电成本评估与技术创新成本效应结果

基于电力技术平准化电力成本趋势的量化结果,多视角下量化评估 2014—2025 年中国光伏发电成本竞争力,具体包括不同的分类部门、分类地区基准和环境成本内部化程度的成本竞争力差异。

一、光伏发电平准化电力成本趋势

(一)资源区分类基准下光伏发电平准化电力成本趋势

依据光伏发电项目基准设定,平准化电力成本($LCOE_{S,t}^{SZ}$)将持续下降,但不同资源区的成本变化差异较大(见表 11-9)。2014 年,光照资源条件 I 类区成本在 0.73 元/千瓦时以下,Ⅱ类区成本在 0.63~0.83 元/千瓦时,Ⅲ类区成本在 0.71~1.00 元/千瓦时。到 2020 年,平准化电力成本将下降 31%~38%,I 类区降至 0.45 元/千瓦时以下,Ⅱ类区降至 0.52 元/千瓦时以下,Ⅲ类区降至 0.69 元/千瓦时以下。到 2025 年,分别降至 0.33 元/千瓦时、0.37 元/千瓦时和 0.52 元/千瓦时以下。

基于学习曲线嵌套平准化电力成本模型,光伏发电成本趋势存在显著差异。多因素学习曲线下,光伏发电平准化电力成本下降趋势更明显,光照资源条件越差,差异越大:2020 年降幅增加 0.04~0.05 元/千瓦时(7%~9%降幅),2025 年进一步达到 0.05~0.09 元/千瓦时(或 15%~19%)。可见,模型设定将显著影响光伏发电成本估算结果。

由敏感性检验结果可知(见表 11-10),一方面,光伏技术创新和项目运行效率的成本影响效应显著。若"干中学"效应或累计产量增加 1 倍,将导致平准化电力成本下降 0.03~0.07 元/千瓦时,"探索学习"效应或知识累积增加 1 倍,将导致平准化电力成本下降 0.03~0.075 元/千瓦时,有效提升成本竞争力。另一方面,弃光率和系统效率的影响显著,且效应相反。弃光率或系统效率增加一个百分点变化都将引起光伏发电平准化电力成本变动 0.01 元/千瓦时,这意味着系统效率提升可以很好地抵消弃光率的恶化。

表 11-9　光伏发电平准化电力成本：资源区分类基准

单位：元/千瓦时

资源区	有效小时数/(hrs/yr)	2014年	2015年	2016年	2017年	2018年	2019年	2020年	2021年	2022年	2023年	2024年	2025年
III	1000	1.00	0.94	0.88	0.82	0.77	0.73	0.69	0.65	0.61	0.58	0.55	0.52
	1200	0.83	0.78	0.73	0.68	0.64	0.61	0.57	0.55	0.51	0.48	0.46	0.44
	1400^SC1	0.71	0.67	0.63	0.59	0.55	0.52	0.49	0.46	0.44	0.42	0.39	0.37
	1400^SC2	0.83	0.77	0.70	0.65	0.58	0.55	0.52	0.46	0.44	0.42	0.39	0.37
II	1500^SC1	0.67	0.63	0.59	0.55	0.51	0.49	0.46	0.43	0.41	0.39	0.37	0.35
	1500^SC2	0.78	0.72	0.65	0.61	0.54	0.51	0.48	0.43	0.41	0.39	0.37	0.35
I	1600^SC1	0.63	0.59	0.55	0.51	0.48	0.46	0.43	0.41	0.38	0.37	0.35	0.33
	1600^SC2	0.73	0.67	0.61	0.57	0.51	0.48	0.45	0.41	0.38	0.37	0.35	0.33

注：SC1 是弃光情景；SC2 是 2020 年前资源区弃光情景。

表 11-10　光伏发电平准化电力成本：模型、敏感性和情景检验

单位：元/千瓦时

有效小时数/(hrs/yr)	$LCOE_t^{s,sz}$ (SA₁)				$LCOE_t^{s,sz}$ (SB₁)				$LCOE_t^{s,sz}$ (SB₃)				$LCOE_t^{s,sz}$ (SB₄)			
	2016年	2018年	2020年	2025年	2016年	2018年	2020年	2025年	2016年	2018年	2020年	2025年	2016年	2018年	2020年	2025年
1000	0.90	0.81	0.74	0.61	0.81	0.71	0.63	0.47	0.87	0.76	0.68	0.52	0.88	0.77	0.69	0.52
1400^SC1	0.64	0.58	0.53	0.44	0.57	0.50	0.42	0.33	0.62	0.54	0.49	0.37	0.63	0.55	0.49	0.37
1400^SC2	0.72	0.61	0.56	0.44	0.61	0.53	0.48	0.33	0.69	0.57	0.51	0.37	0.69	0.57	0.51	0.37
1600^SC1	0.57	0.51	0.46	0.38	0.50	0.44	0.39	0.30	0.54	0.48	0.42	0.32	0.55	0.48	0.43	0.33
1600^SC2	0.63	0.53	0.49	0.38	0.56	0.47	0.41	0.30	0.60	0.50	0.45	0.32	0.60	0.50	0.45	0.33

注：SA1 基于单因素学习曲线嵌套平准化电力模型；SB1 是"干中学"效应的敏感性检验；SB2 是"探索学习"效应的敏感性检验，结果与 SB1 相似，结果不显示；SB3 是系统效率的敏感性检验；SB4 是弃光率的敏感性检验。SC1 是无弃光情景；SC2 是 2020 年前资源区弃光情景。

弃光率情景假设的研究结果显示,光伏发电平准化电力成本发生显著改变。2014 年影响最大,资源区Ⅱ—Ⅲ平准化电力成本受严重的弃光(14%)影响将上浮 0.1～0.12 元/千瓦时,到 2017 年,10% 弃光率有效控制下平准化电力成本上浮 0.06 元/千瓦时,到 2020 年,5% 弃光率下平准化电力成本小幅上升 0.02～0.03 元/千瓦时。这一结果表明,若考虑省际弃光率水平,光伏平准化电力成本波动幅度将更为显著。

(二)省际基准下光伏发电平准化电力成本趋势

省际区域分类下,光伏发电平准化电力成本($LCOE_i^{S,PGR}$)跨度和下降趋势更为显著(见图 11-2)。2014 年,省区平准化电力成本在 0.58～1.04 元/千瓦时,比资源区情况(0.63～1.00 元/千瓦时)扩大近 20% 差异。电网系统效率,即弃光率是最重要的影响因素。甘肃(资源区Ⅰ—Ⅱ)具备良好的光照条件,有效小时高达 1512hrs/yr 以上,但遭遇高达 42% 的最严重的弃光情况,使之成为平准化电力成本最高的省份。青海(资源区Ⅰ)即具备良好的光照条件——有效小时数高达 1619hrs/yr 以上,且并网效率高——可忽略的弃光率,使之成为平准化电力成本最低的省份。到 2020 年,由于对弃光率的有效控制,平准化电力成本在省际区域分类情况下可提高降幅近 20%,在 0.37～0.63 元/千瓦时区间。其中,甘肃弃光率改善最为明显,平准化电力成本降幅最大,高达 0.62 元/千瓦时。到 2025 年,省际区平准化电力成本下降至 0.28～0.51 元/千瓦时区间,比资源区分类情况低 0.01～0.05 元/千瓦时。相应的省份最高最低成本将基本取决于光照资源情况。项目系统效率的成本作用是显著的,但在省际差异相对较小。其成本下降贡献 2020 年达到 4.7%～5.9%,2025 年达到 7.8%～8%。

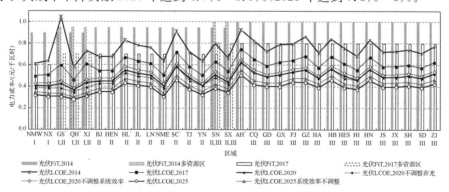

图 11-2　省际区域基准的光伏平准化电力成本趋势

注:横坐标代码对应关系为内蒙古西部(NMW)、宁夏(NX)、甘肃(QS)、青海(QH)、新疆(XJ)、北京(BJ)、河北(HEN)、黑龙江(HL)、吉林(LN)、内蒙古东部(NME)、辽宁(YN)、四川(SC)、天津(TJ)、云南(YN)、陕西(SN)、山西(SX)、安徽(AH)、重庆(CQ)、广东(GD)、广西(GX)、福建(FJ)、贵州(GZ)、河南(HA)、湖北(HB)、河北南网(HES)、海南(HI)、湖南(HN)、江苏(JS)、江西(JX)、上海(SH)、山东(SD)、浙江(ZJ)。后同。

　　比较基于资源区的光伏发电标杆电价基准,省级资源区平准化电力成本波动区间显然更大。如甘肃(资源区Ⅰ—Ⅱ),2014 年省级资源区平准化电力成本甚至高于资源区Ⅲ标杆电价基准;新疆(资源区Ⅰ—Ⅱ),2014 年省级资源区平准化电力成本高于标杆电价基准 17%,到 2016 年才基本接近基准水平。可见,存在区域分类差异时,平准化电力成本可能大幅度偏离现行标杆电价政策。

　　以上结果表明:①由于光伏技术创新的成本效应,平准化电力成本下降趋势显著,但因区域分类差异,相应的成本下降幅度和波动区间有明显差异;②项目系统效率提升对于抵消弃光率影响具有重要作用,但仍依赖于弃光率严重程度;③资源区分类的标杆上网电价水平较高,有助于扩大光伏项目市场应用规模,但出于系统效率方面的原因,有可能大幅度偏离真实的成本水平。

表 11-11　2013—2018 年光伏发电标杆上网电价政策

资源区	有效利用小时数 /(hrs/yr)	标杆上网电价/(元/千瓦时)			
		2013—2015 年	2016 年	2017 年(最终版/草案版)	2018 年
Ⅰ	>1600	0.9	0.8	0.65/0.55	0.55
Ⅱ	1400~1600	0.95	0.88	0.75/0.65	0.65
Ⅲ	1000~1400	1.0	0.98	0.85/0.75	0.75

数据来源:国家能源局。

二、燃煤发电平准化电力成本趋势

(一)限额设计基准的燃煤发电平准化电力成本趋势

　　表 11-12 显示了基于火电工程限额设计基准估算的燃煤发电平准化电力成本($LCOE_i^c$)变化趋势。2014 年,该成本达到 0.408 元/kWh。受设备技术创新、煤耗效率和系统效率影响,成本趋势将发生较大差异。到 2025 年,投资成本预期下降 7.3%,将引起平准化电力成本下降 0.02 元/kWh。敏感性分析显示耗煤量下降 1g/kWh,将引起平准化电力成本下降 0.003 元/kWh,利用效率提高 1%,将引起平准化电力成本下降 0.004 元/kWh。情景研究结果显示考虑煤耗量标准和先进水平情景[2025 年耗煤量达到 297g/kWh 和 284g/kWh(SC3 和 SC4)],到 2025 年,煤耗量下降显著,可达 22~35g/kWh,但引致的平准化电力成本下降幅度仍有限,在 0.063~0.069 元/kWh。考虑有效利用小时数线性外推情景(SC6,相对不变情景 SC5),2020 年之后,燃煤发电平准化电力成本将提高 44%,达到 0.18 元/kWh,超过其他所有因素的影响。综合投资成本、燃煤价格和系统效率等各类影响,燃煤发电平准化电力成本可提高 0.094~0.1 元/kWh,到 2025 年达到 0.502~0.508 元/kWh。

表 11-12　燃煤发电平准化电力成本：趋势与情景检验

单位：元/千瓦时

变量	2014 年	2015 年	2016 年	2017 年	2018 年	2019 年	2020 年	2021 年	2022 年	2023 年	2024 年	2025 年
$L,KCOE_t^2$（ICC 调整）	0.408	0.406	0.404	0.402	0.400	0.398	0.396	0.395	0.394	0.393	0.392	0.391
$LCOE_t^2$（SC3）	0.408	0.364	0.388	0.384	0.356	0.342	0.341	0.342	0.343	0.344	0.344	0.345
$LCOE_t^2$（SC4）	0.408	0.364	0.388	0.384	0.356	0.342	0.341	0.341	0.340	0.340	0.340	0.339
$LCOE_t^2$（SC6）	0.408	0.444	0.461	0.487	0.517	0.550	0.588	0.588	0.588	0.588	0.588	0.588
$LCOE_t^2$（ICC 调整，SC3）	0.408	0.362	0.384	0.378	0.348	0.332	0.329	0.329	0.329	0.329	0.328	0.328
$LCOE_t^2$（ICC 调整，SC4）	0.408	0.362	0.384	0.378	0.348	0.332	0.329	0.328	0.326	0.325	0.324	0.322
$LCOE_t^2$（ICC 调整，SC3&6）	0.408	0.397	0.437	0.457	0.457	0.474	0.509	0.509	0.509	0.509	0.508	0.508
$LCOE_t^2$（ICC 调整，SC4&6）	0.408	0.397	0.437	0.457	0.457	0.474	0.509	0.508	0.506	0.505	0.504	0.502

注：SC3 是 2025 年耗煤量标准水平为 297g/kWh 情景；SC4 是 2025 年耗煤量高水平 284g/kWh 情景；SC5 是有效利用小时数保持在 2016 年水平；SC6 是有效利用小时数在 2017—2020 年以 2011—2016 年变化趋势外推而 2020—2025 年不变的情景。

(二)省际基准的燃煤发电平准化电力成本趋势

作为省际燃煤发电平准化电力成本的代理变量,上网标杆电价($T_t^{2,PGR}$)因煤耗效率和运行效率影响波动较大。2017 年,省区燃煤发电上网标杆电价在 $0.2595\sim0.4505$ 元/千瓦时,到 2020 年达到 $0.2218\sim1.011$ 元/千瓦时,到 2025 年达到 $0.2197\sim1.016$ 元/千瓦时。由于耗煤成本波动,到 2025 年标杆电价预计将下降到 0.046 元/千瓦时。由于燃煤机组利用效率影响,2020 年之后标杆电价攀升达到 $0.0378\sim0.6216$ 元/千瓦时。图 11-3 显示了代表性省份燃煤发电上网标杆电价波动及其主要影响因素。广西(光伏资源区Ⅲ)由于燃煤机组利用效率下降幅度最大(70%),在 2017 年超过广东(光伏资源区Ⅲ)成为上网标杆电价最高的省份。

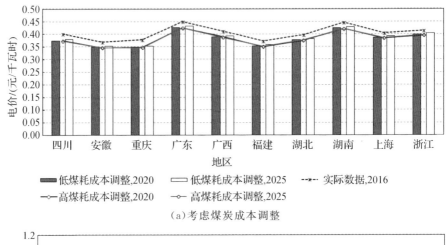

(a)考虑煤炭成本调整

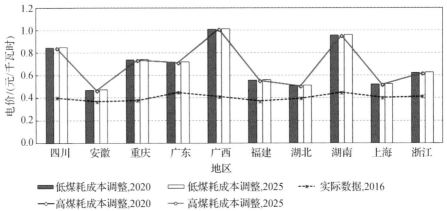

(b)考虑煤耗效率和利用率调整

图 11-3 省际区域基准的燃煤发电标杆上网电价趋势

(三)省际基准分部门销售电价(购电成本)趋势

考虑跨部门补贴,居民和农业用电的销售电价将继续保持不变,即0.2560～0.6083元/千瓦时和0.1677～0.7680元/千瓦时,而一般工商业电价则仅因煤炭价格波动和煤电联动机制而相应变化。江西(光伏二类资源区)和青海(光伏一、二类资源区)是一般工商业电价最低和最高省份,到2017年电价因煤价上升达到短期峰值,分别为0.5946元/千瓦时和1.0222元/千瓦时,之后最大跌幅分别为0.044元/千瓦时和0.022元/千瓦时。这一结果意味着尽管以分部门销售电价衡量的燃煤发电购电成本波动较小,但省份和部分的区间跨度加大,这将使得光伏发电成本竞争力存在多种可能性。

三、燃煤发电外部成本趋势

表11-13和11-14显示燃煤发电外部成本构成和变化趋势。2014年,外部成本达到0.062元/千瓦时,2020年达到0.057元/千瓦时,2025年在不同情景设定下下降至0.051～0.052元/千瓦时。整体而言,燃煤发电外部成本变化较为显著,达到8%。基于产业链视角,66%的外部成本下降是源于发电环节,23%源于煤炭生产环节。基于分类影响视角,健康效应贡献37%,全球变暖效应贡献37%,生态系统环节贡献13%。敏感性分析结果显示,节煤技术引起的耗煤量下降1克/千瓦时,可提高外部成本(主要是全球变暖)约0.001元/千瓦时,脱硫和脱硝设备技术创新引起的硫化物和氮氧化物下降10%,均可提高外部成本0.0007～0.0009元/千瓦时。也就是说,尽管燃煤发电外部成本显著,但提升清洁技术创新水平或降低外部成本相对困难。

分地区来看,燃煤发电外部成本变化趋势更显著。2014年,省际燃煤发电外部成本在0.053～0.064元/千瓦时,预计2020年下降5.8%～13.5%,2025年下降幅度将达到9.6%～19.1%。煤耗量控制引致的外部成本效应有两个渠道:温室效应和其他排放物效应。由于煤耗量下降,外部成本降幅增加33%或0.003元/千瓦时。由于其他大气排放物控制,19个污染控制重点区域外部成本比其他区域进一步下降0.004元/千瓦时。

表11-14还显示了燃煤发电外部成本内部化情况。由于煤耗效率(SC3和SC4)和资源税率情景(SC9和SC10)设定差异,2014年环境税费为0.013～0.028元/千瓦时,到2025年预计为0.011～0.025元/千瓦时,不足以抵消外部成本。

表 11-13　燃煤发电外部成本：趋势与情景检验

单位：元/千瓦时

外部成本构成	2014 年	2016 年	2020 年	2025 年
外部成本（SC8，SC3）	0.062	0.061	0.057	0.052
环境税费（SC3，SC9）	0.013	0.011	0.011	0.012
环境税费（SC3，SC10）	0.028	0.021	0.022	0.025
全球变暖效应（SC3）	0.021	0.021	0.020	0.019
外部成本扣除环境税费和全球变暖效应（SC3，SC9）	0.028	0.029	0.026	0.021
外部成本扣除环境税费和全球变暖效应（SC3，SC10）	0.013	0.019	0.015	0.008

外部成本构成	2014 年	2016 年	2020 年	2025 年
外部成本（SC8，SC4）	0.062	0.061	0.057	0.051
环境税费（SC4，SC9）	0.013	0.011	0.011	0.011
环境税费（SC4，SC10）	0.028	0.021	0.022	0.024
全球变暖效应（SC4）	0.021	0.021	0.020	0.018
外部成本扣除环境税费和全球变暖效应（SC4，SC9）	0.028	0.029	0.026	0.022
外部成本扣除环境税费和全球变暖效应（SC4，SC10）	0.013	0.019	0.015	0.010

注：SC3 是 2025 年耗煤标准量水平为 297 克/千瓦时情景；SC4 是 2025 年耗煤量高水平 284 克/千瓦时情景；SC9 是资源税为煤价 2% 情景，SC10 是资源税为煤价 9% 情景。

表 11-14　2014 年燃煤发电外部成本构成

单位：元/千瓦时

环境影响	生产	运输	发电	合计
健康影响（空气污染）	7.05×10^{-3}	4.56×10^{-3}	1.24×10^{-2}	2.40×10^{-3}
农作物损失	1.20×10^{-3}	3.45×10^{-4}	9.71×10^{-4}	2.52×10^{-3}
森林系统影响	7.03×10^{-4}	2.02×10^{-4}	5.69×10^{-4}	1.47×10^{-3}
生态系统影响	4.08×10^{-3}	1.17×10^{-3}	3.30×10^{-3}	8.55×10^{-3}
材料维护	4.81×10^{-4}	1.38×10^{-4}	3.91×10^{-4}	1.01×10^{-3}
材料清洗		1.66×10^{-4}	1.89×10^{-3}	2.06×10^{-3}
全球变暖			2.12×10^{-2}	2.12×10^{-2}
事故及死亡	4.14×10^{-4}			4.14×10^{-4}
合计	1.39×10^{-2}	6.58×10^{-3}	4.07×10^{-2}	6.17×10^{-2}

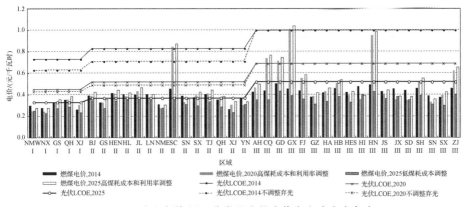

图 11-4　发电侧资源区分类基准的光伏发电成本竞争力

四、多视角下光伏电力成本竞争力评估结果

（一）发电侧光伏发电成本竞争力

光伏资源区分类基准下，发电侧发电成本评估将基于资源区内最低光照的成本水平，并分别与燃煤机组限额设计的电力成本以及省际上网标杆电价进行比较。前者情况下，2020 年三类资源区的光伏发电成本均无法达到上网平价，2025 年资源区Ⅲ光伏发电成本只有在考虑燃煤机组利用效率下，才可能达到上网平价水平。若以单变量（OFLC）嵌套平准化电力成本模型，那么无论如何资源区Ⅲ光伏发电成本都无法实现经济可行性。弃光率情景并不能显著改变

2020年光伏成本竞争力情况,但会扩大与燃煤发电成本水平的差距。耗煤效率提升和成本调整会降低燃煤发电成本,从而削弱2025年第二类资源区光伏发电成本竞争力。同时,在后者情况(与省际燃煤发电上网标杆电价比较)下,2020年部分省份可以较早实现光伏上网平价,包括资源区Ⅱ—Ⅲ的四川、湖南、广东、广西和重庆;到2025年,考虑燃煤机组利用效率,近60%的省份可以实现光伏上网平价。

省份区域分类基准下,光伏发电成本评估将基于其省区平准化电力成本与燃煤发电省份标杆上网电价的比较[见图11-5(a)]。光照条件较好的省份,光伏上网平价将更早实现,但并非绝对。到2020年,属于光伏资源区Ⅱ—Ⅲ的部分省份,如青海、四川、上海、浙江、福建、湖南、广东、广西和重庆,相对考虑机组利用效率的煤电成本更具竞争力。到2025年,分布在各类资源区的75%的省份相对考虑机组利用效率的煤电成本更具竞争力,30%省份(资源区Ⅰ—Ⅱ的青海,资源区Ⅱ的北京、河北和云南,资源区Ⅲ的上海、浙江、江西、湖南、广东、广西和海南)相对考虑耗煤成本调整的燃煤发电成本更具竞争力。政策保障的弃光率水平(5%以下)则对发电成本评估无显著影响。

这些结果表明:①平准化电力成本建模和估算基准对光伏成本评估具有重要影响;②资源区和省际区域分类下,光伏发电成本竞争力并不完全对应,尤其在资源丰富的"三北"省份;③充分考虑系统和区位因素将有效提升光伏发电竞争力。

(二)售电侧光伏发电成本竞争力

售电侧成本评估将基于光伏发电平准化电力成本与常规电力零售购电成本进行比较研究[见图11-5(b)]。基于资源区成本估算基准,一般工商业部门在2020年基本可以实现光伏发电平价上网水平,除少量属于资源区Ⅲ的省份,如山西、上海、河南和海南在高电压区间的部分用户。农业生产和居民部门即使到2025年,也仅有19%和60%的省份可以完全实现光伏发电平价上网水平。

基于省际区域成本估算基准,各类光照条件更好的省份可以更早具备光伏发电成本竞争力。2020年,一般工商业部门在所有省份实现光伏发电平价上网水平。2020年,71%的省份的农业生产部门在最低电压区间实现光伏发电平价上网水平,而到2025年,有50%的省份的该部门可以完全实现光伏发电平价上网水平。2020年,85%的省份(除资源区Ⅰ—Ⅱ的5个省份)的居民部门在最低电压区间实现光伏发电成本竞争力,到2025年,87%省份的该部门可以完全实现光伏发电成本竞争力。若不考虑弃光影响,2020年青海在资源区Ⅰ地区的农业生产部门也可以实现光伏发电平价上网水平。

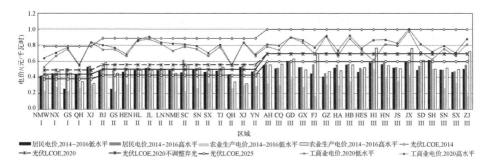

（a）资源区分类基准的光伏发电成本 vs. 省际分部门零售电价

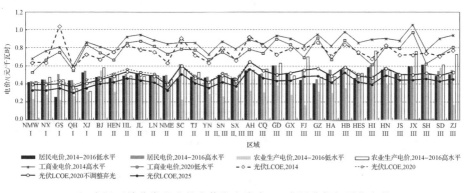

（b）省际区域分类基准的光伏发电成本 vs. 省际分部门零售电价

图 11-5　售电侧光伏发电成本竞争力

这些结果表明：①2020 年，一般工商业部门、低电压区间的其他部门基本可以实现光伏发电成本竞争力；②光照资源条件好的地区并不必然意味着光伏发电成本竞争力更大，其竞争力还取决于平准化电力成本的估算方法和特定购电部门；③若考虑并网政策保障，则弃光率对光伏成本评估的影响较小。

（三）考虑外部成本的光伏发电成本竞争力

从燃煤发电外部成本估算结果来看，外部成本内部化将极大提高但并不能够全面确保光伏成本竞争力，且内部化形式和平准化电力成本估算方法将综合影响结果（见图 11-6 至图 11-8）。发电侧，外部成本内部化的影响较大，尤其是采用省际区域基准估算光伏发电平准化电力成本。如表 11-15 所示，资源区基准下，是否考虑外部成本内部化几乎无法改变光伏成本竞争力结果。省区基准下，若考虑全球温室效应，2025 年达到光伏成本平价上网水平的省份有 6 个；考虑 9% 资源税情景，将在先前基础上增加 1 个省份；考虑外部成本完全内部化，再增加 7 个省份。但仍有 7 个省份即使完全考虑外部成本内部化情况，但若不考虑燃煤机组利用效率调整情况，仍无法实现光伏成本竞争力。

售电侧，外部成本内部化效应也依赖于平准化电力成本估算方法。农业生产部门[见图 11-7(a)和图 11-8(a)],在资源区基准的平准化电力成本估算下,将最多增加 3 个资源区Ⅱ省份实现 2020 年光伏发电平价上网,而在省区基准下,最多增加 1 个资源区Ⅱ省份。居民部门的结果类似[见图 11-7(b)和图 11-8(b)],在资源区基准下最多增加 7 个资源区Ⅱ省份,在省区基准下,最多增加 1 个资源区Ⅱ省份和 2 个资源区Ⅲ省份。

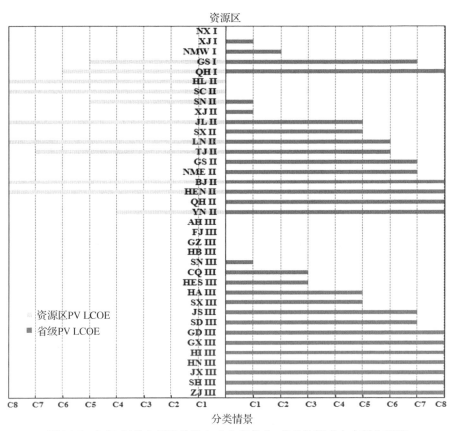

图 11-6　2025 年发电侧光伏发电成本竞争力:考虑外部成本内部化程度

注:C1 是考虑 2% 资源税情景的外部成本内部化部分和以标准耗煤量估算的其他外部成本内部化情况;C2 是考虑 2% 资源税情景的外部成本内部化部分和以先进耗煤量估算的其他外部成本内部化情况;C3 是考虑 9% 资源税情景的外部成本内部化部分和以标准耗煤量估算的其他外部成本内部化情况;C4 是考虑 9% 资源税情景的外部成本内部化部分和以先进耗煤量估算的其他外部成本内部化情况;C5 是考虑全球变暖效应的外部成本内部化和以标准耗煤量调整的燃煤发电上网电价情况;C6 是考虑全球变暖的外部成本内部化,及以先进耗煤量调整的燃煤发电上网电价情况;C7 是考虑已涵盖环境税费的燃煤发电上网电价,并在此基础上进行标准耗煤量调整的电价水平;C8 是考虑已涵盖环境税费的燃煤发电上网电价,并在此基础上进行先进耗煤量调整的电价水平情况。

表 11-15　发电侧光伏和燃煤发电成本差异：资源区基准，考虑外部成本内部化程度

资源区	有效利用小时数 /(hrs/yr)	2014 年 EC	2020 年（低耗碳成本/利用效率调整）					2025 年（低耗碳成本/利用效率调整）			
			EC_1	EC_2	EC_3	EC_4	EC	EC_1	EC_4	EC	No EC
I	1600^{SC1}	0.160	0.072/ −0.068	0.052/ −0.088	0.061/ −0.079	0.041/ −0.099	0.027/ −0.113	−0.049/ −0.197	−0.081/ −0.229	−0.089/ −0.237	−0.037/ −0.185
	1600^{SC2}	0.260	0.092/ −0.048	0.072/ −0.068	0.081/ −0.059	0.061/ −0.079	0.047/ −0.093	−0.049/ −0.197	−0.081/ −0.229	−0.089/ −0.237	−0.037/ −0.185
II	1400^{SC1}	0.240	0.132/ −0.008	0.112/ −0.028	0.121/ −0.019	0.101/ −0.039	0.087/ −0.053	−0.009/ −0.157	−0.041/ −0.189	−0.049/ −0.197	0.003/ −0.145
	1400^{SC2}	0.360	0.162/ 0.022	0.142/ 0.002	0.151/ 0.011	0.131/ −0.009	0.117/ −0.023	−0.009/ −0.157	−0.041/ −0.189	−0.049/ −0.197	0.003/ −0.145
III	1000	0.530	0.332/ 0.192	0.312/ 0.172	0.321/ 0.181	0.301/ 0.161	0.287/ 0.147	0.141/ −0.007	0.109/ −0.039	0.101/ −0.047	0.157/ 0.005

注：EC 考虑了现行的环境税费；EC1 考虑了 2% 资源税；EC2 考虑了 2% 资源税和全球变暖效应的外部成本内部化部分；EC3 考虑了 9% 资源税；EC4 考虑了 9% 资源税和全球变暖效应的外部成本内部化部分。

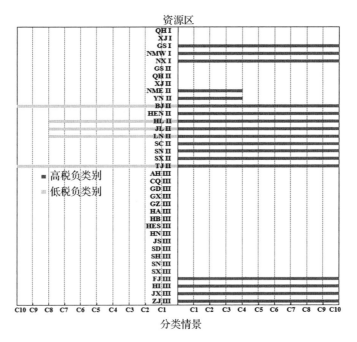

(a)农业生产部门*

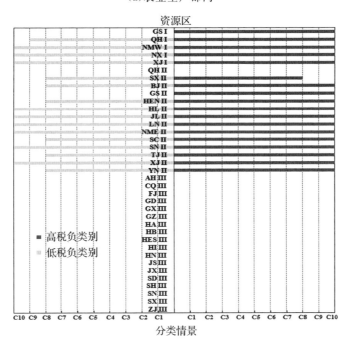

(b)居民部门*

图 11-7　2020 年售电侧光伏发电成本竞争力:资源区分类、考虑外部成本内部化程度

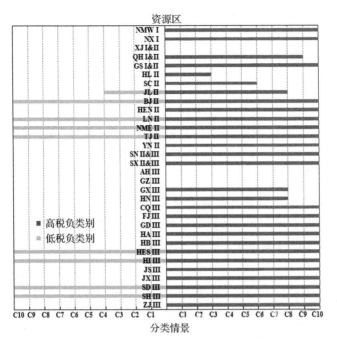

（a）农业生产部门＊

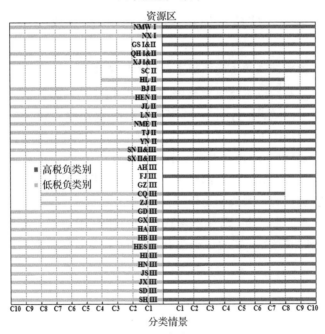

（b）居民部门＊

图 11-8　2020 年售电侧光伏发电成本竞争力：省区分类、考虑外部成本内部化程度

注：＊ C1 是考虑无弃光、2％资源税情景的外部成本内部化部分和以标准耗煤量估算的其他
外部成本内部化情况；C2 是考虑弃光、2％资源税情景的外部成本内部化部分和以标准耗煤

量估算的其他外部成本内部化情况;C3 是考虑无弃光、9％资源税情景的外部成本内部化部分和以标准耗煤量估算的其他外部成本内部化情况;C4 是考虑弃光、9％资源税情景的外部成本内部化部分和以标准耗煤量估算的其他外部成本内部化情况;C5 是考虑无弃光、全球变暖效应的外部成本内部化及以标准耗煤量调整的燃煤发电上网电价情况;C6 是考虑弃光、全球变暖效应的外部成本内部化及以标准耗煤量调整的燃煤发电上网电价情况;C7 是考虑无弃光、全球变暖效应的外部成本内部化及以先进耗煤量调整的燃煤发电上网电价情况;C8 是考虑弃光、全球变暖效应的外部成本内部化及以先进耗煤量调整的燃煤发电上网电价情况;C9 是考虑无弃光、已涵盖环境税费的燃煤发电上网电价;C10 是考虑弃光、已涵盖环境税费的燃煤发电上网电价。

弃光和煤耗控制会显著影响外部成本内部化形式。若没有弃光,资源区Ⅰ—Ⅱ的青海农业生产部门的光伏发电变得具有成本竞争力[见图 11-8(a),C9 vs. C10]。若实施标准而非先进煤耗,资源区Ⅱ的四川农业生产部门由于考虑了更大的全球变暖效应而可以实现光伏成本竞争力[见图 11-8(a),C6 vs. C8]。可见,在考虑外部成本内部化问题时,需谨慎对待燃煤发电耗煤量的成本竞争力影响。最后,资源区Ⅰ—Ⅱ的新疆以及资源区Ⅲ的安徽和贵州即使完全考虑外部成本也无法实现光伏平价上网。

五、多视角下光伏技术创新对成本竞争力的影响结果

(一)技术经济性视角下光伏技术创新的成本竞争力影响

光伏技术创新的成本竞争力影响包括"干中学""探索学习"等技术进步方面的成本效应。由敏感性分析可知,若"干中学"效率或累计产量增加 1 倍,将导致平准化电力成本下降 0.03～0.07 元/千瓦时,而"探索学习"效应或知识累积增加 1 倍,将导致平准化电力成本下降 0.03～0.075 元/千瓦时。由此,在资源区分类基准下(见图 11-9),强化"干中学"或"探索学习"效应 1 倍,2020 年与燃煤机组限额设计的电力成本比较,仍然无法有效改善三类资源区的光伏发电成本竞争力,但到 2025 年,即使不考虑燃煤机组利用效率下降和耗煤效率提升,"干中学"和"探索学习"的综合强化效应可基本实现三类资源区光伏上网平价。

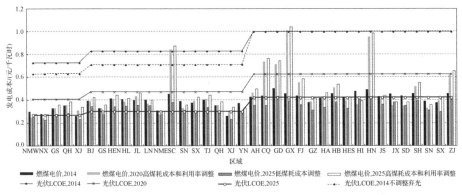

图 11-9　强化光伏技术创新的分类资源区光伏发电成本竞争力

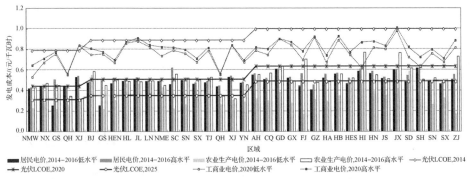

图 11-10　强化光伏技术创新的分类资源区光伏发电成本 vs. 省际分部门零售电价

由敏感性分析可知,光伏技术创新的成本效应同样体现在售电侧成本竞争力。基于资源区基准,2020 年一般工商业部门无论处于哪一电压区间均可实现光伏发电平价,而且Ⅲ类资源区省份的农业生产和居民部门也可以实现光伏平价,到 2025 年,仅有个别省份如贵州,农业和居民部分不能实现光伏平价,其他省份即使在电价低价水平也可实现光伏平价。由此可见,强化技术创新效应,完全可实现 2020—2025 年光伏成本竞争力政策目标。

(二)区域分类视角下光伏技术创新的成本竞争力影响

区域分类下光伏技术创新的成本竞争力影响主要基于资源分区与省份分区基准下,技术创新的成本效应(见图 11-11 和图 11-12)。强化光伏技术创新,到 2020 年河北、广东、广西、海南、湖南、江西、上海、山东、浙江都可实现发电侧光伏发电平价上网,到 2025 年,即使不考虑机组利用效率和煤耗效率调整,所有省份也都可实现发电侧光伏发电平价上网。同样,强化光伏技术创新,到 2020 年,除贵州外,所有省份各电力部门,包括一般工商业、农业生产和居民部门,都可以实现售电侧光伏平价。由此可见,省际分区基准下,光伏技术创新的成本竞争力效应更强,发电侧和售电侧完全可实现 2020—2025 年平价上网政策目标。

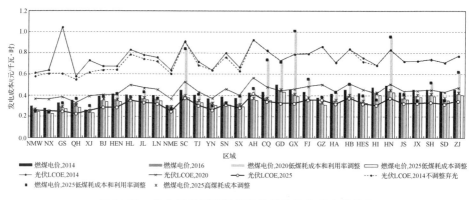

图 11-11　发电侧省际区域基准的光伏发电成本竞争力

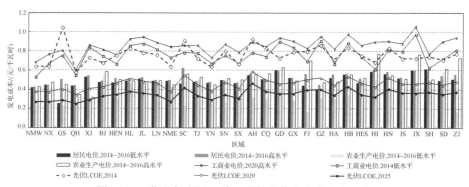

图 11-12　售电侧省际区域基准的光伏发电成本竞争力

(三)外部性视角下光伏技术创新的成本竞争力影响

外部性视角下,光伏技术创新的成本竞争力影响不仅包括光伏技术创新的成本效应,也包括节煤、脱硫和脱硝技术创新的发电成本动态效应。由敏感性分析结果可知,节煤技术引起的耗煤量下降 1 克/千瓦时,可提高外部成本(主要是全球变暖)约 0.001 元/千瓦时,脱硫和脱硝设备技术创新引起的硫化物和氮氧化物下降 10%,均可提高外部成本 0.0007~0.0009 元/千瓦时。也就是说,尽管燃煤发电外部成本显著,但提升清洁技术创新或降低外部成本仍相对困难。

外部成本内部化效应还可知,发电侧资源区基准下,无论是否考虑外部成本内部化,几乎都无法改变光伏成本竞争力结果,即使在省区基准下,仍有 7 个省份若不考虑燃煤机组利用效率调整,即使外部成本完全内部化也无法实现光伏成本竞争力。也就是说,节煤、脱硫和脱硝技术创新的成本效应不足以改变光伏竞争力不足的现实,难以有效实现平价上网政策目标。同样,考虑外部成本内部化,光伏售电侧竞争力提升更为有效,但仍存在部分省份无法实现政策目标的情况。由此可见,有效提升光伏技术创新能力,充分发挥各类技术进步效应,是显著提升光伏发电成本竞争力的有效方式。

第五节　本章小结

综合能源技术经济性、空间异质性和环境外部性等视角,以光伏技术为例,评估中国可再生能源成本和竞争力趋势。

发电项目的成本估算与预测结果显示:①从技术经济性来看,光伏平准化电力成本下降趋势显著。2014—2020年,成本区间从0.58~1.04元/千瓦时下降到0.37~0.69元/千瓦时。2020—2025年,继续下降到0.28~0.52元/千瓦时。由于地区资源条件、技术效率、分区估计偏差等,成本变化存在差异。②从分类地区和分区基准来看,资源区分类的光伏发电标杆上网电价水平较高,有助于扩大光伏项目市场应用规模,但因系统效率等原因有可能大幅度偏离真实的成本水平。③从环境外部性来看,光伏环境价值未能得到充分体现。2014—2025年,基准煤电项目的外部成本由0.062元/千瓦时下降到0.051~0.052元/千瓦时。60%以上的外部成本下降是源于发电环节,23%源于煤炭生产环节。健康效应贡献37%,全球变暖效应贡献37%,生态系统环节贡献13%。然而,现行环境税费仍不足以抵消外部成本。

相应地,光伏发电成本竞争力结果显示:①竞争力评估存在部门性、地区性差异。2020年,一般工商业部门、低电压区间的其他部门基本可以实现光伏发电成本竞争力。光照资源条件好的地区并不必然意味着光伏发电成本竞争力更强,其竞争力还取决于平准化电力成本的估算方法、特定购电部门和并网政策保障。②省份分区基准评估更有效。省份分区基准下,发电侧和售电侧完全可实现2020—2025年平价上网政策目标,而分类资源区基准下,个别省份部分部门还不能实现平价上网目标。③外部成本内部化影响仍然有限。现有大气排放标准下,充分考虑煤电外部成本有助于改善光伏成本竞争,但还不能彻底改变光伏竞争力不足的现实情况。

光伏成本竞争力评估结果充分肯定可再生能源技术创新的成本效应的重要性:①从光伏技术创新的成本效应来看,基于多因素学习曲线设定和学习曲线嵌套平准化电力成本模型,平准化电力成本下降趋势更明显,2014—2025年下降增幅可高达7%~19%;②从光伏技术相对创新效率来看,即使不考虑燃煤机组利用效率下降和耗煤效率提升,"干中学"和"探索学习"等综合强化效应可基本实现三类资源区上网平价目标;③从燃煤发电清洁化技术创新来看,通过提升清洁化技术创新降低常规煤电低外部成本的效应不容忽视,但影响有限。

节煤技术引起的耗煤量下降 1 克/千瓦时,提高外部成本(主要是全球变暖)约 0.001 元/千瓦时,脱硫和脱硝设备技术创新引起的硫化物和氮氧化物下降 10%,均提高外部成本 0.0007~0.0009 元/千瓦时。即使考虑外部成本完全内部化也无法实现 2025 年所有地区光伏成本竞争性目标。

第十二章 中国可再生能源电价政策财税成本的情景研究

中国实施可再生能源标杆电价政策,从供给层面有效推进新兴能源的市场应用及对传统能源的规模替代,但也造成了急剧攀升的财税负担和"三北"地区严峻的并网消纳困难。为应对这两大问题,2017年7月,绿色电力证书作为绿电消费唯一凭证,正式启动政府核发和市场认购制度,通过自愿交易(适时启动强制交易),激发需求侧各类主体绿电消费自主性,形成市场导向而非财政补助的政策激励机制。然而,该政策实施也引起业界、学界诸多质疑,尤其是旨在减轻财税负担的绿证交易制度安排。本章将基于第四章标杆电价政策的财税成本与绿证交易的财税减负模型,以第七章风、光电价政策调整为例,量化研究可再生能源电价政策的财税成本效应。

第一节 中国风、光电价政策的财税成本估算方法与基础数据

由中国可再生能源电价政策阶段性调整(见第七章)和电价政策的财税成本估算方法(见第四章)可知,新能源规模应用的财税负担因政策选择存在显著差异,并受技术性、地区性和外部性等多因素影响。综合考虑新兴能源技术市场地位和政策成本量化研究需要,分阶段对2006—2020年风光装机项目进行研究,重点关注标杆电价政策的财税成本效应,验证主要影响因素的作用强度。

一、风、光发电财税成本估算方法

(一)风力发电财税成本估算法

2010年前,基于发改价格〔2007〕2446号、〔2008〕3052号、〔2008〕640号、〔2009〕1581号、〔2009〕3217号、〔2010〕1894号和〔2011〕122号文件关于可再生能源的电价补贴和配额交易方案,中国新增风电装机实施核准电价和招标电价

政策,利用公开数据统计核算相应的财税成本。2010—2020 年,新增装机补贴按资源区标杆上网电价政策,利用第四章第二节标杆电价政策的财税负担模型进行估算。

(二)光伏发电财税成本估算法

2013 年前,基于有关可再生能源电价附加资金补贴目录以及补贴和配额交易方案,中国新增光伏装机实施核准电价和招标电价政策等,利用公开数据统计核算相应的财税成本。2014 年,新增装机补贴依据分类资源区标杆上网电价和补贴政策,利用第四章第二节标杆电价政策的财税负担模型进行估算。其中,金太阳工程项目采取投资侧补贴和净电量计量的电费方式,因数据统计困难,仅考虑工程投资补贴。

二、情景研究假设

本节对 2014—2020 年中国风、光发电的财税负担进行分类情景研究。因数据可获性问题,风电仅研究陆上项目。依据技术性、环境外部性和区域异质性特征:风、光发电技术创新、燃煤发电耗煤效率和利用效率、燃煤发电排放效率和外部成本内部化以及电力系统效率[无弃风(光)、5%低弃风(光)],设定情景研究。四类情景包括:①分类资源区 vs. 省份资源区;②无弃风(光)vs. 低弃风(光);③耗煤效率 vs. 系统利用率;④涵盖各类资源、环境税的外部成本内部化率 vs.完全外部成本内部化,相应的补贴成本和税负效应变化。

三、敏感性检验设定

为检验技术性、地区性和外部性因素影响可再生能源电价政策的财税成本,对 2014—2020 年中国风、光发电的财税负担进行敏感性分析。与第十一章类似,包括风、光技术创新("干中学""探索学习")效应,燃煤发电耗煤技术创新和系统效率效应以及排放技术创新效应的敏感性分析。

四、数据来源

风、光发电的技术、财务指标和装机设定如表 12-1 所示,区域资源条件和各类成本数据来自水规院、中电联等。

表 12-1　风电、光伏发电和燃煤发电主要技术和财务指标设定

风电指标	2014 年	2020 年
累计生产规模/GW	114	250
平均单机容量/MW	1.7	3
系统效率/%	85	85
年有效运行小时/hrs	1700~2600	1700~2600
弃风率/%	10.74	甘肃和新疆 5%；青海和宁夏 5%；其他省份无弃风

光伏发电指标	2014 年	2020 年
累计生产规模/GW	60	411
用硅量/(g/W)	6	3
电池转化效率/%	18.5~18.9*；17.5~17.6**	20~21*；19.5~20**
弃光率（%）	—	甘肃和新疆 5%；青海和宁夏 5%；其他省份无弃光

燃煤发电	2014 年	2020 年
单机容量/MW	600	600
耗煤量/(g/kWh)	321	300
年满发电小时/hrs	5012	4000

光伏发电指标	2014 年	2020 年
系统效率/%	75	86
年有效运行小时/hrs	800~2200	800~2200
效率衰减/%	<15	<15

财务指标	数值
运行期/yrs	20/25/20
资产形成/%	90/90/60
折旧年限/yrs	15
贷款比例/%	70
贷款年限/yrs	15
利息/%	6.55
增值税/%	17
所得税/%	25
内部收益率/%	8

注：* 单晶，** 多晶。

第二节　中国风、光发电财税成本估算结果

一、风电平准化电力成本变化趋势

(一)资源区基准

2014—2020 年,风电平准化电力成本各类资源区变化差异较大。Ⅰ类区,陆上风电由 0.49 元/千瓦时下降到 0.32 元/千瓦时,但在 2015 年,不降反升,达到 0.5 元/千瓦时。同样,Ⅱ类区,陆上风电由 0.53 元/千瓦时下降到 0.35 元/千瓦时,而 2015 年保持 0.53 元/千瓦时,没有下降(见图 12-1)。Ⅲ类和Ⅳ类资源区,风电成本降幅更明显,分别由 0.59 元/千瓦时下降到 0.38 元/千瓦时、由 0.6 元/千瓦时下降到 0.4 元/千瓦时,降幅超过 0.2 元/千瓦时或 30%。到 2020 年,若不考虑弃风影响,Ⅰ、Ⅱ类资源区的陆上风电平准化电力成本进一步下降到 0.30 元/千瓦时和 0.33 元/千瓦时。敏感性分析结果显示,"干中学"效应(产量累积效应)增加 1 倍,风电成本下降 4%,而"探索学习"效应(知识累积效应)增加 1 倍,风电成本下降 3.5%。也就是说,即使不考虑中国式"技术工程"创新效应,强化"干中学"效应和"探索学习"效应,可以有效抵消弃风影响。

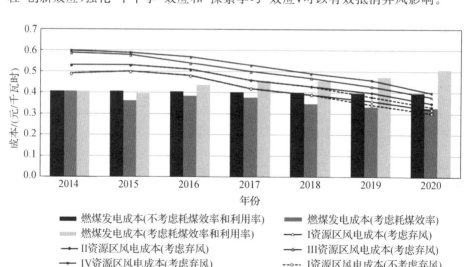

图 12-1　2014—2020 年资源区基准下风力发电 LCOE 趋势

与燃煤发电全国基准成本相比,风电资源丰富区域有望更早实现电力平价。仅考虑燃煤机组技术创新的成本效应,风电技术到 2020 年可以实现全面电力平价。若考虑燃煤机组技术和耗煤技术的成本效应,风电在 Ⅰ 类和 Ⅱ 类资源区可以实现平价。若考虑燃煤机组利用效率下降影响,风电在 2017 年就可实现 Ⅰ 类和 Ⅱ 类资源区上网平价,2019 年就可全面实现平价。敏感性分析结果显示,煤耗效率和利用效率的燃煤发电成本影响较小(耗煤量下降 1 克/千瓦时引起平准化电力成本下降 0.003 元/千瓦时,利用效率提高 1,将引起平准化电力成本下降 0.004 元/千瓦时),但对风电平价上网影响很大。若耗煤效率提升,使得耗煤量多下降 10 克,则即使在无弃风条件下,也仅有 Ⅰ 类资源区可以与 2020 年平价。同理,利用效率也具有相似效应。

值得注意的是,以上结果是以资源区为基准,并不完全与省份基准结果相一致。

(二)省份基准

省份基准下,风力资源相对贫乏的四类区域更有可能达到平价上网,除北京、安徽、贵州、辽宁、浙江和上海外,其他 17 个四类区省份 2020 年基本可实现成本竞争力。相反,青海、宁夏、甘肃和新疆等风力资源更富裕的区域,其风电成本与燃煤电价差异较大,主要源于这些省份燃煤发电成本低以致上网电价也较低(见图 12-2)。考虑风电技术进步,即使"干中学"效应和"探索学习"增加一倍,青海、宁夏、甘肃和新疆等省(区、市)在省份基准下也无法实现平价上网2020 年目标。同理,考虑燃煤发电利用效率,这些省份仍缺乏成本竞争力。可见,区域核算基准对区域能源相对成本变化具有重要作用。

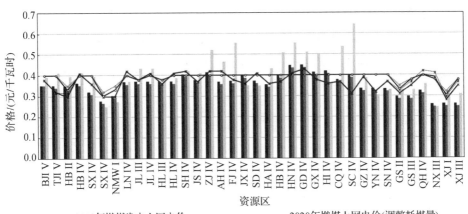

图 12-2　2020 年资源区 vs.省份基准的风力发电 LCOE 趋势

二、光伏发电平准化电力成本变化趋势

光伏发电平准化电力成本变化趋势与第十一章第五节一致,不再赘述。

三、2006—2013 年风、光发电电价补贴与税负成本

按照可再生能源电价补贴和配额交易方案以及标杆电价补贴价差法估算方法,2006—2013 年,随着中国风、光发电装机量迅猛增长,度电补贴需求有所下降,但总补贴规模急剧上升(见表 12-2 和表 12-3)。风、光发电总补贴量分别上升 121 倍和 680 倍,总额超过 320 亿元。这一补贴金额还不包括省份财政补贴和金太阳工程投资侧补贴。若包括后者,则光伏补贴在 2010—2013 年将年均提高 30 亿元以上。相应地,风、光电价补贴所需可再生能源电价附加征税额度从 0.008 分/千瓦时增至 0.1(居民)和 0.72(非居民)分/千瓦时。若包括金太阳工程,则非居民税负将超过 0.85 分/千瓦时。

表 12-2 2014—2018 年风力发电标杆上网电价政策

单位:元/千瓦时

资源区	2014 年前	2015 年	2016 年/2017 年	2018 年
Ⅰ	0.51	0.49	0.47	0.40
Ⅱ	0.54	0.52	0.5	0.45
Ⅲ	0.58	0.56	0.54	0.49
Ⅳ	0.61	0.61	0.6	0.57

数据来源:国家能源局。

表 12-3 2006—2013 年中国风、光电价政策的财税成本

政策领域	2006 年	2007 年	2008 年	2009 年	2010 年	2011 年	2012 年	2013 年
风力发电/亿千瓦时	28.4	57.1	130.8	276.1	494	741	1030	1349
风电补贴/亿元	2.27	9.49	23.91	53.17	106.53	164.89	204.01	275.85
光伏发电*/亿千瓦时	0.003	0.004	0.014	0.041	1.293	6	36	87
光伏发电补贴**/亿元	0.072	0.076	0.267	0.634	1.760	3.434	20.332	49
税负需求***分/千瓦时	0.008	0.03	0.07	0.1/0.16	0.1/0.29	0.1/0.40	0.1/0.51	0.1/0.72

注:* 并网发电量;** 不包括金太阳示范工程项目投资侧补贴;*** 2009 年之后居民与其他可征税用户区分征税差异。

四、2014—2020 年风、光发电电价补贴成本

(一)风电度电补贴成本

到 2020 年,中国风电电价总补贴成本在 846 亿～983 亿元,比 2013 年增长 207%～257%(见图 12-3)。各类情景对应的总补贴成本由高到低排序为:无弃风＋煤耗调整、无弃风＋煤耗调整＋外部成本完全内部化、无弃风、低弃风＋煤耗调整、低弃风＋煤耗调整＋外部成本完全内部化、低弃风、低弃风＋调整利用率。尽管弃风提高风电成本,提高度电补贴额度,但也影响补贴所需总电量,综合效应下低弃风＋调整利用率的情景的总补贴成本最低。燃煤机组耗煤量效率提升,减少环境影响,但也削弱了风电成本竞争优势,显著提高了总补贴成本,补贴总成本将超过 2 亿元。燃煤机组利用效率降低,增强风电成本竞争优势,削减总补贴成本近 9 亿元。

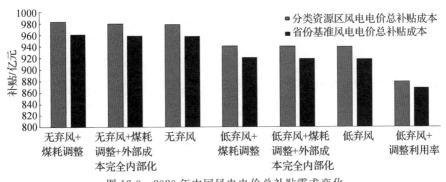

图 12-3　2020 年中国风电电价总补贴需求变化

(二)光伏发电总补贴需求

到 2020 年,中国光伏发电电价总补贴成本在 765 亿～850 亿元范围,相对 2013 年增长超过 15～17 倍(见图 12-4)。各类情景对应的总补贴成本由高到低排序为:无弃光＋煤耗调整、无弃光＋煤耗调整＋外部成本完全内部化低弃光＋煤耗调整＋外部成本完全内部化、低弃光、无弃光＋调整利用率、低弃光＋调整利用率。不同于风电情景的是,光伏发电电价总补贴成本波动范围较小。主要有两大原因:一是弃光率显著低于弃风率;二是尽管光伏装机量增幅较大,但总量低于风电。

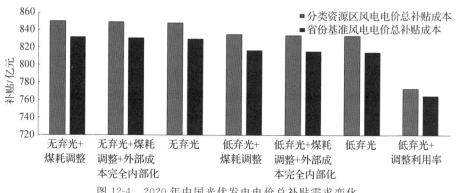

图 12-4　2020 年中国光伏发电电价总补贴需求变化

五、2014—2020 年风、光电价政策的税负成本

2014—2020 年,中国电力消费还将显著增加,可适度减轻风、光电价补贴的税负。到 2020 年,全国电力需求预测在 7.5 万亿～8 万亿千瓦时,比 2013 年还将增长 40%～50%。以 2004—2013 年各类用电消费平均占比估算,居民用电在 9172 亿～9783 亿千瓦时,非居民和农业生产用电在 6.38 万亿～6.80 万亿千瓦时。那么,可再生能源电价附加征收覆盖范围可增至 2.7 万亿～3.1 万亿千瓦时。

到 2020 年,为支持风、光电价补贴,可再生能源电价附加征税标准有望进一步提高。仅满足风电、光伏发电补贴需求,非居民其他用户的可再生能源电价附加征税标准需达到 2.7～2.9 分/千瓦时。尽管 2009 年之后,居民与其他可征税用户区分征税差异,居民固定在 0.1 分/千瓦时,非居民其他用户将在 1.5 分/千瓦时基础上再增加一倍左右。这些结果意味着尽管新能源发展将带来电价下降的长期效应,但短期内将显著增加电力用户用电成本和税负。

第三节　中国绿证交易的财税减负效应估算方法与基础数据

为验证绿证制度的财税减负作用,基于第四章有关绿证定价和财税减负效应模型,量化估计并分析探讨绿证市场交易和标杆上网电价政策共存时的财税成本减负效应。

一、绿证交易的财税减负效应估算方法

绿证交易的财税减负效应的估计方法和相关设定需要进行以下几点说明：

第一，标杆上网电价政策调整与平准化电力成本同步，不考虑上节多情景设定，但考虑并网消纳能力和非水可再生能源配额额度影响。

第二，考虑标杆上网电价政策调整，除 2020 年外，均以实际分类资源区基准的标杆电价为依据，探讨绿证交易的财税减负效应。

第三，重点考虑绿证市场类型、定价机制、配额调整对绿证交易的影响。

二、绿证交易的财税减负效应情景设定和敏感性检验

(一)风光标杆电价政策情景

考虑中国 2020 年风光电力平价上网目标，设定标杆电价政策的财税负担基准情景，估算 2015—2020 年各省份风光度电补贴、总补贴需求和可再生能源电价附加负担。

(二)绿证市场情景假设

检验绿证交易的财税减负效应，分类情景包括两类(见表 12-4)，具体如下。

表 12-4　标杆电价政策 vs. 绿证市场情景设定

序号	基准情景:标杆电价政策	分类情景:绿证自由市场	分类情景:绿证强制市场
1	2015—2020 年度电补贴和总补贴需求	2017—2018 年自由市场绿证交易对应电量的财政补贴需求	绿电消纳未达标省份完成 2020 年规划(配额)所需的财政补贴规模、绿证交易的减负效应
2	2015—2020 年可再生能源电价附加税	2017—2018 年自由市场绿证交易对应的附加税减负效应、转移支付效应	绿电消纳未达标省份完成 2020 年规划(配额)所需的附加税负担、绿证交易的附加税减负效应和转嫁支付效应

(1)自由市场情景。基于第四章绿证财税减负效应模型论证的命题 1 结论，在绿证自由市场竞争机制下，交易集中在平准化电价低、补贴基准低的售证区和电源类型，且当绿电支付意愿较低时，绿证交易的作用影响受限。由此，依据现行绿证认购平台交易情况，统计分析绿证挂牌和交易总量、分类电源技术及省份的交易量和交易价格，量化检验自由市场绿证交易的财税减负效应。

(2)强制市场情景。基于相应的命题 2 结论，火电企业在两类政策并存下完成配额的行为选择取决于购证和绿电投资相对成本差异。由此，在发电商配

额情境下,比较省份风(光)平准化电价与工业电价差异,检验绿证交易政策的可行性。基于相应章节的命题 3 和 4 结论,在售电商配额制下,发电商竞争策略和认购限价机制导致绿证定价与标杆电价补贴一致,尽管绿证交易将减轻财政支出负担,但会提高配额义务主体购电成本。由此,在该配额制情境下,设定非水绿电消纳规划为配额基准,标杆电价为绿证交易价格,量化比较未达标省份完成规划要求所需的财税负担、通过绿证交易达标的补贴和附加税减负效应、绿证交易转嫁的电价支付增负效应。

(三)敏感性检验设定

弃电、补贴拖欠和配额调整等通过改变绿证价格、交易量或交易区域显著影响绿证交易的财税减负效应。为体现这些因素的影响效应,进行敏感性检验。设定补贴拖欠缩短 1 年、并网消纳改善 1 个百分点和配额提高 1 个百分点,比较绿证交易财税减负效应的影响程度。

三、数据来源

(一)标杆电价政策情景

根据历史数据和能源规划等,设定并外推风、光技术指标和装机目标。依据保障性电量收购政策,设定弃电率。基于财税政策,设定财务指标。基础数据见表 12-1。

(二)绿证市场情景

绿证自由市场情景基于绿证认购平台历史数据。绿证强制市场情景下,依据"十三五"规划实现 15% 非化石能源消费比例来设定风、光、生物质发电量占 9% 总配额量;考虑国家能源局为兼顾规划目标和重点省份并网消纳困难已多次调整 2020 年非水电源规划,依据《关于可再生能源发展"十三五"规划实施的指导意见》和《关于建立可再生能源开发利用目标引导制度的指导意见》的风光装机和非水电力消纳最新目标分解,设定各省发售电商非水绿电配额要求;依据补贴发放情况,设定补贴拖欠时间为 3 年。其他数据来源与基准情景相同。

第四节　中国绿证交易的财税减负效应估算结果

一、风、光发电标杆电价政策的补贴需求与税负效应

基于平准化电价改进模型,基准情景的风光发电标杆电价将持续下降,度

电补贴需求显著降低,但补贴总需求和相应电价税负因装机规模扩张仍将持续上升。2015—2020 年各份或地区风电补贴基准由 0.150～0.289 元/千瓦时下降到 0～0.120 元/千瓦时,其中湖南、广东和冀北可实现平价上网,1/3 省份补贴降至不足 0.03 元/千瓦时;光伏发电相应由 0.510～0.638 元/千瓦时下降到 0.089～0.354 元/千瓦时,降幅明显但仍需补贴支持。风、光发电总补贴需求分别由 484 亿元增至 949 亿元和由 304 亿元增至 820 亿元,总量达 1729 亿元,造成工商业可再生能源电价附加由现行标准 1.9 分/千瓦时增至 2.8 分/千瓦时,增幅高达 47%～110%(见图 12-5 和表 12-5)。财税增量主要来自装机量增幅显著或弃风、光改善地区,如河北、山东、山西、河南、湖北、新疆等。

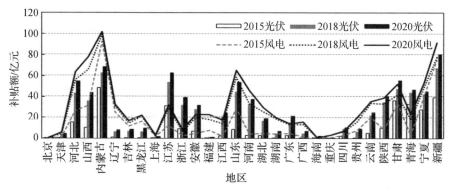

图 12-5　基准情景下各省风电、光伏发电财政补贴规模

表 12-5　基准情景下 2015—2020 年风光发电财税负担

风电		2014年前	2015年	2016年/2017年	2018年	2019ᵉ年	2020ᵉ年	光伏		2015年前	2016年	2017年	2018ᵉ年	2019ᵉ年	2020ᵉ年
FiT/元/kh	I	0.51	0.49	0.47	0.40	0.36	0.33	I	0.9	0.8	0.65	0.48	0.46	0.43
	II	0.54	0.52	0.50	0.45	0.41	0.37	II	0.95	0.88	0.75	0.55	0.52	0.49
	III	0.58	0.56	0.54	0.49	0.45	0.41	III	1.0	0.98	0.85	0.77	0.73	0.69
	IV	0.61	0.61	0.60	0.57	0.49	0.44								
总补贴/10⁸元		484		561/708	829	904	949			304	544	635	705	765	820
附加税*/(分/千瓦时)			0.97	1.11/1.33	1.47	1.52	1.52			0.61	1.08	1.19	1.25	1.29	1.31

注:* 表示 2009 年之后居民与其他可征税用户区分征税差异,居民固定在 0.1 分/千瓦时。

二、绿证自由市场交易与财税减负效应

基于中国绿证自由市场实际运行情况,统计分析绿证交易的财税减负效应。如图 12-6 所示,2017 年 7 月—2018 年 6 月,绿证市场挂牌量、交易量踊跃,

但市场规模有限,交易地区集中,低价风电占比高。绿证核发量、挂牌量分别为
2316 万个和 505.7 万个(23.2 吉瓦和 5.1 吉瓦),占 2017 年风光发电量的
1.1%。风、光绿证交易量分别为 1516.7 万千瓦时和 14.7 万千瓦时,不足挂牌
量的 1%。风、光绿证挂牌与交易价格一致,分别为 137.2～289.5 元/兆瓦时和
600.7～750 元/兆瓦时,等于或接近相应的补贴基准。从挂牌地区分布来看,除
湖南、贵州外,未挂牌省份均属于能源局代表性文献有关基本平衡或跨区消纳
省份之列;从交易集中度来看,河北低价风电绿证交易量占总交易量的 62%。
从交易规模来看,风、光绿证分别达到 28.4 亿元和 0.97 亿元,风电占主导,合
计使电价附加减少 0.05 分/千瓦时或 3% 现行标准,财税减负效应明显但仍
有限。

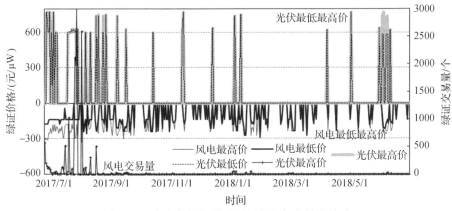

图 12-6   自由市场情景下绿证价格与交易量波动

三、绿证强制市场交易与财税减负效应

绿证发电商配额情景下,利用平准化电价模型可知,各省份风电成本 2018
年已普遍实现低于工商业电价水平,火电企业选择自建绿电项目和标杆电价补
贴政策完成配额,绿证政策无效。

绿证市场售电商配额情景下,绿证交易的财税减负效应取决于售电配额未
达标的补贴需求和通过绿证交易实现的补贴支付转嫁。前者根据最新规划调
整的估算结果显示,2020 年绿电消纳省份包括北京、天津、辽宁、上海、江苏、浙
江、广东、海南、重庆和四川。以这些省份风电或光伏发电 2020 年补贴基准来衡
量,未完成配额的补贴需求至少是 25.28 亿～116.72 亿元,占总补贴 1.43%～
6.60%,或相当于 0.04～0.19 分/千瓦时的可再生能源电价附加费用。通过
绿证市场,完成绿电配额的交易额是实际转嫁的财税负担。不考虑补贴拖欠和
并网消纳影响,绿证挂牌价是相应绿电项目核准年份的补贴基准。由此,满足

配额要求的最低总交易额为45.29亿元。其中,河北、山西、福建、江西、山东、河南、湖北、湖南、云南、山西和青海因价格优势而交易量较大。为分摊绿证成本,绿电消纳省份工商业电价税负平均增长0.195分/千瓦时。若考虑3年补贴拖欠影响,绿证价格降幅最高达135元/兆瓦时。满足配额要求的最低总交易额达到32.28亿元,补贴转嫁的电价税负平均增长0.139分/千瓦时。其中,河北、山东、福建、河南和湖北绿证价格下降但售证量不变或下降,使得交易额下降,而湖南绿证价格下降,但售证量增多,使得交易额上升。若考虑降低5%弃风光影响,绿证价降幅最高达47.5元/兆瓦时,最低总交易额为37.51亿元,转嫁的电价税负平均增长0.16分/千瓦时。同理,绿证销售额下降的省份包括福建、云南和青海,销售额上升的省份包括河北和山西,不受影响的省份包括河南、湖北、江西、山东和广西。若综合考虑补贴拖欠和弃风、光影响,最低绿证总交易额是30.31亿元,绿电消纳省份电价税负平均增长0.13分/千瓦时。

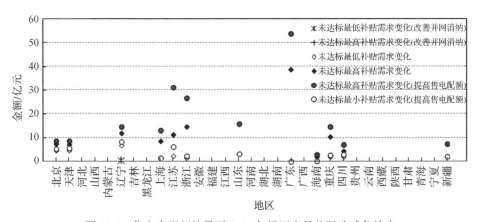

图12-7 售电商配额情景下2020年绿证交易的财政减负效应

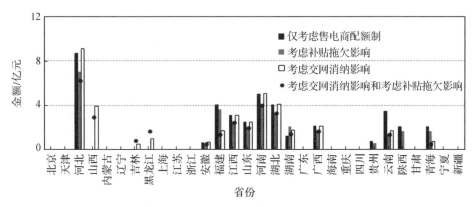

图12-8 售电商配额情景下2020年绿证交易的财政负担转嫁效应

综上情况,比较绿证强制市场交易额和售电商未达标配额的补贴需求,前者节约 0~86.46 亿元补贴,相当于可再生能源电价附加 0~0.13 分/千瓦时,即绿证交易造成的度电成本上升可能但并不必然低于相应的标杆电价税负成本,这取决于跨区绿电成本比较优势和交易规模。

四、敏感性检验结果

鉴于配额、弃风弃光率、补贴拖欠显著影响绿证交易的财税减负效应,进行情景结果敏感性检验,主要探讨绿证强制市场的售电商配额情景。绿电售电配额影响大,配额提高 1 个百分点,将同比增加绿电和绿证需求量,导致 2020 年山东、新疆由绿电外送转变为绿电消纳省份。弃风弃光率的绿电消纳影响略大,并网消纳提高 1 个百分点,绿电占比提高 0.05~0.24 个百分点,主要影响并网消纳困难省份,如辽宁将减少其跨区绿电消纳需求或绿证交易需求,而河北、山西、内蒙古、吉林、黑龙江、甘肃、青海、宁夏和新疆将增加绿电外送或扩大绿证交易规模。补贴拖欠并不直接影响绿电消纳但影响交易价格,缩短 1 年使绿证最高增幅达 44 元/兆瓦时。相应地,若各省绿电配额提高,山东和新疆由绿电外送省份转变为消纳省份,未达标的补贴需求增至 41.84 亿~205.77 亿元,占总补贴的 2.37%~11.63%。若弃风弃光率改善,未达标的补贴需求下降 4.92 亿~23.29 亿元,占总补贴的 0.28%~1.32%。若补贴拖欠减少 1 年,未达标的补贴需求增加 1.52 亿~10.2 亿元,占总补贴的 0.08%~0.58%。由此,受配额提升、弃风(光)改善和补贴拖欠改善影响,绿证最低交易额相应为 93.77 亿元、12.57 亿元和 6.4 亿元,转嫁的电价税负将平均增长 0.40、0.06 和 0.03 分/千瓦时。可见,三类因素通过影响绿证价格、交易量或交易区域显著影响绿证交易的财税减负效应。

第五节　本章小结

中国风、光电价政策财税成本的情景研究结果表明:①到 2020 年,风、光发电在标杆电价政策支持下,发电成本和度电补贴需求将明显下降,但补贴总量和税收负担仍将上升。②受风电及光伏技术创新效应、燃煤发电设备创新、燃煤发电耗煤效率、外部性效应、系统利用率等的影响,财税成本差异显著。低弃风情况下,实施省份资源区电价政策有助于降低补贴成本。但在高弃风情况下,分类资源区电价政策的补贴成本更低。风、光技术创新效应将显著提升相对燃煤发电的成本竞争力,而燃煤发电设备创新则将起相反作用。尽管燃煤发电耗煤效率对风、光发电度电成本竞争力影响不大,但将显著影响补贴成本,且超过外部成本内部化作用。受可再生能源并网效率和燃煤发电系统利用率影响,风、光补贴总成本明显下降。③尽管新能源发展将带来电价下降的长期效应,但短期内将显著增加电力用户用电成本和税负。

中国绿证交易影响可再生能源财税负担的主要结论如下:①绿证交易提供了绿电消费选择或低成本履行配额义务的制度安排,无论是自由市场还是强制市场都有助于减轻标杆电价政策下的财税负担。②鉴于现行电价制度和用户支付能力差异,绿证强制市场须以售电商配额制为基础。③2020年情景研究显示,绿证交易显著降低可再生能源财税负担但增加绿电消纳省份的电价税负,并网消纳和补贴拖欠通过削弱绿证价格降低补贴转嫁,售电配额通过影响跨区绿电消纳/外送需求显著影响税负转嫁。

上述结论蕴含的政策含义包括:①政策体系层面,有效协调价格和数量机制型、管制和市场机制政策的互动效应,兼顾可再生能源发展的成本分担与规模化应用的市场需求。②行业层面,改变不断攀升的可再生能源电价政策下财政负担的根本措施是加快可再生能源高效低成本技术创新和提高传统能源的创新效率。③企业层面,大力支持具备技术创新和成本效应的企业和地区扩大生产优势和市场应用优势,有效改善电力系统效率,实现区域绿电规划达标和区域优化调配。

第十三章 中国转向可再生能源经济增长路径的数值模拟研究

能源影响经济增长的各类理论研究强调了技术创新作为动力源泉的重要作用,内生经济增长理论还强调要素价格机制和市场规模机制强化技术创新的微观基础,但研究仍未充分考虑能源清洁化和清洁能源技术创新的共同作用,未区分机制关联性和作用影响,尤其是不同技术创新方式的成本效应,包括研发创新"探索学习"的成本效应、产量累积"干中学"效应、产业链其他成本效应等,还缺乏相关成本效应的政策选择和增长影响,需要进一步深化经济增长转型的动力源泉和转型路径的研究。第五章基于能源技术偏向的内生经济增长的改进模型,不仅考虑了能源要素稀缺性、技术替代性和环境外部性如何综合影响经济转型,而且论证了多元化机制的关联作用、多样化技术进步方式的成本效应以及如何共同影响能源技术替代和平衡增长路径的主要结论。本章将对主要结论进行数值模拟比较研究。

第一节 改进模型的变量和情景设定

基于技术偏向的内生经济增长改进模型,需要确定 14 个变量系数(ρ,θ,$\bar{S}$,α_1,α_2,ε,α,β,h,η,γ,ζ,δ,L)和期初传统能源技术与可再生能源技术差异($-\infty$,∞)。

相关变量的赋值设定具体如下:

依据文献估计的变量包括环境质量(环境质量 $\bar{S}$、环境外部性程度 ζ、环境自净能力 δ)、贴现率(ρ)、风险厌恶系数(θ)、投入品弹性系数(α_1,α_2)、R&D 弹性($\gamma\eta$)等。直接估计变量包括"探索学习"(α)、"干中学"(β)、"规模经济"(h)、中间品质量提高比率(γ)、投入品替代弹性(ε)。设定化石能源和可再生能源技术差异的分布函数。

一、基准设定

环境质量 $\overline{S}$，主要借鉴 Golosov 等（2014）方法进行设定。该方法考虑现有碳排放存量和年增长情况，考虑碳排增加的温室效应、环境破坏和经济损失等。基于中国碳排放第一大国和碳排放气候影响，设定 $S_0 = 0$，$\zeta = 0.04$，$\delta = 0.02$［与 Nordhaus（2007）和 Acemoglu 等（2012）的设定有所差异］。依据无风险利率，设定贴现基准 $\rho = 2\%$。R&D 成功基准概率，借鉴 Acemoglu 等（2012）设定 $\gamma\eta = 0.24$。鉴于化石能源技术的全球相似性，投入弹性系数设定与 Golosov 等（2014），即 $\alpha_1 = 0.04$。

"探索学习"（α）和"干中学"（β），基于第九章估计结果设定为 $\alpha = 0.2$，$\beta = -0.08$，即 13% 和 5% 的技术学习率。投入品替代弹性基准为 $\varepsilon = 2.5$，即强替代弹性。根据统计年鉴统计数据，设定能源部门的 R&D 人员占比 L_s 为 3%。考虑国别市场规模与全球规模增长存在显著差异，设定市场规模系数按照全球平均增速进行基准设定，即 Acemoglu 等（2012）的 1.2%。考虑生产规模的成本效应，远高于该数值，将依据风电机组单机和组件型号变化设定区间范围。

二、变量取值设定与稳健性检验

基于技术偏向的内生经济增长改进模型，不仅论证能源稀缺性、技术替代性和环境外部性如何综合影响经济增长转型，也论证创新机制与要素价格机制、市场机制的关联作用，多样化技术进步方式的成本效应以及如何共同影响能源技术替代并改变平衡增长路径的主要结论。为检验模型改进有效性，利用稳健性检验，检验主要变量的作用机制和影响效应。

稳健性检验用于评价方法和指标解释能力的强健性，可以从数据出发，根据不同的标准调整分类，检验结果是否依然显著，也可以从变量出发，检验替代变量的替换结果是否依然显著，还可以从计量方法出发，评估结果保持一个比较一致、稳定的解释。基于本书需要，主要从数据出发，检验变量效应和相应结论是否显著、一致，具体设定如表 13-1 所示。

表 13-1　主要变量取值设定

ρ	θ	α_1	α_2	ε	α	β	$\gamma\eta$	L_s
0.02	2	0.04	0.96	2.5	0.2	0.08	0.24	0.03
0.02	2	0.04	0.96	1.5	0.25	0.15	0.24	0.03
0.02	2	0.04	0.96	0.5	0.25	0.30	0.30	0.03

稳健性检验的关键变量包括投入品替代弹性(ε)、"探索学习"(α)、"干中学"(β)、R&D成功概率($\gamma\eta$)。其他变量作为常规性变量,不进行稳健性检验。稳健性检验中,关键变量的数值设定具体如下:

投入品替代弹性取值设定为$\varepsilon = 0.5, 1.5, 2.5$,主要基于强替代、弱替代和互补关系的$\varepsilon$取值区间、可再生能源在电力和工业原料领域的技术替代性以及可再生能源成本长期下降趋势进行设定。

"探索学习"和"干中学"系数取值为$\alpha = 0.2, 0.25$和$\beta = 0.08, 0.20, 0.30$,主要基于双变量和改进学习曲线模型的风、光发电生产成本的"探索学习"和"干中学"的指数估计。

R&D成功概率$0.24 \leqslant \gamma\eta \leqslant 0.3$,取值基于主要文献Acemoglu等(2012)和Golosov等(2014)。

三、情景设定

依据分散经济框架下的市场均衡和命题1结论,设定基础情景,不考虑能源稀缺性,也不考虑多样化技术创新模式。拓展情景是在基础情景上进行拓展,包括无政策干预下纳入能源稀缺性和技术创新机制假设的命题2—3结论,也包括政策干预和不同政策效应的命题4—6结论,以及相对应的情景假设。具体情景分类如下。

1. 经济增长转型的基础情景

不存在化石能源稀缺性、不考虑多样化技术创新方式和无政策干预时,数值模拟研究有偏技术进步的方向、成本效应和平衡增长路径。

2. 经济增长转型的拓展情景(1)

考虑多样化能源技术创新模式,不考虑化石能源稀缺性和政策干预,模拟研究有偏技术进步的方向、成本效应和平衡增长路径。

3. 经济增长转型的拓展情景(2)

考虑化石能源稀缺性和多样化能源技术创新模式,不考虑政策干预,模拟研究有偏技术进步的方向、成本效应和平衡增长路径。

4. 经济增长转型的拓展情景(3)

考虑科研补贴政策干预,不考虑化石能源稀缺性,模拟研究有偏技术进步的方向、成本效应和平衡增长路径。科研补贴率80%,在50年(依据可再生能源技术产业化到具备市场竞争力的时间跨度和资金支持力度)内逐步减少到0。

5. 经济增长转型的拓展情景(4)

考虑多样化技术创新模式和市场政策干预,不考虑化石能源稀缺性,模拟研究有偏技术进步的方向、成本效应和平衡增长路径。

6.经济增长转型的拓展情景(5)

考虑化石能源稀缺性、多样化技术创新模式和市场政策干预,模拟研究有偏技术进步的方向、成本效应和平衡增长路径。

<h1 style="text-align:center">第二节 转向可再生能源经济增长路径情景
研究的数值模拟</h1>

基于基础情景和拓展情景,开展转向可再生能源经济增长路径的数值模拟。依据是否存在政策干预,拓展情景可以分为自由放任的拓展情景和考虑政策干预的拓展情景。由此,数值模拟结果分为三部分进行说明。

一、基础情景的数值模拟

依据基准设定和基础情景假设,当不存在化石能源稀缺性、不考虑多样化技术创新方式和无政策干预时,由命题 1 论证结果可知,若满足条件 $\eta_c A_{ct-1}^{-\frac{(1-a)(1-\beta)(1-\varepsilon)}{1+a\beta-\beta-\varepsilon a\beta}} > \eta_d (1+\gamma\eta_c)^{(1-a)(1-\beta)(1-\varepsilon)+1} A_{dt-1}^{-(1-a)(1-\beta)(1-\varepsilon)}$,则存在基于化石能源技术的投入品创新均衡,且经济不会转向可再生能源经济增长轨道。

由图 13-1 可见,碳排放急速增长,温度变化在 50 年内达到 2℃,在 200 年内超过 8℃。尤其设定期初无可再生能源创新,R&D 投入将持续用于化石能源技术提升,根据不同 R&D 投入,创新率会有所变化,在 0.20~0.25。

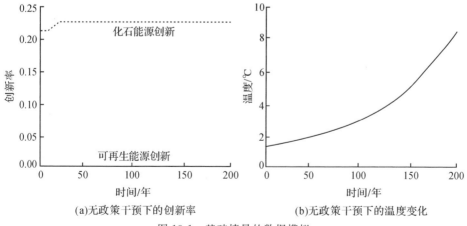

(a)无政策干预下的创新率 　　(b)无政策干预下的温度变化

图 13-1 基础情景的数据模拟

二、无政策干预下拓展情景的数值模拟

(一)考虑多样化技术创新效应的拓展情景

由命题 2 可知,设定 $\varepsilon = 2.5$,且当初始技术效率比 A_{c0}/A_{d0} 在以下范围,即 $\dfrac{A_{c0}}{A_{d0}}$

$$< Min \left\{ (1+\gamma\eta_c)^{-\frac{(1-\alpha)(1-\beta)(1-\varepsilon)+1+\alpha\beta-\beta-\varepsilon\alpha\beta}{(1-\alpha)(1-\beta)(1-\varepsilon)(1+\alpha\beta-\beta-\varepsilon\alpha\beta)}} \left(\frac{\eta_c}{\eta_d}\right)^{\frac{1}{(1-\alpha)(1-\beta)(1-\varepsilon)}}, (1+r\eta_d)^{\frac{(1-\alpha)(1-\beta)(1-\varepsilon)+1+\alpha\beta-\beta-\varepsilon\alpha\beta}{(1-\alpha)(1-\beta)(1-\varepsilon)(1+\alpha\beta-\beta-\varepsilon\alpha\beta)}} \right.$$

$\left(\dfrac{\eta_c}{\eta_d}\right)^{\frac{1}{(1-\alpha)(1-\beta)(1-\varepsilon)}} \Bigg\}$ 时,技术创新仅发生在化石能源技术部门。考虑多样化技术创

新方式,可再生能源技术增长速度仍然为 0,即无增长,无法与化石能源比拟。平衡增长路径由依赖研发"探索学习"的增长效率转变为"探索学习""干中学"和"规模经济"共同作用,但并不会转到可再生能源的经济增长路径上。自由放任政策下,平衡增长路径导致环境灾难以及长期增长停滞。

(二)考虑化石能源稀缺性的拓展情景

由于稀缺性约束,化石能源投入成本上升,利润率受到影响。当化石能源耗竭或足够稀缺,且环境还未恶化到不可恢复情形时,即使在无政策干预下,能源投入品部门生产也将转向可再生能源部门。

由图 13-2 可见,50 年内,R&D 投入持续用于化石能源技术提升,但比例逐步下降,转向可再生能源。相应地,碳排放增速有所放缓,但在 200 年内温度变化仍然接近 6℃。也就是说,稀缺性程度可以制约能源转换,当化石资源耗尽时,环境质量还没有下降到临界,平衡路径的经济增长仍可以保障;但若环境质量突破临界,则长期增长无法持续。

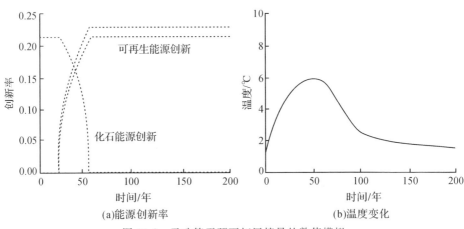

(a)能源创新率   (b)温度变化

图 13-2 无政策干预下拓展情景的数值模拟

三、考虑政策干预下拓展情景的数值模拟

(一)科研补贴政策干预的拓展情景

考虑科研补贴政策,补贴率高达 80%,并在 50 年内逐步减少到 0。基于中国《能源技术革命创新行动计划(2016—2030 年)》和《2050 年高比例可再生能源发展情景》,主要考虑可再生能源成本竞争力和可替代性,设定 50 年政策期限。50 年内,可再生能源可以达到高效、低成本能源替代。

由命题 4 结论可知,当 $\varepsilon > \dfrac{2 + 2\alpha\beta - 2\beta - \alpha}{2\alpha\beta + 1 - \alpha - \beta}$ 时,在短期充足的科研补助 v_t 支持下,以可再生能源技术为基础的投入品部门可以追上化石能源的技术水平,而以化石能源技术为基础的投入品部门长期增长将停止。由此,部门技术和科学家资源在科研补助停止时仍集中在以可再生能源技术为基础的投入品部门,环境灾难得以避免。

基准条件下,$\varepsilon = 2.5$ 满足 $\varepsilon > \dfrac{2 + 2\alpha\beta - 2\beta - \alpha}{2\alpha\beta + 1 - \alpha - \beta}$ 强替代弹性条件。如图 13-3 和图 13-4 所示,即使不考虑"干中学"效应,在可再生能源技术成本竞争力不断强化的基础上,25 年内化石能源的创新投入明显下降并逐步退出,化石能源技术创新停滞。环境变化方面,50 年内达到高峰,与化石能源技术创新停滞基本一致,但最高温度接近 2.0℃,远低于没有政策干预下的气温变化。环境质量可控情况下,确保化石能源经济转向可再生能源经济。若进一步考虑"干中学"效应,则升温峰值下降,不足 1.8℃。

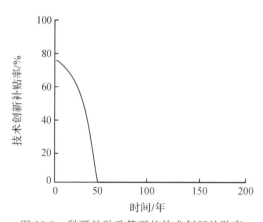

图 13-3　科研补贴政策下的技术创新补贴率

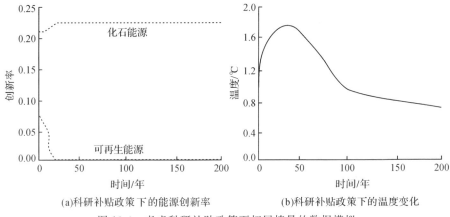

(a)科研补贴政策下的能源创新率 (b)科研补贴政策下的温度变化

图 13-4　考虑科研补贴政策下拓展情景的数据模拟

科研政策干预下,若综合考虑多样化创新效应和化石能源稀缺性,化石能源技术创新投入将在 20 年内停止,科研投入完全转向可再生能源。相应地,温度峰值(40 年左右)更快达到高峰,且升温峰值进一步下降,200 年仅上升不足 1.5℃,显著改善环境质量。

(二)政策干预的拓展情景

政策干预可以通过非研发创新作用,如"干中学"效应、生产规模经济效应以及综合作用加强可再生能源技术进步的成本效应。"干中学"效应和生产规模经济效应形式存在差异,后者类似于市场规模效应形式。考虑市场应用补贴政策,在科研补贴政策实施前 20 年实施,补贴率 50％且 20 年内逐步减少到 0(见图 13-5)。基于中国可再生能源市场补贴政策演变(见表 7-11 至表 7-12)、新兴可再生能源技术产业化和示范规模进程,设定规模化应用的时间起始和时限范围。生产规模经济效应基于中国风电生产商产品规模增速来设定。

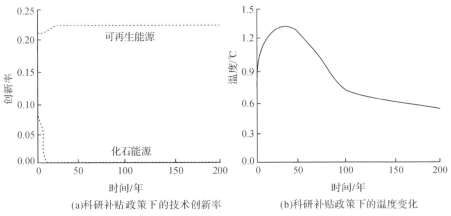

(a)科研补贴政策下的技术创新率 (b)科研补贴政策下的温度变化

图 13-5　考虑科研补贴政策干预和能源稀缺性的拓展情景

实施市场应用补贴政策,强化可再生能源技术的"干中学"效应和生产规模经济效应。由于"干中学"效应强化,19 年内化石能源的创新投入明显下降,并逐步退出,化石能源技术创新停滞。由于生产规模经济效应,这一过程加速到17 年。相应地,升温峰值下降至 1.4℃和 1.3℃。进一步考虑化石能源稀缺性,化石能源技术创新投入在 15 年内将停止,科研投入完全转向可再生能源。相应地,温度峰值进一步下降,200 年仅上升 1.1~1.2℃,显著改善环境质量。

第三节 稳健性检验与长期增长率讨论

基于稳健性检验,从数据出发,根据不同的取值标准调整分类,检验转向可再生能源经济增长路径的结论显著性和异质性,验证主要变量的传导作用和影响效应。

一、多样化技术创新的稳定性检验

依据技术效率比 A_{c0}/A_{d0} 范围考虑,若初始技术创新仅发生在化石能源技术部门且无政策干预,考虑纳入"干中学"效应,技术效率比若仍在以下区间内: $\dfrac{A_{c0}}{A_{d0}}$

$$< \mathrm{Min} \left\{ (1+\gamma\eta_c)^{-\frac{(1-\alpha)(1-\beta)(1-\varepsilon)+1+\alpha\beta-\beta-\varepsilon\alpha\beta}{(1-\alpha)(1-\beta)(1-\varepsilon)(1+\alpha\beta-\beta-\varepsilon\alpha\beta)}} \left(\frac{\eta_c}{\eta_d}\right)^{\frac{1}{(1-\alpha)(1-\beta)(1-\varepsilon)}}, (1+r\eta_d)^{\frac{(1-\alpha)(1-\beta)(1-\varepsilon)+1+\alpha\beta-\beta-\varepsilon\alpha\beta}{(1-\alpha)(1-\beta)(1-\varepsilon)(1+\alpha\beta-\beta-\varepsilon\alpha\beta)}} \right.$$

$$\left(\frac{\eta_c}{\eta_d}\right)^{\frac{1}{(1-\alpha)(1-\beta)(1-\varepsilon)}} \right\}$$,则即使考虑多样化技术创新条件,也无法转向可再生能源经济增长路径。

由于期初技术效率比满足以上条件,数值模拟不支持转向可再生能源经济增长路径。考虑政策干预,如科研补贴,不包括"干中学"效应时,长期增长率在0.24~0.30,完全取决于 R&D 的增长效率;包括"干中学"效应时,"干中学"效率由 0.08 提升至 0.15,长期增长率提升到 0.26~0.32;"干中学"效率由 0.15提升到 0.30,长期增长率进一步提升到 0.29~0.36。长期增长率提升幅度显著,达到 20%。进一步考虑生产规模效应的关联效率,其成本效应类似于市场规模效应形式,生产规模变化基于中国光伏生产商平均产能增速来设定。改进模型中,由于"探索学习""干中学"和"规模经济"的成本效应,即使在低市场增长率情况下,长期增长率最高仍可以达到 0.38,平衡路径的经济增长速率更高且可持续。

由多样化技术创新的稳定性检验结果可见数值模拟和模型论证结果一致。

自由放任政策下,期初各类能源技术效率比制约着长期经济增长方式,即使考虑多样化的创新影响、大幅度提高各类成本效应,无法改变增长路径。政策干预情况下,涵盖多样化技术创新,如"干中学"效率提高一倍,可以使长期经济增长率提高 10%,效应不可忽视。

二、投入品替代弹性的稳定性检验

投入品替代弹性 $\varepsilon > 1$ 的设定并不能满足所有情景的转型要求。由命题 4 结论可知,当 $\varepsilon > \dfrac{2 + 2\alpha\beta - 2\beta - \alpha}{2\alpha\beta + 1 - \alpha - \beta}$ 时,在短期充足的科研补助 υ_t 支持下,以可再生能源技术为基础的投入品部门可以追上化石能源的技术水平;反之,需要长期科研补贴。

当 $\varepsilon = 2.5$ 时,满足 $\varepsilon > \dfrac{2 + 2\alpha\beta - 2\beta - \alpha}{2\alpha\beta + 1 - \alpha - \beta}$ 条件,数值模拟结果显示长期增长率为 $0.24 \sim 0.34$,升温控制在 $1.4 \sim 1.8$℃ 以内。当 $\varepsilon = 1.5$ 时,即使"干中学"和"探索学习"效应显著($\alpha = 0.25$,$\beta = 0.2$),也不满足 $\varepsilon > \dfrac{2 + 2\alpha\beta - 2\beta - \alpha}{2\alpha\beta + 1 - \alpha - \beta}$ 条件,即需要长期科研补贴以支持可再生能源技术创新需求,数值模拟结果显示长期增长率达到 $0.18 \sim 0.26$。也就是说 ε 下降 40%,长期增长率将下降 25%,影响显著。当 $\varepsilon = 0.5$ 时,长期科研补贴难以改变环境灾难,平衡增长无法实现路径转换,温度将持续上升,长期增长停滞。

由投入品替代弹性的稳定性检验结果可见,当 ε 落在投入品可替代性区间临界点内时,尽管长期增长影响是显著的,但影响仍是可控的,转向可再生能源经济增长方式是一致、稳定的。ε 超过临界点时,投入品弹性由替代性转向互补性时,长期影响不可控,平衡增长路径不存在,无法转向基于可再生能源的经济增长路径。

三、R&D 创新成功率的稳定性检验

R&D 创新成功率提升,可以改变期初 A_{c0}/A_{d0} 取值区间,进而改变平衡增长路径。然而,R&D 创新成功率提升幅度必须足够高,反之难以实现路径转换。R&D 创新成功率的稳定性检验结果显示,由于 A_{c0}/A_{d0} 足够小,R&D 创新水平设定 $0.24 \leqslant \gamma\eta \leqslant 0.3$ 不足以改变能源技术创新的部门转换,在自由放任政策下,无法实现增长路径转型。考虑科技补贴政策,R&D 创新成功概率提高 25%,长期增长率同比率提升到 $0.300 \sim 0.425$,影响显著,温度提升控制在 $1.3 \sim 1.6$℃,温控更有成效。

R&D 创新成功率的稳定性检验结果也表明,自由放任政策下,有限的创新效率提升无法转变增长模式,而在政策干预下可以加快可再生能源创新速度,提升相对化石能源的成本竞争力,有效提高平衡路径的增长速度。

第四节　本章小结

基于技术偏向的内生经济增长改进模型,数值模拟结果不仅论证了能源稀缺性、技术替代性和环境外部性如何综合影响经济转型,也论证了多样化技术进步方式的成本效应以及如何共同影响能源技术替代并改变平衡增长路径的主要结论。

不考虑政府干预和资源稀缺性,给定期初化石能源技术经济体系,能源技术将固化在化石能源技术,难以实现向可再生能源技术经济体系的转换,平衡增长路径必然导致环境灾难。碳排放会急速增长,温度变化在 50 年内达到 2℃,在 200 年内超过 8℃。尤其设定期初无可再生能源创新,R&D 投入将持续用于化石能源技术提升,可再生能源没有技术创新和提升可能性,呈现环境崩溃和增长停滞的长期趋势。

考虑研发政策干预,当两部门能源投入品存在强替代关系,短期的科研补助可以避免环境灾难。25 年内,化石能源的创新投入明显下降,并逐步退出,化石能源技术创新停滞。相应地,环境变化表现在温度上升上,在 50 年内达到高峰,与化石能源技术创新停滞基本一致。以中国排放标准设定,温度上升最高接近 2.0℃,在 200 年可达到仅上升 0.8℃,政策效应明显。政策干预下,长期增长保持在 0.24~0.30。

由于稀缺性约束,化石能源投入成本上升,利润率受到影响。当化石能源耗竭或足够稀缺,且环境还未恶化到不可恢复情形时,即使在无政策干预下,能源投入品部门生产也将转向可再生能源部门。但若考虑政策干预和多样化创新效应,化石能源技术创新投入将在 15 年内停止,科研投入完全转向可再生能源。相应地,升温峰值下降,且(40 年左右)更快达到高峰值,200 年仅上升不足 0.6℃,显著改善环境质量。政策干预下的长期增长仍保持在 0.24~0.30。

长期增长效应的稳健性检验表明,数值模拟结果显著,与命题结论一致。无政策干预下,期初能源技术效率比和投入品替代弹性决定长期增长的能源技术方向,尤其在"干中学"效应受限的情况下,平衡增长路径无法转换。政策干预下,综合考虑"探索学习"和"干中学"等的成本效应,加快增长路径转变和显著提高长期增长率。当"干中学"效应提高 1 倍,长期增长率可提高 4%~10%。若进一步考虑"规模经济"效应,即使保持低规模增速,仍能显著改善长期平衡增长率。提高 R&D 创新成功概率可加快可再生能源创新速度,增强相对化石能源的成本竞争力和替代速度,同比例提高长期增长率。

综合以上结论,在研究能源技术经济绿色转型时,需要综合考虑技术、经济和政策的结构性和体系化问题,必须考虑各类机制效应的关联作用,尤其是基于全产业链的技术体系和多样化创新作用、基于全生命周期的成本体系和成本效应、基于能源技术性和经济性的政策选择,高效推动能源经济绿色转型。

第四篇　政策方案篇

——加快可再生能源技术高效、低成本、
体系化发展的政策建议

第十四章　全面推进可再生能源技术创新和产业发展的政策建议

本章在总结可再生能源技术发展的理论分析和实证检验的基础上，聚焦中国可再生能源产业"创新能力不足、核心技术薄弱"及"成本下降放缓、成本效益不佳"等现实问题，提出"高效、低成本"原则导向下加快可再生能源技术创新和产业发展的两类五组十五条政策建议。

第一节　问题总结

基于可再生能源技术发展的理论溯源、国别事实和影响效应分析，可以归纳可再生能源技术创新和产业发展存在以下六个问题。

1. 可再生能源技术体系仍不完善

可再生能源技术类别多、学科领域广、技术路线多、经济部门关联差异大，技术发展轨迹还远未完善，需要持续、系统的基础性与原创性技术发展。超高效率太阳能电池、超大型风电机组、太阳能制氢、固态化动力电池、生物质高值化利用、混合储能、智能高效微电网等前沿技术、共性技术突破以及低成本高效率应用仍是实现经济增长绿色转型的重大难题。

2. 高效、低成本可再生能源技术路线情景与实际情况偏差大

从全球范围来看，可再生能源技术进步快于各地区、国别技术路线设定目标，而如 2015 年、2020 年等阶段性调整并没有得以及时跟进。如中国风电技术路线设定 2020 年实现 5MW 机组规模化生产，实际众多企业已具备 5MW 甚至 10MW 级机组规模生产能力；生物质能技术路线方面，液体燃料 2030 年突破千万吨生产技术。从实际效率来看，千吨级生物质液体燃料已进入示范项目生产阶段。可再生能源技术的变革性和创新的不确定性要求相应的技术路线做出适时调整，明确战略方向、创新目标和成本目标。

3. 可再生能源技术创新能力仍存在显著地区差距

欧美国家是可再生能源技术创新的起源国，也是前沿技术的领先国。作为技术后发国家，自主创新能力、关键技术攻关能力、技术投资生产能力、技术高效应用能力存在显著不足。以大生产网络体系为基础的"中国特色"可再生能源技术创新模式，充分发挥了结构性、工程性技术创新优势，并为前沿技术创新提供有效积累，但仍不足以支撑基础性、原创性、变革性技术创新，难以全面提升技术创新能力。

4. 可再生能源技术不平衡发展问题突出

可再生能源产业技术、地区技术的不平衡发展问题尤其明显。在产业技术领域，如光伏领域，中国晶硅技术处于领先地位，但异质结、有机材料、新概念技术等仍落后于发达国家；在制氢领域，中国以电解水制氢作为有效供氢主体，而煤制氢配合碳捕捉技术、生物制氢和太阳能光催化分解水制氢等先进技术处于补充领域；在燃料电池领域，适合交通和固定式电源的是质子交换膜燃料电池，而适合大中型供电和分点的固体氧化物燃料电池，其电池性能和效率与国际领先水平有较大差距。从发展集中度来看，中国可再生能源市场集中度高、地区集中性强，地区间差异不断扩大。上游产业基本呈现寡头垄断市场结构，部分中游产业呈现寡头或垄断竞争市场结构，这些产业集中分布在四川、河北、江西、江苏和浙江，加剧地区间技术锁定和竞争锁定，难以有效促进各地区协同发展。

5. 可再生能源配套产业链技术差距大

中国可再生能源配套产品产业的国产化率高，但部分关键零部件和材料仍存在一些"卡脖子"技术或低效技术，如储热器材料、大功率控制器、逆变器和变压器、偏航/变桨轴承、变桨系统、复合管道、隔膜等，制约着可再生能源技术高质量发展和发展优势。

6. 可再生能源技术服务体系落后

可再生能源技术服务体系体现在标准化管理、监测管理、咨询服务管理、技术开发管理等各领域的公共产品供给。现有服务体系仍存在要素资源配置、服务产品类别、治理管理技术等诸多方面的不足，如缺乏产学研政金一站式、开放性平台，缺乏全国范围的各类技术和产品标准的公共试验测试系统，缺乏全国性资源评估和技术成本测算公共服务体系，缺乏可再生能源产品维护、回收、再利用技术服务等，难以实现惠及科研、生产、生活各方面，以及经济体系各领域的可再生能源技术服务支撑。

第二节　若干政策建议

　　针对以上问题,提出可再生能源技术创新和产业发展的改革建议,分两类五组十五条政策,具体如下。

一、全面建设可再生能源技术体系

(一)以绿色增长为目标,强化可再生能源技术体系建设

　　1.更新提升可再生能源技术路线

　　加强可再生能源技术体系建设及其促进经济增长绿色转型的中长期战略布局和技术方向规划,按照技术、成本、生产和应用分类目标,对新兴技术,如太阳能、风能、生物质能、地热能、波浪能、洋流能、潮汐能、氢能等实施分阶段、分区域监测、管理和评估,并在战略时点上及时做出技术路线调整和更新。建立建设储能装备、远距离输送、智能微电网等基础设施技术路线规划,有效推进多能融合发展。

　　2.完善可再生能源创新主体建设

　　全面强化可再生能源创新体系支撑,丰富自主创新和引进吸收再创新形式,强化创新追赶和创新辐射效应。拓展多中心辐射结构,尤其是强化企业研发机构在可再生能源技术基础性和应用性基础研究中的作用,通过产业联盟、技术联盟和企业国家实验室等产学研形式,积极推进并引领应用性基础和应用性技术研发的组织机构发展。强化高校、科研机构在可再生能源前沿技术领域、基础技术领域的合作建设,通过开发、应用、服务合作等多领域合作内容、外联创新、联盟创新、协作创新等多层面合作形式,形成多元化、全产业链的主体创新体系,强化创新追赶和创新辐射效应。

　　3.重大科技项目创新扶持

　　以创新效率、效应为导向,加大重大科研技术项目创新扶持,充分发挥"探索学习""干中学""交互学习"等各种创新效应。加强可再生能源前沿技术研发、新兴技术产业化、技术应用市场化以及相关配套设施等重大科研项目的论证立项、资金支持、人员配备等各方面支持。加强可再生能源资源获取、加工制备、发电、输送、储能、并网、调配等全系统、各领域的重大、重点、关键领域的高效、低成本技术研发支持和绩效管理,切实提高技术效率,发挥创新效应。

(二)以市场为导向,提升可再生能源技术创新效率

1. 突出企业主体地位,强化提标增效的市场竞争机制

构建"领跑者"制度,强化前沿和最佳可行技术的企业试点、示范和推广,引导可再生能源全行业向创新"领跑者"学习。创建"小巨人"制度,通过可再生能源技术创新孵化和先进标准建设,引导企业向"高专特"创新领域"小巨人"看齐。以点带面,推动创新动力从"生态倒逼"向其与"科技引领"相融合转化,创新能力从"扶持培育"向其与"先进引领"相结合转变。

2. 突出问题导向,强化供需互动的市场激励机制

主动服务经济体系能源供给替代,围绕传统制造业的能源体系绿色变革,对接清洁制造和绿色能源的技术创新,围绕新产业发展,对接智能制造、柔性制造和可再生能源设施建设的技术突破和转化。催化可再生能源需求引领,围绕能源革命和绿色能源消费,对接可再生能源领先市场、政府绿电采购、大众绿色消费等需求,加快示范应用,将潜在需求转化为现实供给。

3. 突出绿色资源汇聚,强化资源配置的市场导向机制

发挥科研、市场和监管体系的综合制度优势,提高市场配置效率。围绕可再生能源大规模市场应用目标,建立市场导向明确的前沿科技项目;由企业牵头,产学研联合实施环境标准评估和示范应用。强化科技与金融紧密结合,推动能源转型,政府资金与社会资金项目推广,加快创新资本化和产业化。探索人才引进与市场化人才评估相结合的政策体系,提升可再生能源技术人才汇聚效率。

(三)以平台互通为依托,打造深度融合的可再生能源技术创新合作体系

1. 构建企业开放创新"生态圈"

依托大企业和优势产业基地,实施"互联网＋双创＋可再生能源＋"工程,打造立体式、无边界企业协作生态圈。鼓励建设企业与面向能源产业链的网络研发众包平台,推动能源技术开发、双创人才等高端资源在线集聚与共享,提供能源生产和应用的开放共享和实时交互,形成诸如智慧能源科技产业园的协同智造等典型的网络化、开放式创新互联模式,加快实现创新链网状分布与产业链纵向融通的共同发展。

2. 构建产学研协同创新"生态圈"

依托产业创新综合体建设,打造可再生能源创新的政产学研用金深度融合"生态圈"。贯通产业基地、高校科技园、创新孵化园、绿色金融创新试验区和可持续发展议程创新等资源载体,整合技术专家、实验室、数据库等线上线下研发资源,提供可再生能源技术需求发布、技术诊断、创新联盟、成果转化和绿色金融对接的综合服务,形成"基地＋创新院校＋创新平台＋示范区＋基金池＋专利池"六位一体的协同创新体系,实现前沿、基础与应用创新,跨行、跨界与跨区

创新,生产、生活和生态创新的协同发展。

二、全面推进可再生能源产业发展

可再生能源产业从"新兴发展产业"向"基础主导产业"转变。中国可再生能源正从"生产规模化与海外市场导向"阶段向"技术引领与市场示范主导"阶段过渡,并将逐渐向"前沿技术产业化与规模应用并进"阶段转型。由此,提出如下全面推进可再生能源产业发展的相关建议。

(一)以技术路线为引领,推动可再生能源产业发展

1.依托先进研发平台,前沿技术引领产业发展

积极打造关键、共性技术研发与应用合作平台,扶持建设高效技术、先进能源系统和设施技术的各类独立研发和联合研发的工程平台,强化新颖概念技术的积累与储备、种子技术研发培育以及产业技术与基础技术研发的交互共促。充分发挥"结构性创新＋工程性创新"的中国特色创新模式,加强关键技术产业化与规模化,提高技术效率,降低制造成本。

2.产业链深层次、多元化、垂直一体化发展

充分发挥中国可再生能源技术优势,建立完善以高效率技术、高效能技术、低成本、新概念技术为主体的全产业链体系建设。充分发挥产业集群优势及与新材料、新能源、新兴信息产业的协同创新效应,加强制造设备、智能制造等产业链延伸发展,形成交叉领域、多元化技术集聚的"产业高地"。充分发挥骨干企业示范带头作用,推动产业链深广度拓展,推进设备制造向垂直一体化产品供应、系统集成开发、储能/电力系统解决方案供应的跨越发展,形成行业领军标杆企业。

3."绿色能源、智慧能源"市场应用发展

充分利用国内外市场资源,通过可再生能源体系和能源互联系统的统筹部署,规模化推进以地面设施、屋顶设施、建筑一体化、交通设施、农渔林业一体化为主体的可再生能源项目工程,鼓励大众参与示范项目建设与推广应用,加快绿电能源并网与交易,发挥可再生能源产业、应用与市场的互促互融。

(二)以体系化建设为依托,深化可再生能源产业基础发展

1.强化产业发展与设施体系协同规划

围绕系统建设、协同发展原则,强化可再生能源开发利用与产业基础建设的协同规划和发展,强化并网基础设施、管道设施、充电设施的配套建设和跨省跨区互联。围绕可再生能源技术路径与产业推进模式,健全要素体系保障,强化能源、住建、农林渔业、金融等部门或机构的统筹协作,健全产业规划、项目准入、土地供应、并网和投融资保障等要素配置。

2.健全多能融合监控调配体系

按照能源高效、全面转变要求,以场景开发、实时监控、智慧调配为技术依托,强化可再生能源系统建设。以多能融合的多种场景的示范应用为先导,加快供电、供热、交通燃料、化工品、新型碳材料等各领域的能源分系统向互融系统的应用尝试,以能源互补效率、耦合利用效率、成本最小化效率等系统测试、监控、调度为基本依据,为可再生能源系统优化和全面替代提供基础保障。

3.搭建技术服务综合平台体系

搭建可再生能源技术服务综合平台体系,包括三个专业技术服务平台——产业技术研究咨询平台、产业技术标准与认证平台以及产业技术侵权与纠纷咨询平台,三个信息系统平台——地理信息系统、项目信息系统和用户信息系统,为生产侧、用户侧共享产业技术信息提供便利,加快推动可再生能源部门与其他产业部门间的技术交互、联动。

4.建立产业环境污染监控体系

依据环境外部性内部化与有效责任归属原则,建立全生命周期环境污染监控体系,有效落实可再生能源环境影响监测和环境贡献评估。生态环境污染监控对象包括可再生能源原料收集制备、设备生产组装、项目建设安装、开发利用和维护回收等生命周期各环节存在的废物、废水和废气,以及相应的噪声污染、土地污染、地表植被破坏、水土流失等各类影响。

第十五章　完善可再生能源价格财税政策与市场建设的政策建议

可再生能源经济性政策用于支持新兴技术的市场应用和产业投资,克服短期成本高、投资风险大、市场认可度低等困境,逐步落实具有成本竞争力的技术创新和应用,最终实现市场导向而非财政补助的政策激励机制。本章聚焦中国可再生能源价格财税政策存在的时效性、经济性、匹配性等问题,提出"兼顾规模发展与合理经济"及"兼顾效率优先与社会公平"原则下的政策体系和市场化制度建设的两类五组十六条政策建议。

第一节　问题总结

基于可再生能源价格财税政策分类、目标主体、执行机构和经济考量,结合中国现行典型政策——标杆定价和补贴、绿证认证与市场交易政策实施情况,总结经济性激励政策存在以下五大问题。

1. 可再生能源技术成本动态评估体系仍不完备

综合能源技术经济性、空间异质性和环境外部性等视角,现行的可再生能源成本和竞争力趋势还难以体现"干中学""探索学习"等各类创新成本效应及结合结构性、工程创新的"中国特色"的成本效应,难以涵盖因地理资源条件、系统效率差异所导致的项目成本巨大波动,也难以充分体现相对传统竞争性化石能源的外部成本内生化贡献,无法做到对可再生能源技术成本的动态有效评估。

2. 可再生能源价格形成机制仍不完善

长期具有充分成本竞争优势的新兴可再生能源技术,如风、光发电现行价格政策缺乏分类、分区域政府定价调整机制和市场导向定价机制的有效匹配,具体表现在:缺乏兼顾项目实施具体困难与政策退出限期目标的价格动态调整机制,缺乏灵活调整的地区分类基准、缺乏平衡各类外部影响和代际效应的外部成本分担机制。可再生能源参与市场交易、前沿技术市场化应用的价格机制也缺乏细则规定。

3.可再生能源财政补贴和税负成本仍在攀升

受地区分类基准、价格调整机制、系统效率和外部成本内部化偏差等影响,分类资源区标杆电价政策造成补贴不足和补贴过度同时存在。各地区地方财政补贴形式各有不同,进一步加剧补贴不足和补贴过度的两难局面。对工商、居民、农业生产等部门采取的差异化征税方式尽管降低了特定群体的用电负担,但造成其他群体用电税负过快攀升。

4.可再生能源绿证市场推进力度不足

可再生能源标杆电价与绿证政策共存的情况下,绿色自由市场交易制度有助于减轻标杆电价的财税负担,但由于新兴能源技术缺乏成本竞争力,自愿而非强制交易的财税减负效应相当有限。管制电价制度和电价交叉补贴政策共存的情况下,绿电发电商配额制缺乏经济激励,无助于促进绿证交易。可再生能源占比规划约束下,对并网消纳困难、补贴拖欠导致的跨区跨域绿电外送或消纳需求实际变化仍缺乏考虑,无法最优化地区绿电发电配额设定,难以充分发挥市场导向的绿证价格形成机制和财税减负效应。

5.可再生能源市场化交易体系正待建设

可再生能源存在多样化能源类型和技术,需要多样化的能源市场推进竞争性交易。目前,可再生能源市场化交易方式仍然受限,售电公司、电力用户通过市场化交易直接采购可再生能源依然存在困难,能源消纳以电网公司的“网对网”采购交易为主。分布式市场化交易(隔墙售电)、集中竞价交易、虚拟购电协议等制度性安排并未得到有效落实,难以充分显现新兴能源体系相对于化石能源体系的替代效率和增长影响作用。

第二节　若干政策建议

针对以上问题,提出可再生能源价格财税政策和市场建设的改革建议,分两类五组十六条政策,具体如下。

一、加快完善可再生能源价格财税政策

(一)完善市场应用价格扶持政策体系

1.扶持政策与扶贫政策相结合

结合能源分类部门和地区条件,设立特殊地区价格支持和调整政策,倾斜支持农村地区、边远和贫困地区的可再生能源技术市场应用和推广。

2.扶持政策与领跑政策相结合

结合能源分类部门和地区条件,设立领跑地区加快市场导向的价格政策,发挥大企业头雁作用,切实提高成本竞争力,优先摆脱政策扶持。

3.扶持先进技术开发与应用示范政策相结合

加大力度支持能源领域符合条件的基础性、前沿性、关键性和公益性的技术装备和重大技术标准的开发、示范和推广应用,依据技术突破的重要性和影响性,以比例成本定价、全成本定价、成本加成定价等方式进行扶持。

(二)建立健全价格形成政策体系

1.促进价格管控向市场竞争政策转变

按照可再生能源"竞争性、可支付"原则,推动竞争性技术领域主要由市场形成价格,国家推动技术领域形成主要由能源资源状况、市场供求关系、环境成本、代际公平可持续等因素决定价格的机制。

2.建立分类区域灵活调控的价格政策

综合考虑能源成本竞争力、能源基础设施效率的地区差异,推进"分类资源区+省份区域""市场定价+成本定价"相结合的灵活定价政策。积极推进绿电外送(成本竞争力强、可再生能源资源丰富)省份按照成本收益平衡和电力供需平衡要求,采取基准补贴定价、"新能源+储能定价"、尖峰和低谷分时电价等灵活措施。

3.完善体现环境价值的价格政策

按照充分体现环境以及气候变化的正外部性效应原则,完善可再生能源价格形成机制。综合环境保护与治理情况,依据化石能源应用领域分类的环境外部影响及其对应的税费体系,建立外部成本、外部成本内部化程度和自愿与强制支付的环境影响评估,适时推行排放税费与强制交易政策相结合、充分体现环境价值的可再生能源价格政策。

(三)完备财政补贴和税收政策体系

1.建立补贴动态调整机制

按照推进规模发展与合理经济的原则,建立可再生能源"三设限"制度,即总补贴上限、年度增幅上限、高成本项目比例设限,建立"三标准"制度,即高效率(功效)标准、低成本标准和高兼容标准,建立健全基于调限、调标的补贴动态调整机制。

2.提高税费制度效率

避免税费重复征收,免去可再生能源自发自用、上网并网的电价附加费用。提高补贴发放效率,简化可再生能源附加税收程序,加快扶持项目的补贴发放速度。综合考虑地区配额约束和补贴需求水平,适度平衡绿电外送省份、企业配额要求,优先考虑外送电力的对应省份征税直接发放。

3.完备补贴标准评估体系

按照政策效率保障和成本可控原则,建立事前事后可再生能源补贴的技术标准评估和调整体系,对照技术路线设定和技术提升实际情况,及时调整标准基准和依据,减少补贴过度和不足偏差,杜绝骗补、套补行为。

二、建立健全可再生能源市场体系

(一)完善绿证交易市场建设

1.健全绿证认购市场体系

充分考虑绿电环境价值与用户绿电支付意愿,有效兼顾绿电成本分担与非水可再生能源发展需求,加快构建绿证自由、强制交易、绿电交易以及可再生能源和特定绿电技术交易融合并行的市场体系,促进需求侧各类主体进行绿证交易与绿电消费,激励高成本和新兴技术的绿证认购市场培育。

2.完善配额机制及与绿证交易协调机制

按照合理经济和有效监管原则,建立与绿证交易、电力平衡相匹配的售电商配额机制,设定省级区域或大区域配额设定与调节机制,强化具备成本优势的"三北"地区和绿电消纳/外送高需求的沿海省份的跨省份绿证交易。

3.理顺绿证定价与惩罚机制

防范垄断定价和考核不当,完善双向竞价、定价限额和配额未履行惩罚等制度安排,提高绿证市场竞争均衡与履约效率。

4.协调政策实施的互动效应

充分考虑价格政策和数量政策促进可再生能源应用的关联作用,降低由补贴拖欠、并网消纳引致的绿证价格冲击和投机行为,使得绿电溢价更有效传递到用户端并进一步减轻转嫁负担。

(二)建立健全电力交易市场

1.建设电力市场化交易平台

坚持发挥市场在资源配置中的决定性作用,构建有效竞争的市场结构和市场机制,通过建章立制、开发市场、完善规则,构建全国性跨区跨省电力市场体系,为市场主体搭建公开透明、功能完善的电力交易平台。

2.扩大电力市场参与主体范围

放开煤电、水电、风电、太阳能、燃煤自备电厂、核电、分布式能源等不同类型发电企业进入市场,通过市场竞争更充分体现可再生能源经济性和跨区消纳能力。放开10千伏及以上电压等级、500万千瓦时以上用电量用户及部分新兴产业、工业园区、商业企业、公共服务企业、优先购电用户等不同类型电力用户进入市场，或规模以上全部企业参与电力交易，激发绿电需求，扩大市场化交易规模，提高供需关联和规模经济效应。

3.形成市场化交易机制

推动市场化交易机制，完成电力转让。放开基准定价方式，放开时段、区域限制的定价方式，鼓励买卖双方开展自主协商定价实现中长期合同交易，通过实时市场价格实现现货交易，推动建立完善充分反映市场供需关系和电力商品真实价值的交易制度。

参考文献

[1] RED,2014.中国可再生能源发展路线图 2050[R].RED.

[2] 艾建华,徐金标,1999.煤炭开采的外部性、内化政策与技术水平选择[J].中国矿业大学学报(5):45-49.

[3] 安雪娜,张少华,李雪,2017.考虑绿色证书交易的寡头电力市场均衡分析[J].电力系统自动化(9):84-89.

[4] 蔡跃洲,李平,2014.技术—经济范式转换与可再生能源产业技术创新[J].财经研究(8):16-29.

[5] 常凯,2015.基于成本和利益视角下可再生资源补贴政策的经济效应[J].工业技术经济(2):98-105.

[6] 程茂吉,1995.技术创新和扩散过程的一般理论分析[J].经济地理(2):31-38.

[7] 党晋华,贾彩霞,徐涛,等,2007.山西省煤炭开采环境损失的经济核算[J].环境科学研究(4):155-160.

[8] 邸元,崔潇濛,刘晓鸥,2012.中国风电产业技术创新对风电投资成本的影响[J].数量经济技术经济研究(3):140-150.

[9] 顾钱江,张正富,王秀琼,2014.习近平首次系统阐述"新常态"[EB/OL].(2014-11-09)[2020-10-08].http://www.xinhuanet.com/politics/2014-11/09/c_1113175964.htm.

[10] 郭辉,2011.基于学习曲线的风力、光伏发电成本分析与接入智能电网的时机、规模预测[C].战略性新兴产业的培育和发展:首届云南省科协学术年会论文集.

[11] 郭正权,郑宇花,张兴平,2014.基于CGE模型的我国能源—环境—经济系统分析[J].系统工程学报(5):581-591.

[12] 国家发改委,2011.中国风力发电技术路线图[R].国家发改委.

[13] 国家发改委,2015.中国 2050 高比例可再生能源情景及路径[R].国家发改委.

[14] 国家发改委,2016.能源生产与消费革命战略(2016—2030)(发改基础〔2016〕2795)[DB].国家发改委.

[15] 国务院办公厅,2014.能源发展战略行动计划(2014—2020 年)(国办发

〔2014〕31 号）[DB].国务院办公厅.

[16] 海夫纳三世,2013.能源大转型[M].马圆春,李博抒,译.北京:中信出版社.

[17] 韩超,胡浩然,2015.清洁生产标准规制如何动态影响全要素生产率[J].中国工业经济(5):70-82.

[18] 何祚庥,2006.中国的可再生能源战略[J].特区实践与理论(4):23-26.

[19] 环境保护部环境规划院,2014.煤炭环境外部成本核算及内部化方案研究[R].环境保护部环境规划研究院与能源基金会.

[20] 霍布斯鲍姆,2014.霍布斯鲍姆:年代四部曲系列[M].郑明萱,贾士蘅,张晓华,等译.北京:中信出版社.

[21] 姜子英,2008.我国核电与煤电的外部成本研究[D].北京:清华大学.

[22] 蒋伏心,王竹君,白俊红,2013.环境规制对技术创新影响的双重效应[J].中国工业经济(7):44-55.

[23] 景维民,张璐,2014.环境管制、对外开放与中国工业的绿色技术进步[J].经济研究(9):34-47.

[24] 可再生能源专业委员会,2013.中国光伏分类上网电价政策研究报告[R].可再生能源专业委员会.

[25] 李斌,彭星,欧阳铭珂,2013.环境规制、绿色全要素生产率与中国工业发展方式转变:基于 36 个工业行业数据的实证研究[J].中国工业经济(4):56-68.

[26] 李国平,张海莹,2011.煤炭资源开采中的外部成本与应交税费比较[J].经济学家(1):63-69.

[27] 李虹,谢明华,杜小敏,2011.中国可再生能源补贴措施有效性研究:基于居民环境支付意愿的实证分析[J].财贸经济(3):102-109.

[28] 李宁,2010.北京市 3E-S(能源—经济—环境、安全)系统 MARKAL 模型研究开发[D].北京:清华大学.

[29] 李胜兰,初善冰,申晨,2014.地方政府竞争、环境规制与区域生态效率[J].世界经济(4):88-110.

[30] 李树,陈刚,2013.环境管制与生产率增长:以 APPCL2000 的修订为例[J].经济研究(1):17-31.

[31] 林伯强,2012.中国能源战略调整和能源政策优化研究[J].电网与清洁能源(1):1-3.

[32] 刘德海,2017.绿色发展理念的科学内涵与价值取向[J].江苏社会科学(3):1-7.

[33] 刘伟,李虹,2014.中国煤炭补贴改革与二氧化碳减排效应研究[J].经济研究(8):146-157.

[34] 绿色和平组织,2013.京津冀地区燃煤电厂造成的健康危害评估研究[R].北京:绿色和平组织.

[35] 马胜红,李斌,陈东兵,等,2010.中国光伏发电成本、价格及技术进步作用的分析[J].太阳能(4):6-13.

[36] 马媛,侯贵生,尹华,2016.企业绿色创新驱动因素研究:基于资源型企业的实证[J].科学学与科学技术管理(4):98-105.

[37] 彭澄瑶,2016.2025中国风电度电成本[R].GE.

[38] 彭星,李斌,2016.不同类型环境规制下中国工业绿色转型问题研究[J].财经研究(7):134-144.

[39] 秦海岩,2018.依托自主创新加速中国风电装备制造业发展[EB/OL].(2018-10-30)[2020-10-08].http://www.cpnn.com.cn/zdyw/201810/t20181030_1100955.html.

[40] 石敏俊,2016.区域发展政策模拟[M].北京:中国人民大学出版社.

[41] 石敏俊,2017.中国经济绿色发展的理论内涵[EB/OL].(2017-10-17)[2020-10-08].https://news.gmw.cn/2017-10/17/content_26524893.htm.

[42] 时璟丽,2015.光伏发电补贴现状及政策展望[EB/OL].(2015-11-17)[2020-10-08].https://guangfu.bjx.com.cn/special/? id=958287.

[43] 史贝贝,冯晨,张妍,等,2017.环境规制红利的边际递增效应[J].中国工业经济(12):40-58.

[44] 史丹,王俊杰,2016.基于生态足迹的中国生态压力与生态效率测度与评价[J].中国工业经济(5):5-21.

[45] 宋马林,王舒鸿,2013.环境规制、技术进步与经济增长[J].经济研究(3):122-134.

[46] 隋俊,毕克新,杨朝均,等,2015.制造业绿色创新系统创新绩效影响因素[J].科学学研究(3):440-448.

[47] 隋礼辉,2012.基于学习曲线的中国光伏发电成本发展趋势分析[J].水电能源科学(6):209-211.

[48] 谭显东,2008.电力可计算一般均衡模型的构建及应用研究[D].北京:华北电力大学.

[49] 汤铃,鲍勤,王明喜,2014.核电项目暂停审批与我国减排目标的实现:基于GE模型分析[J].系统工程理论实践(2):349-356.

[50] 陶光远,2015.德国光伏的今天就是中国光伏的明天[EB/OL].(2015-08-25)[2020-10-08].https://weibo.com/p/1001603879695765910550.

[51] 童健,刘伟,薛景,2016.环境规制、要素投入结构与工业行业转型升级[J].经济研究(7):43-57.

[52] 涂正革,谌仁俊,2015.排污权交易机制在中国能否实现波特效应[J].经济

研究(7):160-173.

[53] 王班班,齐绍洲,2016.市场型和命令型政策工具的节能减排技术创新效应[J].中国工业经济(6):91-108.

[54] 王兵,吴延瑞,颜鹏飞,2008.环境管制与全要素生产率增长:APEC的实证研究[J].经济研究(5):19-32.

[55] 王弟海,2012.健康人力资本、经济增长和贫困陷阱[J].经济研究(6):143-155.

[56] 王惠,王树乔,苗壮,等,2016.研发投入对绿色创新效率的异质门槛效应:基于中国高技术产业的经验研究[J].科研管理(2):63-71.

[57] 王杰,刘斌,2014.环境规制与企业全要素生产率:基于中国工业企业数据的经验分析[J].中国工业经济(3):44-56.

[58] 吴强,2008.矿产资源开发环境代价及实证研究[D].北京:中国地质大学.

[59] 新华社,2015.中共中央、国务院关于加快推进生态文明建设的意见[EB/OL].(2015-04-25)[2020-10-08].http://www.xinhuanet.com/politics/2015-05/05/c_1115187518.htm.

[60] 徐丽萍,林俐,2008.基于学习曲线的中国风力发电成本发展趋势分析[J].电力科学与工程(3):1-4.

[61] 杨博,2017.绿色技术范式研究[D].北京:中共中央党校.

[62] 杨芳,2013.技术进步对中国二氧化碳排放的影响及政策研究[M].北京:经济科学出版社.

[63] 杨紫琪,高亚丽,2015.光伏产业背后的污染不容小觑[J].资源节约与环保(11):21.

[64] 尤济红,王鹏,2016.环境规制能否促进R&D偏向于绿色技术研发[J].经济评论(3):26-38.

[65] 于惊涛,王珊珊,2016.基于低碳的绿色增长及绿色创新:中、美、英、德、日、韩实证与比较研究[J].科学学研究(4):528-538.

[66] 张成,陆旸,郭路,等,2011.环境规制强度和生产技术进步[J].经济研究(2):113-124.

[67] 张华,2016.地区间环境规制的策略互动研究:对环境规制非完全执行普遍性的解释[J],中国工业经济(7):74-90.

[68] 张九天,2006.能源技术变迁的复杂性研究[D].合肥:中国科学技术大学.

[69] 张文丽,连璞,2008.煤炭开采中生态成本核算及经济补偿[J].中国能源(9):29-32.

[70] 张雯,刘瑞丰,刘静,等,2013.基于多影响因素分析的光伏发电成本及走势预测模型[J].陕西电力(11):17-20.

[71] 张玉卓,2008.基于供应量和价格的能源动态替代博弈研究[J].中外能源

(3):14-19.

[72] 中国氢能联盟,2019.中国氢能源及燃料电池产业白皮书(2019年版)[R].北京:中国氢能联盟.

[73] 周丽,雷丽霞,曹新奇,等,2009.煤炭开采成本分析及外部性研究[J].煤炭经济研究(9):14-15.

[74] 周晟吕,石敏俊,李娜,等,2012.碳税对于发展非化石能源的作用:基于能源—环境—经济模型的分析[J].自然资源学报(7):1101-1111.

[75] 朱彤,王蕾,2015.国家能源转型:德、美实践与中国选择[M].杭州:浙江大学出版社.

[76] 朱雨晨,林俐,许佳佳,等,2012.基于学习曲线法的风电成本研究[J].电力需求侧管理(4):11-13.

[77] 斎藤優,1986.技術移転の国際政治経済学:アジア・太平洋時代の日本の戦略[M].东京:东洋経済新報社.

[78] Acemoglu D,2003. Labour-and capital-augmenting technical change[J]. Journal of the European Economic Association,1(1):1-37.

[79] Acemoglu D,Aghion P,Bursztyn L,et al.,2012. The environment and directed technical change[J]. American Economic Review,102(1):131-166.

[80] Acemoglu D,Akcigit U,Hanley D,et al.,2014. Transition to clean technology[Z]. NBER Working Paper.

[81] Acs Z J,Anselin L,Varga A,2002. Patents and innovation counts as measures of regional production of new knowledge[J]. Research Policy,31(7):1069-1085.

[82] Afzal S S,Tanaka M,Chen Y,2016. Are targets for renewable portfolio standards too low? The impact of market structure on energy policy[J]. European Journal of Operational Research,250(1):328-341.

[83] Aghion P,Dechezleprêtre A. Hemous D,et al.,2016. Carbon taxes,path dependency and directed technical change:Evidence from the auto industry[J]. Journal of Political Economy,124(1):1-51.

[84] Aghion P,Howitt P,1992. A model of growth through creative destruction[J]. Econometrica,60(2):325-351.

[85] Aghion P,Howitt P,1998. Endogenous Growth Theory[M]. Cambridge,MA:MIT Press.

[86] Alavi M,Leidner D E,2001. Review:Knowledge management and knowledge management systems conceptual foundations and research issues[J]. MIS Quarterly,25(1):107-136.

[87] Amundsen E, Bergman L, 2012. Green certificates and market power in the Nordic power market[J]. The Energy Journal, 33(2): 101-117.

[88] Andor M A, Frondel M, Vance C, 2017. Germany's energiewende: A tale of increasing costs and decreasing willingness-to-pay[Z]. USAEE Working Paper No. 17-293.

[89] Andrew D, Tetsunari I, 2011. The power elite and environmental energy policy in Japan[J]. Asia Pacific Journal, 9(4): 1-17.

[90] Argote L, Beckman S L, Epple D, 1990. The Persistence and transfer of learning in industrial settings[J]. Management Science, 36(2): 140-154.

[91] Arrow K J, 1962. The economic implications of learning by doing[J]. The Review of Economic Studies, 29(3): 155-173.

[92] Arthur W B, 1989. Competing technologies, increasing returns, and lock-in by historical events[J]. Economic Journal, 99: 116-131.

[93] Azevedo I, Jaramillo P, Rubin E, et al. , 2013. Modeling technology learning for electricity supply technologies[Z]. Working Paper.

[94] Bake J D, Junginger M, Faaij A, et al. , 2009. Explaining the experience curve: Cost reductions of Brazilian ethanol from sugarcane[J]. Biomass and Bioenergy, 33(4): 644-658.

[95] BCG, 1968. Prospectives on experience [R]. Boston: Tech. rep.

[96] Berghout N A, 2008. Technological learning in the German biodiesel industry: An experience curve approach to quantify reductions in production costs, energy cost and greenhouse gas emissions [R]. Ultrech, The Netherlands: Utrecht University.

[97] Bernard F, Prieur A, 2007. Biofuel market and carbon modeling to analyze French biofuel policy[J]. Energy Policy, 35(12): 5991-6002.

[98] Bickel P, Friedrich R, 2005. ExternE: Externalities of energy (methodology 2005 Update)[R]. European Commission.

[99] Bolinger M, Wiser R, 2012. Understanding wind turbine price trends in the U. S. over the past decade[J]. Energy Policy, 42: 628-641.

[100] Borucke M, Moore D, Cranston G, et al. , 2013. Accounting for demand and supply of the biosphere regenerative capacity: The National footprint accounts underlying methodology and framework [J]. Ecological Indicators, 24: 518-533.

[101] BP, 2018. Energy Outlook [R]. BP.

[102] Brankera K, Pathaka M J M, Pearcea J M, 2011. A review of solar photovoltaic levelized cost of electricity[J]. Renewable and Sustainable Energy Review, 15(12): 4470-4482.

[103] Breznitz D, Murphee M, 2010. Run of the Red Queen: Government, Innovation, Globalization and Economic Growth in China[M]. New Haven: Yale University Press.

[104] Bullis K, 2012. The Chinese solar machine[J]. MIT Technology Review, 115(1): 46-49.

[105] Butler L, Neuhoff K, 2008. Comparison of feed-in tariff, quota and auction mechanisms to support wind power development[J]. Renewable Energy, 33(8): 1854-1867.

[106] Cai X, Lu Y, Wu M, et al, 2016. Does environmental regulation drive away inbound foreign direct investment? Evidence from a quasi-natural experiment in China[J]. Journal of Development Economics, 123: 73-85.

[107] Chandrasekar V K, Senthilvelan M, Lakshmanan M, 2005. Lienard-type nonlinear oscillator[J]. Physical Review E, 72: 69-76.

[108] Chen C H, Lu Z N, 2012. Technical learning and production expansion: Cost reductions of wind power investments[J]. Science & Technology Progress and Policy, 8: 58-60.

[109] Chiarella C, 1980. Optimal depletion of a nonrenewable resource when technological progress is endogenous[R]//Kemp M C, Long N V. Exhaustible Resources, Optimality, and Trade. Amsterdam: North-Holland: 81-93.

[110] China National Renewable Energy Centre (CNREC), 2014. China wind, solar and bioenergy roadmap 2050[R]. Sino-Danish Renewable Energy Development Program.

[111] Chinese Academy for Environmental Planning (CAEP), 2014. The external environmental cost of coal[R]. Energy Foundation Funded Program.

[112] Choi G B, Huh S Y, Heo E, 2018. Prices versus quantities: Comparing economic efficiency of feed-in tariff and renewable portfolio standard in promoting renewable electricity generation[J]. Energy policy, 113(2): 239-248.

[113] Cimoli M, Primi A, Pugno M, 2006. A low-growth model: Informality as a structural constraint[J]. CEPAL Review, 88: 85-102.

[114] CIPR (China Intellectual Property Rights), 2013. Guide to patent protection in China[R]. China IPR SME Helpdesk.

[115] Coase R H, 1960. The problem of social cost[J]. Journal of Law and Economics, 3(10): 1-44.

[116] Cockburn I, Griliches Z, 1988. Industry effects and appropriability measures in the stock market's valuation of R&D and patents[J]. American Economic Review, 2(2): 419-423.

[117] Cooke P, 2008. Cleantech and an analysis of the platform nature of life sciences: Further reflections upon platform policies [J]. European Planning Studies, 16(3): 375-393.

[118] Coulomb L, Neuhoff K, 2006. Learning curves and changing product attributes: The case of wind turbines[Z]. Cambridge Working Papers in Economics and Energy Policy Research Group 0601.

[119] Cunningham P, 2009. Demand-side innovation policies[R]. Brussels: European Commission.

[120] Darling S B, You F, Veselka T, et al., 2011. Assumptions and the levelized cost of energy for photovoltaic[J]. Energy & Environmental Science, 4(9): 3077-3704.

[121] Dasgupta P, Heal G H, 1974. The optimal depletion of exhaustible resources[J]. Review of Economic Studies, 41(5): 3-28.

[122] David P A, 1985. Clio and the economics of QWERTY[J]. American Economic Review, 75(2): 332-337.

[123] Davidson M, 2013. Politics of power in China: Institutional bottlenecks to reducing wind curtailment through improved transmission [R]. International Association for Energy Economics, 4: 40-42.

[124] De La Tour A, Glachant M, Ménière Y, 2010. Innovation and international technology transfer: The case of the Chinese photovoltaic industry[J]. Energy Policy, 39(2): 761-770.

[125] Díaz G, Aleixandre J G, Coto J, 2015. Dynamic evaluation of the levelized cost of wind power generation[J]. Energy Conversion and Management, 101(9): 721-729.

[126] Dio V D, Favuzza S, Cascia D L, 2015. Critical assessment of support for the evolution of photovoltaics and feed-in tariffs in Italy [J]. Sustainable Energy Technologies and Assessments, 9 (3): 95-104.

[127] Dixon P B, Rimmer M T, 2002. Dynamic General Equilibrium Modeling for Forecasting and Policy: A practical Guide and Documentation of Monash[M]. Amsterdam: Elsevier.

[128] DOE, 2011. Solar energy technologies program[R]. DOE.

[129] Dong Y L, Shimada K J, 2017. Evolution from the renewable portfolio standards to feed-in tariff for the deployment of renewable energy in Japan[J]. Renewable Energy, 107(7): 590-596.

[130] Dosi G，1982. Technological paradigms and technological trajectories：A suggested interpretation[J]. Research Policy，11(3)：147-162.

[131] Dosi G，1988. Sources，procedures and microeconomic effects of innovation[J]. Journal of Economic Literature，26(3)：1120-1171.

[132] Drucker P，1999. Knowledge-worker productivity：The biggest challenge[J]. California Management Review，41(2)：79-94.

[133] EC，2014. Subsidies and costs of EU energy[R]. EC.

[134] Edler J，Fagerberg J，2017. Innovation policy：What，why，and how [J]. Oxford Review of Economic Policy，33(1)：2-23.

[135] Edvinsson L，Sullivan P，1996. Developing a model for managing intellectual capital[J]. European Management Journal，14(4)：356-364.

[136] Eeckhaut J，Jovanovic B，2002. Knowledge spillovers and inequality [J]. American Economic Review，92(5)：1290-1307.

[137] Energy Research Institute (ERI)，2015. China 2050 high renewable energy penetration wcenario and roadmap study [R]. National Development and Reform Commission Report.

[138] Ernst D，Naughton B，2012. Global technology sourcing in China's integrated circuit design industry：A conceptual framework and preliminary research findings[Z]. East-West Center Working Papers，Economics Series No. 131.

[139] EU，2015. Review of cleaner production[R]. EU.

[140] Falconett I，Nagasaka K，2010. Comparative analysis of support mechanisms for renewable energy technologies using probability distributions[J]. Renewable Energy，35(6)：1135-1144.

[141] Fingersh L，Hand M，Laxson A，2006. Wind turbine design cost and scaling model[R]. NREL.

[142] Fischer C，Peonas L，2010. Combining policies for renewable energy is the whole less than the sum of its parts[J]. International Review of Environmental and Resource Economics，4(1)：51-92.

[143] Florentin K，Bossel H，Muller-Reimann K F，1980. Energie-Wende：Wachstum und Wohlstand ohne Erdöl und Uran[M]. Frankfurt：Fischer Verlag.

[144] Fraunhofer ISE，2018. Stromgestehungskosten erneuerbare energien [R]. Fraunhofer Institut für Solare Energiesysteme (ISE).

[145] Freeman C，Clark C，Soete L，1982. Unemployment and Technical Innovation：A Study of Long Waves in Economic Development[M]. London：Frances Pinter.

[146] Freeman C, Pérez C, 1988. Structural crises of adjustment, business cycles and investment behavior[M]// Dossi G, et al. Technical Change and Economic Theory. London: Pinter: 39-62.

[147] Freeman R E, 1994. The politics of stakeholder theory: Some futuredirections[J]. Business Ethics Quarterly, 4(4): 409-421.

[148] Friedrich R, Bickel P, 2001. Environmental External Costs of Transport[M]. Heidelber: Springer Verlag.

[149] Fthenakis W E, 2009. Bildung neu definieren und hohe Bildungsqualität von Anfang an sichern: Defining education in a new way and guaranteeing high educational standards from its beginnings[J]. Betrifft Kinder, 9(3): 7-10.

[150] García-Álvarez M T, Cabeza-García L, Soares I, 2017. Analysis of the promotion of onshore wind energy in the EU[J]. Renewable Energy, 111(10): 256-264.

[151] Garud R, 1997. On the distinction between know-how, know-why, and know-what[J]. Advances in Strategic Management, 14:81-101.

[152] Garud R, Karnøe P, 2001. Path Dependence and Creation[M]. New York: Psychology Press.

[153] Garud R, Kumaraswamy A, Karnøe P, 2010. Path dependence or path creation? [J] Journal of Management Studies, 47(4): 760-774.

[154] Geels F W, 2002. Technological transitions as evolutionary reconfiguration processes: A multi-level perspective and a case study[J]. Research Policy, 31(8-9): 1257-1274.

[155] Glaeser E L, Kallal H D, Scheinkman J, et al. , 1992. Growth in cities [J]. Journal of Political Economy, 100 (6): 1126-1152.

[156] Golosov M, Hassler J, Krusell P, et al. , 2014. Optimal taxes on fossil fuel in general equilibrium[J]. Econometrica, 82(1): 41-88.

[157] Grant R M, 1996. Prospering in dynamically-competitive environments: Organizational capability as knowledge integration[J]. Organization Science, 7(4): 375-387.

[158] Grau T, 2014. Comparison of feed-in tariffs and tenders to remunerate solar power generation[Z]. DIW Discussion Papers, No. 1363.

[159] Groth C, 2006. Capital and resource taxation in a Rome-style growth model with nonrenewable resources[Z]. Working Paper, University of Copenhagen.

[160] Groth C, 2007. Growth and non-renewable resources: The different roles of capital and resource taxes [J]. Journal of Environmental

Economics and Management，53：80-98.

[161] Harmon C，2000. Experience curves of photovoltaic technology，international institute for applied systems analysis[R]. IIASA Interim Report.

[162] Haselip J，2011. Assessing experiences with renewable energy feed-in tariffs[R]. DUP.

[163] Hayward J A，Graham P W，2011. Developments in technology cost drivers—dynamics of technological change and market forces [R]. CSIRO.

[164] Hettinga W G，Junginger H M，Dekker S C，et al.，2009. Understanding the reductions in US corn ethanol production costs：An experience curve approach[J]. Energy Policy，37(1)：190-203.

[165] Hicks J R，1932. The Theory of Wages[M]. London：Macmillan.

[166] Hohmeyer O，1988. Social Costs of Energy Consumption[M]. Berlin：Springer.

[167] Hotelling H，1931. The economics of exhaustible resources[J]. The Journal of Political Economy，39(2)：137-175.

[168] Huang C，Arundel A，Hollanders H，2011. How firms innovate：R&D，non-R&D，and technology adoption[C]. Maastricht：Dynamics of Institutions & Markets in Europe Final Conference.

[169] Huber G P，1991. Organizational learning：The contributing processes and the literatures[J]. Organization Science，2(1)：88-115.

[170] IEA PVPS Program，1996. Trends in PV power applications in selected IEA countries between 1992 and 1995[R]. IEA.

[171] IEA PVPS Program，2017. Trends in PV power applications in selected IEA countries between 1992 and 2010[R]. IEA.

[172] IEA，1998. Benign energy：The environmental implications of renewables [R]. OECD/IEA.

[173] IEA，2000. Experience curves for energy technology policy [R]. OECD/IEA.

[174] IEA，2013. IEA wind 2012 annual report[R]. IEA.

[175] IRENA，2012. Renewable energy technologies：Cost analysis series [R]. IRENA.

[176] IRENA，2015. Renewable power generation costs in 2014[R]. IRENA.

[177] IRENA，2017. Renewable power generation costs in 2017[R]. IRENA.

[178] IRENA，2019. Global energy transformation：A roadmap to 2050 (2019 edition)[R]. IRENA.

[179] Jaffe A B, Newell R G, Stavins R N, 2002. Environmental policy and technological change[J]. Environmental & Resource Economics, 22(1-2): 41-69.

[180] Jager D, Rathmann M, 2008. Policy instrument design to reduce financing costs in renewable energy technology projects[R]. IEA Implementing Agreement on Renewable Energy Technology Deployment (RETD).

[181] Jamasb T, 2006. Technical change theory and learning curves: Progress and patterns in energy technologies[J]. The Energy Journal, 28(3-4): 51-71.

[182] Jones C I, 2005. The shape of production functions and the direction of technical change[J]. Quarterly Journal of Economics, 250(5): 517-549.

[183] Junginger M, Faaij A, Turkenburg W, 2005. Global experience curves for wind farms[J] Energy Policy, 33(2): 133-150.

[184] Junginger M, Visser E D, Hjort-Gregersen K, et al., 2006. Technological learning in bioenergy systems[J]. Energy Policy, 34(18): 4024-4041.

[185] Kahouli-Brahmi S, 2008. Technological learning in energy-environment-economy modeling: A survey[J]. Energy Policy, 36(1): 138-162.

[186] Kempener R, Anadon L D, Condor J, 2010. Governmental energy innovation investments, policies, and institutions in the major emerging economies: Brazil, Russia, India, Mexico, China, and South Africa [Z]. Energy Technology Innovation Policy Discussion Paper Series, Discussion Paper No. 2010-16.

[187] Kerr T, Chiavari J, 2009. Accelerating energy innovation: Successful strategies for RD&D[R]. IEA.

[188] Kim L, Nelson R R, 2000. Technology, Learning, and Innovation, Experiences of Newly Industrializing Economies [M]. New York: Cambridge University Press.

[189] Klaassen G, Miketa A, Larsen K, et al., 2005. The impact of R&D on innovation for wind energy in Denmark, Germany and the United Kingdom[J]. Ecological Economics, 54(2-3): 227-240.

[190] Kline S J, Rosenberg N. An overview of innovation[M]// Laudau R, Rosenberg N. The Positive Sum Strategy Harnessing Technology for Economic Growth. Washington: National Academy Press: 275-307.

[191] Kobos P, Erickson J, Drennen T, 2006. Technological learning and renewable energy costs: Implications for US renewable energy policy [J]. Energy Policy, 34(13): 1645-1658.

[192] Koornneef J, Junginger M, Faaij A, 2007. Development of fluidized

bed combustion: An overview of trends, performance and cost[J]. Energy Policy, 33(1): 19-55.

[193] Koplow D, Dernbach J C, 2001. Federal fossil fuel subsidies and greenhouse gas emissions: A case study of increasing transparency for fiscal policy[J]. Annual Review of Energy and Environment, 26 (1): 361-389.

[194] Kouvaritakis N, Soria A, Isoard S, 2000. Modelling energy technology dynamics: Methodology for adaptive expectations models with learning by doing and learning by searching[J]. International Journal of Global Energy Issues, 14(1): 104-115.

[195] Kuhn T S, 1962. The Structure of Scientific Revolutions[M]. Chicago: University of Chicago Press.

[196] Kwon T H, 2015. Rent and rent-seeking in renewable energy support policies:Feed in tariff vs. renewable portfolio standard[J]. Renewable & sustainable energy review, 44(4): 676-681.

[197] Lacey N, 2010. Differentiating among penal states[J]. British Journal of Sociology, 61(4):778-794.

[198] Lantz E, Wiser R, Hand M, 2012. The past and future cost of wind energy[Z]. Working Papers, NREL/TP-6A20-53510.

[199] Leggett J, 2010. Caught between low carbon and high-voltage rows [DB/OL]. (2010-03-25) [2019-05-06]. https://www. theguardian. com/business/2010/mar/25/Jeremy-leggett-solarcentury-under-attack-renewable-energy.

[200] Lema R. Lema A, 2012. Technology transfer? The rise of China and India in green technology sectors[J]. Innovation Development, 2(1): 23-44.

[201] Lewis J I, 2011. Building a national wind turbine industry: Experiences from China, India and South Korea[J]. International Journal of Technology Globalisation, 5(3/4): 281-305.

[202] Liddell H G, Scott R, 1980. Greek-English Lexicon [M]. Oxford: Clarendon Press.

[203] Lopperi K, Soininen A, 2005. Innovation and knowledge accumulation an intellectual property rights perspective[C]. Waltham, MA: The Sixth European Conference on Organizational Knowledge, Learning, and Capapbilities.

[204] Lovinfosse L D, Varone F, 2002. Renewable electricity policies in Europe: patterns of change in the liberalised market[Z]. UCL Working

Paper No. 1.

[205] Lucas R E, 1988. On the mechanics of economic development[J]. Journal of Monetary Economics, 22(1): 3-42.

[206] MacKay R M, Probert S D, 1998. Likely market-penetrations of renewable energy technologies[J]. Applied Energy, 59(1): 1-38.

[207] Mahajan B, 2012. Negative environmental impacts of solar energy[J]. Environmental Science and Policy, 33(12): 1-5.

[208] Malerba F, Orsenigo L, 1993. Technological regimes and firm behavior [J]. Industrial Corporate Change, 2(1): 45-71.

[209] Mankiw N R, Romer D, Weil D N, 1992. A contribution to the empirics of economic growth[J]. Quarterly Journal of Economics, 107 (2): 407-437.

[210] Marcotte C, Niosi J, 2000. Technology transfer to China: The issue of knowledge and learning[J]. Journal of Technology Transfer, 25(3): 43-57.

[211] Marins L M, 2009. The challenge of measuring innovation in emerging economies firms: A proposal of a new set of indicators on innovation [C]. Aalborg: DRUID-DIME Academy Winter 2009 PhD Conference on Economics and Management of Innovation, Technology and Organizational Change.

[212] Marshall A, 1919. Industry and Trade [M]. London: The Macmillan Company.

[213] Marshall A, 1948. Principles of Economics [M]. 8th ed. London: Macmillan.

[214] Mathews J A, 2013. The sixth technoeconomic paradigm[C]. Barcelona: 35th DRUID Celebration Conference 2013.

[215] Maycock P D, 2005. PV market update[J]. Renewable Energy World, 8(4):86-99.

[216] McDonald A, Schrattenholzer L, 2001. Learning rates for energy technologies[J]. Energy Policy, 29(4): 255-261.

[217] Metcalfe S, 2010. Technology and economic theory[J]. Cambridge Journal of Economics, 34(1):153-171.

[218] Mezartasoglou D, Stambolis C, 2019. What kind of energy transition? The case of CE and SE Europe[Z]. IENE Working Paper No. 27.

[219] Midttun A, Gautesen K, 2007. Feed in or certificates, competition or complementarity? Combining a static efficiency and a dynamic innovation perspective on the greening of the energy industry [J].

Energy Policy，35（3）：1419-1422.

[220] Mone C，Stehly T，Maples B，et al. ，2015. 2014 cost of wind energy review[DB]. NREL.

[221] Morgan M G，Tierney S F，1998. Research support for the power industry[J]. Issues in Science and Technology，15（1）：81-87.

[222] Nahm J，Steinfeld E S，2014. Scale-up nation：China's specialization in innovative manufacturing[J]. World Development，54（2）：288-300.

[223] National Energy Technology Laboratory（NETL），2010. Cost and performance baseline for fossil energy plants（Volume 1）：Bituminous coal and natural gas to electricity[R]. United States Department of Energy.

[224] Neij L，1994. Cost dynamics of wind power energy[J]. Energy，24（5）：375-389.

[225] Neij L，1997. Use of experience curves to analyse the prospects for diffusion and adoption of renewable energy technology[J]. Energy Policy，25（13）：1099-1107.

[226] Neij L，2008. Cost development of future technologies for power generation：A study based on experience curves and complementary bottom-up assessments[J]. Energy Policy，36（6）：2200-2211.

[227] Neij L，Andersen，P D，Durstewitz M，et al. ，2003. Experience curves：A tool for energy policy programmes assessment[R]. Final Report Project ENG1-CT2000-00116.

[228] Nelson R R，Sidney G，1982. An Evolutionary Theory of Economic Change[M]. Cambridge：Belknap Press/Harvard University Press.

[229] Nelson R R，Winter S G，1977. In search of a useful theory of innovation[J]. Research Policy，6（1）：36-76.

[230] Nemet G F，2006. Beyond the learning curve：Factors influencing cost reductions in photovoltaics[J]. Energy Policy，34（17）：3218-3232.

[231] Nemet G F，2012. Inter-technology knowledge spillovers for energy technologies[J]. Energy Economics，34（5）：1259-1270.

[232] Newbery D，1998. Competition，contracts and entry in the electricity spot market[J]. RAND journal of economics，29（4）：726-749.

[233] Nonaka I，1994. Dynamic theory of knowledge creation：Reflections and an exploration of the ontological dimension[M]// von Krogh G，Takeuchi H，Kase K，et al. Towards Organizational Knowledge：The Pioneering Work of Ikujiro Nonaka. London：Palgrave Macmillan.

[234] Nonaka I，Takeuchi H，1995. The Knowledge-Creating Company：

How Japanese Companies Create the Dynamics of Innovation[M]. New York: Oxford University.

[235] Nordhaus W, 1969. An economic theory of technological change[J]. American Economic Review, 59(2): 18-28.

[236] Nordhaus W, 2008. A Question of Balance: Weighing the Options on Global Warming Policies [M]. New Haven, CT: Yale University Press.

[237] Norman D, Verganti R, 2014. Incremental and radical innovation: Design research versus technology and meaning change [J]. Design Issues, 30(1): 78-96.

[238] NREL, 2010. National survey report of PV power applications in the United States 2009[DB]. NREL.

[239] NREL, 2011. National survey report of PV power applications in the United States 2010[DB]. NREL.

[240] Ocampo M T, 2009. How to calculate the levelized cost of energy: A simplified approach[DB]. Energy Technology Expert.

[241] OECD, 1996. The knowledge-based economy[R]. OECD.

[242] OECD, 2002. Frascati manual 2002[R]. OECD.

[243] OECD, 2002. OSLO manual[R]. OECD.

[244] OECD, 2006. Subsidy reform and sustainable development[R]. OECD.

[245] OECD/IEA, 2000. Experience curves for energy technology policy[R]. OECD.

[246] Ouyang X, Lin B, 2014. Impacts of increasing renewable energy subsidies and phasing out fossil fuel subsidies in China[J]. Renewable and Sustainable Energy Reviews, 37(9): 933-942.

[247] Pakes A, Griliches Z, 1980. Patents and R&D at the firm level: A first report[J]. Economic Letter, 5(4): 377-381.

[248] Parente V, Goldemberg J, Zillles R, 2002. Comments on experience curves for PV modules[J]. Progress in Photovoltaic: Research and Applications, 10(8): 571-574.

[249] Park G, Shin J, Park Y, 2006. Measurement of depreciation rate of technological knowledge: Technology cycle time approach[J]. Journal of Science Industrial Research, 65(3): 121-127.

[250] Pavitt K, Soete L, 1980. Innovative activities and export shares: Some comparisons between industries and countries [M]// Pavitt K. Technical Innovation and British Economic Performance. London: Macmillan.

[251] Pavitt K, Wald S, 1971. The conditions for success in technological innovation[R]. OECD.

[252] Perez C，1983. Structural change and the assimilation of new technologies in the economic and social systems[J]. Futures，15(5)：357-375.

[253] Perez C，1985. Microelectronics，long waves and world structural change：New perspectives for developing countries [J]. World Development，13(3)：441-463.

[254] Perez C，2002. Technological Revolutions and Financial Capital：The Dynamics of Bubbles and Golden Ages[M]. Cheltenham：Edward Elgar.

[255] Perez C，2009. Technological revolutions and techno-economic paradigms [Z]. TOC/TUT Working Paper No. 20.

[256] Perez C，2016. Capitalism，technology and a green global golden age：The role of history in helping to shape the future in Mazzucato[J]. The Political Quarterly，86(S1)：191-217.

[257] Pigou A C，1920. The Economics of Welfare[M]. London：Macmillan and Co.

[258] Polanyi M，1966. The Tacit Dimension[M]. London：Routledge & Kegan Paul.

[259] Prescott E C，1986. Theory ahead of business cycle measurement[J]. Quarterly Review，10(4)：9-22.

[260] Qiu Y M，Anadon L D，2012. The price of wind power in China during its expansion：Technology adoption，learning-by-doing economies of scale，and manufacturing localization[J]. Energy Economics，34(3)：772-785.

[261] Rapping L，1965. Learning and World War II production functions[J]. Review of Economics and Statistics，47(8)：1-86.

[262] Reinert E S，2004. Globalization，Economic Development and Inequality：An Alternative Perspective[M]. Northampton：Edward Elgar.

[263] REN 21，2006. Renewables 2005，global status report[R]. REN21 Secretariat.

[264] REN 21，2016. Renewables 2015，global status report[R]. REN21 Secretariat.

[265] REN 21，2018. Renewables 2018 global status report[R]. REN21 Secretariat.

[266] Resch G，Ragwitz M，Held A，2007. Feed-in tariffs and quotas for renewable energy in Europe[J]. CESifo DICE Report，5(4)：26-32.

[267] Ringel M，2006. Fostering the use of renewable energies in the European Union：The race between feed-in tariffs and green certificates

[J]. Renewable Energy, 31(1): 1-17.

[268] Rip A, Kemp R, 1998. Technological change[M]// Rayner S, Malone E L. Human Choice and Climate Change. Columbus, OH: Battelle Press: 327-399.

[269] Romer P M, 1990. Endogenous technological change[J]. Journal of Political Economy, 98(5): 71-102.

[270] Rosenberg N, 1976. Perspectives or Technology [M]. Cambridge: Cambridge University Press.

[271] Rosenberg N, 1982. Inside the Black Box: Technology and Economics [M]. Cambridge: Cambridge University Press.

[272] Rosenberg N, 1994. Exploring the Black Box: Technology, Economics, and History[M]. Cambridge: Cambridge University Press.

[273] Rosenberg N, Mowery D, 1978. The influence of market demand upon innovation: A critical review of some recent empirical studies [J]. Research Policy, 8(2): 102-153.

[274] Rozakis S, Sourie J C, 2005. Micro-economic modeling of bio-fuel system in France to determine tax exemption policy under uncertainty [J]. Energy Policy, 33(2): 171-182.

[275] Rubin E S, Azevedo I M L, Jaramillo P, et al., 2015. A review of learning rates for electricity supply technologies[J]. Energy Policy, 86 (11): 198-218.

[276] Sagar, A. Zwaan V D, 2006. Technological innovation in the energy sector: R&D, deployment and learning-by-doing[J]. Energy Policy, 34 (17): 2601-2608.

[277] Sahal D, 1985. Technological guideposts and innovation avenues[J]. Research Policy, 14(2): 61-82.

[278] Schaeffer G J, Alsema E A, Seebregts A, et al., 2004. Learning from the Sun—Analysis of the use of experience curves for energy policy purposes: The case of photovoltaic power [R]. Final report of the Photex project, DEGO: ECN-C-04-035.

[279] Scheer H, 2011. The Energy Imperative: 100 Percent Renewable Now [M]. London: Routledge.

[280] Schumpeter J A, 1939. Business Cycles: A Theoretical and Statistical Analysis of the Capitalist Process[M]. New York: McGraw-Hill.

[281] Schumpeter J A, 1942. Capitalism, Socialism and Democracy [M]. New York: Harper & Row.

[282] Schumpeter J A, 1961. The Theory of Economic Development[M]. 3rd

ed. New York: Oxford University Press.

[283] Schumpeter J A, 1980. The Theory of Economic Development [M]. London: Routledge.

[284] Short W, Packey D J, Holt T, 1995. A manual for the economic evaluation of energy efficiency and renewable energy technologies[R]. National Renewable Energy Laboratory (NREL), NREL/TP-462-5173.

[285] Shum K, Watanabe C, 2006. Innovation cycle for ICT enabled general technology and its implications to co-evolution of technology and institutions[C]. DRUID-DIME Winter 2006 Conference, The Danish research unit of industrial dynamics.

[286] Smil V, 2004. World history and energy [M]// Cleveland C J. Encyclopedia of Energy. Amsterdam: Elsevier Science: 549-561.

[287] Smil V, 2010. Energy Transitions: History, Requirements, Prospects [M]. Santa Barabara, CA: Praeger.

[288] Solow R M, 1974. The economics of resources or the resources of economics[J] American Economic Review, 64: 1-14.

[289] Staffhorst M, 2006. The way to competitiveness of PV: An experience curve and break-even analysis[D]. Hessen: University of Kassel.

[290] Stern N, 2006. The Stern review report on the economics of climate change[J]. World Economics, 98(2):1-10.

[291] Stiglitz J, 1974. Growth with exhaustible natural resources: Efficient and optimal growth paths[J]. Review of Economic Studies, 41(5): 123-137.

[292] Stiglitz J, 1974. Growth with exhaustible natural resources: The competitive economy[J]. Review of Economic Studies, 41(5): 139-152.

[293] Strategies Unlimited, 2003. Five-year market forecast, 2002 − 2007 [R]. Report PM-52.

[294] Supran G, Oreskes N, 2017. Assessing ExxonMobil's climate change communications (1977 − 2014)[J]. Environment Research Letter, 12 (8): 1-18.

[295] Suzuki H, 1976. On the possibility of steadily growing per capita consumption in an economy with a wasting and non-replenishable resource[J]. Review of Economic Studies, 43(3): 527-535.

[296] Swanson R M, 2006. A vision for crystalline silicon photovoltaics, progress in photovoltaics: Research and applications program [J]. Photovoltic Resources, 14 (4):443-453.

[297] Swift K D, 2013. A comparison of the cost and financial returns for solar photovoltaic systems installed by businesses in different locations

across the United States[J]. Renewable Energy, 57(9): 137-143.

[298] Söderholm P, Klaassen G, 2007. Wind power in Europe: A simultaneous innovation-diffusion model [J]. Environmental and Resource Economics, 36(2): 163-190.

[299] Tamas M M, Shrestha S O B, Zhou H H, 2010. Feed-in tariff and tradable green certificate in oligopoly[J]. Energy Policy, 38(8): 4040-4047.

[300] Tanaka N, 2008. Energy technology perspectives 2008-scenarios and strategies to 2050[R]. IEA.

[301] Tang L, Bao Q, Zhang Z X, et al., 2013. Carbon-based border tax adjustments and China's international trade: Analysis based on a dynamic computable general equilibrium model[J]. Electronic Journal, 3(1): 1-36.

[302] The Climate Council, 2014. The global renewable energy boom: how Australia is missing out[R]. TCC.

[303] Thun E, Brandt L, 2010. The fight for the middle: Upgrading, competition, and industrial development in China [J]. World Development, 38(11): 1555-1574.

[304] Tsuchiya H, 1992. Photovoltaic cost analysis based on the learning curve[R]. Research Institute for Systems Technology.

[305] Tsuchiya H, Kobayashi O, 2004. Mass production cost of PEM fuel cell by learning curve[J]. Hydrogen Energy, 29(8): 985-990.

[306] Ulku H, 2004. R&D, innovation, and economic growth: an empirical analysis[Z]. IMF Working Paper No. WP/04/185.

[307] US Energy Information Administration, 2018. Levelized cost of new generation resources[R]. EIA.

[308] Utterback J M, 1996. Mastering the Dynamics of Innovation [M]. Boston: Harvard Business Review Press.

[309] Vedenov D, Wetzstein M, 2008. Toward an optimal us ethanol fuel subsidy[J]. Energy Economics, 30(5): 2073-2090.

[310] Verbruggen A, Lauber V, 2009. Basic concepts for designing renewable electricity support aiming at a full-scale transition by 2050[J]. Energy Policy, 37(12): 5732-5743.

[311] Vergne J P, Durand R, 2010. The missing link between the empirics of path dependence: Conceptual clarification, testability issue, and methodological implications[J]. Journal of Management Studies, 47(4): 736-759.

[312] Wiser R, Bolinger M, Cappers P, et al., 2007. Analyzing historical cost

trends in California's market for customer-sited photovoltaic [J]. Progress in Photovoltaic, 15(1): 69-85.

[313] Woetze J, Jiang K J, 2007. China renewable energy revolution[R]. McKinsey Gobal Institution.

[314] Wright T P, 1936. Factors affecting the costs of airplanes[J]. Journal of Aeronautical Science, 3(4): 122-128.

[315] Yu C F, van Sark W G J H M, Alsema E A, 2011. Unraveling the photovoltaic technology learning curve by incorporation of input price changes and scale effects [J]. Renewable and Sustainable Energy Reviews, 15(1): 324-337.

[316] Yu Y, Li H, Che Y Y, et al., 2017. The price evolution of wind turbines in China: A study based on the modified multi-factor learning curve[J]. Renewable Energy 103(4): 522-536.

[317] Yueh L Y, 2006. The determinants of innovation: Patent laws, foreign direct investment and economic growth in China[Z]. Working Papers, Centre for Economic Performance University of Oxford.

[318] Zarnikau J, 2011. Successful renewable energy development in a competitive electricity market: A Texas case study[J]. Energy policy, 39(7): 3906-3913.

[319] ZhangD, Chai Q M, Zhang X L, et al., 2012. Economical assessment of large-scale photovoltaic power development in China[J]. Energy, 40 (1): 370-375.

[320] Zhao H R, Guo S, Fu L W, 2014. Review on the costs and benefits of renewable energy power subsidy in China [J]. Renewable and Sustainable Energy Reviews, 37(9): 538-549.

后　记

本书缘起于对 2014 年主持的国家社科基金项目"能源技术经济范式转换与我国可再生能源产业技术创新研究"的深化。能源供给保障与经济性是国家能源安全体系的基石,但在地缘依赖型能源结构和资源耗竭型经济体系下是不稳固、不充分的,也是无法实现经济－能源－环境系统的一般均衡最优。由此,能源革命是重塑能源技术和经济体系,需要新理念、新思维、新方法破除能源发展的技术性、经济性瓶颈,避免"不可承重之痛"或"不可承受之轻"。本书着眼于新型能源科技创新战略方向和重点,探讨可再生能源技术创新与经济转型的理论和实际问题,致力推进国家能源科技强国建设和能源经济学科建设。

本书写作期间,我正值在加拿大谢尔布鲁克大学访学。这里,我要特别感谢何洁教授的学术指导和生活关爱。何教授是环境与资源经济学领域的国际知名专家,在气候变化、非市场估值、环境成本效益分析应用方面具有突出贡献。很荣幸能够与何教授在新颖能源技术转化、碳排放核算等领域进行深入的学术研讨,在能源环境前沿问题与方法论方面进行创新性探索。无论是团队和一对一研讨,还是午间学术交流和学术讲座,都能深刻感受到她在学术眼界和治学态度方面的高瞻远瞩、严谨扎实与深厚学养。与她共同生活的点点滴滴,串成美好的回忆,至今萦绕心头,让我久久不能忘怀。

项目研究中,北京大学李虹教授、中国人民大学石敏俊教授、瑞典乌普萨拉大学、瑞典皇家科学院 Beijer 生态经济研究所李传忠教授等多位专家对研究成果初稿给予指导与批评,他们的很多观点与意见已分别吸收进正文的各个篇章,这极大地提高了本书的理论水平。国家发改委能源研究所时璟丽研究员、国家国网能源院原总经济师白建华在政策分析、数据挖掘等科研工作方面提出了建设性意见和指导,尤其是产业成果转化、政策采纳与应用给予我极大的鼓励与支持。

非常感谢宁波大学原校长、浙江农林大学党委书记沈满洪教授为本著作作序,并提出下阶段开展系列研究的宝贵意见。

著作成果方面,本项目研究得到国家社科基金后期资助,项目"技术创新、成本效应与能源经济绿色转型研究",编号 19FJYB016。五位匿名评审专家的宝贵意见进一步提升著作写作质量和水平。著作出版方面,项目基金支持使得前期成果能够顺利出版。

浙江大学出版社在选题论证、审阅校稿、印刷出版等诸环节提供了积极、高效的协助与指导,能在浙江大学出版社出版这部著作我深感荣幸!

宁波大学商学院以及经济系、生态研究所,给了我一个愉快的工作和学习环境。学生俞若佳、张钰丽对著作稿件的仔细审读和校稿,提高文本质量,确保顺利出版。

在此,对所有帮助、指导本研究、为本著作所做出贡献的同志表示衷心感谢!

Perez(2016)在《资本主义、科技与绿色全球黄金时代:历史在帮助塑造未来中的作用》一文中提出:"尽管今天很难找到一位经济学家不会接受创新是经济增长的关键驱动力,但他们几乎不可能在正统的模型中充分表达其影响。通过改变劳动力和资本比例提高劳动生产率确实反映了过程创新,但根本性产品创新的影响既不能表达也不能预测。……新技术的具体性质不容易衡量,而且在过去两个世纪中,几乎没有任何关于应对'游戏规则改变者'的可比统计体系,因此它们经常被忽视。然而,这种疏忽正是获取增长产生以及就业创造和破坏的最丰富知识来源之一,但无疑却被浪费了。"我们正处于能源技术变革和绿色经济转型的黄金时代,需要新技术突破的无限勇气和智慧,更需要技术价值新规范的重构和创建,才能迈向更加高效、经济、安全的新能源经济未来。

余 杨

2021 年 12 月 5 日于宁波三江滨岸